Goldmann Sachbuch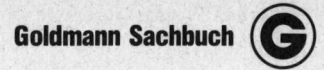

Döblers Kultur- und Sittengeschichte der Welt umfaßt
folgende Bände:

HANNSFERDINAND DÖBLER

Döblers Kultur- und Sittengeschichte der Welt

Eros Sexus Sitte

Mit 32 Farb- und Schwarzweiß-Tafeln

Wilhelm Goldmann Verlag

BILDNACHWEIS

Graph. Sammlung Albertina, Wien (60, 80, 179); Phot. Bibl. nat. Paris (133); British Museum, London (129); Photographie Bulloz, Paris (215); Foto Marburg, Marburg (47, 178); Gemäldegalerie Dresden (213); Photographie Giraudon, Paris (40, 213); Rudi Herzog, Wiesbaden (77); Hirmer Fotoarchiv, München (74); Historia-Foto, Bad Sachsa (94, 112, 149); Historisches Museum der Stadt Wien (241); Kindler Verlag, München (136); Louvre, Paris (76); Musée des Beaux-Arts, Dijon (135); Museum für Völkerkunde, Basel (38); Museum of the American Indian, New York (33); Österreichische Nationalbibliothek, Wien, Bildarchiv (12, 116, 165, 171, 201, 211, 227); Österreichische Nationalbibliothek, Wien, Handschriftensammlung (34, 78, 209); Radio Times Hulton Pictures, London (233); Sammlung Salm, Steyregg (134); Sammlung Scheiwe, Münster (80); Haro Schumacher (130); Staatliches Museum für Völkerkunde, München (35); Staatsbibliothek, Bildarchiv, Berlin (36, 37, 38, 54, 70, 79, 86, 101, 106, 127, 131, 144, 157, 187, 193, 248); Dietrich-Hans Teuffen, Harsewinkel (64, 132 o.); UNESCO, Paris, Fotos Dr. Lucas Lichtbild, Stuttgart (39, 73, 75); Universitätsbibliothek, Heidelberg (210); aus: G. Vorberg: »Die Erotik der Antike in Kleinkunst und Keramik« (132 u.); Wallace Collection, London, Foto J. R. Freeman (214); Wallraf-Richartz-Museum, Köln (216).

70710 · Made in Germany · I · 1110

© 1971 C. Bertelsmann Verlag GmbH, München. Umschlagentwurf: Creativ Shop, A. + A. Bachmann, München. Umschlagbild: „Das türkische Bad", Gemälde von J. A. D. Ingres. Druck: Presse-Druck Augsburg. Verlagsnummer: 11165 · Ag/er

ISBN 3–442–11165–x

Inhalt

Vorwort

Wie sich der einzelne Mensch mit der herrschenden Moral auseinandersetzt, ist Gegenstand unzähliger Untersuchungen, und fast immer ist die sexuelle Moral gemeint. Kein Thema beherrscht das Denken des Menschen so sehr wie die Frage nach dem Glück, und fast immer ist das Liebesglück gemeint. Auf keinem Gebiet geraten Menschen so erbittert in Streit wie in Fragen der Sittlichkeit und der Moral, und häufig will es scheinen, als hinge von der Entscheidung für oder gegen eine strenge Sexualmoral der Bestand der Kultur ab.

Dabei scheint sich vielen die Frage allzu einfach zu stellen: Die Befürworter einer strengen Moral behaupten, jedem politischen Verfall eines Staates sei ein sittlicher Verfall vorausgegangen, also müsse man den sittlichen Verfall bekämpfen, um den Staat zu stärken. Sie übersehen dabei, daß sie von höchst fragwürdigen Voraussetzungen ausgehen, als sei ihre eigene Sittlichkeit und ihr Staat das Endziel der menschlichen Gesellschaft. Ihre Gegner meinen, man müsse nur alle Bindungen, alle Einschränkungen und Unterdrückungen aufheben, und das Glück aller Menschen werde sich von selbst einstellen. Tatsächlich hat es, etwa in der Südsee, Gesellschaften gegeben, in denen die vollkommene sexuelle Freiheit geherrscht hat und in denen das Wort »Sünde« so unbekannt war wie das Wort »Unzucht«, bis die Europäisierung diese scheinbaren Paradiese zerstörte. Die Voraussetzungen der einen Kultur lassen sich aber nicht auf eine andere Kultur übertragen; der Preis für die sexuellen Freiheiten auf einigen Südseeinseln war, daß die meisten neugeborenen Mädchen zum Sterben verurteilt werden mußten, weil sonst eine Übervölkerung alle bedroht hätte.

Der sexuelle Aspekt des Lebens war bei den meisten Kulturen von eher beiläufiger Bedeutung, und seine Verwirklichung hing von den jeweiligen religiösen Auffassungen ab, die wiederum geprägt waren von den kulturellen Gegebenheiten. Daß es zwischen dem Sexualleben der Menschen und der Fruchtbarkeit der Erde Beziehungen geben müsse, schien in den frühen Ackerbaukulturen einleuchtend, so gehen manche orgiastischen Praktiken auf uralte Fruchtbarkeitsmagie zurück.

Entscheidend für das Sexualverhalten war die Stammesordnung: matriarchalisch geordnete Naturvölker haben andere Probleme als die, in denen der Mann herrscht. Immer spiegeln die sexuellen Moralvorstellungen die jeweilige Gesellschaft wider, und häufig wird der Sexualbesitz zum Statussymbol: der Pascha mit seinem Harem unbefriedigter Frauen ist hier ebenso charakteristisch wie die Mätressenwirtschaft des Absolutismus oder die Liebeslehren des Brahmanismus.

Wenn von Sexualität die Rede ist, wird auch oft von Natürlichkeit gesprochen, als gäbe es gerade auf diesem Gebiet eine Verhaltensweise, die gleichsam von der Natur selbst gewollt und gefördert werde. Ganz gewiß gibt es nur eine einzige, natürliche Art und Weise, Kinder zu zeugen, und niemand kann sich diesem biologischen Mechanismus entziehen, aber wäre die Fortpflanzung das alleinige Ziel der sexuellen Betätigung des Menschen, so wäre er kein Mensch: Gerade die zweckfreie Entfaltung aller seiner Möglichkeiten unterscheidet ihn vom Tier, und die Steigerung seiner Genußfähigkeit ist ein Teil seiner Selbstverwirklichung: auch die Kochkunst dient ja nicht vorwiegend der Sättigung – ein Stück Brot und ein Schluck Wasser reichen da allemal –, sondern dem bewußten Genuß.

Welche Wunschvorstellungen die Menschen beherrschen, bildet die Einführung des vorliegenden Bandes, der sich mit der Erotik der orientalischen Völker und der Prostitution befaßt, bevor die Wandlungen der Ehe im Laufe der Jahrhunderte behandelt werden. Ein besonderes Kapitel ist der Homoerotik gewidmet, die im christlichen Kulturkreis als »Sodomie« mit besonderem Hohn verfolgt worden ist. In diesen Zusammenhang gehören auch Namen wie Alexander der Große, Sokrates, Shakespeare oder Alexander von Humboldt.

Wer sich mit der Sexualität der Völker und Stämme befaßt, der kann unmöglich auf seinen Vorurteilen, auf seiner Verachtung und Mißbilligung gegenüber andersartigem Verhalten bestehen, denn die Päderastie der indianischen Krieger oder der Wikinger ist nicht an sich schlecht und der sexuelle Rigorismus des Puritaners nicht an sich gut: Überall auf der Welt hat man nach Formen gesucht, das Luststreben des Menschen einzuordnen in das Leben der Gemeinschaft, und das Beispiel der erotisch leidenschaftlichen Ägypter, der Griechen zur Zeit des Alkibiades oder des europäischen Barock zeigt, daß Kultur nicht nur dort entsteht, wo sexueller Triebverzicht geleistet wurde: Feinfühligkeit gegenüber der Frau, Lebensbejahung und Sinnenfreude sind nicht Zeichen einer minderen Kultur, sondern einer differenzierteren, freilich auch problematischeren Menschlichkeit. Den Blick für diese Zusammenhänge zu öffnen und bekannte Erscheinungen des Sexuallebens in einem Gesamtbild der menschlichen Kultur verständlich zu machen, ist das Ziel des vorliegenden Bandes.

München, 1970

Der Blick
ins Paradies

Schlange und Apfel

Nachdem Adam von dem Apfel gekostet hatte, den Eva ihm anbot – dieser Satz entspricht den landläufigen Vorstellungen vom biblischen Sündenfall und ist im Grunde genommen falsch. Denn genauer übersetzt müßte es heißen »Nachdem der Mensch von der Frucht gekostet hatte, die ihm das Weib anbot«. Adam, das heißt auf hebräisch Mensch, und an keiner Stelle ist von einem Apfelbaum die Rede, der im Garten Eden gestanden hätte, sondern lediglich von einem Baum der Erkenntnis. Die frommen Maler des Mittelalters haben freilich stets einen Apfel gemalt, wie er in den Kloster- und Bauerngärten stand, denn der Apfel hatte schon in vorchristlicher Zeit eine erotische Bedeutung. Nachdem Adam also von der Frucht, die ihm seine Gefährtin anbot, gekostet hatte, »wurden ihrer beider Augen aufgetan, und sie wurden gewahr, daß sie nackt waren, und flochten Feigenblätter zusammen und machten sich Schurze«. Und sie hörten die Stimme Gottes des Herrn, »der im Garten ging, da der Tag kühl geworden war«. Adam versteckt sich denn auch mit seinem Weibe »unter den Bäumen des Gartens« mit der Ausrede, er sei nackt und fürchte sich deshalb. Der Fluch, den Gott der Herr dann ausspricht, nachdem er sich über den Tathergang vergewissert hat, richtet sich in erster Linie gegen die Schlange, die er »verflucht vor allem Vieh und vor allen Tieren auf dem Felde«; sie solle auf dem Bauche gehen und Erde fressen ihr Leben lang. Und er setzt »Feindschaft« zwischen ihr und dem Weibe und zwischen der Nachkommenschaft des Menschenpaares und der Schlange: »Derselbe soll dir den Kopf zertreten, und du sollst ihn in die Ferse stechen.« Nun erst wendet sich der Zorn des Herrn gegen das Weib: »Ich will dir viel Schmerzen schaffen, wenn du schwanger wirst; du sollst mit Schmerzen Kinder gebären; und dein Verlangen soll nach deinem Manne sein, und er soll dein Herr sein.«

Man weiß, daß dieser oft zitierte Satz über fast zwei Jahrtausende hinweg das Verhältnis zwischen Mann und Frau im christlichen Kulturkreis bestimmt hat, vertieft durch Textstellen aus dem Neuen Testament, ebenso wie Adams schlechtes Gewissen seit jeher auf die Tatsache bezogen wird, daß er mit »dem Weib« geschlechtlich verkehrte: Der Genuß der Frucht vom Baum der Erkenntnis versinnbildlicht nach übereinstimmender Ansicht die sexuelle Lust, wie die Schlange das steil aufgerichtete Mannesglied verkörpert. Diese Überlieferung geht auf Tiamat zurück, die Urmutter aus der mesopotamischen Götterwelt, die am gefährlichsten war, wenn sie sich in eine Schlange verwandelte, um zur Verführung anzuregen. Adam selbst »erkannte« sein Weib, nachdem beide aus dem Paradies vertrieben worden waren, und erst dann gab er ihr den Namen Eva, »darum, daß sie ist die Urmutter alles Lebendigen«.

Ungeachtet dieser gelehrten mythologischen Bedeutungen: Adams schlechtes

»Wie Adam und Eva *gar lieblich miteinander lebten und wie Eva ihres ersten Kindes schwanger war« – lautet der Text zu dieser Illustration aus einer süddeutschen Handschrift, 1. Hälfte 15. Jh. Österreichische Nationalbibliothek, Wien*

Gewissen, bezogen auf die »Fleischeslust«, ist ein Werk der Kirchengeschichte, nicht des Alten Testamentes. Auf dem Konzil von Trient (1545–63) wurde die katholische Lehre festgelegt, die sich mit den Auffassungen der Reformatoren auseinandersetzte. Und zwar hieß es, daß Adam durch seinen Ungehorsam gegenüber dem göttlichen Gebot, als Stammvater aller Generationen gleichsam beispielgebend, die Heiligkeit und Gerechtigkeit, in der er erschaffen worden war, verloren habe. Durch diese Erbsünde, so sagten die Theologen, sei das natürliche Wesen des Menschen zwar nicht schlechthin verderbt worden, aber in ihrer Folge »sei das menschliche Herz zum Bösen geneigt von Jugend auf«, ungeachtet der Tatsache, daß jedem Individuum das sittliche Erkenntnisvermögen und die sittliche Wahlfreiheit erhalten geblieben seien. Was mit jener »bösen Begierlichkeit« gemeint war, bedurfte keiner näheren Ausführungen, seit im zweiten Jahrhundert das Judenchristentum in die Katakomben gegangen war und sich der Askese verschrieben hatte. Ihr ethischer, gesellschaftskritischer Protest richtete sich gegen die überfeinerte Zivilisation des römischen Weltreiches, gegen Völlerei und Wollust, gegen raffinierte Sexualität. Dabei hat der Ausdruck »Fleisch«, ursprünglich im Rahmen von Speisevorschriften von Jesus und Paulus gebraucht, sehr bald eine übergreifende Bedeutung bekommen: Es zählt zu den sündigen Worten, bei deren bloßer Erwähnung dem Christen noch heute höchst negativ bewertete Bewußtseinsvorstellungen kommen.

Die eigentliche Theorie der geschlechtlich verstandenen Erbsünde hat der heilige Augustinus (354–430) geliefert, der um Wollust, Zeugung und Geburt eines sündigen Menschen den unentrinnbaren Kreis der Schuld schlug. Augustinus ging so weit, den Geschlechtsakt selbst als das Böse anzusehen, gleichgültig, ob zwischen Eheleuten oder mit einer Prostituierten vollzogen. Die Auffassung der syrischen Asketen Satornil, von Augustinus vertieft und ausgebaut, ist von Papst Gregor dem Großen (590–604) als Allgemeingut der Christenheit ausdrücklich bestätigt worden: Die Fleischeslust der Eltern sei Ursprung des menschlichen Lebens, deshalb stehe dieses Leben unter der Erbsünde. Tatsächlich ist mit dem Ausdruck aus dem 4. Kapitel Moses I »Und Adam erkannte sein Weib Eva, und sie ward schwanger« vielleicht nicht einmal gemeint, daß Adam mit seinem Weibe schlief, denn sonst hätte im Text, wie an anderen Stellen auch, das Wort »beiwohnen« stehen können. Es mag sein, daß hier tatsächlich die Erkenntnis des Mannes gemeint ist, die Schwangerschaft verursacht zu haben. Diese Erkenntnis ist zunächst nicht selbstverständlich, denn die Völkerkundler haben z. B. in Australien Stämme getroffen, denen diese Kausalität unbekannt zu sein schien. Indem Adam sein Weib »erkannte«, bekannte er sich selbst also zu seiner Vaterschaft, ein für den Stammvater des Menschengeschlechtes immerhin bedeutungsvoller Vorgang.

Die Sache wäre einfach, wenn man sagen könnte, daß hier eine bestimmte religiöse Grundauffassung das Problem der Sexualität verzerrt und vergiftet habe, als gäbe es eine »natürliche Einstellung«, der man nur freien Lauf zu lassen brauchte, und alles würde sich von selbst verstehen. Das ist aber nicht der Fall, und je mehr Tatsachenmaterial die Völkerkundler erschließen, desto differenzierter wird das Bild.

Im Paradies der Wilden

Auf Samoa gibt es das Volk der Manus, das an die Erbsünde glaubte, bevor ein weißer Missionar den Boden der Inseln betreten hatte: Die Manus nehmen an, daß »die Grundtriebe des Menschen moralisch sind und daß der Mensch dazu abgerichtet werden muß, sich der zulässigen Form, die als gutes Leben angesehen wird, anzupassen. Darum richtet sich ihre Erziehung gegen Störungen, die sie für allgemein menschlich halten. So erziehen sie kleine Kinder zur Scham und verlangen von Frauen, stets den Kopf zu verhüllen, wenn ein männlicher Verwandter auftaucht« (Mead). Die weibliche Menstruation ist durch bestimmte gesellschaftliche Regeln und Tabus so vollkommen verdrängt, daß kein Mann dieses Volkes auch nur die Tatsache der Monatsblutung kennt. Falls ein Europäer einem Mann dieses biologische Faktum mitteilt, wird er behaupten, die Frauen der Manus seien anders. Der Geschlechtsverkehr darf unter keinen Umständen außerhalb der Ehe durchgeführt werden.

Auf Tahiti indessen, das genau in der Mitte zwischen Südamerika und Australien liegt, hält man es als Mädchen für unanständig, einem Mann den Beischlaf zu verweigern. Die Formel »Ich liebe dich« kann ein junges Mädchen aus Tahiti nur mit dem Satz übersetzen »Ich habe Lust, deine Geschlechtsorgane zu sehen«; wer die Lust aus Prinzip ablehnt, würde dort für abnorm erklärt werden wie bei uns jemand, der aus religiösen Gründen auf Kleider verzichten würde, obwohl ihn friert. Auf diesen Inseln mit den herrlichen Namen Moorea, Mehetia, Tetiaro, Maiao kannte man, was Sexualität angeht, weder den Begriff »Sünde« noch den des »Unanständigen«. Trotzdem lebten die Polynesier nicht im Paradies, denn auch ihr individuelles Leben war in eine Ordnung eingezwängt, die Triebverzicht verlangte. Es gibt nichts allgemein Menschliches, sondern nur differenzierte Formen des Menschlichen, die abhängig von der jeweiligen Kultur sind und die der einzelne Mensch als Bedingung seiner Existenz mit sich herumträgt wie die Muschel ihre Schalen. Auf die Eingeborenen der Südsee bezogen heißt das: Auf der einen Insel hält man den Menschen für lenkbar und bildsam; man glaubt, obwohl man die menschlichen Triebe kennt, daß Kinder die Werte der Gesellschaft verstehen und annehmen, wenn sie nur reif dazu sind. Aber schon tausend Kilometer weiter, unter dem gleichen blauen Himmel, unter den gleichen Palmenhainen, gilt der Mensch als störrisch und »böse von Jugend auf«. Diesen Gegensatz haben auch die neueren wissenschaftlichen Erkenntnisse über den Menschen nicht aus der Welt räumen können. Offensichtlich haben beide Auffassungen recht, weil die Fragestellung falsch ist. Eines jedoch ist sicher: Soweit uns bekannt ist, gibt es kein einziges Volk, keinen Stamm, keine Menschengruppe auf der Erde, bei der das gesellschaftliche Zusammenleben, also auch das Zusammenleben der Geschlechter, nicht auf irgendeine Weise geordnet ist. Die Vielfalt dieser Regeln allerdings ist nahezu unüberschaubar, und im Vergleich hebt eine die andere auf. Auch hier zeigt sich, daß es keine absolute, sondern nur eine bedingte Moral gibt.

Das gilt auch für die Südseewelt, die sich den Europäern des achtzehnten Jahrhunderts als das Paradies darstellte, in dem alles erlaubt zu sein schien und der »heimliche Ruf der Sinnlichkeit« in aller Unschuld zur Schau gestellt wurde. Das Mißverständnis begann 1771, als der Forschungsreisende Louis Antoine de Bougainville zwei Jahre nach seiner Weltumseglung den Bericht über seine Reise vorlegte. 1750 hatte der damalige Hauslehrer Jean-Jacques Rousseau die Preisfrage der Akademie von Dijon, ob die Fortschritte der Menschheit die Kultur gebessert hätten, mit einer Abhandlung gewonnen, die diese Frage negativ beantwortete. Diese berühmt gewordene Schrift »Gespräche über Kunst und Wissenschaft« enthält die Forderung, man solle zum Urzustand der Menschheit zurückkehren und sich auf die alten Werte Freiheit, Unschuld und Tugend besinnen. Die zum Schlagwort verkürzte Formel »Zurück zur Natur«, die von Rousseau nie gebraucht worden ist, traf auf die schwüle, in Konventionen erstarrte höfische Gesellschaft des Rokoko, die dieses Schlagwort begierig aufnahm. Der Bericht des Herrn de Bougainville schien zu bestätigen, daß Rousseau nicht nur geträumt hatte. Auf Tahiti gab es diesen Zustand unschuldiger Sinnlichkeit, ungebrochenen Glückes, zärtlichster Liebkosungen ohne Gewissensbisse, und bezeichnenderweise bezog sich die Vorstellung vom Paradies vor allem auf das sexuelle Verhalten. Daß die sexuelle Freiheit auf diesen Inseln, die nur einer begrenzten Anzahl von Menschen Nahrung und Raum boten, zum legalisierten Kindermord führte, wußte niemand. Ein einziger Brotfruchtbaum gehörte oft vier Familien; die Vornehmen töteten die eigenen Kinder, liebten aber die der anderen, die überlebten, wie ihre eigenen Kinder.

Der Europäer, der an solche Zustände nicht einmal im Traume dachte, sah freilich nur die strahlende Seite dieser Inselwelt. Besonderes Entzücken erregte Bougainvilles Schilderung über die Erlebnisse des Schiffskaplans. Dessen Gastgeber, ein Eingeborener namens Oro, führt ihm sein Weib und seine drei Töchter nackt vor und sagt als sorgsamer Hausvater zu dem freundlichen Europäer, was gesagt werden muß: »Du hast zu Abend gegessen, du bist jung, du fühlst dich wohl. Wenn du allein schläfst, wirst du schlecht schlafen, denn der Mann bedarf nachts einer Gefährtin an seiner Seite. Hier ist mein Weib, dort sind meine Töchter. Wähle diejenige, die dir gefällt. Doch wenn du mir einen Gefallen tun willst, dann wirst du meiner jüngsten Tochter den Vorzug geben, weil sie noch keine Kinder hat!« Zwar kämpft der Kaplan mit den Regungen seines Gewissens, die ihn mehrfach »Aber meine Religion, aber mein Stand!« rufen lassen, doch ergibt er sich dem, was auf Tahiti Sitte ist. Der Aufklärer und Redakteur der großen Enzyklopädie Denis Diderot hat aus dieser pikanten Szene eine Anleitung formuliert: »Verhalten wir uns wie jener gute Kaplan, der in Frankreich ein Mönch war, in Tahiti dagegen ein Wilder.« Er hat damit nur ausgesprochen, was den allgemeinen Empfindungen entsprach: Eine laszive, verklemmte Gesellschaft erträumte sich den Zustand der Unschuld, wobei man im Vollbesitz seiner verfeinerten Sensibilität auf den vollen Genuß der Lust zielte. Wo immer ein Mädchen den Rock hob, ihr »durchsichtiges Busentuch sich über der lebhaft atmenden Brust« verschob und das holde Kind der Natur sich mit Seufzern und Küssen einem edlen Mann ergab, war »Tahiti«. Hier wird ein enger Zusammenhang zwischen der Schäferwelt des Rokoko und der Südseeinsel sichtbar; Arkadien und Tahiti haben in der Welt des Rokoko denselben Stellenwert.

Es gibt eine Grundtendenz von Sexualwünschen, die wenig über die Ziele, aber viel über ihre Herkunft aussagt: Tahiti, der Traum von der Unschuld der Natur und dem Naturkind, dem sexuell alles erlaubt ist, verrät die Qual einer Gesellschaft, die mit ihrem Triebleben nicht fertig wird. Mit dem Sturz des Ancien régime und dem Sieg der Französischen Revolution war diese Qual nicht beendet;

der Traum wurde weiter geträumt. Immer wieder brachen Menschen aus Europas Zivilisation aus, um zur Natur zurückzukehren, zu einem freien, ungebundenen Geschlechtsleben, das alle Wünsche nach Lust ohne Reue erfüllen sollte. Paul Gauguin, der verzweifelte Maler, war nur der erste jener langen Reihe, die »auf der Suche nach Tahiti« sind. Inzwischen ist die Südseewelt längst zum Klischee geworden, ein Konsumartikel auf den Werbeprospekten für die frustrierten Reichen aus aller Welt. Zu gleicher Zeit versuchen Blumenkinder, die Hippies, ihr Tahiti jetzt und hier zu verwirklichen; nicht anders, als es Diderot seinerzeit beschrieben hatte: »Man streute für euch beide Blätter und Blumen auf den Boden; die Musikanten stimmten ihre Instrumente; nichts störte eure Wonne, nichts hinderte die Ungezwungenheit eurer Liebkosungen. Man sang das Hochzeitslied, das dich aufforderte, Mann zu sein, und unsere Tochter, Weib zu sein: hingebungsvolles, sinnliches Weib.«

Liebe im Jenseits

Die beiden Offenbarungsreligionen, die aus dem Stamm des Alten Testamentes hervorgegangen sind, das Christentum und der Islam, haben sehr unterschiedliche und widersprüchliche Vorstellungen über das Leben nach dem Tode entwickelt. Das Christentum spricht von der leiblichen Auferstehung, aber von einer Verklärung des Leibes. Der Himmel wird hier sinnbildlich als die »heilige Stadt Jerusalem« verstanden, in der die Menschen mit Gott im Hochzeitsmahl vereint leben. Hier ist die Lust, die zu Beginn der Schöpfung eine so große Rolle gespielt hat, vollkommen sublimiert. Ganz anders im Islam. Die Verheißungen des Korans sind sinnenhaft, wenn auch anders, als der Europäer sie sich im allgemeinen vorstellt: Das Jenseits wird durchaus nicht als himmlisches Freudenhaus für die abgeschiedenen Seelen dargestellt. Die islamische Religion ließ bekanntlich die Mehrehe zu, von uns geringschätzig als »Vielweiberei« bezeichnet: Es gab also keinen Grund, das Angebot vieler Frauen als paradiesisch zu empfinden. Und doch enthalten die Verse des Korans, mit dessen hoher Sittlichkeit wir nur ungenügend vertraut sind, durchaus erotische Vorstellungen. Die 38. Sure sagt: »Dies ist wahrlich eine Ermahnung, und siehe, auf die Gottesfürchtigen warten wahrlich eine schöne Einkehr: Edens Gärten, geöffnet stehen ihnen die Tore. Rückgelehnt darinnen rufen sie in ihnen nach Früchten in Menge und Trank; und bei ihnen sind züchtig blickende Altersgenossinnen. Dies ist's, was euch verheißen ward für den Tag der Rechenschaft. Siehe, dies ist wahrlich unsere Versorgung; sie nimmt kein Ende.« Der Traum der Wüstennomaden. Wie im Alten Testament, gehören auch hier die saftigen Früchte, die Gärten und die sexuelle Lust, wenn auch nur als Augenweide, zusammen. Es scheint ein begierdeloses, aber durchaus sinnenhaftes Glück zu sein, das den Gläubigen verheißen wird. An anderer Stelle ist von zwei Gärten die Rede, von zwei »eilenden Quellen«, also fließenden Bächen, von »jeglicher Frucht zwei Arten«. Von den Gläubigen, die »des Herrn Rang gefürchtet«, wird in dieser 55. Sure gesagt: »Sie sollen sich lehnen auf Betten mit Futter aus Brokat, und die Früchte der beiden Gärten sind nahe ... In ihnen sind Keuschblickende, die weder Mensch noch Dschinn (arabisch: böser Geist, Dämon) zuvor berührte, als wären sie Hyazinthen und Korallen.« Am Ende der Sure wird noch einmal von den »guten und schönen Mädchen« gesprochen, von den »Hûris, verschlossen in Zelten«, auch sie sind unberührt von Mensch und Geistern. Den Bächen von Wasser, Honig und Wein, die im Paradies der islamischen Verheißung fließen, entspricht der Anblick scheuer und unberührter Gefährtinnen; eine seltsam unwirkliche, durchaus unsinnliche Vision, etwa im Vergleich zum Hohenlied Salomonis. Die in Zelten verschlossenen Hûris sind nicht stärker hervorgehoben als etwa die Früchte und der sonstige Überfluß. Man kann also nicht sagen, daß die Verheißungen des Korans ihren Höhepunkt in plumper Vielweiberei fänden, wie häufig geglaubt wird. Andererseits verraten diese Wunschvorstellungen deutlich, daß der Schöpfer dieser Religion ein Mann von ausgeprägter Sexualität gewesen ist, der seine eigenen, äußerst sinnlich-erotischen Vorstellungen ins Paradies übertrug.

Dieser Vorgang der Übertragung findet sich, für den Europäer vielleicht verblüffend, auch bei Naturvölkern, die gelegentlich für ihr Paradies ein Gegenbild dessen entwerfen, was auf der Erde möglich ist. In Nordwest-Melanesien leben Stämme, denen der Exhibitionismus verabscheuungswürdig erscheint, was durchaus nicht selbstverständlich ist, denn anderswo ist er ein Bestandteil der Erotik. Es gibt viele primitive Völker, die keinerlei Scheu haben, den Beischlaf vor ihren Kindern zu vollziehen, oft werden sie aber auch aufgefordert, »wegzuschauen«. Andererseits gibt es in den religiösen Riten und Fruchtbarkeitsorgien eine deutliche exhibitionistische Tendenz, noch in der Antike bei den Eleusinischen Mysterien oder den Saturnalien in Rom. Es scheint, als gäbe es auch hier eine Polarität, zwischen der sich der Mensch in Spannung befindet, nämlich die Polarität zwischen der Intimität und der Zurschaustellung des sexuellen Verhaltens (C. v. Bolen). Bei jenen Melanesiern gibt es den Exhibitionismus nicht, doch berichtet der Sexualforscher Malinowski folgende Mythe: »Die Geisterfrauen, mögen sie uns Sterblichen auch körperlos erscheinen, sind voll Feuer und Leidenschaft in einem auf Erden unbekannten Maße. Sie drängen sich um den Mann, liebkosen ihn, reißen ihn an sich, sie vergewaltigen ihn. Erotisch erregt durch den Bubwayayta-Zauber, gibt er nach.« Und nun spielt sich eine Szene ab, die einem mit Geistersitten weniger Vertrauten wohl anstößig erscheinen könnte, die aber im Paradies offenbar ganz in Ordnung ist. »Der Mann fügt sich diesem Entgegenkommen und vollzieht mit der gastfreundlichen Geisterfrau den Geschlechtsakt im Freien, während die anderen zusehen oder, durch das Beispiel angeregt, dem Beispiel folgen.« Solche geschlechtlich fessellosen Orgien, bei denen Männer und Frauen sich unterschiedslos zusammentun und sich vereinigen, seien unter Geistern sehr häufig; so jedenfalls versicherten die eingeborenen Gewährsleute dem europäischen Forscher mit Nachdruck.

Dem Christentum, das die sexuellen Wunschvorstellungen verdrängt und den Körper im Paradies sublimiert hat, sind solche Szenen dennoch nicht unbekannt: Auf dem Blocksberg treffen sich die Hexen zu orgiastischen Festen; die schwarzen Messen holen zurück, was schon überwunden schien, und noch in den modernen Versuchen, eine Sexualität ohne Repression zu verwirklichen und in vollkommener Promiskuität zu leben, ist diese Wunschvorstellung lebendig. Vordergründiger wirkt in der patriarchalischen Gesellschaft des Abendlandes das Stichwort »Weibergemeinschaft«, das in einigen Versuchen, die Gesellschaft rational zu ordnen, eine bemerkenswerte Rolle spielt.

Platon und die Weibergemeinschaft

Der erste Philosoph, der nach Grundsätzen der Vernunft eine ideale Gesellschaft ersonnen hat, war der Grieche Platon, dessen Auffassung über Eros zum Schlagwort von der »platonischen Liebe« verfälscht worden ist. Platon (427–347 v. Chr.), der aus den herrschenden Kreisen Athens stammte und Schüler des Sokrates war, hat in seinen mittleren Jahren den »Staat« (griechisch: Politeia) geschrieben und sich auch über die Stellung der Frau in der Gesellschaft geäußert. Seine Ansichten über den allgemeinen Besitz der Frauen haben schon seine Zeitgenossen schockiert, so daß er sich später zu der ironischen Bemerkung veranlaßt sah, dieser Gedanke habe sich offenbar besonders eingeprägt.

In dem erdachten Dialog zwischen Adeimantos und Sokrates – alle Lehren dieser philosophischen Epoche sind ja in Form eines fragenden, bohrenden Dialoges geschrieben – ist von den Wächtern die Rede, die den Staat bewachen sollen. Platon äußert sich hier auch über die Musik: »Nirgends wird an den Gesetzen der Musik gerüttelt, ohne daß auch die höchsten Gesetze des Staates ins Wanken geraten«; ferner über die Unterbringung der Wächter an den Grenzen des Staates und schließlich über die Qualifikation für das Wächteramt. Dabei stellt er fest, daß das männliche Geschlecht »geradezu in allem« dem weiblichen Geschlecht überlegen sei. »Denn von der Webekunst werden wir nicht viel Aufhebens machen oder von der Kochkunst oder von der Backkunst. Darin leistet das weibliche Geschlecht wirklich etwas, würde auch gewaltig ausgelacht werden, wenn es in diesen Dingen nachstünde.« Der Schluß aus dieser Voraussetzung ist zwingend und wirkt auf uns bemerkenswert naiv: »Also kommt keine Tätigkeit, die sich auf die Staatsverfassung bezieht, der Frau zu, nur weil sie Frau ist, dem Manne nur, weil er Mann ist, mein Freund. Die Anlagen sind unter die Geschlechter gleichmäßig verteilt; dem Weibe sind seiner Natur nach sämtliche Berufe zugänglich, ebenso aber auch dem Manne. Jedoch ist das Weib überall schwächer als der Mann.«
Platon fordert, die geeigneten Frauen sollten zum »Wächteramt« genauso hinzugezogen werden wie die Männer: »Diese Frauen sind es daher, die ausgewählt werden müssen zum gemeinsamen Leben und gemeinsamen Wachen mit den entsprechenden Männern.« Allerdings sollen sie musisch und gymnastisch gebildet werden, womit Platon das umfassende griechische Ideal der Vervollkommnung an Leib und Geist anspricht. Dabei sollen die Frauen, wie bei gymnastischen Übungen üblich, nackt sein, weil dies sich aus dem vorher Gesagten logisch ergäbe. Ausdrücklich wendet er sich gegen die, welche diese Frauen ihrer Nacktheit wegen auslachen könnten. Dies sei »die erste Woge«, der die Gesetzgebung für Frauen glücklich entronnen wäre, meint Sokrates im Gespräch, durch den ja Platon selbst sich äußert. Sein Partner findet, die Woge sei nicht klein gewesen. Sokrates entgegnet, sein Gesprächspartner werde sie klein finden, wenn er die zweite Woge sähe – Platon wußte also genau, daß die folgende Forderung mit allen Überlieferungen brach. Sie lautet: »Die Wächterinnen sollen allen Wächtern gemeinsam gehören; keine darf mit einem Manne allein zusammen leben. Auch die Kinder sollen gemeinsam sein noch soll das Kind seinen Vater kennen.« Die folgenden Abschnitte, in denen die Zucht von Menschen nach erbbiologischen Grundsätzen ausführlich behandelt wird, können außer acht gelassen werden – schon aus dem bisherigen Text ergibt sich, daß diese »Weibergemeinschaft« keine Vision der to-

talen sexuellen Lustbefriedigung enthält, sondern eine Projektion des männlichen Überlegenheitskomplexes, eine politische Utopie.

Platon denkt in einem Zweiklassensystem. Das niedere Volk soll in Familien leben und sein Privateigentum behalten, nur der Adel soll auf diese Lebensformen verzichten, um vollständig in seiner Aufgabe aufgehen zu können. Diese Regelung sei notwendig, damit die Träger politischer Macht niemals in Versuchung kommen könnten, aus Selbstsucht die unpolitischen Klassen, die durch Arbeit ein Eigentum erwerben, auszubeuten. Dennoch gibt es auch für den Adel eine Ehe, aber in Form einer zeitlich streng begrenzten, durch das Los bestimmten und durch kultische Feiern geheiligten Zeitehe.

Damit ist eine Vorstellung von »Aristokratie« (griechisch: Herrschaft der Besten) entworfen, der später die unter dem Zölibat lebenden geistlichen Ritterorden des christlichen Mittelalters in Teilaspekten sehr nahe kommen werden. Ohne den geschichtlichen Hintergrund der Auseinandersetzungen zwischen Hellas und dem Perserreich, ohne die Kenntnis des Lebens Platons sind diese Texte nur mißzuverstehen. Für den politischen Denker war sein »Staat« kein Modell der Zukunft, sondern der Versuch, die Idee des Staates als Gestirn im Himmel der Ideen zu fixieren, als eine Richtmarke, nicht als Anleitung zum Handeln. Man muß sich den hohen Grad von Abstraktion inmitten einer irrationalen Umwelt vergegenwärtigen, um die gedankliche Leistung zu erkennen – freilich eine, die eben dieser Abstraktion wegen für uns Züge einer gewissen Unmenschlichkeit trägt.

Sex in Utopia

Zweitausend Jahre später verfaßt der Humanist Thomas More (1478–1535), der Lordkanzler des Königs Heinrich VIII. von England und Freund des Erasmus von Rotterdam, in Anlehnung an Ideen Platons eine Schrift über den Staat von »Utopia«. Damit wollte der kritische Denker den verworrenen Zeitläufen den Spiegel eines reinen Entwurfes vorhalten, der nur deshalb wirksam sein konnte, weil er »nirgendwo« lag. Listig nimmt er alle möglichen Einwände satirisch vorweg, setzt sich mit den Zweifeln an der Genauigkeit seines Berichtes ebenso auseinander wie mit der Bitte um die Feststellung der geographischen Lage der Insel Utopia oder mit den Befürchtungen hinsichtlich der Aufnahme des Werkes. Die systematische Ordnung der Kapitel umfaßt prinzipielle politische Themen wie die Philosophie und Staatskunst, Verfassungsfragen, Sozialordnung und Bevölkerungspolitik und die Religion der Utopier. Für die Frage, wie man das Sexualleben in Utopia ordnen soll, kommen zwei Abschnitte in Betracht: Im Kapitel »Sozialordnung und Bevölkerungspolitik« findet sich eine »Sittenlehre«, die sich mit Begriffen wie »Tugend« und »Glückseligkeit« auseinandersetzt, aber auch eine »Lehre von der Lust« aufstellt. Hier indessen geht es um seelische Lust – der Körper wird nur als störender Faktor, etwa bei Krankheiten, behandelt, und Thomas More endet bei der Feststellung, die Utopier seien ein »gewandtes, einfallsreiches und anstelliges Volk, das seine Freiheit schätzt und körperliche Arbeit, wenn es sein muß, mit der nötigen Ausdauer verrichtet«.

Für den Lordkanzler, der 1535 seiner politischen Haltung als Katholik wegen das Schafott besteigen mußte, ist das Lustproblem kein Thema gewesen. Über Ehe und Geschlechtsmoral hat sich Thomas More allerdings geäußert; das Kapitel steht zwischen den Abschnitten »Über Fremde und Sklaven« und »Krankenpflege«, eine eigenwillige Anordnung, die schon den Standpunkt ahnen läßt. Was Thomas More zum Thema zu sagen hat, verrät deutlich seine christlichen Grundsätze, den Einfluß Platons und den hausväterlichen Verstand des Staatsmannes: Frauen sollen nicht vor dem achtzehnten Lebensjahr heiraten, Männer vier Jahre später; heimlicher Geschlechtsverkehr wird streng geahndet und die Ehe den Betroffenen verboten, »falls nicht die Gnade des Staatspräsidenten ihnen die Strafe erläßt« – eine sehr vage Formulierung, die allerlei Hintertüren offenläßt und den Geist des Autors verrät. Als die Pilgerväter im siebzehnten Jahrhundert den Atlantik überquerten, wollten sie auf dem jungfräulichen Boden Neu-Englands den sittlichen Rigorismus des Thomas More verwirklichen, ein Erbe, das die Vorstellungen der Nordamerikaner bekanntlich noch heute beeinflußt.

Auch Thomas Campanella (1568–1639), der Dominikanermönch aus Kalabrien, der wegen einer Verschwörung 27 Jahre in den Verliesen von Neapel gefangengehalten wurde und in Paris als politischer Flüchtling starb, hat eine Utopie veröffentlicht, den 1613 erschienenen »Sonnenstaat«. Drei Themen beschäftigen den Mann des Zölibats immer wieder, die Fortpflanzung, die Erziehung und die Astrologie.

Was die Weibergemeinschaft angeht, so äußert sich Campanella unter ausführlicher Heranziehung aller Autoritäten von Platon bis zu den Kirchenvätern. Dieser Gedanke hat offenbar schon Augustinus beschäftigt. Nach dem apostolischen Gesetz sollten, laut Campanella, die Frauen gemeinsam sein; einer Glosse zufolge soll sich diese Gemeinsamkeit jedoch auf den christlichen Gehorsam und nicht auf das Bett beziehen. Campanella, auf das Thema nun einmal fixiert, läßt den Genuesen, durch den er seine eigene Ansicht mitteilt, dennoch sagen: »Das weiß ich alles selbst nicht recht. Jedenfalls sah ich, daß bei den Sonnenstaatlern die Frauen im Gehorsam *und* im Bett gemeinsam sind, jedoch nicht durchweg und nicht nach Art der Tiere, die jedes Weibchen, das ihnen begegnet, annehmen, sondern lediglich der gesunden und leistungsfähigen Nachkommenschaft wegen . . .«

Die letzte der großen Utopien stammt von dem als Naturwissenschaftler berühmt gewordenen Francis Bacon (1561–1626), »Nova Atlantis« genannt und 1638 erschienen. In diesem Werk gibt es ebenfalls ein Kapitel über Ehe und Fortpflanzung, doch kaum etwas Neues. Bacon äußert sich gegen die Mehrehe. Die Hochzeit soll nicht eher gefeiert werden als einen Monat, nachdem sich die Verlobten zum ersten Male erblickt haben, auch der Heiratsvertrag dürfe nicht früher abgeschlossen werden. Wichtig ist Bacon die Frage, ob die Partner sich vor der Ehe, wie von Thomas More vorgeschlagen, nackt sehen sollten. Er findet dieses Verfahren, falls das Ergebnis eine Ablehnung sei, für den Abgewiesenen untragbar und erfindet daher in der Nähe jeder Stadt zwei Teiche, »die sich die Teiche Adams und Evas nennen«. Hier solle einem Freunde des Mannes oder umgekehrt einer Freundin der Frau erlaubt sein, den gewünschten Partner »allein im Bade zu betrachten«.

Man kann diese düsteren und verquälten Verhaltensregeln nicht eigentlich als erotische Utopien bezeichnen. Es gab aber im ausgehenden Mittelalter noch mancherlei andere Vorstellungen und Träume von der Weibergemeinschaft. So hielten die Taboriten an einem Sexualkommunismus fest. Der »Garten der Lüste« des Hieronymus Bosch gilt als Illustration zu der von dieser böhmischen Sekte proklamierten Idee des »Tausendjährigen Reiches«. Auch bei den wiedertäuferischen Adamiten des Spätmittelalters, die ihre Gottesdienste nackt abhielten, und selbst bei den frühen Mormonen tauchen Vorstellungen von einem allgemeinen Liebeskommunismus auf.

Bei den frühen Sozialisten stellt sich gleichfalls das Problem der freien Liebe und der »Weibergemeinschaft«. So fordert der Anarchist Michael Bakunin die »Abschaffung der auf bürgerlichem Recht und dem Eigentum begründeten legalen Familie«; er hält die freie Ehe für selbstverständlich und stellt fest, die Kinder gehörten weder den Eltern noch der Gesellschaft. Hier kündigt sich ein neuer Begriff von Persönlichkeit und Freiheit an, der bis in unsere Tage noch nicht ausdiskutiert ist. Seit der Jahrhundertwende haben sich nach den Philosophen und Theologen auch Psychologen und schließlich Völkerkundler mit Fragen der Sexualität, Erziehung, Familienplanung usw. befaßt, und wieder versuchte man aus der Begegnung mit den Naturvölkern Aufschluß zu bekommen. Diesmal sah man in ihnen nicht »edle Wilde«, wie Rousseau und Diderot, sondern Modelle menschlicher Verhaltensweisen außerhalb der abendländischen Zivilisation. Aber die »natürliche Erotik«, deren Existenz man so selbstverständlich voraussetzt wie die sogenannte Unschuld der Kindheit, fand man nicht, sondern nur vielerlei Arten, die Sexualität zu erleben und in die gesellschaftliche Ordnung einzubeziehen.

Wie die Tobriander lieben

In der Welt der Erotik ist nichts selbstverständlich, aber auch nichts unnatürlich, denn hier gibt es keine Norm, die sich auf irgendeine Vorstellung von Natürlichkeit beziehen ließe. Selbst die Fähigkeit, ein Gefühl zu entwickeln, das wir Liebe nennen, gehört offenbar nicht zur Grundausstattung des Menschen, gleich welcher Rasse, Hautfarbe oder Konfession.

Die Manus, das Fischervolk auf der großen Admiralitätsinsel, dessen puritanischer Charakter bereits geschildert wurde, leben wie die anderen Völker dieser Inseln auf Pfahlbauten, treiben Fischfang und Handel, bauen sich ihre Kanus und unterscheiden sich in nichts von den anderen Stämmen, bis auf eine einzige Ausnahme: Sie kennen keinerlei Erotik. Der eheliche Geschlechtsverkehr vollzieht sich ohne irgendein Zeichen der Zuneigung, ohne Kuß oder Liebkosung, obwohl innerhalb der Familie oder unter Freunden harmlose Beweise von Zärtlichkeit durchaus üblich sind. Die Sprache dieses Volkes hat keinen Begriff für Liebe oder auch nur ein ähnliches Gefühl, es gibt keine Liebeslieder, keine Liebesfeste, keinen Ausdruck für Erotik, auch nicht in Form von bildnerischen Darstellungen, kurzum, die Angehörigen dieses Stammes pflanzen sich fort ohne die mindeste Gefühlsregung. Wie von den Damen des viktorianischen Zeitalters wird von den Frauen der Manus behauptet, sie empfänden beim Umgang mit dem Manne nur Schmerzen, und ihre Gefühlsreaktionen auf diesen lästigen und ekelhaften Vorgang geben sie ihren Töchtern weiter (Mead). Kinder sind deshalb aus einem besonderen Grunde erwünscht: »Das Haus ist gut, in dem es zwei Kinder gibt. Das eine schläft mit dem Mann auf der einen Seite des Hauses, das andere mit der

Frau auf der anderen Seite. Dann schlafen Mann und Frau nicht beieinander.« Der eigene Mann darf auch nicht die Brust der Frau berühren, denn das darf nur der sogenannte »Quervetter«, andererseits kann der Vater einem Mädchen sagen, ihr Grasrock sei verrutscht, der Bruder kann das nicht, denn das wäre unsittlich. Dennoch gibt es zwischen Bruder und Schwester eine absolut unerotische Beziehung kameradschaftlicher Art, wie sie zwischen Ehegatten ganz unmöglich ist. Den Ersatz für diese Mängel bietet die Beziehung zwischen dem Mann und seiner Kusine: Er darf sie necken, ihre Brüste umfassen, gewagte Unterhaltungen mit ihr führen, aber eben durch dieses familiäre Gehabe wird der Beziehung ihr erotischer Charakter genommen, und niemals schlägt diese Spielerei in sexuelle Beziehungen um. Diese Zustände, die hier nur angedeutet werden, sind nicht etwa ein Zeichen spezieller Verworrenheit in sexuellen Fragen, sondern sie stellen nur eine Variante im nahezu unerschöpflichen Bereich möglicher Verhaltensweisen dar.

Ein Gegenstück zu dieser total unerotischen Form der Sexualität bietet das Verhalten der Tobriander. Hier ist die Erotik bis in die Positionstechniken verfeinert, und das Luststreben wird, auch ohne gefühlsmäßige Bindung an den Partner, voll bejaht. So gibt es eine sexuelle Positionstechnik bei diesen Eingeborenen, die eine geschlechtliche Vereinigung ohne innige Berührung der Leiber erlaubt. Deshalb kommt es vor, daß junge, hübsche Männer mit alten, häßlichen Frauen sexuell verkehren, ohne daß eine Spur von Gefühl feststellbar wäre: die Trennung von Koitus und Liebe, wie sie allenfalls als »Geschlechtsverkehr zur physischen Entspannung« auch im europäisch-amerikanischen Kulturkreis vorkommt, ist hier vollkommen ausgebildet, wenn auch nicht die Regel.

Zu den klischeehaften Vorstellungen unseres Kulturkreises über Sexualität gehört auch die Überzeugung, der eigentliche Zweck einer geschlechtlichen Vereinigung sei die Erzeugung von Nachkommenschaft, und das natürliche Verhalten sei jenes, das auf diesen Zweck ohne Umwege ausgerichtet ist. Den Naturvölkern, die ihre Fleischeslust gleichsam unbefangen befriedigten und denen es wohl vor allem um Nachkommenschaft ging, ständen die zivilisierten und verderbten Völker der Hochkulturen gegenüber, die ihr Ziel im raffinierten sexuellen Genuß suchen. In Wirklichkeit ist die Differenziertheit des Luststrebens für den Menschen wohl ebenso charakteristisch wie etwa seine Fähigkeit, Werkzeuge herzustellen, die ihrerseits zur Herstellung von Werkzeugen dienen, oder wie die Abstraktion in Sprache und Zahl. Auch wenn das biologische Ziel der Sexualität bei Menschen wie bei allen anderen Lebewesen die Arterhaltung wäre, muß akzeptiert werden, daß dieses sexuelle Verhalten sich beim Menschen – entsprechend allen seinen Lebensäußerungen – kulturell differenziert und von seinem biologischen Zweck gelöst hat; das gilt für die Naturvölker ebenso wie für hochzivilisierte Völker. Aber der Begriff der Arterhaltung ist fragwürdig. In der Natur, so hat ein bekannter Wissenschaftler gelegentlich gesagt, sei von Zwecken jedenfalls nichts bekannt, und die sogenannte Arterhaltung sei ein »kleinmenschliches Hirngespinst«, wie alle ausgestorbenen Arten beweisen.

Raffinierte Liebestechniken zur Erhöhung der Lust finden sich denn auch bei vielen unberührten Naturvölkern, und zwar Praktiken, die wir als pervers zu bezeichnen gewöhnt sind. So kennt man, wohl schon seit frühgeschichtlicher Zeit, die Fellatio, den Mundkoitus, der von der Frau am Manne ausgeführt wird. Kinsey hat ermittelt, daß zur Zeit etwa 60 % der Frauen dazu bereit seien, wenn sie dazu aufgefordert würden; daher vermuten Sexualpsychologen, daß der Impuls vom Manne ausging. Die indischen und arabischen Liebeslehren empfehlen den Mundkoitus jedenfalls ausdrücklich, und er scheint entwicklungsgeschichtlich auf eine Epoche zurückzugehen, in der eine Frau mehrere Männer gleichzeitig befriedigte. Auch der Cunnilingus, das Reizspiel des Mannes mit der Zunge und dem Mund an der Vulva der Frau, ist bei Naturvölkern bekannt, aber kulturgeschichtlich wohl späteren Datums. Tabuvorstellungen, die sich auf die Menstruation der Frau bezogen, und daraus entwickelte religiöse Vorschriften haben zunächst Hemmungen aufgebaut; im heutigen Amerika wird Cunnilingus nach Kinsey übrigens von 50 % der erfahrenen Frauen geschätzt. Ob es für diese gelegentlich abnorm empfundenen Formen der Sexualität praktische Gründe gibt, etwa Übervölkerung in einem nahrungsarmen Gebiet, muß offenbleiben. Als Perversionen definiert die heutige Sexualpsychologie diese Formen der Erotik, wie etwa auch die Homosexualität, übrigens nur dann, wenn sie sich »verselbständigt« haben und an die Stelle des Koitus getreten sind. So etwa werden diese nicht ernst genommenen Praktiken wohl auch bei vielen Naturvölkern beurteilt.

Das Interesse an der Liebeskunst, an den Geheimnissen des Vorspiels und der Positionen, ist in der Antike nachweisbar, es beherrscht die indischen und arabischen Liebeslehren, die einschlägigen Publikationen der Renaissance und, seit dem Abbau der Prüderie des neunzehnten Jahrhunderts, auch die Erotik des europäisch-amerikanischen Kulturkreises oft bis zur Groteske. Ganz sicher ist auch hier nichts »normal«, schon gar nicht eine bestimmte Haltung beim Liebesakt.

Wenn bei den Naturvölkern, wegen des Fehlens einer schriftlichen Überlieferung und wegen der angespannteren Gesamtsituation, keine theoretische Beschäftigung mit diesen Fragen nachweisbar ist, so spielt doch die sexuelle Technik eine wichtige Rolle; schon bei einem »primitiven« Volk wie den Tobriandern wird der Liebesakt erst nach einem längeren technischen Vorspiel vollzogen. Zunächst legen sich Mann und Frau auf eine Matte. Wenn sie sicher sind, daß sie niemand beobachtet, nehmen sie die Schamblätter ab, tauschen Zärtlichkeiten aus, umschlingen einander und reiben die Nasen aneinander, bis auch Küsse ausgetauscht werden. Diese Küsse sind anders als die unsrigen; es gibt zwar Zungenküsse, aber vor allem saugt man an der Unterlippe des Partners oder beißt, bis Blut kommt. Eine Variante, die übrigens auch in den indischen Liebeslehren vorkommt. Bei einigen Naturvölkern übt selbst das Zahnfleisch eine erotische Wirkung aus.

Sadistische Handlungen wie Beißen, Kratzen, Schlagen, besonders in den indischen Anweisungen aufs höchste verfeinert, finden sich auch im Liebesspiel der sogenannten Primitiven, aber werden nie das absolute Ziel des Umgangs wie etwa beim Sadismus. Der Liebesakt selbst wird bei den Tobriandern wie bei den meisten anderen Naturvölkern nicht in der »Normallage« vollzogen. Sie lehnen diese Position ab, weil sie den Mann schnell erschöpfe und deshalb »dumm« sei. Bei vielen Naturvölkern ist die Hockstellung des Mannes am beliebtesten; sie ermöglicht ihm, seine Bewegungen im Raum zu variieren und mit Tretbewegungen zu ergänzen.

Die erotisch-psychologische Bedeutung des Liebesaktes selbst ist ein Element, das unverändert in praktisch allen Gesellschaftsformen und Kulturepochen seine zentrale Bedeutung behält; so ist es für den Tobriander genauso lustvoll wie für jeden Inder, Perser oder Japaner, daß er nicht nur selbst den Orgasmus erlebt, sondern seine Partnerin zum Orgasmus bringt. Diese bewußte Teilhabe an der Lust des anderen dürfte, von wenigen Ausnahmen abgesehen, ein wesentlich menschliches Element der Erotik sein. Ganz gewiß ist es ein Vorurteil zu meinen, daß unter Naturvölkern nur sexuelle Techniken praktiziert werden und Gefühle von untergeordneter Bedeutung seien. Die Papua zum Beispiel geben einander für ihre Gefühle schmerzhafte Beweise: Wenn zwei junge Menschen sich lieben und heiraten wollen, bringen sie sich gegenseitig mit einem Schweinezahn eine tiefe Schnittwunde am Oberschenkel bei, oft bis zu zehn Zentimeter lang. Es liegt nahe, das Motiv einer solchen Affekthandlung als Liebe zu bezeichnen, doch werden hier die Grenzen des Begriffes und überhaupt der sprachlichen Verständigung zwischen völlig unterschiedlichen Kulturen deutlich.

Zauberkraut und Liebestrank

Jede Papuafrau auf Neuguinea weiß, daß niemand ernsthaft widerstehen kann, wenn »Wambo« angewandt wird. Um zu verstehen, was Wambo ist, muß man eine bestimmte Mythe kennen (Osterwaal). »Vor langer Zeit lebte eine Frau, die Sungkai hieß. Eines Tages, als sie gerade Sago klopfte, kam ein Baumkänguruh, das sie ›verführte‹. Ihr Mann fühlte sich betrogen und machte Jagd auf das Baumkänguruh. Seine Frau kehrte nicht zu ihm zurück. Sie wollte einfach nicht. Das Känguruh bot ihm als Gegengabe ein Lied und ein Baumblatt an. Wenn er das Lied singe und das Baumblatt ihr in die Hände spiele, dann sei ihm die Frau sofort verfallen. Sie könne der Macht von Wambo nicht widerstehen, sogar nicht, wenn sie verheiratet sei, Kinder habe und ihren Mann liebe.« Bei den Papuas herrscht Frauenmangel, deshalb spielt »Wambo« eine überragende Rolle. Wenn ein Mann sich einer Frau nähern will und seine Bemühungen keinen Erfolg haben, muß er zuerst ein »Wamboschwein« schießen. Oft vergehen Tage, manchmal sogar Wochen, bis ein Schwein erlegt ist, das sich für Wambo eignet. Wenn es erst geopfert worden ist, kann sich keine Frau mehr vor der Macht dieses Zaubers sicher fühlen: Unruhe breitet sich im Dorf aus, die Männer überwachen ihre Frauen und Töchter, damit niemand ihnen ein Baumblatt zustecken kann, und die Frauen beginnen sich zu fürchten, während die Mädchen so aufgeregt sind, daß sie manchmal in den Wald laufen. Nachts kommen die Männer auf dem Dorfplatz zusammen und tanzen den Känguruhtanz, wobei sie mit heiseren Stimmen Lieder improvisieren, die ihre Gefühle ausdrücken.

Es gibt viele Gründe, die einen Menschen dazu bringen, sich magischer Kräfte zu bedienen: das Mädchen, das die Aufmerksamkeit eines Mannes auf sich lenken will, die Liebenden, die sich die Herrschaft über den Willen des anderen sichern wollen, um ihn möglichst lange an sich zu binden, der Mann, der seine Kraft verloren hat, sie alle mit ihren übermächtigen Wünschen versichern sich übermächtiger Hilfe: Salben und Mixturen, Tränke und andere Zaubermittel versprechen unfehlbare Wirkung, wenn sie nur richtig bereitet, wenn alle Vorschriften beachtet werden. Oft sind die Ingredienzen nicht eben appetitlicher Natur, und manches Kräuterwissen mag weit in vorgeschichtliche Zeiten zurückreichen. Eine besondere Rolle spielen in der Magie Nägel und Haare des Menschen, so daß es nicht wundert, in der Sexualmagie den männlichen Samen und das Menstruationsblut zu finden, deren biologisch-funktionelle Bedeutung ja in den Frühstufen der Kultur ebensowenig verstanden wurde wie die Sonnenfinsternis oder ein Vulkanausbruch.

Aus der Kenntnis der Naturvölker sind zwei botanische Aphrodisiaka in die moderne Wissenschaft eingegangen. Aus der Wurzelrinde des Baumes Murira puama (Liriosma ovata) stammt das Muriacithin und aus Westafrika das bekanntere Alkaloid Yohimbin. Es wird ebenfalls aus Baumrinde gewonnen und wurde von den Eingeborenen Kameruns benützt. Sie wußten, daß Liebestränke mit Stoffen aus dem Yohimbebaum die Geschlechtslust erregen. Medizinisch besteht die Wirkung in der verstärkten Durchblutung der Genitalzonen und in der Erregung des zuständigen Reflexzentrums im Lendenmark. Die bekanntesten Aphrodisiaka (griechisch: von Aphrodite, der Göttin der Liebe) aus der Botanik dürften Mandragora und Ginseng sein. Aus dem Papyrus Ebers (aus dem zweiten Jahrtausend v. Chr.) geht hervor, daß die Ägypter die Mandragora, die Wurzel eines Nachtschattengewächses, als Rauschmittel kannten. Pythagoras (ca. 582–507 v. Chr.) hat die Menschenähnlichkeit dieser Wurzel entdeckt, die bei uns als Alraune bekannt ist. Nach dem Volksglauben des Mittelalters entstand die Alraune aus dem Samen eines Gehängten; bekanntlich kommt es bei dieser Prozedur zu einer reflektorischen Ejakulation, daher ihre Wirkung als Aphrodisiakum. Hexen und Hexenmeister gaben vor, sie unter dem Galgen ausgegraben zu haben, stutzten sie zurecht und verkauften sie; das Stück »Galgenmännlein« kostete bis zu 60 Taler, es sollte den Frauen auch gegen Unfruchtbarkeit helfen. In Asien galt als Aphrodisiakum die Wurzel der Panax Ginseng, deren Wirkung von dem sagenhaften Kaiser Shen-Nung (2738–2698 v. Chr.) erprobt worden sein soll. Dieser Kaiser, als Vater der Pflanzenkunde bezeichnet, soll Hunderte von Giften festgestellt haben, weshalb ihm zu Ehren die Pflanze in China Jen-Shen heißt, während sie in ihrem Ursprungsland Korea Insam heißt (koreanisch, in: Mensch, sam: Kraftwurzel). Panax Ginseng, der »lebende Mensch«, wie die Wurzel von den Chinesen auch genannt wird, hat nicht jedermann benutzen dürfen; lange stand dieses Privileg allein dem Kaiserhof zu. In Europa, wo sie mit Gold aufgewogen wurde, ist die Pflanze 1697 bekanntgeworden.

Das große Tabu

An einem strahlenden Südseetag zog Kimai, ein gutgewachsener junger Mann von etwa 16 Jahren, sein Festgewand an, schmückte sich mit Muscheln und Blumen und erkletterte eine etwa 20 Meter hohe Kokospalme. Mit lauter Stimme rief er die Dorfgemeinde zusammen und hielt von dort oben, zwischen den Palmwedeln, eine Ansprache an die Versammelten. Er erklärte, daß er bereit sei, seine Übertretung des Tabus zu sühnen, das auf dem Inzest liegt; er erhob indirekte Anklage gegen den Mann, der ihn gezwungen hatte, sich konsequent zu verhalten, nahm unter lautem Wehklagen Abschied, wie es der Brauch erfordert, und stürzte sich aus dem Wipfel der Palme. Er war sofort tot. Kimai hatte die Gesetze der Exogamie übertreten, das heißt, er hatte sich mit seiner Kusine mütterlicherseits eingelassen. Solche Verletzungen des Tabus kamen bei den Tobriandern ständig vor und wurden mit mehr oder weniger großer Mißbilligung geduldet, etwa wie in Europa das Zusammenleben ungetrauter Paare. Die Verletzung eines solchen Tabus wird bei den Eingeborenen ganz verschieden beurteilt, je nach Verwandtschaftsgrad (Malinowski). Inzest mit der Schwester ist bei den Tobriandern ein unentschuldbares und unsühnbares Verbrechen. Wenn es sich um einen Vetter und eine Kusine ersten Grades handelt, ist die Tabuverletzung schwer, aber nicht so schrecklich, und bei entfernten Verwandtschaftsverhältnissen kann sie leicht verziehen werden und fällt kaum ins Gewicht. Für Kimai, den jungen Tobriander, der seine Kusine mütterlicherseits geliebt hatte, bedeutete das Gesetz der Exogamie ein Todesurteil, seit der rechtmäßige Verlobte des Mädchens ihn öffentlich des Inzests bezichtigt hatte. Exogamie bedeutet, daß jedermann seinen Partner außerhalb des eigenen Klans suchen muß. Der Gegensatz zur Exogamie ist die Endogamie, wie sie etwa bei vielen Stämmen, Kasten und Gruppen vorkommt. Hier muß jeder innerhalb seiner Gruppe heiraten. Das Tabu, das auf dem Klan-Inzest liegt, macht eine Heirat und auch den sexuellen Umgang zwischen »Brüdern« und »Schwestern« prinzipiell unmöglich, wenn es auch in der Praxis genug Wege gibt, das Tabu zu umgehen. Man muß sich dabei klarmachen, daß es sich ja nur um eine gleichsam eingebildete Verwandtschaft handelt: alle weiblichen und männlichen Mitglieder eines Klans, die teilweise überhaupt nicht blutsverwandt sind, werden von einem sexuellen Verkehr untereinander absolut ausgeschlossen. Wenn es aber doch zu einer Verletzung des Tabus kommt, besitzen die Tobriander ein absolut sicher wirkendes magisches System, das über Wasser, Gräsern und Steinen ausgeführt wird und die schlimmsten Folgen des Inzests unfehlbar abwendet. Daß Kimai sich von der Palme stürzte, ist also nicht so sehr eine zwangsläufige Folge seiner »Gesetzesübertretung«, sondern eine Sache gewisser gesellschaftlicher Konsequenzen, ein Tatbestand, dem hier nicht weiter nachgegangen werden soll, weil er in das Gebiet der Rechtsgeschichte, aber nicht der Sexualität gehört.

Von grundlegender geistesgeschichtlicher Bedeutung aber ist der Begriff »tabu«, den jedermann heute gebraucht und der eine Sache zu bezeichnen scheint, die »nicht berührt werden soll«. Das Wort ist in den allgemeinen Sprachschatz eingeflossen, seit Sigmund Freud (1856–1939) sein grundlegendes Werk »Totem und Tabu. Einige Übereinstimmungen im Seelenleben der Wilden und der Neurotiker« (1913) veröffentlicht hat. Bei Freud heißt es: »Tabu ist ein polynesisches Wort, dessen Übersetzung uns Schwierigkeiten bereitet, weil wir den damit bezeichneten Begriff nicht mehr besitzen. Den alten Römern war es noch geläufig, ihr ›sacer‹ war dasselbe wie das Tabu der Polynesier. Auch das ἅγος der Griechen, das Kodausch der Hebräer muß das nämliche bedeutet haben, was die Polynesier durch ihr Tabu, viele Völker in Amerika, Afrika (Madagaskar), Nord- und Zentralasien durch analoge Bezeichnungen ausdrücken. Uns geht die Bedeutung des Tabu nach zwei entgegengesetzten Richtungen auseinander. Es heißt uns einerseits: heilig, geweiht, andererseits: unheimlich, gefährlich, verboten, unrein.« Man möchte, um den Sinn des Begriffes jeweils richtig zu erfassen, das Wort »herausgehoben« vorschlagen. Alles nämlich, was die erfahrene Ordnung ins Wanken brachte oder auch nur zu bedrohen schien, wurde mit der Bezeichnung Tabu versehen: Zauberer und Häuptlinge, deren Mana, eine Art magische, übertragbare

Kraft, stark genug war, wachten über die Einhaltung eines Tabus, hoben es auf oder verhängten es; auch kannten sie wirksame Gegenzauber, falls das Tabu verletzt war. Von religiösen oder moralischen Verboten unterscheidet sich ein Tabu dadurch, daß es in kein System eingeordnet ist und nicht begründet wird. Die ältesten und wichtigsten Tabuverbote sind die beiden Grundgesetze des Totemismus: das Totemtier nicht zu töten und den sexuellen Verkehr mit den Totemgenossen des anderen Geschlechts zu meiden.

Diese Tabuverbote sind für Freud der Ausgangspunkt zu einem Vergleich mit den Zwangshaltungen des Neurotikers, denn beide seelische Verhaltensweisen – dem Tabu sowohl wie dem neurotischen Zwangsverbot gegenüber – zeigen ähnliche Züge. Von besonderer Bedeutung ist das Tabu gegen den sexuellen Verkehr innerhalb des Klans, das Freud aus der Menschheitsgeschichte zu erklären versucht. Bei dieser Erklärung stützt er sich vor allem auf zwei damals viel diskutierte wissenschaftliche Werke, die beide heute in ihrem wissenschaftlichen Gehalt widerlegt worden sind, aber als Anregung, im gedanklichen Ansatz, gute Dienste geleistet haben. Eines dieser Werke ist Bachofens »Mutterrecht«, das andere James George Frazers Werk »Totemismus und Exogamie«, das sich auf die Gedankengänge von Bachofen stützt. James Frazer hat Bachofen zwar nicht vollständig gelesen, aber er hat ihn zum »Nachschlagen« benutzt. Auch Freud hat das »Mutterrecht« wohl nur oberflächlich gekannt, doch auf Frazer bezieht er sich ausdrücklich und macht sich dessen Auffassungen vom mutterrechtlichen Charakter der Urgesellschaft ganz zu eigen.

Aus dieser Urgesellschaft, der Darwinschen Urhorde, führt nach Freud ein Weg ins Verständnis unserer eigenen Sexualität. Zunächst versucht er nachzuweisen, daß das Totemtier der Horde, auf magische Weise verwandelt, den Vatertypus verkörpere. Ebenfalls weist er in einer ausführlichen Darstellung nach, daß die sakramentale Tötung des Totemtiers – etwa des Bären, des grauen Känguruhs, des Emus oder Bussards – eine besondere Bedeutung habe: »Stellen wir uns die Szene einer solchen Totenmahlzeit vor und statten sie noch mit einigen wahrscheinlichen Zügen aus, die bisher nicht gewürdigt werden konnten. Der Clan, der sein Totemtier bei feierlichem Anlasse auf grausame Art tötet und es roh verzehrt, Blut, Fleisch und Knochen; dabei sind die Stammesgenossen in die Ähnlichkeit des Totem verkleidet, imitieren es in Lauten und Bewegungen, als ob sie seine und ihre Identität betonen wollten. Es ist das Bewußtsein dabei, daß man eine jedem einzelnen verbotene Handlung ausführt, die nur durch die Teilnahme aller gerechtfertigt werden kann; es darf sich auch keiner von der Tötung und der Mahlzeit ausschließen. Nach der Tat wird das hingemordete Tier beweint.« Die seltsame Folge der Handlungen läßt den Begründer der Psychoanalyse zu einer zunächst schlüssigen Hypothese greifen.

Freud und der Vatermord

Irgendwann vor einigen tausend Jahren muß sich nach Freud in den eiszeitlichen Höhlen und auf der arktischen Tundra zwischen den Gletschern immer wieder das gleiche Drama abgespielt haben. In einer Horde von Eiszeitmenschen erschlagen die Söhne, rasend vor Geschlechtsneid, den Vater und befreien sich von dieser

Tat durch ein rituelles Fest, eine Orgie, die im Verzehr des Vaters endet. Den Vergleich zwischen dem Wilden und dem Neurotiker sieht Freud so: »Um, von den Voraussetzungen absehend, ihre Folgerungen glaubhaft zu finden, braucht man nur anzunehmen, daß die sich zusammenrottende Brüderschar von denselben einander widersprechenden Gefühlen gegen den Vater beherrscht war, die wir als Inhalt der Ambivalenz des Vaterkomplexes bei jedem unserer Kinder und unserer Neurotiker nachweisen können. Sie haßten den Vater, der ihrem Machtbedürfnis und ihren sexuellen Ansprüchen so mächtig im Wege stand, aber sie liebten ihn auch.« Nun setzten sie »im Akte des Verzehrens die Identifizierung mit ihm durch, eigneten sich jeder ein Stück seiner Stärke an. Die Totenmahlzeit, vielleicht das erste Fest der Menschheit, wäre die Wiederholung und die Gedenkfeier dieser denkwürdigen, verbrecherischen Tat, mit welcher so vieles seinen Anfang nahm, die soziale Organisation, die sittlichen Einschränkungen und die Religion.« Freud war der Ansicht, die vaterlose Horde sei nun von der Mutter beherrscht worden, da die Söhne sich gegenseitig paralysiert hätten, und der Gedanke an den Vater sei als Gottesvorstellung zu einem Vatergott transzendiert worden. Er glaubte, daß jeder Mensch in seiner Entwicklung die Entwicklungsstufen der Menschheit durchliefe, etwa so, wie der Embryo nach dem biogenetischen Grundgesetz die Stadien der biologischen Evolution durchläuft. Deshalb müsse der Mann als Kind jenes Stadium des Ödipus erreichen, in dem er seinen Vater erschlagen und seine Mutter besitzen wolle.

Dieser Gedanke hat es der modernen Psychoanalyse ermöglicht, wertvolle Aufschlüsse über das Wesen von Neurosen zu gewinnen, doch seine geschichtliche Grundlage ist unhaltbar. Die Darwinsche Urmenschenhorde ist eine ideale Konstruktion, der blutige Vatermord eine unbeweisbare und unwahrscheinliche Hypothese. Als Freud sich, gestützt auf Darwin, Bachofen und Frazer, mit der Urgeschichte der Menschheit befaßte, lagen die ersten Skelettreste des Neandertalers und anderer Menschenvorfahren vor, doch hatte man noch ein sehr unklares Bild; die großen Funde in China und Afrika waren noch nicht gemacht, und man glaubte, daß die Anfänge der Menschheit allenfalls einige zehntausend Jahre zurücklägen und nicht, wie sich nach dem Zweiten Weltkrieg herausstellen sollte, etwa eine Million Jahre. Über das sexuelle Verhalten in der Urgesellschaft wissen wir also nichts, dennoch war der gedankliche Ansatz genial. Die Ambivalenz der Gefühle, die ein neurotischer Sohn seinem tyrannischen Vater entgegenbringt, hat man inzwischen auf andere Weise zu erklären versucht als mit dem Rückgriff auf die Anfänge der Menschheit. Es besteht aber kein Zweifel daran, daß die von der Psychoanalyse erarbeiteten Erkenntnisse dadurch nicht in Frage gestellt werden, wie etwa jene, die mit dem Begriff »Ödipuskomplex« angedeutet sind, oder die sich mit den Wirkungen des Unterbewußten auf das Handeln des Menschen befassen. Vielfach hat man sogar Mythen der Naturvölker erst mit Hilfe der Tiefenpsychologie deuten können, zum Beispiel eine afrikanische Mythe des Lukuba-Stammes oder einige asiatische Liebestechniken unter Heranziehung des Kastrationskomplexes. Auch die Zusammenhänge zwischen Sexualität und Kannibalismus sind erst durch die Tiefenpsychologie entschlüsselt worden. Die Sexualforschung steckt erst in ihren Anfängen und besitzt nicht einmal eine einheitliche Terminologie. Wie sich im Laufe der Jahrtausende die verschiedenen Formen sexuellen Verhaltens gebildet haben und wie es zu den Tabuvorstellungen und Heiratsvorschriften innerhalb oder außerhalb des Klans oder Stammes gekommen ist, läßt sich kaum noch rekonstruieren. Wenn man aber überhaupt herausfinden will, wie sich das sexuelle Leben der Menschen im Laufe der Jahrtausende entwickelt hat, müssen die vielen verschiedenen Formen verglichen werden, die sich bei den Naturvölkern erhalten haben. Das ist hier deshalb nicht leicht, weil die Sitten von Volk zu Volk, von Stamm zu Stamm verschieden sind. Die Frage, ob in der Vaterhorde der Urzeit ein ungeregelter Geschlechtsverkehr aller Männer mit allen Weibern stattgefunden habe, ist negativ beantwortet. Es wäre aber wichtig zu wissen, ob es bei den »steinzeitlich lebenden« Stämmen in Zentralaustralien oder in den tropischen Urwäldern, bei den Eskimos oder Buschmännern Formen der sexuellen Promiskuität gibt, die gleichsam eine niedere Stufe der Gesellschaft darstellen.

Eine Frau für alle Brüder

Die einzige Form des Zusammenlebens, die dem Menschen so eigentümlich ist wie der Gebrauch des Feuers oder die Herstellung von Werkzeugen, ist die Ehe. Ihre einfachste Form, die Einehe, findet sich bei den am wenigsten fortgeschrittenen Stämmen: Negritos und Pygmäen, also die zwerghaften Wildbeuterstämme, kennen nur die Einehe, die ohne weitere Zeremonien geschlossen wird und einfach ein »Leben zu zweit« darstellt. Verblüffenderweise ist die Ehe dieser Kulturstufe der modernen Ehe im europäisch-amerikanischen Kulturkreis am ähnlichsten; es gibt dort weder den Kauf der Frau noch die Raubehe oder polygame Eheformen.

Für den Ursprung der Ehe hat man keine geschichtlich einleuchtenden Erklärungen, denn die sexuelle Befriedigung, in lockeren Gesellschaften auf andere Weise möglich, war kein primäres Motiv. Einige Völkerkundler sind der Auffassung, der Wunsch nach Abwechslung in der Nahrung sei ein Motiv, da der Jäger Fleisch und die sammelnde Frau Früchte, Wurzeln, Insekten und sonstige Leckerbissen zur Mahlzeit beigesteuert hätte, aber diese Erklärung kann für die Entstehung der Ehe kaum ausreichen. Man gerät bei solchen Versuchen leicht in Spekulationen und wird unterstellen müssen, daß die Ehe als Lebensform dem Menschen gleichsam als »Instinkt« vererbt ist; auch im Tierreich, das keine historischen Gegebenheiten kennt, sind Einehen ja ein biologischer Tatbestand. Um so verwirrender ist die Vielfalt der Eheformen, die sich bei der Spezies Mensch gebildet haben; fast immer sind es rein praktische Gründe, die zu Vielweiberei oder Vielmännerei geführt haben, kaum je geht es um Lustgewinn, allenfalls um eine Erhöhung des Sozialprestiges.

Bei den Eskimos, die nördlich des Polarkreises an der Mündung des Copper River leben, kann jeder Mann so viele Frauen haben, wir er ernähren kann. Es gibt in der arktischen Einöde, in der sich immer nur kleinere Menschengruppen behaupten können, keine geselligen Zusammenschlüsse wie bei den anderen Völkern, etwa bei Indianern oder Afrikanern, keine Stämme und Klan-Gruppen, Sippen oder Kriegerkasten. Krieger sind bei den Eskimos überhaupt unbekannt, ebenso die ihnen unverständliche Eigenschaft kriegerischen Mutes, obwohl sie doch Mut, etwa im Kampf gegen Wale oder Eisbären, ständig beweisen mußten.

Gering ist der Besitz, der sich auf die Kleidung und einige kunstvoll konstruierte Waffen, Boote, Schlitten und Zelte beschränkte. Heute gehören selbstverständlich europäische Zivilisationsgüter vom Gewehr bis zur Konservendose zum Eigentum. Die Verhältnisse sind also überschaubar, und keine Rücksichten auf Besitz oder Prestige innerhalb einer größeren Gruppe zwingen den Eskimo zu bestimmten Rücksichten. Er wählt sich aus der näheren Umgebung, der eigenen Siedlung eine Frau, die nicht zu nahe mit ihm verwandt sein darf, zahlt an die Eltern den Brautpreis und hat eine Arbeitsgefährtin, die ihm Nahrung bereitet, seine Kleidung in Ordnung hält und seine sexuellen Bedürfnisse befriedigt. Wenn die junge Frau Mutter wird, ist dies ein durchaus freudiges Ereignis, ebenso übrigens, wenn ein unverheiratetes Mädchen ein Kind bekommt. Bei einem tüchtigen Robbenfänger kam die Frau früher oft mit der Arbeit nicht nach, denn die Verarbeitung der Robbenfelle nach den alten Methoden erforderte viel Mühe. Es war deshalb für den Eskimo vorteilhaft, eine zweite Frau zu haben, nicht aus sexuellen, sondern vor allem aus praktischen Gründen. Häufig paddelte der Mann mit seinem Kajak weit an der Küste entlang, um Robben oder Seehunde zu jagen. Wenn er lange unterwegs und in einer anderen Siedlung bei einem befreundeten Eskimo zu Gast war, übte dieser die übliche Gastfreundschaft; einem Freund die eigene Frau anzubieten, um dessen Bedürfnisse zu stillen, war so selbstverständlich wie die Gewährung einer Mahlzeit. Daß dies nach den Begriffen der christlichen Missionare »Sünde« sein sollte, konnte kein Eskimo verstehen.

Wenn sich herausstellte, daß das Ehepaar nicht zusammenpaßte, was selten vorkam, da man sich ja vorher gut kannte, schickte der Eskimo die Frau zurück; auch der Kaufpreis wurde rückerstattet. Undenkbar, daß man das Risiko hätte auf sich nehmen können, eine Polarnacht im Iglu mit einer Frau zu verbringen, mit der man ohne Zuneigung oder gar im Streit lebte. Vor der Christianisierung wurden die Frauen häufig getauscht, und einige tüchtige Jäger hatten zwei Frauen, ohne daß es zu Eifersüchteleien oder dauernder Mißstimmung gekommen wäre. Der Frauentausch bot den Frauen übrigens soziale Vorteile: Wenn der eigene Mann auf der Jagd umkam, was häufig passierte, hatte die Frau immer noch einen Ernährer. Andererseits war die Säuglings- und Müttersterblichkeit hoch, und die zweite Frau stellte eine Sicherung gegen diese Verluste dar. Zank und Streit zwischen den Ehepaaren im Iglu gab es nur am Ende der Polarnacht, wenn die Lebensmittel knapp wurden. Tragödien kamen nicht vor; die Eskimos waren verträgliche Menschen, die einander weder kränkten noch übervorteilten, ehe die Europäer auftauchten und mit ihrer Zivilisation die Begriffe verwirrten. Man kann vielleicht sagen, wo Menschen unter harten Bedingungen leben und ihre Zahl gering ist, sind auch ihre Probleme des Zusammenlebens unkompliziert. Sobald ihre Anzahl wächst, etwa bei Ackerbauern und Viehzüchtern, differenzieren sich die gesellschaftlichen Regeln.

Je nachdem, ob der Stamm in der Exogamie oder Endogamie lebt und ob matriarchalische oder patriarchalische Ordnung herrscht, bilden sich gleichsam Muster verwandtschaftlicher Zugehörigkeit, welche die Stellung des einzelnen in der Gesellschaft genau fixieren. Für einen Europäer sind diese verwickelten Spielregeln ermüdend wie für einen Naturmenschen der Großstadtverkehr. Der Gedanke, auf welche Weise ein Mensch mit dem anderen verwandt ist, regelt aber alle »zivilrechtlichen« Probleme ebenso wie die Frage des Protokolls; die Bedeutung dieser Ordnung, die sich der Stamm gegeben hat und an der er unbeirrbar festhält, kann nicht hoch genug veranschlagt werden. Wenn zwei Papuas einander auf einem Urwaldpfad begegnen und sich nicht kennen, setzen sie sich zunächst auf einen Baumstamm und erörtern in aller Breite die genealogischen Zusammenhänge: Erst wenn diese geklärt sind, weiß jeder, wie er sich gegenüber dem anderen verhalten muß. Australier und Papuas, Navahos und Polynesier, kurz alle Stämme mit Totemismus und der entsprechenden Klan-Bildung, kennen deshalb sprachlich differenzierte Verwandtschaftsbegriffe, die weitaus präziser sind als die eines Europäers. Für unser Wort »Onkel« gibt es bei den Papuas je eine Bezeichnung für den jüngeren Vatersbruder (mamakai), den älteren Vatersbruder (tideka), den Mutterbruder (babugai), den Mann der Schwester des Vaters (mamree) und den Mann der Schwester der Mutter (tettebok). Mit der Heirat in einem Stamm, der wie die Papuas von Neuguinea endogam lebt, ändern sich zahlreiche Verwandtschaftsbeziehungen, von denen jede zugleich Regeln beinhaltet. Das Betragen gegenüber der älteren Schwester der Frau muß anders sein als gegenüber der jüngeren Schwester, das zur Frau des jüngeren Bruders anders als gegenüber der Frau des älteren Bruders. Hier wird ganz deutlich, daß die Ehe zwar die sexuellen Beziehungen regelt, aber in weit stärkerem Maße die gesellschaftlichen Verbindungen innerhalb des Stammes.

Wie steht es nun mit der Promiskuität, der Gruppenehe bei den Naturvölkern, die man häufig noch als Überbleibsel aus der Zeit der »Vaterhorde« angesehen hat? Es gibt allerdings Gruppenehen, wie Vielweiberei und Vielmännerei bei einigen Stämmen vorkommen, aber solche Gruppenehen haben mit sexueller Zügellosigkeit nichts zu tun, sondern sind Mischformen, die offenbar konkrete, meist wirtschaftliche Ursachen haben. Das gilt beispielsweise für die Toda, einen Viehzüchterstamm im südlichen Indien, von dem man früher glaubte, daß dort Gruppenehe existiere. Tatsächlich herrschte bei den Toda früher ein starker Frauenmangel, weil es Sitte war, die kleinen Mädchen auszusetzen, ein Vorgang, der vielleicht mit den Kindertötungen auf Tahiti vergleichbar ist. Um eine Frau mußten sich deshalb mehrere Männer bemühen. Als die britische Regierung diese Kindestötungen unterband und die Zahl der Mädchen wieder zunahm, wurde die alte Sitte der Polyandrie (griechisch: Vielmännerei) mit der Vielweiberei vereinigt. So kam es zu Gruppenehen; diese Form ist nicht aus der Urhorde abzuleiten, sondern hat sich unter den besonderen Umständen gebildet (Birket-Smith). Auch bei den Netsilik-Eskimos, die am magnetischen Nordpol unter härteren Lebensbedingungen als alle anderen Stämme leben, war die Sitte weit verbreitet, kleine Mädchen im zartesten Alter zu töten, so daß ein starker Frauenmangel entstand und zwei Männer sich mit einer Frau begnügen mußten. Nur in Tibet und im nördlichen Indien bei den Drawidas und Mundas ist die Vielmännerei eine feste Institution, und um eine Frau bemühen sich oft mehrere Brüder. Das erinnert an einen alten spartanischen Brauch: Zwei Brüder, die ein gemeinsames Ackerlos besaßen, durften dort auch nur eine gemeinsame Frau haben.

Zusammenfassend kann man sagen: Wer die Vielfalt der Eheformen bei den Naturvölkern vorurteilslos betrachtet, wird zugeben müssen, daß die »sexuelle Repression der Gesellschaft« bei Erwachsenen nicht geringer ist als in jeder zivilisierten Gesellschaft. Die Unterschiede zwischen ihnen und uns sind nicht so groß, wie sie uns scheinen wollen, und so absurd und verwickelt die einzelnen Regeln auch sind, aus ihren Voraussetzungen verstanden sind sie logisch. Allerdings fehlt den Naturvölkern, von Ausnahmen abgesehen, jeder Sinn für die Dramatisierung der Sexualität, aber auch die Möglichkeit der Sublimierung durch Triebverzicht, der für die Hochkulturen charakteristisch ist. Nur an Schamanen oder Häuptlinge wird gelegentlich ein anderer Maßstab hinsichtlich ihres sexuellen Verhaltens angelegt als an gewöhnliche Stammesangehörige; die Askese vor besonderen Riten oder vor Jagd und Krieg gehört genauso zum Gesamtbild wie die sexuelle Orgie als Ausnahmezustand, etwa als Fruchtbarkeitsritus.

Primitive erotische Tonfigur *aus Cerro Jaboncillo, Ecuador. 750–1250. Museum of the American Indian, New York*

ir sint gefangen myt
Dar zu dowet uch sunder wan
Mamig spine off getan
Vnd offen uwer ougen
Zu wissende mamig tougen
Die vor uch verholen sint
Vnd sint nyme als die kint
One kunst vnd an symer blint
Die adam vnd eua dem slangen
betrogen wurdent vnd su das
gebott gotes uberuingent

Der Sündenfall. *Eva reicht Adam die Frucht vom Baum der Erkenntnis, und beide verwirken damit den Anspruch auf ein Weiterleben in paradiesischen Zuständen. Süddeutsche Handschrift, 1. Hälfte 15. Jh. Österreichische Nationalbibliothek, Wien*

Ein sogenannter Uli.
Bisexuelle Ahnenfigur
aus Neu-Irland,
Südsee. Museum für
Völkerkunde, München

Gruppensex *ist nicht etwa eine Erfindung unserer heutigen Zeit,*
sondern wurde zu den verschiedensten Zeiten immer wieder praktiziert,
wie z. B. hier auf dieser Tuchmalerei aus Bali, Ende 19. Jh. (?)
Museum für Völkerkunde der Staatlichen Museen, Preußischer Kulturbesitz, Berlin

**Krokodilsschwanz in Form
eines Penis.** *Erotische Darstellung
auf einem sogenannten »Haus-
brett« aus Neuguinea, Südsee.
Diese Bretter wurden als Zier-
verkleidungen an den Häusern
angebracht. Völkerkundemuseum
der Staatlichen Museen, Preußischer Kulturbesitz, Berlin*

Kannibalismus. *Simhala, ein reicher indischer Kaufmannssohn, wird von einer als Prinzessin verkleideten Menschenfresserin verführt. Andere Kannibalinnen sind damit beschäftigt, die Opfer ihrer Verführungskünste zu verschlingen. Die Zusammenhänge zwischen Sexualität und Kannibalismus, wie sie in dieser Höhlenmalerei, 5. Jh., aus Ajanta anklingen, wurden erst von der Tiefenpsychologie des 20. Jh. in voller Tragweite aufgedeckt.*

Weibliche Idolfigur *aus Neu-Kaledonien in Melanesien. Museum für Völkerkunde, Basel*

Ein sogenannter Adu. *Ritualfigur bei der Hinrichtung von Ehebrecherinnen. Nias, Indonesien. 2. Hälfte 19. Jh. Museum für Völkerkunde der Staatlichen Museen, Preußischer Kulturbesitz, Berlin*

Garten der Lüste. *In diesem Gemälde schildert Hieronymus Bosch, 1453 — 1516, die ewige Sehnsucht des Menschen nach dem paradiesischen Zustand, in dem sexuelle Wünsche jeglicher Art erfüllt werden. Prado, Madrid*

Von Isis
zu Heliogabal

Geschwisterehe der Könige

Den Urbeginn verkörperte in Ägypten ein Weib. Kein Vatergott, der Himmel und
Erde schied und in sieben Tagen die Welt erschuf, sondern eine Muttergottheit
stand am Anfang allen Denkens: Als »Vater aller Väter, als Mutter aller Mütter
von Anbeginn der Welt« hatte sie alles Leben hervorgebracht. Die Mysterien, mit
denen sie verehrt wurde, duldeten keines Mannes Teilnahme, als »verschleiertes
Bild zu Sais« wurde die Himmelsgöttin Nuth mystifiziert. Ihre Macht war gewaltig: sie ließ ihren Milchregen über die Erde kommen, auf ihrem Rücken trug sie
den Sonnengott, der täglich über den Himmel fuhr. Es gab noch andere Muttergottheiten in Ägypten, aus deren Schoß das Leben kam und in den es zurückkehrte: Der Taghimmel war im Bereich der Muttergottheit der Raum, in dem sich
Geburt und Tod der Sonne vollzogen, der Nachthimmel war das Spiegelbild der
Erde, und beide zusammen, Nacht und Erde, bildeten jenen dunklen Schoß, aus
dem alle lebendigen Wesen, alle Tiere und Menschen, die Pflanzen- und Lichtgott-
heiten entsprangen, um wieder von ihm verschlungen zu werden. Auch die Göttin
der Dattelpalme Hathor, die auf ihrem Haupt die Sonne trug, wurde als leben-
spendende Kraft verehrt; die Dattelernte wurde bei Neumond, also im Zeichen des
»weiblichen« Gestirns, vollzogen und ausschließlich von Frauen eingebracht.

Für den Ägypter der frühen Epochen war das Männliche undenkbar ohne die
Umhüllung bergender Weiblichkeit. Auch der Ackerbau und selbst das Recht
stammten für den Ägypter ja vom Großen Weiblichen, das hier in der Gestalt der
Göttin Isis verkörpert war. Das Weibliche als Große Mutter war das Prinzip des
Schöpferischen und benötigte keinen Mann; in der ägyptischen Frühzeit wurde
zwischen Geburt und Geschlechtsakt keine kausale Beziehung hergestellt. Das lag
nicht etwa daran, daß man solche Zusammenhänge nicht begriffen hätte – die
Ägypter züchteten Tiere und kannten den funktionalen Mechanismus in seinen
äußeren Abläufen –, aber sie interpretierten sie nicht im biologischen Sinn. Man
könnte, um den Vorgang verständlich zu machen, den Ausdruck gebrauchen, daß
sie diese Kausalität »nicht wahrhaben wollten«.

Man mag sich fragen, was die Mythologie der Ägypter mit ihrem sexuellen Leben zu tun gehabt haben soll, doch werden wenige Beispiele zeigen, daß die Erotik
in den Frühstufen der Kultur überhaupt nur aus ihren religiösen und gesellschaftlichen Bedingungen verstanden werden kann. In der ägyptischen Mythologie
spielte der Mann zunächst keine oder nur die Sohnesrolle, obwohl im Alltag Männer und Frauen selbstverständlich miteinander lebten wie überall auf der Welt.
Bezeichnend für diese Mutterwelt ist, wie der männliche Phallus anfangs nur als
Symbol der Kastration in Form eines Opfers mit dem Altar verbunden war. In
dem Maße aber, wie der Mann äußerlich seine Herrschaft zu festigen verstand,

rückte auch der Phallus in den Mittelpunkt der kultischen Verehrung: Osiris wurde stets mit riesigen Geschlechtsorganen abgebildet, und bei den Prozessionen trugen die Frauen mächtige Phalli in den Händen, die durch einen sinnreichen Mechanismus von Schnüren zu handhaben waren. Noch immer aber stand hinter Osiris die mächtige Muttergottheit Isis, und der Historiker Diodor (1. Jh. v. Chr.) stellte rückblickend fest: »Weil Isis den Menschen die größten Wohltaten erwiesen hat, sei es verordnet worden, daß die Königin größere Macht und Ehre haben soll als der König; selbst unter Privatpersonen erlangte das Weib durch Heiratsvertrag die Herrschaft über den Mann, indem der Bräutigam sich anheischig machte, in allen Stücken seiner zukünftigen Frau zu gehorchen.«

In der Beziehung zwischen den Geschlechtern spiegelte sich das kosmische Verhältnis zwischen den Himmelsgöttern wider, und zwar nach dem Vorbild der königlichen Familie. Plutarch (50–125 n. Chr.) hatte geschrieben: »Die Liebe zwischen Isis und Osiris ist so groß gewesen, daß sie sich schon im Mutterleibe vereinigt haben.« Diese Geschwister entstammten der Himmelsgöttin Nuth, und ihre leidenschaftliche Verbindung wurde vom Pharao nachvollzogen; es gehörte zu seiner königlichen Pflicht, seine leibliche Schwester zu heiraten, weil er nur so seine mutterrechtliche Legitimation erlangte. Jede königliche Prinzessin erhielt daher von vornherein den Titel einer »königlichen Gattin«. Die ägyptische Geschichte kennt ein vielfach überliefertes Beispiel für die Bedeutung dieses kultischen Inzests: Als der König Sesostris III. zu einem Feldzug gegen Nubien aufbrach, übergab er dem Bruder die Verwaltung des Reiches, doch verbot er ihm, das Diadem zu tragen und mit der Königin zu schlafen. Der Bruder widerstand der Versuchung nicht, die Macht an sich zu reißen, sich selbst auf den Thron zu setzen und sich mit dem Diadem zu krönen. Aber erst als er die Königin zu seiner Gattin gemacht hatte, war er wirklich der Pharao. Nur von Tochter zu Tochter wurde die Macht vererbt, und erst durch die Ehe mit der königlichen Schwester wurde der Bruder zum König.

In diesem königlichen Inzest ist die intensivste Form der Endogamie, der Heirat innerhalb einer Kaste, verwirklicht, wie man sie aus dem Leben der Naturvölker kennt. So stark war diese im Laufe der Jahrtausende freilich häufig unterbrochene Überlieferung, daß noch Kleopatra (51–30 v. Chr.) mit ihren beiden Brüdern Ptolemaios XIII. und Ptolemaios XIV. vermählt wurde. Als sie dann den Römer Antonius heiratete, verkörperte sie das Prinzip der weiblichen Macht. Eine zeitgenössische Quelle erzählt: »Sie zeigte sich im Gewande der Isis dem Volke. Antonius folgte ihrem Thronsessel zu Fuß. Die Schilde der römischen Soldaten trugen Kleopatras Namen, als Herrin überragte sie Antonius, ihren Osiris-Gemahl.« Die Geschwisterehe nach diesem Vorbild war auch im Volke üblich, und die Worte »Bruder« und »Schwester« hatten zeitweise im Sprachgebrauch der Ägypter die gleiche Bedeutung wie »Geliebter« und »Geliebte«. Es gab im Inneren Afrikas noch bis vor kurzem Völker, bei denen der Inzest eine ähnliche Bedeutung hatte; auch bei diesen afrikanischen Stämmen heiratete der königliche Bruder die Schwester, und man hat daraus schließen wollen, daß die frühesten Bewohner des Niltales aus Afrika eingewandert seien; andere Wissenschaftler nehmen an, daß es umgekehrt die Ausstrahlung der ägyptischen Hochkultur auf die afrikanischen Reiche war, die zu diesen Ähnlichkeiten geführt hat, so daß die Frage offenbleiben muß. Geschwisterehen gab es übrigens nicht nur in Ägypten, sondern auch bei den Persern, den Sassaniden, auf Bali und Java sowie in den präkolumbianischen Kulturen, auch hier nur als aristokratisches Prinzip kosmischen Ursprungs: Der Inka, die Verkörperung der Sonne, als Gottmensch über alles Volk erhaben, heiratete seine älteste Schwester. Selbstverständlich hatte er, wie der Pharao, zahllose Konkubinen zu seiner Verfügung.

Die Ägypter haben ein überaus intensives Liebesleben geführt, das in ihrer erotischen Lyrik einen vollkommenen Ausdruck fand. So dichtet der Jüngling: »Sieben Tage sah ich die Geliebte nicht. Krankheit hat mich befallen. Mein Herz ist schwer, ich habe mich selbst vergessen. Wenn die Ärzte kommen, bin ich mit den Mitteln nicht zufrieden, keinen Ausweg finden die Beschwörer, meine Krankheit wird nicht erkannt. Erst wenn man mir sagt, siehe, sie ist da, so belebt es mich, ihr Name ist, was mich erhebt, besser als alle Mittel für mich ist die Geliebte.« Unzählige Verse dieser Art gibt es, die Schönheit der Freundin wird mit orientalischer Phantasie gepriesen, und man spürt die Leichtigkeit des Lebens in diesen Versen, mit denen ein junges Weib um ihren Liebhaber wirbt: »Mein Gott, mein Geliebter. Es ist süß, vor dir ins Wasser zu springen und zu baden. So zeige ich dir meine Schönheit in dem Gewand aus feinstem königlichem Linnen, wenn sie naß geworden ist. Ich steige mit dir ins Wasser und kehre mit dir zurück . . . Glänzend schlüpft ein roter Fisch zwischen meinen Fingern hindurch. Komm, sieh mich an.« Diese wohlhabenden Ägypterinnen mit ihren leichten Gewändern und ihrer raffinierten Kosmetik verstanden sich auf die Liebeskunst wie die temperamentvollen Männer. Niemand fand etwas dabei, sein Geschlecht zur Schau zu stellen, denn auch die Götter zeigten ja ihre Schönheit und sexuelle Kraft. Auf die Götter ging auch der folgende seltsame Brauch zurück: Der zerstückelte Osiris, der von seinem Bruder Set ermordet worden war, wurde von der verzweifelten Isis zusammengesetzt; den verlorenen Phallus ersetzte sie durch ein künstliches Glied, das sie in den Mund nahm und ihm göttlichen Atem einhauchte; diese zärtliche Belebung des kraftlosen Mannesgliedes galt im ägyptischen Liebesleben als eine vollkommen natürliche Handlung. Auf diese Weise hatte ja auch Osiris die Kraft erhalten, den göttliche Falken Horus zu zeugen, den Sonnengott. Man glaubte nun in Ägypten, daß ein künstlicher Phallus auch nach dem Tode des Geliebten liebesfähig sei. Die Priester stellten daher kleine Terrakotta-Obelisken her, in denen der auf Leinen und Harz modellierte Phallus des jeweils verstorbenen Gatten aufbewahrt wurde. In dieser »Urne des Geschlechts« wurde auch ein Zettel hinterlegt, dessen Text lautete: »Auf daß ich mit dir auch dort der Liebe pflegen kann!« Daß bestimmte kosmische Vorstellungen auch auf die erotischen Positionen Einfluß hatten, sei nur am Rande vermerkt: In der Stellung von Mann und Frau zueinander wiederholte man das Oben und Unten von Erde und Himmel. Wie aber sah nun der ägyptische Alltag der Liebe aus?

Es war selbstverständlich für jeden gesunden Mann, eine Gattin zu nehmen; Ptah-Hotep, ein Berater des damaligen Pharao, schrieb 2800 v. Chr.: »Wenn du dazu in der Lage bist, gründe dir einen Hausstand und liebe deine Frau in ihrer Häuslichkeit, wie es sich gehört. Fülle ihren Leib und bekleide ihren Rücken. Erfreue ihr Herz, solang sie da ist. Sie ist ein trefflicher Acker für den Mann.« Er schließt diese Lebensregel mit der Erkenntnis: »Erfülle ihre Wünsche, solange du lebst. Beobachte genau, was ihre Wünsche sein könnten, so wirst du deine Frau veranlassen können, bei dir zu bleiben. Wenn du dich gegen sie stellst, wird es dein Untergang sein.« Hier spricht die Achtung vor der Weiblichkeit und die Ahnung von der unheimlichen Macht der Großen Mutter, die sich für den Ägypter noch in jeder Frau verkörperte.

Die Eheleute schlossen Heiratsverträge, oft auch nur auf Zeit. Im Scheidungsbrief hieß es dann wohl: »Mit den Kindern, die du gezeugt hast, hast du den Ehevertrag zu meiner Zufriedenheit erfüllt.« Es gab Eheverträge, die aus der Perspektive der Frau formuliert waren, aber auch das Gegenstück. Auf die Ehe mit ihrer unbefangen bejahten Sexualität fiel nur dann ein Schatten, wenn die Frau unfruchtbar war. Dies galt als die »große Sünde«; die Frauen beteten dann wohl im nahen Tempel einen geweihten Phallus an und berührten ihn oder hoben vor dem mächtigen schwarzen Apis-Stier ihr Kleid, um ihm ihren Schoß zu zeigen, damit er sie magisch begatte und fruchtbar mache wie die Erde. Die Unfruchtbarkeit der Frau war ein Scheidungsgrund; andererseits spielten Gefühle durchaus eine Rolle: »Ich verlasse dich als Ehemann, da ich dich hasse und da ich einen anderen Mann liebe. Ich werde dir zweieinhalb Maß Silber geben und dir die zweieinhalb Maß Silber zurückgeben, die du mir als Brautgeschenk gegeben hast.« So heißt es in einer Scheidungserklärung. Auch damals endeten also mißlungene Ehen in finanziellen Auseinandersetzungen, nur daß solche Trennungen nicht moralisch gewertet wurden. Der vornehme Ägypter hatte jederzeit die Möglichkeit, sich mit den »Freudenspenderinnen« zu amüsieren. Diese Tanzmädchen mit ihren langen, schwarzen Haaren und nur mit einem Hüftgürtel bekleidet waren erfahren im Saitenspiel wie in der Liebe; sie gehörten zu einem wohlhabenden Hausstand, und wenn Gäste geladen waren, verstand es sich von selbst, daß die Herren sich zu gegebener Zeit mit den Mädchen zurückzogen. Wenn diese amourösen Vergnügungen flüchtige sexuelle Erlebnisse blieben und sich nicht an geweihter Stätte, etwa in einem Tempelhain oder in der Nähe eines heiligen Tieres, abspielten, galten sie nicht als Ehebruch.

Es sind aus Ägypten keine Liebeslehren erhalten wie zum Beispiel aus Indien, doch kannte die erotische Kultur alle Raffinessen. Wie die ägyptischen Knaben, so wurden auch die Mädchen beschnitten, eine barbarische Prozedur vor allem bei Frauen, deren sexuelle Empfindungsfähigkeit auf diese Weise stark herabgesetzt wird. Die Darstellungen der bildenden Kunst kennen daher auch alle erotisch nur denkbaren Techniken, die geeignet sind, diesen Mangel an literarischem Niederschlag auszugleichen.

Die ägyptische Ehe darf als harmonisch gelten, weil sie einerseits in vollkommener sexueller Unbefangenheit gelebt wurde, andererseits aber auch der Frau

Spielraum zur Entfaltung bot; sie war keine in einem Harem verschlossene und verschleierte Sklavin, sondern ein freier Mensch, ihrem Gatten in zärtlicher Liebe verbunden, nicht anders als die Königin ihrem König verbunden war. Das Bruchstück eines Briefes, den ein Verwalter an seinen Gutsherrn schrieb, läßt uns den Einfluß der Frau ahnen: »Ich habe dir gesagt, daß ich den Acker nicht länger bestellen lassen will. Nun aber sagt meine Wohnungsgenossin, die Herrscherin meines Hauses: Nimm diesen Mann nicht von seinem Felde, überweise es ihm und laß es ihn bestellen.« Psychologische Beobachtungen der weiblichen Psyche beweisen, welche Aufmerksamkeit der Mann ihr widmete: »Man lernt das Herz eines Bruders nicht kennen, wenn man ihn nicht im Elend angerufen hat. Man lernt das Herz eines Dieners nicht kennen, wenn sein Herr nicht in Not geraten ist. Man lernt das Herz einer Frau nicht kennen, wie man niemals den Himmel kennenlernt.« Die Ägypter wußten sehr genau, wie man eine Frau behandeln muß, damit das Zusammenleben glücklich ist. Vielleicht unterscheiden sie sich darin nicht einmal von Angehörigen der unter härteren Bedingungen lebenden Naturvölker, aber sie verstanden, ihre Erkenntnisse so differenziert auszudrücken, daß sie noch heute wirken wie aus der Sprechstunde eines modernen Psychologen, obwohl sie 2000 Jahre älter sind als das Neue Testament: »Beaufsichtige nicht argwöhnisch deine Frau in ihrem Hause, wenn du ihre Tüchtigkeit doch kennst. Sage nicht zu ihr: wo hast du es hingetan, bringe es her, wenn sie es doch an die richtige Stelle gelegt hat. Dein Auge blicke umher, aber du schweige. Du kennst ja ihre guten Werke. Sie ist froh, wenn deine Hand mit ihr ist . . .« (Fürstauer).

Kein Volk, das sich bei aller Sinnenfreude so stark mit dem Tode auseinandergesetzt hat wie die Ägypter, deren Totenkult und Totenstädte unglaubliche Dimensionen angenommen haben. Daß auch die Ehe nicht mit dem Tode beendet war, zeigen die »Urnen des Geschlechts«; aber es gab nicht nur diese naive Übertragung der Sinnlichkeit ins Totenreich, sondern auch das lebendige Gefühl. Was ein glücklich verheirateter Mann seiner Gattin zu sagen hatte, zeigt die folgende Grabinschrift: »Ich habe dich zum Weibe genommen, als ich ein junger Mensch war, und ich war mit dir. Dann habe ich alle Gnaden erreicht, aber ich habe dich nicht verstoßen und dein Herz nicht leiden lassen. Siehe, was ich immer getan habe und hohe Ämter bekleidete, ich habe dich nie vergessen. Ich habe niemals meinen Gewinn dir verheimlicht, und man hat niemals gefunden, daß ich dich mit Geringschätzung behandelt hätte. Meine reichen Essenzen, die schönen Geschenke und die kostbaren Kleider habe ich nie in eine andere Wohnung bringen lassen, weil ich dir keinen Kummer machen wollte. Als du an der Krankheit, die du hattest, daniederlagst, habe ich einen Diener der Gesundheit kommen lassen, der hat getan, was notwendig war und was du ihm sagtest. Und als ich nach Memphis zurückkehrte, bat ich den Pharao um Urlaub und kam zu dir . . .«

Scheidungen kamen in Ägypten aus mannigfachen Gründen vor. Neben der schon erwähnten Unfruchtbarkeit galten »seelische Grausamkeit«, das heißt die Beleidigung des Partners, abstoßende Krankheiten und eheliche Untreue als Gründe; diese wurde übrigens als Verbrechen geahndet, nicht selten von den Eltern und Verwandten der Frau, ebenso wie Gattenmißhandlung. Andererseits gab es auch die »Scheidung auf Übereinkunft«, wobei die Schuldfrage auf bösartige Dämonen geschoben wurde. Das ägyptische Liebes- und Eheleben weist also alle Züge auf, die bei einer verfeinerten Zivilisation zu erwarten sind und dem entsprechen, was auch wir kennen, doch scheint das Leben am Nil leichter und eleganter, sorgloser und unproblematischer gewesen zu sein. Kein schlechtes Gewissen plagte den, der Hathor huldigte, der Göttin der freien Liebe, nur klug mußte man sein, wenn im Straßengewimmel von Theben oder Heliopolis die grazilen, braunhäutigen Ägypterinnen aus halb geschlossenen Augenlidern einen neugierigen Blick auf den Mann warfen: sie waren gepflegt, modisch gekleidet, trugen elegante Frisuren oder Perücken, goldenen Schmuck, Glasperlen oder Blumen, und jede war sich ihrer Weiblichkeit bewußt. Deshalb lautete einer der zahllosen Ratschläge an den Mann: »Wenn eine Frau schöner ist, als deine Selbstbeherrschung ertragen kann, so geh ihr aus dem Weg.«

Die Jungfrauen vor dem Tempel

Die große Hure des Alten Testaments hieß Babylon: sie »war dem Herrn ein Greuel« und sie war es vor allem den halbnomadischen Wüstenstämmen des Volkes Israel, das unter Abraham von Ur aus den Euphrat hinauf bis nach Harran zog und dann in Palästina einwanderte, etwa um 1500 v. Chr., als Babylons Glanzzeit unter dem König Hammurabi schon überschritten war. Mesopotamien, das »Zweistromland« zwischen Euphrat und Tigris, heute den Staaten Türkei, Syrien und Irak zugehörig, hat als eines der alten Kulturländer der Welt keine so gleichmäßige, kontinuierliche Entwicklung erlebt wie Ägypten, dessen Traditionen sich über 4000 Jahre erhalten haben. Drei Völker haben nacheinander das Leben Mesopotamiens geprägt, die Sumerer, die Babylonier und die Assyrer; es war ein bäuerliches Leben, denn das Land war keine Wüste, sondern reichlich bewässert und fruchtbar. Es gab Haine von Dattelpalmen, Gemüse und Getreide; das Land wurde mit Ochsengespannen beackert, und in den Gärten wuchsen Kürbisse und Melonen. In den großen, mauerumwehrten Städten mit ihren Tempeltürmen wurden Märkte abgehalten, die Häfen hatten Reedereien und Werften, und auf den Strömen spielte sich ein lebhafter Schiffsverkehr ab; Kommissionäre erledigten für die großen Handelsherren die Geschäfte, Karawanen zogen über Land, Konvois von Handelsschiffen über See, mit Waren beladen. Das Kapital hatte sich schon damals in Banken organisiert, und auch die ersten Versicherungen auf Gegenseitigkeit im Fall eines Verlustes von Schiffen und Karawanen wurden abgeschlossen. Daß dieses ganze Wirtschaftssystem auf Sklaverei beruhte, versteht sich von selbst. Dieses Bild entspricht den Zuständen etwa um 1700 v. Chr., als Babylon noch das Zweistromland beherrschte. Die Anfänge der mesopotamischen Kultur geben noch immer Rätsel auf: Niemand weiß bis heute, woher die Sumerer kamen, die schon um 3000 v. Chr. im Zweistromland lebten und sich in Stadtstaaten organisiert hatten, ehe die Wüstenvölker ihr Reich eroberten und sich assimilierten.

Sodom und Gomorra. *Der Auftritt der großen babylonischen Hure wird mit visionärer Eindringlichkeit von Albrecht Dürer geschildert. Als Sinnbild von Verworfenheit und Lasterhaftigkeit der Menschen in Sodom und Gomorra beschwört sie den Untergang dieser Städte herauf. Holzschnitt, 1497/98*

Auch in Mesopotamien war die Ehe die selbstverständliche Form des Zusammenlebens zwischen den Geschlechtern. In den sumerischen Stadtstaaten scheint ein »Recht der ersten Nacht« bestanden zu haben, denn das Gilgamesch-Epos, die älteste Dichtung der Menschheit (Ende des 2. Jh.), sagt: »Zum Familienhaus will ich dich führen, das Schicksal der Leute ist die Erstwahl der Brautschaft. Für den König von Uruk als Erstwerber ist geöffnet das Netz der Leute. Die so zur Ehe bestimmt sind, beschläft er, er zuvor, dann nachmals der Ehemann, nach göttlichem Recht ist's geboten, schon als man ihm abschnitt die Nabelschnur, ward's ihm bestimmt.« Dieser uralte Vorgang der Defloration durch den Feudalherrn, der bis weit ins europäische Mittelalter nachgewiesen ist, bedeutete damals wohl keine besonders schimpfliche Form der Machtausübung, sondern eine Mischung aus Magie und Psychologie, wie die moderne Sexualforschung nachgewiesen hat. Die Zerreißung des Hymen und die Blutung müssen für die Menschen der Frühzeit schreckerregend gewesen sein, so daß nur der Herrscher böse Folgen, kraft seines Mana, abwehren konnte. Außerdem wurde der Haß des Weibes auf den, der sie deflorierte, von ihrem Gatten abgelenkt. Die Psychologie kennt den Begriff der »Deflorationsangst«; er tritt nicht nur bei Frauen auf, sondern ebensosehr bei Männern, die ja etwas, was unter Umständen unangenehm sein kann, zu leisten haben. Bei einigen Stämmen deflorieren sich die Mädchen selbst mit Hilfe eines glatten Stabes, der in rhythmischer Ekstase als künstlicher Phallus benutzt wird, und man sagt, nun sei der Weg frei für den Gatten. Bei anderen Naturvölkern, etwa auf Sumatra, dient die Defloration der »Öffnung des Weibes«, damit die Befruchtung durch eine magische Macht erfolgen könne; der Liebesakt wurde aus Lust vollzogen, ohne Vorstellung von der biologischen Kausalität, und die eigentliche Befruchtung wurde nicht als Folge des Geschlechtsaktes verstanden, sondern als Wirkung übernatürlicher Kräfte. Erst wenn man diese Gedankengänge kennt, erscheint das jus primae noctis (Recht der ersten Nacht) im alten Mesopotamien verständlicher und wirkt um vieles humaner als die puritanische Brautnacht des neunzehnten Jahrhunderts, die oft genug zur Schreckensnacht wurde. Einer solchen »anonymen« Defloration diente vermutlich auch eine eigentümliche Sitte, die Herodot beschreibt: Zur Zeit der Opfer für die Göttin Ischtar saßen vor dem Tempel Mädchen, denen jeder, der vorbeikam, eine Münze in den Schoß werfen konnte; damit erwarb er das Recht, sie zu beschlafen. Herodot schreibt, die Einkünfte aus der Hingabe der babylonischen Jungfrauen dienen der Erhaltung des Tempels. Keines der Mädchen durfte heimgehen, ehe es einen Mann gefunden hatte, der sie im Namen der Göttin entjungferte. Diese Deutung kann man aus Herodots abschließendem Satz entnehmen: »Hernach aber mochten sie bieten, soviel sie wollten, sie taten's nicht mehr.«

Mesopotamien ist kein Land gewesen, das wie Ägypten vollständig unter der Macht des Weiblichen stand. Semitische Wüstenstämme hatten die Sumerer unterworfen; sie lebten, wie alle Nomaden, im Patriarchat. Die Grundlage jeder Ehe war ein Vertrag, und war kein Vertrag geschlossen, so existierte eben auch keine Ehe. Dieses juristische Denken ist typisch für Babylonien, dessen Herrscher Hammurabi (1728–1686 v. Chr.) sich mit der berühmten Gesetzsammlung ein Denkmal gesetzt hat, nachdem es ihm gelungen war, ganz Mesopotamien unter seine Herrschaft zu bringen. Die Stellung der Frau in der Gesellschaft war in diesen Gesetzen klar umrissen und ausreichend geschützt. Selbstverständlich bezogen sich die Vorschriften vor allem auf die Frauen der herrschenden Klassen; so war die Eheschließung ein gesellschaftlich-wirtschaftlicher Vorgang, der durch Paragraphen geregelt war. Zunächst zahlte der Mann einen Kaufpreis für ein Mädchen, der als »Garantiesumme« bei den Eltern verblieb und zurückgezahlt wurde, wenn das Verlöbnis sich löste. Die Scheidung war möglich und erlaubt, die Erbfolge ging über die Manneslinie. Die Gesetze, die die ehelichen Beziehungen regelten, geben uns ein lebendiges Bild des mesopotamischen Lebens. So heißt es im Kodex Hammurabi: »Wenn eine Frau wegen eines anderen Mannes ihren Ehemann töten läßt, wird man diese Frau auf einen Pfahl tun« oder »Wenn eine Frau nicht schuldlos ist, wenn sie weggeht, ihr Haus vergeudet, ihren Gatten vernachlässigt, dann soll man diese Frau in das Wasser werfen«. Ins Wasser geworfen wurde auch die Frau, die eine Scheidung beantragte, ohne ihre Klage beweisen zu können. An sich hatte die Frau in Babylonien dem Mann zu gehorchen, dem Vater als Tochter, dem Mann als Gatten. Das Wort »Liebe« existierte weder als Begriff noch als Grund für eine Eheschließung, höchstens als Motiv des Ehebruchs. Immerhin billigte man einer geschiedenen Frau einen eigenen Willen zu: »Wenn jemand eine Nebenfrau oder Ehefrau, die ihm Kinder geboren hat, zu verstoßen gedenkt, so soll er jenem Weibe ihr Geschenk zurückgeben und ihr zubilligen einen Nutzanteil an Feld, Garten und Habe, damit sie ihre Kinder aufziehe. Wenn sie die Kinder aufgezogen hat, soll ihr von allem, was ihre Kinder erhalten, ein Anteil wie der eines Sohnes gegeben werden. Der Mann ihrer Wahl kann sie heiraten.« (Malina).

Die Monogamie ergab sich aus den wirtschaftlichen Verhältnissen, war aber anormal. Daß ein Mann sich Nebenfrauen halten konnte, galt als selbstverständlich. Die Stellung der Nebenfrau war unsicherer als die der Hauptfrau, denn wenn sie hochmütig wurde, pflegte man sie zu verkaufen. Nur wenn sie Kinder hatte, blieb sie als Sklavin in der Familie, erfreute sich also eines gewissen sozialen Schutzes und der gewohnten Umgebung. Die eheliche Treue von seiten der Frau war ein Reflex der Angst, kein sittliches Gebot, wie die Forderung nach Treue dem Besitzbegriff entsprang; auch das Reittier, das dem Herrn gehörte, durfte nur vom Herrn geritten werden. Insgesamt war die Sexualität in Babylonien wie zuvor in den Hirtenkönigtümern der Sumerer durchaus »bürgerlich«, und der Zorn der Propheten auf die große Hure Babylon wäre kaum zu verstehen, hätte es nicht die Göttin Ischtar und befremdliche Bräuche in den Tempeln gegeben.

Tempeldienst für Ischtar

Auch bei den Sumerern war die große Muttergöttin der Anfang allen Lebens und aller Fruchtbarkeit, und der Hirtenkönig empfing seine Macht aus der Vereinigung mit der Priesterin, die das weibliche Prinzip auf der Erde verkörperte. Dummuzi und Innana hießen die sumerischen Gottheiten, die als Paar mit Tod und Auferstehung den ruhigen Zyklus des Bauern- und Hirtenjahres in Bewegung hielten. Es sind dies nicht die einzigen Götter gewesen, aber ihre Bedeutung übertraf die der übrigen Natur- und Gestirnsgötter; sie wurden von den Akkadern, mit diesem Sammelbegriff bezeichnet man die Babylonier und Assyrer, übernommen. Diese Eroberer, härter und gewalttätiger als die bäuerlichen Sumerer, wurden von der

Kultur des unterworfenen Volkes geprägt; doch auch sie veränderten diese Kultur und nicht nur die Namen der Götter: aus Dummuzi wurde Tammuz, aus der milden, weiblichen Fruchtbarkeitsgöttin Innana die männerfressende Ischtar, die alle Aspekte des Weiblichen umfaßte, vom Männerhaß bis zur Mutterschaft, von blühender Lockung bis zur wilden Orgiastik; der verkörperte Sexus der Frau.

Der auf Ischtar übertragene Mythos der Göttin Innana macht verständlich, was zum Abscheu der alten Israeliten auf den gewaltigen Tempeltürmen, den Zikkurat, in Babylonien geschah, und erklärt die Bräuche, die noch den Touristen Herodot irritiert haben, wenn er sie auch treulich aufzeichnete. In Urzeiten, so berichtet die Sage, wandelte die herrliche Innana über eine blühende Weide, da erblickte sie den schlafenden Dummuzi, einen Jüngling, der seine Herden dort weidete. Zwischen Blumen und Kräutern unter dem Sternenhimmel schenkte sie sich ihm und genoß die Lust seiner Umarmungen. Aber dieses Glück dauerte nur, bis die düstere Totengöttin Ereschkigal den königlichen Hirten in ihr Schattenreich lockte: »Da verwelkten die Blüten der Erde, nicht trat der Stier mehr zur Kuh, die Weiber lagen allein in der Stube.« Wie eine Königin den Palast einer anderen Königin besucht, so begibt sich Innana in die Unterwelt und läßt sich der schrecklichen Ereschkigal melden. Sieben Tore muß sie auf ihrem Weg durchschreiten, und sieben Kleidungsstücke muß sie jeweils zurücklassen, wenn sie eines der Tore durchschritten hat. Die Göttinnen stehen sich Auge in Auge gegenüber; voll Haß entfesselt Ereschkigal gegen Innana »sechzig Krankheiten«, bis die übergeordneten Götter, besorgt um den Fortbestand der Welt, zugunsten Innanas eingreifen: Sie wird freigelassen, mit dem Wasser des Lebens besprengt und erhält ihre Kleider zurück. Mit Beginn des Frühlings feierte das Volk die Rückkehr des göttlichen Hirten Tammuz und seine Wiedervereinigung mit der Geliebten; dies war das Neujahrsfest, das in Babylon später zu Ehren der Ischtar gefeiert wurde. Es gibt verschiedene Lesarten dieser Fruchtbarkeitsmythe, die hier nicht erörtert werden sollen. Wichtig ist das Fest selbst, das als göttliche Hochzeit vollzogen wurde.

Wenn die Sterndeuter den richtigen Zeitpunkt bestimmt hatten, entzündeten die babylonischen Tempeldienerinnen die mit Naphtha gespeisten Opferfeuer, die von den Plattformen des Tempelturmes weithin ins Land leuchteten. Unten auf den Plätzen vor dem Tempel drängte sich das Volk, das laut um den göttlichen Tammuz klagte und den Beginn des Festes erwartete, während die Trommeln dröhnten und Fackeln die Nacht erhellten. Die Klage der Frauen galt dem Verlust des Männlichen, aber auch der Höllenfahrt der Ischtar, die in der Unterwelt gefangen war und alles mit hinabgenommen hatte, was Leben und Fruchtbarkeit verhieß. Immer wilder wurden die Klagen, mit den Fingernägeln zerkratzten sich die Frauen die Brüste und schrien hysterisch; niemand hätte in diesen Nächten vor dem Ischtarfest einen Mann zu umarmen gewagt, kein Mann näherte sich einer Frau. Als sich die Erregung bis zum Höhepunkt gesteigert hatte, verkündeten Trompeten den feierlichen Augenblick: Im Priestergewand erschien der König und nahm aus den Händen einer Dienerin ein Getränk, dem ein Aphrodisiakum beigemischt war. Während unten auf dem Platz sich die Männer unter das Gewimmel der Frauen mischten, schritt der König, von der Priesterschaft begleitet, ins Heiligtum der Ischtar. Hoch auf der obersten Plattform des Tempelturms erwartete ihn die Oberpriesterin in einer Kammer, wo sie auf einem goldenen Prunkbett lagerte; sie war in Schleier gehüllt und mit Goldschmuck und einem Diadem geschmückt. Dann legte der König seine Gewänder ab, und nackt vor aller Augen vollzog er wieder und wieder den rituellen Akt, stellvertretend für Tammuz, den strahlenden Gott des Frühlings und Gatten der Ischtar. In diesen Augenblicken fiel die ekstatische Angst von der Menge ab, Tempeldienerinnen schenkten unter wildem Jubel aus bauchigen Tonkrügen Wein aus, die Plätze waren von Fackeln erhellt. Überall opferte man junge Böcke oder Stierkälber, deren blutige Phalli man den steinernen Abbildern der Ischtar in den Schoß warf, bevor man sich selbst in orgiastischen Umarmungen der großen Göttin ergab. Dieser sexuelle Taumel und die triumphierende Bejahung der Lust mögen manchem Fremden abstoßend erschienen sein. In seinen Ursprüngen muß dieses Fest als ein natürlicher Vorgang erlebt worden sein: Nun wußte man wieder, daß die Lebenskraft siegte, daß die Herden sich vermehren, die Saaten reiche Ernte bringen würden. In einer Zeit, die das Naturgeschehen nur auf magische Weise zu beeinflussen vermochte, weil die biologischen Kausalitäten noch nicht faßbar waren, müssen diese Riten eine tiefe Überzeugungskraft besessen haben. Den frommen Israeliten, die an ihren Stammesgott als den Einen und Einzigen glaubten, war das alles nicht nur unverständlich, sondern ein Greuel. Der Tempeldienst, in der Mythe von Ischtar verankert, war ursprünglich streng geordnet, erst nach Jahrhunderten ist der Kult zur niederen Prostitution entartet.

Wie der Götterhimmel ein Abbild der sumerisch-akkadischen Menschenwelt war, nur ins Riesenhafte vergrößert, so spiegelte sich im Kult für Ischtar das Eheleben im Zweistromland. Es gab für die Gottheit eine rechtmäßige Gattin, die vollkommen tugendhaft zu sein hatte, sowie drei verschiedene Klassen von Nebenfrauen. Jedes Mädchen, das von seinen Eltern zu dem als ehrenvoll empfundenen Tempeldienst bestimmt war, wurde von den Priestern in allen Künsten unterrichtet; dazu zählten Gesang und Tanz, das Flötenspiel und gelegentlich auch Lesen und Schreiben. Nach ihrem Noviziat wurden die Mädchen der höchsten Rangklasse geweiht und durch eine Operation sterilisiert. Diese Tempeldienerinnen waren in Babylon die einzigen wirklich freien Frauen, die nur die eine Verpflichtung hatten, jedem Manne zu gehören, der dem Tempel den vorgeschriebenen Tribut zahlte. Die babylonischen Männer heirateten solche Mädchen gern, denn sie hatten erotische Erfahrung und brachten in die Ehe eine nicht unerhebliche Mitgift mit, die sie sich während des Tempeldienstes erspart hatten, der übrigens zeitlich begrenzt war. Allerdings mußten solche ehemaligen Hierodulen (Tempeldienerinnen) eine Sklavin mit in die Ehe bringen, denn sie selbst durften als frühere Nebenfrauen der Gottheit von ihren Ehemännern keine Kinder empfangen. Für den Nachwuchs war die Sklavin da. Diese Regelung galt nur für die ranghöchste Klasse der Tempeldienerinnen, die unteren Klassen konnten von jedermann Kinder empfangen.

Wie stark der erotische Reiz dieser Mädchen war, verrät das Gilgamesch-Epos, das den Kampf der Geschlechter mit dem Sieg des Weibes enden läßt. Enkidu, der unzähmbare, bärenstarke Jäger, wird durch den Städtebauer mit List bezwungen, denn der lockt ihn mit einer Tempeldienerin. Im Text heißt es, aus der Sicht des Königs: »Dies ist er, Hure. Mach frei deine Brüste. Deinen Schoß tu auf, er schwelge in deiner Lust. Scheu dich nicht, nimm hin seinen Atemstoß. Sieht er dich erst, wird er dir nahen. Dein Gewand entbreite, daß auf dir sich bette, schaff ihm, dem Wildling, das Fangwerk des Weibes. Sein Wild wird ihm untreu, das aufwuchs mit ihm auf der Steppe. Fülle wird sich auf dich legen. Ihren Busen machte die Hure frei, tat auf ihren Schoß, er schwelgte in ihrer Lust. Sie scheute sich nicht, nahm hin seinen Atemstoß. Entbreitete ihr Gewand, daß er auf ihr sich bette, schaffte ihm, dem Wildling, das Fangwerk des Weibes, seine Fülle legte sich auf sie. Sechs Tage und sieben Nächte war Enkidu auf, da er die Hure beschlief. Als er von dem Genuß satt war, hat er den Ort vergessen, an dem er geboren . . .« Zum erstenmal in der Weltliteratur klingt da ein Motiv auf, das in der Antike von Homer, in neuerer Zeit von Richard Wagner aufgenommen worden ist: Enkidu ist ein Vorläufer Achills, der unter den Weibern sein Heldentum vergißt, und Tannhäusers, der im Hörselberg von Frauenliebe überwältigt wird. Es ist das Thema des Mannes, der trotz all seiner Kraft vom Weib bezwungen wird.

Der Dienst an der Großen Göttin forderte von den Menschen die Bejahung der Sinneslust, das Beispiel der Tempeldienerinnen machte Schule, und so entwickelten sich in Babylon Verhältnisse, die von den Propheten des Alten Testaments zornig angeprangert wurden. Auch der römische Schriftsteller Curtius Rufus, der eine zehnbändige Geschichte Alexanders des Großen geschrieben hat und wohl kurz vor der Zeitwende lebte, hat die Zustände mißbilligend beschrieben: »Nichts ist verderbter als die Sitten Babylons, nichts geeigneter, zu wilden Begierden zu reizen und zu verlocken. Eltern und Gatten dulden es, daß ihre Töchter und Gattinnen unzüchtigen Umgang haben, wenn nur Geld für die Schande bezahlt wird. Zechgelage sind eine Lieblingsbeschäftigung der Könige und ihrer Hofbeamten. Am meisten sind die Babylonier dem Wein und allen Ausschweifungen der Trunkenheit ergeben. Die Frauen, die an den Gastmählern teilnehmen, erscheinen zunächst in anständiger Kleidung, dann aber legen sie die Obergewänder ab, und allmählich verleugnen sie jede Scham so weit, daß sie zuletzt auch die letzten Hüllen von sich werfen, und diese Schmach erlauben sich nicht nur Buhlerinnen, sondern auch verheiratete Frauen und Jungfrauen, bei denen diese Preisgabe ihres Körpers als Galanterie gilt.« Die moralische Entrüstung war gewiß berechtigt, auch sie ein literarisches Motiv, das die Autoren des Abendlandes zu immer neuen Höchstleistungen angespornt hat, aber dem modernen Europäer will das alles doch wohl nicht so gräßlich verderbt erscheinen wie dem braven römischen Historiker. Freilich, die römische Liebeskunst eines Ovid war noch nicht geschrieben, und Rom lernte gerade von den Hellenen die Reize der Aphrodite kennen und die verfeinerten Sitten der Liebe.

Aphrodite, die Schaumgeborene

Aphrodite, die schaumgeborene Liebesgöttin der Griechen, kommt von weit her, sie ist dieselbe Göttin, die auch im Vorderen Orient unter den Namen Ischtar, Aschtoret oder Astarte verehrt worden ist. Ischtar galt als die besonders liebesbedürftige, aber auch grenzenlose Liebeslust spendende Göttin. Der Morgen- und Abendstern, die Venus, war ihr geweiht, und unter den Tieren die Taube (Kerenyi). Auch sie ist aus dem Wasser geboren, aus einem Ei, das die Fische im Euphrat gefunden und ans Ufer geschoben hatten. Man wird den Unterschied zwischen der großlinigen Mythologie der Babylonier und der griechischen Götterwelt in ihrer tiefsinnigen Vielfalt und Lebendigkeit kaum besser verstehen, als wenn man mit dieser Sage vom Ei der Ischtar die poetischen Mythen um Aphrodite vergleicht.

Der Vater der Aphrodite ist Uranos, der Himmelsgott, der mit seiner Gattin Gäa, der Erde, zahlreiche Kinder zeugte, aber nur bei Nacht im Schutze der Finsternis. Diese Kinder waren ihm verhaßt, und er verbarg sie vor dem Licht »in der inneren Höhle« der Erde. Seine Gattin Gäa ächzte unter diesem Druck und versuchte, sich mit einer List zu helfen: Sie brachte grauen Stahl hervor und verfertigte daraus eine gezähnte Sichel. Dann wandte sie sich an ihre Söhne, die der Dichter Hesiod, der Überlieferer dieser Sage, mit Namen nennt. Okeanos und Kronos, aber auch Hyperion gehören zu diesen sechs titanischen Brüdern. Die verzweifelte Mutter erklärte den Söhnen, der böse Vater müsse für seine Mißhandlung bestraft werden, er sei es gewesen, der zuerst »eine schändliche Tat« ersonnen hätte. Die Titanen erschraken, und niemand antwortete, nur der riesige Kronos – später wird er, der Zeitgott, jedes Jahr das ihm geborene Kind verschlingen – ermannte sich und versprach der Mutter, das Werk auszuführen. Da freute sich die Mutter Erde und versteckte ihn an einem geeigneten Ort. Dann weihte sie ihn in ihren Plan ein und gab ihm die messerscharfe Sichel. Als mit der heraufziehenden Nacht der mächtige Himmelsgott Uranos kam und sich, entflammt von sexueller Lust, über die Erde warf, um sie zu begatten, griff der Sohn mit der Linken zu und packte das Geschlecht des Vaters, mit der rechten Hand schwang er die Sichel, hieb den riesigen Phallus ab und warf ihn in weitem Schwung hinter sich ins Meer. Von nun an beschlief Uranos niemals mehr die Erde, die zeitlose Urzeugung fand ihr Ende, und die Herrschaft des Kronos begann. Lange wurde nun die Männlichkeit des Himmelsgottes auf den Wellen hin und her getrieben, und weißer Schaum (griechisch: Aphros) trat aus dem Glied des Gottes. Aus diesem Schaum bildete sich ein Mädchen und entfaltete sich zu blühendem Wuchs. Zuerst schwamm sie, so berichtet Hesiod, zur Insel Kythera, dann nach Zypern. Dort stieg die schöne, schamhafte Göttin aus dem Wasser, und sobald ihr Fuß die Erde berührte, sprossen Blumen, wohin sie trat, auch wurde sie vom ersten Augenblick an von Eros begleitet, dem Liebesgott, und seinem Doppelgänger Himeros (griechisch: Sehnsucht). Die Lust, das Flüstern der Liebe, das Lachen und die Milde wurden Aphrodite zugeordnet, denn im griechischen Dasein stand alles unter göttlicher Ordnung. Dieser Götterhimmel war jedoch mit seinen blutigen Verbrechen und Eifersuchtsszenen, seinen aufbrausenden Gefühlen im Guten wie im Bösen ein Abbild der Menschenwelt, freilich auf eine Weise gedeutet, die auch den heutigen, psychologisch denkenden Menschen immer wieder erstaunen läßt.

Es gibt über Aphrodite viele sagenhafte Erzählungen. So soll sie nach einem anderen Bericht aus einer Muschel geboren und in einer Muschel an der Insel Kythera gelandet sein. Botticelli hat sie auf einer solchen Muschel dargestellt. Hier wird übrigens deutlich, wie die mythologische Überlieferung reale Inhalte transponiert und mit sich führt: Kythera ist dem Südostzipfel des Peloponnes vorgelagert, eine Insel, auf der ein bedeutendes Heiligtum der Aphrodite bestand und wo Purpurschnecken gefischt wurden. Die Verbindung zwischen dem alten Handwerk und der Mythe ist offensichtlich, wenn man die Geschichte von Nerites kennt. Es gab nach der Überlieferung nämlich eine kleine, aber wunderschöne Muschel, die nur in reinem Wasser lebte. Der Sage nach ist Nerites der einzige Sohn des Meergreises Nereus gewesen, schöner als alle Götter und Menschen. Aphro-

Hermaphroditen *sind sagenhafte Zwitterwesen, die in Griechenland aufgrund ihrer bisexuellen Veranlagung als Schutzherren des
Liebesglücks beider Geschlechter verehrt wurden. Attische Schale,
2. Hälfte 5. Jh. v. Chr. Museum von Korinth*

dite liebte ihn und lebte mit ihm unten im Wasser wie mit einem Geliebten. Als
sie herauf ans Licht und auf die Erde gerufen wurde, wollte sie Nerites mitnehmen,
aber er wünschte, bei seinen Geschwistern zu bleiben; auch die ihm angebotenen
Flügel schlug er aus. So verwandelte ihn die Göttin in eine Muschel und wählte
als Begleiter den jungen Liebesgott Eros, dem sie Flügel schenkte. Diese eigentümliche Verbindung zwischen der Liebesgöttin, dem Wasser und der Muschel reicht
weit ins Unterbewußte: Noch heute gilt den Tiefenpsychologen die Muschel als
Traumsymbol des Weiblichen.

Wie Demeter und Artemis ist Aphrodite als Göttin der Fruchtbarkeit verehrt
worden, vor allem auf Zypern. Jährlich kamen hier die Männer und Frauen der
Insel zusammen und wanderten gemeinsam zu einem Heiligtum. Dort übergab
man den in die Mysterien Eingeweihten Salz und einen Phallus, woraufhin die
Besucher als Gegengabe der Göttin eine Münze erhielten. Auch hier, wie beim

Ischtar-Kult, gab es die religiös begründete Hingabe der Mädchen an Fremde, von uns fälschlich als Prostitution bezeichnet, weil die Gabe des Mannes an die Göttin in einer Münze bestand.

Mit den Heiligtümern Zyperns ist auch eine der tiefsten Erkenntnisse des griechischen Geistes im Bereich der Erotik verbunden. Daß die Geschlechtlichkeit biologisch im Mutterleib noch nicht differenziert ist, also je nach Verlauf der Entfaltung aus dem Embryo entweder ein männliches oder ein weibliches Wesen entstehen kann, wußten die Griechen nicht; auch kannten sie nicht die Einsicht der modernen Psychologie, daß jeder Mensch sexuell eine unterbewußte Sehnsucht hat, sowohl männlich als auch weiblich erleben zu können. Freud hat zu diesem Bereich in seinen »Drei Abhandlungen zur Sexualtheorie« (1905) gesagt: »Im menschlichen Wesen findet sich eine Männlichkeit oder Weiblichkeit weder im psychologischen noch im biologischen Sinn. Der einzelne besteht vielmehr aus einem Gemisch seiner eigenen biologischen Geschlechtsmerkmale und den biologischen Merkmalen des anderen Geschlechtes sowie einem Gemisch aus Aktivität und Passivität, unabhängig davon, ob diese psychischen Merkmale durch die physischen Merkmale bedingt sind oder nicht.« Die tief begründete Einheit der Geschlechter, wie sie auch in der Hormonverteilung sichtbar wird – der Mann besitzt weibliche, die Frau männliche Hormone –, ist von den Griechen aber geahnt und mythologisch erfaßt worden. Aphrodite gebar nämlich ihrem Liebhaber Hermes ein Kind, das sowohl weiblichen als auch männlichen Geschlechtes war. Dieses göttliche Zwitterwesen nannte sie »Hermaphroditos«. Es hatte die Geschlechtsmerkmale des Mannes, die Brüste der Frau und galt als Inbegriff mann-weiblicher Vollkommenheit. Überall stellten die Griechen Statuen solcher Hermaphroditen auf und opferten ihnen, denn Hermaphroditos wachte über dem Liebesglück beider Geschlechter. Einer anderen Sage nach wuchs Hermaphroditos zu einem strahlenden Knaben heran. Als er fünfzehn Jahre war, verliebte er sich in Salmakis, eine Nymphe, die zur Quelle gleichen Namens gehörte. Gegen seinen Willen lockte sie ihn hinab ins Wasser und zwang ihn zum Genuß der Liebeslust. Ihren leidenschaftlichen Wunsch, nie von dem Geliebten getrennt zu sein, erhörten die Götter: sie vereinigten sie mit dem Hermaphroditos zu einem einzigen, zweigeschlechtlichen Wesen. Der Quelle verliehen Hermes und Aphrodite auf Wunsch des Hermaphroditos eine besondere Wirkung: Jeder Mann, der in ihr badete, ging halb als Mann, halb als Weib daraus hervor und war dadurch verweiblicht.

Diese Sage ist nicht etwa Produkt einer sogenannten Dekadenz, einer im sittlichen Verfall begriffenen Zeit, obwohl die griechische Sinnlichkeit, ästhetisch auf die weibliche Brust, nicht auf den Schoß gerichtet und an der Knabenliebe entfaltet, hier ihr Verlangen gleichsam potenziert und zu einer einzigen Gestalt inkarniert hat. Solche androgynen Gottheiten (griechisch, aner: Mann, gyne: Weib) werden außer im alten Orient zwar zum ersten Male erst bei Theophrast (372–287 v. Chr.) genannt, aber reichen in ihrer Entstehung weiter zurück. Nach Theophrast stellte man im Inneren der Häuser Standbilder des Hermaphroditos auf, die man am vierten und siebenten Tag jeden Monats bekränzte. Der vierte Tag war dem Hermes und der Aphrodite heilig und galt seit jeher als günstig für die Genüsse der Liebe. Wie aber sahen nun diese Genüsse im erotischen Alltag aus, wie erlebten die Griechen die Liebe?

Das Schicksal der Penelope

Unsere Vorstellungen über die griechische Antike sind geprägt von Götterstatuen und Vasen, die in unseren Museen aufgestellt sind, vom Anblick der Tempeltrümmer an klassischer Stätte und von Namen wie Sokrates und Plato, deren bärtige Marmorgesichter dem heutigen Menschen nichts mehr sagen. Selbst wer die griechischen Sagen oder Dramen kennt oder einen klassischen philosophischen Text gelesen hat, macht sich doch kein Bild von dem Temperament, der Genußfreude und der Sinnlichkeit dieses erotisch vollkommen unbefangenen Volkes, dessen politische Blütezeit, das goldene perikleische Zeitalter, nicht einmal hundert Jahre (480–399 v. Chr.) umfaßt. Man wird die Schilderungen Homers, deren Überlieferungen bis ins zweite Jahrtausend v. Chr. zurückreichen, aber um etwa 800 v. Chr. niedergelegt worden sind, nicht als eine gültige Schilderung des griechischen Lebens in seiner ganzen Breite nehmen. Aber auch hier, bei all diesen Helden und Göttinnen, spielt die Lust eine erhebliche Rolle. Vergleicht man die Ilias etwa mit dem Nibelungenlied oder der Edda, so wäre es undenkbar, daß in einem nordischen Heldengedicht in aller Breite beschrieben würde, auf welche Weise die Gattin des höchsten Gottes ihren Gemahl zur Liebe verführen will, wie Hera dies mit Zeus vorhat, um den Griechen besser helfen zu können. So leiht sich Hera sogar den »Zaubergürtel der Liebe und Sehnsucht« von Aphrodite aus und überredet Hypnos, den Gott des Schlafes, Zeus »nachher« einzuschläfern. Die ironische Variante ehelicher Möglichkeiten liefert Aristophanes mit seiner Komödie »Lysistrata«, in der er den wehrkraftzersetzenden Traum vom Frieden träumt, wobei als taktisches Mittel die Verweigerung des ehelichen Beischlafes angewandt werden soll. Die tatsächliche Stellung der Frau in der Gesellschaft hat Demosthenes ebenso knapp wie treffend in seiner »Rede gegen Nearis« umrissen: »Die Hetären (griechisch: Geliebte, Freundin) haben wir zu unserem Vergnügen, die Nebenfrauen zur täglichen persönlichen Bedienung und die Ehefrauen, damit sie uns Kinder gebären und unser Haus treulich verwalten.« Für die Frauen muß diese Aufgabenteilung leichter zu bewältigen gewesen sein als die Zusammenfassung aller dieser Funktionen in einer einzigen Ehefrau, wie dies heute im europäisch-amerikanischen Kulturkreis der Fall ist; wobei meist die Hetäre in der Nebenfrau und die Nebenfrau in der Hausfrau aufgeht.

In Athen soll der Sage nach Kekops, der Gründer der Akropolis, die Ehe eingeführt haben. Der Erfolg war dementsprechend: »Nicht freiwillig und von Natur, sondern durch das Gesetz gezwungen bequemt man sich zum Heiraten und Kinderzeugen.« In Sparta herrschten strengere Sitten. Der sagenhafte Gesetzgeber Lykurg, auf den die gesellschaftliche Ordnung Spartas zurückgeführt wird, soll es im Grunde gewünscht haben, daß die »besten und edelsten Männer« alle Weiber gemeinsam besäßen. Ein alternder Gatte führte in Sparta seiner Frau selbst einen kräftigen Jüngling zu; das Ziel war die Nachkommenschaft. Die griechische Mutter, überhöht dargestellt in der Gattin des Odysseus oder in der jugendlichen Andromache, die ihren Gatten Hektor vor Troja verliert, wurde kaum je als Herrin, sondern vor allem als Gebärerin gesehen, damit die Stadt volkreich sei und damit Vorfahren und Götter geehrt werden können. Bei den Achäern, dem altgriechischen Volksstamm, dessen Name bei Homer für alle Griechen steht, mußte ein Mann seine Braut vom Vater »kaufen«, und zwar so, daß die zu erwartende Mitgift an Rindern größer war als die von ihm zu zahlende Kaufsumme. Die Braut war bei dieser Transaktion nicht eigentlich Gegenstand des Handels, sondern nur der Anlaß. Wer heiratete, dachte an die Nachkommenschaft und an die Arbeit im Haus. Die offizielle Verlobungsformel enthielt denn auch den Passus, die Verbindung erfolge »zur Erzeugung rechtmäßiger Saat«. Selbstverständlich wählte der Mann nur eine Frau, die schön war und seine Sinne reizte, und ebenso selbstverständlich verfügte er über sie wie über sein Vieh. Es stand deshalb in seiner Macht, sie beim Gelage seinen Freunden anzubieten oder sich Nebenfrauen zu nehmen. So hatte Priamos, der König von Troja, fünfzig Söhne: »Ihrer neunzehn wurden aus einem Schoß mir geboren, aber die anderen zeugte ich mit Nebenfrauen in der Wohnung.« Wenn der Mann in den Krieg zog, verhielt er sich als Krieger, und die Frauen der Besiegten wurden seine Beute, aber von seiner Frau erwartete man Treue wie von Penelope, der Gattin des Odysseus. Daß ein Grieche seine Gemahlin aus seelischer Zuneigung gewählt hätte, ist nahezu ausgeschlossen, wenn auch überwältigende Leidenschaft – wie im Falle der schönen Helena, die Paris, dem Königssohn, nach Troja folgte – als mildernder Umstand galt; Menelaos verzieh bekanntlich seiner schönen Gattin, ohne ein Wort über ihren Ehebruch zu verlieren. Das aber war eine Ausnahme; an der Frau interessierten außer ihren Reizen, die in der Literatur oft deutlich geschildert wurden, ihre häuslichen Fähigkeiten: Vor allem mußte sie backen und schneidern können und sich, was offenbar nicht ganz einfach war, in der Zubereitung der Wolle auskennen, um jeder Magd das rechte Arbeitspensum zuteilen zu können (Licht). Dieser »edlen Einfalt« eines stilisierten Frauentyps, der noch in der Schillerschen Glocke nachgewirkt hat, steht die Aggressivität der unbefriedigten Gattin gegenüber:Des brotlosen Sokrates braves Eheweib Xanthippe, die ihren Mann nicht verstand, hat der Gattung den Namen geben müssen, dabei war sie nicht anders, als ein normaler Grieche sich seine Frau wünschte. Selbst Solon, der Gesetzgeber Athens, dessen ganzes Bemühen die Gerechtigkeit im Staat gewesen ist, hatte die Frauen als Bürde des Mannes betrachtet. Er gestand ihnen höchstens drei Kleider zu, erlaubte ihnen zwar Kosmetika in Form von Salbölen, damit der Mann Gefallen an ihnen fände, aber sah in ihnen nur die Mütter griechischer Söhne.

Bei den Spartanern ist der Gedanke der Nützlichkeit noch stärker ausgebildet als bei den übrigen Griechen. Lykurg war der Ansicht, die Spartaner sollten wie bei Tieren auf Züchtung achten. Wenn man Hündinnen und Stuten mit den besten männlichen Tieren belegen lasse, müsse man dafür sorgen, daß die Frauen körperlich schwacher oder ältlicher Männer nicht von ihren rechtmäßigen Besitzern, sondern von gesunden, kräftigen Männern Kinder bekämen. In Sparta hatte sich noch die Sitte der Raubehe erhalten, bei der die Braut so lange wie möglich Widerstand leisten mußte; auch dies ein uralter Versuch, den tüchtigen Mann zu ermitteln. Wenn die Gattin ein Kind geboren hatte, wurde es von einem staatlichen Gutachter untersucht, und wenn es Mängel aufwies, war der Vater verpflichtet, es vom Felsen Taygetos, einem Berg im Peloponnes, in die Tiefe zu stürzen.

Eifersucht auf andere Männer, die zur Familie gehörten, war in Sparta absurd, denn Verwandte und Freunde durften mit der eigenen Frau schlafen, damit die Bereitschaft zur Empfängnis auch voll genutzt wurde. Man verließ zwar die rechtmäßige Gattin nicht um einer anderen, jüngeren Frau willen, durfte aber seinerseits mit den Frauen der Brüder oder Freunde schlafen, wenn man als kraftvoller und erbtüchtiger Spartaner erwünscht war und Abwechslung wünschte. Diese Art des Beischlafs innerhalb der Sippe oder im Freundeskreis wurde jedoch nur im Dunkeln vollzogen.

Junggesellen galten in dieser Gesellschaft als halbe Männer und mußten öffentliche Selbstkritik üben. Ebenso hielt man einen Mann, der in seiner Ehe keine Kinder zeugte, für minderwertig, falls er nicht nachweisen konnte, daß die Schuld an der Unfruchtbarkeit bei der Frau zu suchen war. Die ionischen Sitten, die in Sparta ihre stärkste Ausprägung fanden, und die dorische Lebenslust, verkörpert in der freieren Lebensweise Athens, haben lange nebeneinander bestanden. Für die Frauen in ganz Griechenland aber dürfte gegolten haben, was Euripides in seinem Drama »Medea« die Heldin sagen ließ: »Von allen vernunftbegabten Wesen, die auf Erden leben, fiel das schlimmste Los den Frauen zu. Mit schwerem Geld müssen wir uns den Gatten kaufen und werden ihm dadurch leibeigen. Ob wir einen guten oder schlechten Gatten bekommen, davon hängt unser Lebensglück ab. Für den Ruf der Frau ist jede Scheidung verderblich, aber es ist uns verwehrt, einen Freier abzuweisen. Ungewißheit erfüllt uns, wenn wir in ein neues Haus, in ein neues Leben treten. Wir können nur erraten, wie wir unseren Gatten zu behandeln haben, denn zu Hause hat uns das niemand gelehrt. Wenn es uns gelingt, daß die Ehe dem Manne nicht zur Last wird, ist das ein beneidenswertes Glück. Sonst ist es besser zu sterben. Denn wenn es dem Mann zu Hause nicht behagt, sucht er sich Erholung und Trost außer Haus. Wir aber haben nichts, nichts als den Mann. Man sagt, die Männer müßten in den Krieg, während wir im sichern Schutz des Hauses bleiben. Diese Rechnung trügt. Ich möchte lieber dreimal zu Felde ziehen als einmal Mutter werden.«

Die Tugend der Römer

Rom war ein Männerstaat, und wenn man an Roms Frauen denkt, stellt man sich Matronen vor: Herrinnen, die mit Gelassenheit eine Kinderschar großziehen, dem Mann zur Seite stehen und die Geschicke des Hauses lenken. Der Widerspruch zwischen dem Patriarchat der römischen Gesellschaft und der beherrschenden Rolle der Frau ist nur scheinbarer Art: Die römische Familie ist ein Rechtsinstitut (Malina), und es geht nicht um Natur und Eros, sondern um die Erfüllung von Eheverträgen, deren Prinzip die Monogamie war. Diese starr wirkende Rechtsordnung, eine Schöpfung des nüchternen und frommen Römertums, ist vielleicht aus etruskischen Sitten zu erklären. Man kann die Entwicklung der römischen Kultur nicht nur aus sich selbst verstehen, sondern muß den ihr zugeflossenen Elementen Rechnung tragen: Der Wohlstand und die Üppigkeit des etruskischen Volkes mit seinem raffinierten Sinnengenuß, der Grausamkeit seiner Männer sowie der matriarchalische Zug seiner Gesellschaftsordnung haben im Römertum ihre Spuren hinterlassen, und sei es nur als Gegenreaktion des kulturell Unterlegenen. Der griechische Historiker Theophanos hat das Verhältnis der Etrusker zur Erotik ausführlich beschrieben. In seiner absoluten Ungehemmtheit entspricht es dem griechischen Empfinden: »Alle Kinder, die geboren werden, ziehen die Etrusker auf, oft ohne zu wissen, wer der Vater ist. Sind die Kinder herangewachsen, machen sie es wie ihre Väter, veranstalten oft Zechgelage und verkehren mit allen Weibern, die ihnen gefallen. Nicht einmal das gilt den Etruskern anstößig, in aller Öffentlichkeit Knaben zu gebrauchen oder sich gebrauchen zu lassen, denn auch die Knabenliebe ist bei ihnen landesübliche Sitte. So fremd ist ihnen das Schamgefühl in sexuellen Dingen, daß sie, wenn der Hausherr gerade geschlechtlichen Verkehr hat und jemand kommt und fragt nach ihm, ganz ruhig erklären, er mache gerade dieses oder jenes oder lasse es mit sich machen, wobei sie den jeweiligen Liebesakt mit der größten Unbefangenheit genau beschreiben. Der Liebe und dem geschlechtlichen Verkehr huldigen sie sich teils gegenseitig zuschauend, meistens aber, indem sie von Stangen, die an den Betten befestigt sind, Vorhänge herablassen. Sie sind zwar sehr toll auf Frauenliebe, aber weit mehr Gefallen finden sie an Knaben und Jünglingen.«

Die Römer, zunächst den Etruskern unterworfen, dann ihre Herren, haben diesen Zug des etruskischen Wesens vollkommen verdrängt. Den Purpursaum der Toga, die Wagenspiele, das Rutenbündel und die Münzprägung hatten die Römer von den Etruskern übernommen, doch nichts von der Sinnenfreude dieses todessüchtigen Volkes. Selbst harmlose Bekundungen der Verliebtheit waren den Römern schon ein Greuel, und sie scheuten sich nicht, auch hier prinzipiell zu reagieren. Wenn in Ägypten der Pharao Amenophis IV. mit seiner schönen Gattin Nofretete in aller Ungezwungenheit Zärtlichkeiten austauschte, so entsprach das dem allgemeinen Empfinden. In Rom galt es zeitweise als grober Verstoß gegen Sitte und Anstand, im Beisein anderer zu der Gattin zärtlich zu sein. Von Cato, dem unerbittlichen Gegner Karthagos (234–149 v. Chr.), wird berichtet, er habe einen Konsul aus dem Senat ausgestoßen, weil dieser seine Frau in Gegenwart der eigenen Kinder geküßt habe. Die moderne Völkerpsychologie mag zwischen der fanatischen Sittenstrenge des frühen Rom und dem militärischen Aggressionstrieb Kausalitäten ahnen.

Indessen halten solche Zustände archaischer Sittenstrenge ja nicht für alle Zeiten an, und die unterdrückte Sexualität findet Möglichkeiten, sich zu äußern. Bis zu den Punischen Kriegen, die eine Zeitspanne von etwa hundert Jahren bis zur Zerstörung Karthagos im Jahre 164 v. Chr. umfaßten, behauptete sich das römische Ideal der »domina«, die einfach gekleidet war und nach dem Gesetz Schmuck im Wert von höchstens einer Unze Gold an sich trug. Ihre Stellung in der Gesellschaft war stärker als die der griechischen Frau, weil die Römerin rechtlich gesichert war. Im europäischen Kulturkreis hat die »domina« fortgewirkt, als Dame; aus dem lateinischen Wort abgeleitet, repräsentiert sie noch heute den Klassenbegriff versunkener Epochen, aber auch die Welt der Herrinnen.

Man hat die indirekte Herrschaft der Frauen über die Männer in Rom bald sehr lebhaft empfunden. Horaz (65–8 v. Chr.) hob hervor, als er das Leben der Skythen schilderte, daß dort nicht »die begüterte Gattin den Mann beherrsche«, und der Satiriker Martial, ein gebürtiger Spanier (ca. 38–100 n. Chr.), der sich bereits mit dem Sittenverfall auseinandersetzte, äußerte sich mit kaum verhülltem Spott: »Warum ich keine reiche Frau heirate? Weil ich keine Lust habe, die Frau meiner Frau zu sein.« Von innen heraus lockerten sich die Sitten, je mehr Provinzen Rom unterwarf, bis zu seinem Sieg über Griechenland (197 v. Chr.), der für die römische Kultur so folgenreich werden sollte. Aber niemals, auch nicht zu Lebzeiten Catos, als noch die alten Römertugenden herrschten, hatte sich das etruskische Erbe ganz verdrängen lassen. Das römische Jahr kannte mehr als hundert »feriae«, und jeder dieser Festtage forderte die strenge Beachtung kultischer Vorschriften, um dann der sexuellen Zügellosigkeit freien Lauf zu lassen.

Dem Faun, Gott der Wälder und Wildnisse, der drohende Züge trug, aber auch die Fruchtbarkeit förderte, waren die Lupercalien geweiht, die »Wolfsfeste«. Die Floralien, die Blumenfeste, wurden in ausgedehnten Trinkgelagen gefeiert, auch sie verbunden mit sexueller Hingabe; ähnlich wurden die Liberalien am 17. März gefeiert, die uralten italischen Fruchtbarkeitsgöttern galten, dem Pater Liber und der Libera, einem Paar, aber keinem Ehepaar. Der Ritus bleibt rätselhaft: alte Weiber, mit Efeu bekränzt, verkauften in den Straßen Roms Honigkuchen (lateinisch: liba), die sie im Namen der Käufer dem Götterpaar auf einem kleinen tragbaren Herd opferten. Später wurde der Menge bei Umzügen ein gewaltiger Phallus vorangetragen; nach Abschluß der Prozession weihten sich die Menschen öffentlich dem Priapus. Dieser Priapus, ursprünglich ein Fruchtbarkeitsgott aus Kleinasien, hatte sich seit dem 4. Jh. v. Chr. den antiken Mittelmeerraum erobert. Seine Statuetten mit riesigem, aufgerichtetem Glied wurden allerorten aufgestellt, und in Rom verkörperte er die Sexualität wie Ceres das Gedeihen des Getreides oder Vulcanus das nicht verlöschende Feuer. Das dem Priapus bestimmte Opfertier war der angeblich stets geile Esel; die Dienste des Gottes versagten denn auch selten. Wenn eine Frau trotz eifrigen Umganges mit ihrem Gatten nicht schwanger wurde, begab sie sich zum Heiligtum des Priapus, um sich das Glied der Statue einzuführen. Kaum jemals blieb dieses Mittel erfolglos. Ob allerdings der Gott selbst oder etwa der Priester des Heiligtums, der die kultische Handlung vornahm, für die Schwangerschaft sorgte, wird schwer zu entscheiden sein: Während des rituellen Aktes kehrten die Frauen dem Gott, auf den sie sich setzen mußten, den Rücken zu. Jedenfalls erfreute sich Priapus seiner Erfolge wegen bei den römischen Frauen größter Beliebtheit, und man trug Amulette des zeugungskräftigen Gottes aus Ton oder Bronze bei sich, deren Eindeutigkeit niemanden in irgendeiner Weise in Verlegenheit setzte.

Die wildesten Feste Roms waren die Saturnalien, die am 15. Dezember gefeiert wurden. Wenn die Feldarbeit vorüber war, beging man einst im bäuerlichen Rom ein Erntefest, bei dem man sich mit Kerzen und Tonpuppen beschenkte. Während des Festes waren die Unterschiede zwischen Herren und Sklaven sieben Tage und Nächte lang aufgehoben. Alle saßen am gleichen Tisch, teilten Bett und Kammer, und jedermann war alles erlaubt, was an etruskischer Sinnenfreude verdrängt worden war. Eine Orgie der Ungebundenheit und überschäumender Lebenslust, die durch keine Hemmungen in Schranken gehalten wurde.

Der Sieg der Großen Mutter

Jedermann hatte in Rom, während Hannibal Italien verwüstete und 211 v. Chr. gegen die Stadt marschierte, unter dem Gesetz des »totalen Krieges« gestanden. Die Legionäre kämpften draußen, während innerhalb der Mauern sich die römischen Frauen von Römern begatten ließen, damit sie im Falle der Vergewaltigung durch die Karthager keine karthagischen Bastarde gebären mußten. Der Untergang fand nicht statt, aber mehr als hunderttausend römische Legionäre fielen auf den Schlachtfeldern und ließen Witwen zurück. Die Verzweiflung über die

Pan und Nymphe. *Als Gott der Fruchtbarkeit und Beschützer des Viehs und der Herden, aber auch als Verbreiter von Unruhe und Schrecken wurde Pan halb als Mensch, halb als Bock dargestellt. Radierung von A. Carracci (1557—1602) nach einer älteren Vorlage*

zermürbende Dauer des Krieges wurde aber so groß, daß es der Senat im Jahre 204 v. Chr. schließlich für richtig hielt, die Kybele anzurufen, da die eigenen römischen Götter, Mars und Bellona, nicht helfen konnten. Kybele, die urtümliche Tierherrin, die schreckliche Große Mutter, die verschlingt und gebärt, wurde in Kleinasien verehrt; man dachte sie sich auf einem Löwengespann über Land fahrend, begleitet von einem rasenden Gefolge, das sich unter greller Musik von Zimbeln, Pauken und Hörnern orgiastisch gebärdete. Die Diener der Göttin geißelten sich während der wilden Tänze, in höchster Ekstase entmannten sie sich selbst. Daß die strengen Römer sich der Hilfe dieser Göttin versichern wollten, charakterisiert ihre innere Unsicherheit: Man schickte also eine Botschaft nach Pergamon und erhielt von dem dortigen König die Erlaubnis, den schwarzen Stein, der die Große Mutter verkörperte, nach Rom zu führen. Als man nach mancherlei Schwierigkeiten den Stein endlich in den Tempel der Göttin Victoria gebracht hatte, stellte sich heraus, daß kein Römer bereit war, sich für die Priesterschaft freiwillig zu entmannen, eine unabdingbare Voraussetzung des Kultes, von dessen Gelingen doch die Hilfe der Göttin und damit der Bestand der Stadt abhing. Man bestimmte also Sklaven, die an sich diese Prozedur vornahmen, und das Fest begann: Unter Wolken von Weihrauch wurden die Riten vollzogen, wobei es nicht an sexuell ausgehungerten Frauen fehlte, die sich unter den Blicken aller den Männern hingaben. Bald darauf erreichte die Botschaft den Senat, Hannibal habe italischen Boden verlassen und sich nach Afrika eingeschifft. Von nun an wurden alljährlich die Feste der Magna Mater begangen, zu denen die Wiederholung orgiastischer Exzesse gehörte.

Als die Punischen Kriege schließlich siegreich beendet waren, konnte selbst der römische Senat die Lebenslust der Bevölkerung nicht mehr unterdrücken, und mit der folgenden Eroberung Griechenlands fand eine verfeinerte Kultur, aber auch die griechische Sinnlichkeit den Weg nach Rom, das sich nun zu einer Weltstadt entwickelte. Die Legionäre, so lange kaserniert und unter straffer Disziplin gehalten, schätzten später griechische Knaben mehr als römische Mädchen, und die Frauen wollten von Einschränkungen nichts mehr wissen. Man hatte Liebschaften, betrog einander und wollte sich ausleben, die altrömische Sittenstrenge rief nur noch Spott hervor. Zu Catos des Älteren Zeiten konnte ein Römer bei einem Ehebruch den Liebhaber seiner Frau straffrei töten, und nach den Ehegesetzen des Augustus mußten Ehebrecher verbannt werden, wobei die Hälfte ihres Vermögens eingezogen wurde; außerdem war ihnen verboten, einander zu heiraten. Aber schon Ende des ersten Jahrhunderts waren diese Gesetze fast vergessen, und auch als sie von späteren Kaisern erneuert wurden, setzte sich jedermann über sie hinweg. Zur Zeit Ciceros gab es die Scheidung nach Übereinkunft, ganz im modernen Sinn, und in den begüterten Kreisen zog man die Konsequenzen aus der Situation. Der alternde Sulla heiratete in fünfter Ehe eine junge, geschiedene Frau, und der 57jährige Cicero verstieß nach dreißigjähriger Ehe seine Gattin Terentia; diese verheiratete sich dann zunächst mit dem Schriftsteller Sallust, später mit Messala Corvinus und wurde mehr als hundert Jahre alt. Er selbst hatte es auf die Mitgift einer jungen und hübschen Person namens Publilia abgesehen, die er dann auch heiratete.

Man könnte mit solchen Skandalen und Skandälchen ganze Seiten füllen; sie zeigen, daß die Institution der Ehe in der Gesellschaft des späten Rom zu einer im Grunde untauglichen Institution geworden war. Eine der Ursachen für diese Entwicklung lag in der Sklaverei, denn jeder Hausherr konnte sich der Mägde bedienen, falls er Lust dazu hatte. Andererseits hielten sich die Damen aus besseren Kreisen an Sänftenträgern, Hausknechten und sonstigen Bediensteten schadlos. Martial zählt in einem Epigramm die sieben Kinder einer Marulla auf, deren Physiognomie deutlich erkennen lasse, wer die Väter seien: der maurische Koch, der plattnasige Athlet, der triefäugige Bäcker, der zarte Liebling des Herrn, der spitzohrige, langohrige Kretin, der schwarze Flötenbläser und der rothaarige Hofverwalter. Nicht immer wird freilich die Unterschiedlichkeit der Liebhaber so groß gewesen sein, daß man sie an den Gesichtern der Nachkommenschaft abzählen konnte. Schauspiele, Zirkusveranstaltungen und Gastmähler, die an sexueller Großzügigkeit nichts zu wünschen übrigließen, brachten die Damen in immer neue Versuchungen, denen zu widerstehen sie keinen Anlaß sahen: Die Athleten, Wagenlenker und Gladiatoren waren nun einmal interessanter und vermutlich auch potenter als der gravitätische Gatte daheim, der sich einen griechischen Knaben hielt und nichts als Geschäfte und Politik im Kopf hatte. Wie ein Mann von Welt eine entzückende Frau, die Gattin eines einfältigen Mannes, verführt, hat Ovid in Versen besungen: Zwar handelt es sich im Gedicht um Paris und Helena, aber tatsächlich waren es Angehörige seiner Kreise, deren Bild er entwarf: Seufzend ergreift der Verliebte beim Gastmahl den Becher der Dame und berührt ihn mit den Lippen dort, wo sie ihn zum Trinken angesetzt hat, er macht ihr Zeichen mit den Augen, mit den Fingern, er schreibt mit Wein zärtliche Chiffren auf den Tisch und flüstert ihr Frivolitäten ins zierliche Ohr, und schließlich stellt er sich betrunkener, als er ist, nur um sie berühren zu können; eine lebendige Szene, die mit einem Erfolg des auf so liebenswerte Weise unverschämten Mannes enden muß. Diese poetische Schilderung gibt nur einen winzigen Ausschnitt aus dem Kolossalgemälde spätrömischer Sitten: Ein hübscher Griechenknabe erzielte damals einen höheren Preis als ein Bauerngut, die Damen verfügten über raffinierte Kosmetika und Salben, meist aus Karthago oder Ägypten, die mit Gold aufgewogen wurden. Man trug nahezu durchsichtige Kleider, farbige, reichbestickte Schleiergewänder aus Kos, wie sie vorher nur in karthagischen Bordellen üblich gewesen waren. Wenn die Schöne in ihrer Sänfte zum Rendezvous getragen wurde, folgten ihr die Klienten, darunter mit grauem Bart und schmutzigem Kittel der meist griechische Hausphilosoph: Er gab ein wenig Unterricht in Philosophie, die Mode war, kümmerte sich um das Schoßhündchen der Herrin und zankte sich mit Türstehern, Wagenlenkern und Handwerkern herum.

Eine unangenehme Konkurrenz für die römischen Frauen, die sich ohnehin gegen die Lustknaben zu behaupten hatten, waren die Hetären, die von findigen Unternehmern aus Griechenland nach Rom importiert worden waren und in öffentlichen Häusern gehalten wurden. In dieser erotisierten Atmosphäre lebte jedermann nach den Grundsätzen Epikurs (371–241 v. Chr.), der erklärt hatte, daß ein lustvolles Leben nicht möglich sei ohne ein vernünftiges, lobenswertes und gerechtes Leben und ein vernünftiges, lobenswertes und gerechtes Leben nicht möglich sei ohne Lust. In den herrschenden Schichten machte man sich diese Grundsätze gerne zu eigen und sorgte unter Vorgabe nüchterner Verständigkeit für Lust. Als Spartacus (73 v. Chr.) den Aufstand der Sklaven organisierte und Crassus nach Einsatz von 40 000 Legionären siegte und 6 000 Aufrührer auf der Via Appia ans

Dieses merkwürdige Wagenrennen – *zwei nackte Mädchen werden von einem peitschenschwingenden ebenfalls unbekleideten Wagenlenker angetrieben – ist als Satire auf den römischen Kaiser Heliogabal zu verstehen. Heliogabal erregte den Spott der römischen Gesellschaft durch seine exzentrischen Sexualpraktiken. Kamee, 3. Jh. n. Chr.*

Kreuz schlagen ließ, wo die verwesenden Leichname monatelang hingen, regte sich niemand darüber auf, und mit geistreichen Witzeleien ging man zur Tagesordnung über: Man ließ sich sein vernünftiges und angenehmes Leben nicht verderben.

Aus diesem unbeschwerten Treiben von gerissenen und ehrgeizigen Männern, die ihre Gattinnen verliehen, von Lustknaben und Günstlingen, Beamten und Patriziern hoben sich die Kaiser und Kaiserinnen mit ihren oft wahnwitzigen Gelüsten und ihrer nahezu unumschränkten Macht. Die Zustände im kaiserlichen Palast sind oft geschildert worden; es genügt deshalb, einige besonders bezeichnende Einzelheiten zu erwähnen, die Rückschlüsse auf die allgemeinen Sitten zulassen. Noch heute nennt man ja eine vollkommen zügellose, triebhafte Frau, die zum Äußersten entschlossen ist, eine Messalina: Sie stammte aus dem Geschlecht der Julier und heiratete mit 25 Jahren als dritte Gattin Claudius, der zehn Monate später Kaiser wurde. Dann war sie die Geliebte des Polybius, eines Freigelassenen des Claudius und hohen Hofbeamten, und ihres Neffen Vinicius, den sie enthaupten ließ. Zu ihren weiteren Freunden gehörte der ehemalige Statthalter von Syrien Vitellius, der diese Liebschaft überlebte, und ein gewisser Traulus Montanus, den sie verführte und töten ließ. Der nächste Liebhaber war Calixtus, der frühere Sekretär des Kaisers Caligula, dann folgte Myron: Dieser hatte seinerzeit auf ihren Befehl die Ermordung des Polybius in die Hand genommen, wurde nun aber in ihrem Auftrage vergiftet. Mit dieser Reihe bekannter Namen ist die Liste der Männer, die sich Messalina ins Bett holte, bei weitem nicht erschöpft; sie nahm Gladiatoren und Fischer, Handwerker und Legionäre, und gelegentlich begab sie sich auch in eines der römischen Bordelle. Den Feldherrn Valerius Asiaticus, der sich um sie bemühte, wies sie zurück, um ihn anschließend durch ihren kaiserlichen Gatten zum Selbstmord verurteilen zu lassen. Ihr Tod entsprach ihrem Leben: Sie verliebte sich leidenschaftlich in einen jungen Patrizier, Roms »schönsten Mann«, der sich im Senat als künftiger Konsul durch scharfe Pamphlete gegen die allgemeine Sittenlosigkeit ausgezeichnet hatte. Sie bewog ihn dazu, einen Mordanschlag gegen den Kaiser vorzubereiten, während sie Claudius davon überzeugte, die Vorzeichen ständen für ihn selbst schlecht, und nur seine Einwilligung zu dieser Ehe könne ihn retten. Diese monströse Intrige wurde von Freigelassenen des Kaisers Claudius aufgedeckt, und die beiden Liebenden wurden 48 n. Chr. hingerichtet. Eine solche Frau wäre im altrömischen Leben undenkbar gewesen. Sie repräsentiert, bei allen individuellen psychopathischen Zügen, die Haltlosigkeit einer ganzen Schicht, die zweihundert Jahre später mit dem Kaiser Heliogabal (Marcus Aurelius Antonius) in sexuellen Taumel versank. Dieser angebliche Sohn Caracallas verwandelte den Palatin in ein Bordell, begattete Männer, Frauen und Pferde, tanzte nackt vor den Legionären, deren Beschützerinstinkte er mobilisierte, und entfesselte orgiastische Feiern, in deren Mittelpunkt ein schwarzer Phallus, ein riesiger Meteorstein, nicht als Symbol, sondern als Gott angebetet wurde. Der Kaiser selbst, der im römischen Imperium den Sonnenkult östlicher Prägung eingeführt hatte, endete nach vierjähriger Regierungszeit am 11.3.222, von Legionären ermordet.

Scheherezaden
und Geishas

Tänze vor dem Schah

Die seit vielen Jahrhunderten auf Europa bezogene Geschichtsschreibung hat die orientalischen Völker entweder als Feinde des Christentums, wie etwa die Türken und Mauren, oder als fremdrassige Exoten, wie die Inder, Chinesen und Japaner, gesehen. Erst in den letzten hundert Jahren weitete sich der Blick zugunsten einer Perspektive, die alle Hochkulturen, neben den Naturvölkern, in das Gesamtbild der Menschheit einbezieht. Aber während die touristischen Sehenswürdigkeiten, vom Tadsch Mahal bis zu den Tempelruinen von Angkor, in das allgemeine Bewußtsein gedrungen sind, kennt man von den erotischen Sitten des Orients nicht viel mehr als den Harem, das Kamasutra als Taschenbuch mit seinen absurd und enttäuschend anmutenden Positionen und allenfalls einige »sehr freie« japanische Kopfkissenbücher. Prinzipiell wird man sagen können, daß die Sexualität in allen orientalischen Ländern nicht mit jenem schlechten Gewissen erlebt wird, wie es für die westliche Welt typisch ist; auch setzt die Verfeinerung der Erotik einen anderen Zeitbegriff voraus, als ihn der hastige Europäer sich leisten zu können glaubt. Im Orient sind die Probleme überdies nicht so sehr moralischer wie formaler Natur; aber auch hier spielen die soziologische Struktur und der »geistige Überbau« eine wesentliche Rolle für das persönliche Erlebnis der Liebe.

Auch im Orient sind Sexualität und Mythos untrennbar miteinander verwoben, und der Mythos spiegelt uralte Bestände an sexueller Erfahrung und Angst. Ein bezeichnendes Beispiel ist die persische Legende vom Heldenweib Banu Guschasp, in der die Männerwelt sich ihren Sieg über die Frau bestätigt. In der Vorstellung vom unbezwingbaren Heldenweib – als Brunhilde im germanischen Kulturkreis, als Legende vom Koka Pandit in Indien und wohl auch in der Gestalt der Penthesilea – lebt die männliche Erinnerung an das Matriarchat fort, dessen Macht von den Männern erst gebrochen werden mußte. Die unersättliche und unbefriedigte Frau stellt eine Herausforderung an die sexuelle Potenz des Mannes dar: Shakespeares Komödientitel »Der Widerspenstigen Zähmung« bewahrt die Erinnerung an ein Thema, das als Amazonenschrecken, als Aufbruch der Weiber zu unabhängiger Herrschaft, immer wieder die Oberfläche des historischen Bewußtseins durchstoßen hat. In Persien ist die Sage vom Reckenweib von mittelalterlichen Poeten mehrfach ausgestaltet worden. Sie schießt, reitet und jagt wie ein Mann, führt Feldzüge und begegnet den Männern mit Verachtung und Haß. Jeden Mann, der sie begehrt, spaltet sie mit einem einzigen Säbelhieb, Sinnbild und Verkörperung eisiger Gefühlshärte. Es gibt verschiedene Fassungen der Legende; in einer »reitet« das Weib einen ihrer Liebhaber in einem kalten Orgasmus buchstäblich zu Tode, um ihn schließlich mit einem Säbelhieb zu kastrieren und die Unterwerfung zu vollenden. Schließlich erscheint, auch dies psychologisch nicht uninteressant, der Vater des Mädchens und verkündet ihr den Beschluß der Männer, sie müsse heiraten (C. v. Bolen). Die Tochter unterwirft sich dem Willen des Vaters, aber ihr Haß gebiert einen sadistischen Entschluß. Zunächst spielt sie ihre Rolle als Braut und läßt sich mit dem schönen Giw ein, der ihr als Verlobter zugeführt wird. Nach einer prunkvollen Hochzeit betreten die Brautleute das Hochzeitsgemach. Beide legen ihre Kleider ab, und der entflammte Mann steigert die Lüsternheit des mordgierigen Weibes. Schließlich will der Gatte den Liebesakt vollziehen, aber in diesem Augenblick greift das Weib nach dem Gürtel, reißt dem Manne den Mund auf und dringt in ihn ein, den Gürtel ihm in den Hals stoßend, eine symbolische Besiegelung der sexuellen Überlegenheit über den am Boden liegenden Mann. In dem Augenblick, in dem sie den Leib auch dieses Mannes mit einem einzigen Säbelhieb spalten will, fällt ihr Vater ihr in den Arm und rettet den Gatten vor seinem grausigen Schicksal.

Abgesehen von dem tiefenpsychologischen und urgeschichtlichen Aspekt der Legende verrät sie auch noch etwas über die persische Erotik: Die Frau wird nicht unterworfen, nur in ihrer Gewalt beschränkt, ihre Aktivität ist ungebrochen. Der Sexualforscher Carl van Bolen hat auf sehr geistvolle Weise nachgewiesen, daß diese Haltung für die Erotik im frühen Persien bezeichnend ist. Unter der Herrschaft der Sassaniden entstand seit 226 n. Chr. das zweite große Perserreich – im Jahre 333 v. Chr. war das erste Reich bei Issos unter dem Ansturm Alexanders des Großen zusammengebrochen – und behauptete sich gegen Römer, Inder, Hunnen und Türken, bis es schließlich von den Arabern erobert wurde. Räumlich reichte es vom Mittelmeer bis zum Indus und vom Schwarzen Meer bis zum Indischen Ozean. Kulturell vereinigte es das Erbe vieler Völker, ein Schmelztiegel der verschiedensten Rassen und Religionen von den Achämeniden bis zu den Parthern und Parsen. In der persischen Erotik war die Frau kein stumpfsinniges Objekt männlicher Lust, sondern eine aktive und reizvolle Gefährtin. Die persische Auffassung schrieb die Symptome männlicher Impotenz einem Dämon oder der Wirkung des bösen Blickes zu. Es gehörte deshalb zur Aufgabe der Frau, den Bann zu lösen, mit einem Amulett des bösen Geistes Wirkung aufzuheben und den Mann zu gewinnen. Aus der patriarchalischen Struktur Persiens haben sich nun ganz andere Formen der Erotik ergeben als etwa diejenigen, die sich im republikanischen Rom entwickelt haben.

Die persische Erotik, nur denkbar im höfischen Rahmen, vollzieht ihre Formspiele auf einen Mittelpunkt bezogen: Ursprünglich ist es der König, und später wird zum König, zum »Pascha«, der geliebte eigene Mann. Dabei geht es nicht vorwiegend um den sexuellen Vollzug, sondern um die Steigerung der Wonnen: Schon der Anblick schöner Frauen erzeugt glühende Gefühle, nicht der Besitz des Weibes, sondern sein Bild und seine Darstellung im Tanz faszinieren den Mann, der seine Vorlust auf immer raffiniertere Weise zu steigern sucht. Nicht nur eine einzige Frau will er anschauen und sich untertan wissen; er sucht seinen Genuß zu vervielfältigen. So entsteht in der Erotik jener Zug zur Massenhaftigkeit, die von allen orientalischen Höfen bekannt ist und die letzten Endes auch der modernen Revue mit »Tausend schönen Frauenbeinen« zugrunde liegt. Einer der persischen Könige, dessen Liebesabenteuer in die dichterische Überlieferung seines Volkes eingegangen sind, hat selbst bei den eigenen Ministern Anstoß erregt: »Er hat jetzt mehr als hundert Frauengemächer, es ist ein wahres Unglück, daß sich unser König so aufführt. Der Eunuch hat im Königspalast neunhundertdreißig Mädchen gezählt, die mit Diadem versehen und mit Reichtümern geschmückt sind. Der König verlangt Steuern von allen Ländern, und in einem einzigen Monat verschwendet er den Tribut einer Provinz.« Die Masse dieser Mädchen war nicht dazu da, einzeln genossen zu werden, sondern jeweils mehrere Haremsfrauen boten zusammen mit Tanz und Spiel dem Schah ein sexuelles Schauspiel, bis er sich, zu höchstem Genuß angeregt, mit einer Favoritin zurückzog. Einer solchen zahlenmäßigen Steigerung, die übrigens in einem raffinierten formalen Zusammenspiel verwirklicht wurde, entsprach die optische Vervielfältigung: Unzählige Spiegel an den Wänden erlaubten dem Herrscher, die kunstvollen Positionen seiner Frauen in zusätzlichen Varianten zu genießen.

In diesen Formen der Erotik hat sich die Sexualität vom Objekt gelöst und verselbständigt: Von einer tieferen Bindung an einen einzigen Partner kann keine Rede sein; sogar die Befriedigung ist schließlich unwichtig, denn das immer weiter gesteigerte Lustmoment selbst ist das einzige, was zählt. Erst im modernen Striptease mit seiner totalen Unpersönlichkeit findet man diese Form der Erotik wieder, auch hier eine Steigerung des Voyeurhaften zu raffinierter Darbietung.

Frauen unter dem Schleier

Die Hirtennomaden, die mit ihren Herden zu Pferde oder auf Dromedaren durch die Wüsten Arabiens zogen, führten nur mit sich, was sie unbedingt zum Leben benötigten: Das Zelt, schnell aufgeschlagen und wieder abgebaut, war kein Ort, der es mit den Bequemlichkeiten eines Palastes aufnehmen konnte. Die arabische Erotik ist von diesen Umständen geprägt, aber auch von den Vorschriften des Korans. In der vor-islamischen Zeit sind die neugeborenen Mädchen wohl noch getötet worden, wie dies auch an anderen Stellen der Erde der Fall war, wenn es zu wenig Nahrung für zu viele Esser gab. Die Stellung der Frau war, vielleicht gerade deshalb, geachtet, ihre Rechte wurden respektiert wie ihre Ehre, und wenn sie sich von einem Manne trennen wollte, brauchte sie nur das Zelt zur Nacht zu verschließen, dann wußte der Gatte, daß er dort nichts mehr zu suchen hatte. Diese starke Position deutet auf eine ursprünglich matriarchalisch organisierte Gesellschaft hin, die sich im Laufe der Zeit in eine patriarchalische Ordnung umgewandelt hatte, wie dies bei Nomadenstämmen nicht anders zu erwarten ist. Die Vorschriften des Korans, die um 653 endgültig formuliert wurden und in 114 Suren den Gläubigen geoffenbarte Wahrheiten vermitteln, befestigten diese vom Mann aus orientierte Ordnung. Der Prophet Mohammed, selbst von unverwüstlicher Sexualität, beschränkte die Zahl der zugelassenen Gattinnen für den gläubigen Muslim auf vier Frauen; er regelte die Formen der Mitgift, der Trauung und der Scheidung, die ganz vom Manne aus gesehen wurde, und sorgte doch dabei für das Interesse der Frauen. Die Erotik wurde nicht als sündhaft, wie bei Paulus und seinen Nachfolgern, sondern als Gott wohlgefällig angesehen, und Zärtlichkeit wurde dem Mann zur Pflicht gemacht: »Liebkost du deine Frau, dann wirst du im herrlichen Paradies zehn Gnaden erleben.« Eine für Christen erstaunliche Religion: Sie verspricht nicht nur zehn Gnaden, wenn jemand zärtlich zu seiner Frau ist, sondern ausdrücklich zwanzig Gnaden, wenn er die Brüste seines Weibes liebkost, und dreißig Gnaden für jeden Kuß, den er seiner Gattin schenkt. Man ahnt, wie rauh und direkt die erotischen Sitten der Kamelreiter gewesen sein müssen, daß sich derartige Vorschriften empfahlen.

Zunächst hat der Islam die Erotik der Wüstenvölker auf eine höhere Stufe gehoben, aber man wird annehmen können, daß es wie überall auch hier »Klassenunterschiede« in der Art des Liebeserlebnisses gab. Die höfische Erotik in Damaskus und Bagdad um 1000 v. Chr. unterschied sich von der Erotik der Soldaten und Handwerker, Sklaven und Kaufleute ganz gewiß durch ihre Raffinesse, der weder Sodomie noch andere Abarten der sexuellen Betätigung fremd waren. Auch im islamischen Kulturkreis hat sich übrigens jene »Teilung der Funktionen« ausgebildet, die aus Griechenland bekannt ist: Es gab Gesangsschulen, die bis zu 2000 Schülerinnen hatten und die Mädchen in allen feineren Künsten ausbildeten. Diese Mädchen, bei starker Begabung wie Primadonnen des Theaters gefeiert, nahmen eine beachtliche Stellung in der Gesellschaft ein und machten Karriere im Serail eines großen Herren, den sie vielleicht sogar durch ihre Liebeskunst beherrschten. In den Frauengemächern regierten die Eunuchen; die Rolle dieser Männer, die ihre Zeugungskraft, aber nicht ihr sexuelles Begehren eingebüßt hatten, war beachtlich: Sie besaßen nicht nur einen starken politischen Ehrgeiz, eine Kompensation ihres Minderwertigkeitsgefühles, sondern auch den Wunsch, die ihnen anvertrauten Frauen zu befriedigen. Da sie physisch dazu nicht in der Lage waren, bedienten sie sich verschiedener Praktiken und Instrumente, wie sie schon in Griechenland bekannt gewesen sind. Selbstverständlich durften die Eunuchen die Frauen des Harems unverschleiert sehen. Ursprünglich galt ja das Gebot des Korans nur für den Busen, in späteren Jahrhunderten auch für das Gesicht. Unverschleiert durfte die arabische Frau sich vor dem Gatten, dem Vater des Gatten, dem eigenen Sohn, den Söhnen der Nebenfrauen, vor den Brüdern und deren Söhnen zeigen, und eben vor jenen Männern, die nicht als Männer galten. Der nubische Sklave, mit dem die Gattin des Herrschers von Samarkand ihren Gebieter betrogen hat, war gewiß kein Eunuch, sonst ließe sich der Frauenhaß kaum erklären, mit dem dieser von nun an das weibliche Geschlecht verfolgte: Jede Frau, die mit ihm geschlafen hatte, mußte sterben. Man kennt die Legende als Rahmenerzählung für die »Geschichten aus Tausendundeiner Nacht«. Eine frühe Sammlung solcher Geschichten, die aus dem Persischen ins Arabische übersetzt worden sind, stammt schon aus dem zehnten Jahrhundert. Erst später gab es eine »Bagdad-Fassung«, die arabischen Charakter trägt und Harun al Raschid in den Mittelpunkt stellt. Für den Europäer ist die Vorstellung vom Harem zugleich verführerisch und beklemmend; auch ist es für unsere Mentalität verwirrend, daß eine Offenbarungsreligion den Gläubigen praktische Anleitungen für sexuelle Zärtlichkeiten gibt.

Es ist dem Islam trotz dieser Vorschriften aber nicht gelungen, das Verhalten der Männer entscheidend zu beeinflussen, und die Bilanz ist deprimierend: Der heutige Araber verhält sich gegenüber seiner Gattin zärtlichkeitsfeindlich, das Liebesspiel scheint ihm überflüssig. Sein Ziel ist, wie vor vielen hundert Jahren, der Beweis der Potenz und die Zeugung, nicht die Befriedigung der Partnerin (Y. el Masry). Dabei verraten die Aussprüche Mohammeds einen erstaunlichen psychologischen Scharfsinn, und die Ursachen dafür, daß die Frau zu einem »Lasttier der Nacht« und zum Objekt des Mannes wurde, sind nicht aus dem religiösen Rah-

Liebespaar *aus einer persisch-indischen Handschrift. Kunst-*
bibliothek, Preußischer Kulturbesitz, Berlin

men zu erklären. Natürlich wußte der Prophet, der so viele Frauen geliebt hatte
und seinen Gläubigen eine größere Anzahl von Frauen als Gattinnen gestattete,
daß Gefühle veränderlich sind: »Es kann nicht sein, daß ihr allen euren Frauen
in gleicher Liebe zugetan seid«, heißt es im Koran. Andererseits räumte er den
Frauen ein, daß sie ihre weiblichen Reize ins Spiel bringen mußten, um des Mannes Liebe zu halten. Der erregende Duft von Henna, mit dem sich die arabischen
Frauen die Innenflächen der Hände, die Füße und Haare färbten, der Schleier und
überhaupt die Verhüllung waren taktische Mittel im Liebesspiel.

Der Islam ist in wenigen hundert Jahren seit der Hedschra (622 n.Chr., Ausgangspunkt der islamischen Zeitrechnung) eine Weltreligion geworden, die um
1000 die gesamte nordafrikanische Küste und die westliche Hälfte von Spanien
erobert hatte. Jüdische, christliche, griechische und persische Einflüsse durchdran-
gen sich gegenseitig, und aus dem Arabertum der Wüstennomaden entwickelte
sich eine hohe Kultur, die sich vor allem auf die persische Überlieferung stützte.
Innerhalb des Islam gab es Richtungskämpfe zwischen den religiös Orthodoxen
und denen, die sich das Geistesgut der Antike zu eigen gemacht hatten. Die Träger
der islamischen Renaissance unterlagen, und von nun an regierte der islamische
Geistliche nach den Vorschriften des Korans.

Nun unterscheidet der Koran zwischen den unabweisbaren Pflichten (arabisch:
sunna), die dem Gläubigen aufgegeben sind, und empfehlenswerten Handlungen.
Die Grenzen sind fließend, die Übertretungen häufig, so daß es für einen Außen-
stehenden schwer, wenn nicht unmöglich ist, die Zusammenhänge innerhalb der
islamischen Tradition zu enträtseln. Zu den Empfehlungen gehört eine Praxis, die

im allgemeinen Sprachgebrauch als Beschneidung bekannt ist. Man weiß, daß sich die Juden beschneiden, das heißt bei Knaben ein Stück der Vorhaut entfernen lassen. Die Stämme Israels haben diese Sitte angenommen, als sie sich in Ägypten befanden, wo die Beschneidung üblich war; sie wollten sich also angleichen. Als sie aus Ägypten flohen, behielten sie diese Sitte bei und unterscheiden sich eben dadurch noch heute von den Völkern, bei denen sie leben. Man kennt den eigentlichen Ursprung der Beschneidung nicht; einige Forscher halten sie für eine Art »Erstlingsopfer«, andere verweisen auf die australischen Eingeborenen, welche nicht nur eine Beschneidung durchführten, sondern auch einen Einschnitt in die Harnröhre, so daß der Samen auslief; zu verstehen vielleicht als ein Mittel der »Geburtenbeschränkung«. In Nord- und Südamerika gab es fast keine Beschneidung, wohl aber in Indonesien und Ozeanien. Die Völkerkunde führt aber die Beschneidung nicht auf die ältesten Kulturstufen zurück.

Weitgehend unbekannt ist die Tatsache, daß es auch eine Beschneidung für Mädchen gibt, deren Klitoris kupiert oder gar entfernt wird. Die Sitte, in Arabien und Ostafrika verbreitet, muß älter sein als der Islam, denn der Prophet sagt zu einer Frau, welche die Beschneidung vornimmt: »Schneide nicht gänzlich alles weg, es ist besser so für die Frauen.« Dieser Satz, unterschiedlich von den verschiedenen Sekten und Gruppen innerhalb des Islam interpretiert, ist Grundlage eines noch heute geübten Brauches, der die Mädchen mit etwa acht bis neun Jahren verstümmelt und ihnen ein für allemal die Möglichkeit einer spezifischen sexuellen Empfindung nimmt. Die Beschneidung bei Knaben ist schmerzhaft, aber trifft keine zentralen Empfindungen, die der Frau kann man nur als Barbarei bezeichnen. Die Unterlegenheit der Frau dem Mann gegenüber wird dadurch endgültig fixiert (Y. el Masry). Der Vorgang selbst soll hier nicht wiedergegeben werden; es genügt sich vorzustellen, daß auf dem Lande alte Frauen, die kein anderes Instrument als ein unsteriles Rasiermesser benutzen, unter Anwesenheit aller weiblicher Verwandten an dem kleinen Mädchen die Operation durchführen: Das Kind liegt dabei auf dem Lehmboden der väterlichen Hütte und wird von einigen Frauen festgehalten. Daß dabei keine Betäubungsmittel angewandt werden, versteht sich, und die tröstende Begründung der Alten lautet, alle Frauen hätten das einmal durchgemacht. Die Besorgnis, ohne diese Beschneidung könnten die Mädchen sexuell unersättlich werden, ist die fixe Idee der arabischen Männerwelt; die Operation selbst scheint von Allah ausdrücklich gewünscht. Nach der Operation wird Kaffeemehl auf die blutende Wunde gestreut; es dauert mindestens zehn Tage, bis die Wunde verheilt ist. Im Sudan werden bei dieser Gelegenheit noch die Schamlippen vernäht, so daß die Jungfräulichkeit des Mädchens unter keinen Umständen verlorengehen kann (Y. el Masry).

Daß ein beschnittenes Mädchen von einem normal reagierenden Mann kaum noch bis zum Orgasmus gebracht werden kann, weil dem Mädchen bestimmte physiologische Voraussetzungen fehlen, führt zu einem sexuellen Dilemma, aus dem es für den Mann ebensowenig einen Ausweg gibt wie für die Frau. So kommt es zu einer sexuellen Versklavung, die ursprünglich durchaus nicht im Sinne des Korans gelegen haben kann. Auch der Gebrauch von Haschisch im Orient hat hier eine Ursache, denn oft fühlt sich der Mann nur unter Drogen in der Lage, der Frau zu genügen. Dieses Dilemma ist nicht etwa überwunden, sondern gehört zum islamischen Alltag.

Isis, unten, und Osiris, links, *wurden im alten Ägypten als Gottheiten der Liebe verehrt. Die Verbindung des göttlichen Geschwisterpaares galt als vorbildlich auch für den Pharao, zu dessen Pflichten es gehörte, seine leibliche Schwester zu ehelichen. Grab des Seti, XIX. Dynastie, und Grab der Königin Nefertari, XIX. Dynastie*

Bildnis einer Astarte-Hierodule. *Nach babylonischer Sitte hatten
die Tempeldienerinnen, die sog. Hierodülen, die Verpflichtung, jedem Manne
willig zu sein, der den hierfür vorgeschriebenen Tribut bezahlte.
Teil eines elfenbeinernen Möbelstückes, 8. Jh. v. Chr.
British Museum, London*

Bei Festgelagen *in Ägypten sorgten Tänzerinnen und Musikantinnen für Unterhaltung. Wandmalerei im Grab des Nakht, XVIII. Dynastie*

Erotische Themen *gehören mit zum legitimen Dekorationsbestand des indischen Tempelbereichs. Steinplastik aus Khajuraho, frühes 2. Jh. Indien*

Algerische Haremsdamen *beim Rauchen. Gemälde von E. Delacroix, 1834. Louvre, Paris*

Indische Hochzeitsszene *in einem Garten. Die Geste des Bräutigams,
der seiner Angetrauten an die Brust faßt, gehört zu den
Hochzeitsvorschriften des Kamasutra, des indischen Lexikons der Erotik.
Codex Min. 64, 16.—18. Jh. Österreichische Nationalbibliothek, Wien*

In chinesischen Bordellen *wurden alle Spielarten der sexuellen Befriedigung praktiziert: Ein Mann peitscht eine gefesselte Frau aus, während im Hintergrund ein Voyeur auf seine Kosten kommt. Zeichnung des 19. Jh.*

Die Kurtisane Eura
und ihre Dienerin blicken
auf die Bucht von Edo.
Jede ausgebildete Geisha
hatte die Aufgabe, ein
junges Mädchen zu betreuen
und es in die Künste der
Liebe einzuweihen.
Farbholzschnitt von
Harunobu, 18. Jh.
Sammlung Scheiwe, Münster

Im japanischen Teehaus
wurden erotische Bezie-
hungen zwischen den
Geschlechtern auf fein-
fühlige Weise angeknüpft.
Farbholzschnitt von
Tsukimaro, 19. Jh.
Albertina, Wien

Die Weisheit der Brahmanen

Die indische Liebeskunst, unter dem Stichwort »Kamasutra« berühmt geworden, ist Ausdruck einer Zartheit und Feinfühligkeit in sexueller Hinsicht, die eine vollkommen ungezwungene Grundeinstellung gegenüber dem Körper voraussetzt. Aus dieser Grundeinstellung erklärt sich auch die auf Europäer ungewöhnlich wirkende »Freizügigkeit«, denn wer nicht gewohnt ist, über die Eigenart seines Körpers und über erotische Fragen zu sprechen, wird sich den Maßstab der andersartigen Kultur erst zu eigen machen müssen. Der religiöse Begriff »Kama« meint im Indischen die vollkommene Liebe in einem umfassenden Sinn, und unter »Sutra« versteht man eine Anleitung. Diese Sammlung praktischer Hinweise und Erfahrungen stammt von dem Brahmanen Mallanaga Watsyayana, der auf die Lehren seiner Vorgänger aufbaut.

Das Kama Sutra und die ihm verwandten Schriften verkörpern aber nur eine Seite des indischen Daseins, das außer vom Brahmanismus vom Buddhismus und Jainismus geprägt ist; auch spielen griechische, islamische und europäische Einflüsse eine gewisse Rolle. Buddha sah im Weib die Verkörperung des Irdisch-Bösen und forderte auch hier Askese, darin dem Christentum ähnlich. Um so stärker war die Wirkung des Kama Sutra auf die indische Erotik, das einen hierzu entgegengesetzten Standpunkt einnahm. Der Brahmane Watsyayana ging von dem Grundgedanken aus, daß man den Frauen das Wissen über das Kama nicht vorenthalten dürfe, da sie doch ständig mit ihren Männern zusammen lebten, ohne doch die volle Kenntnis aller Möglichkeiten der Liebe zu besitzen. Er wandte sich gegen die Auffassung, der Leib und seine Organe seien »schmutzig«, und versuchte zu erläutern, daß man die erotische Übereinstimmung nicht dem Zufall überlassen dürfe. Allerdings kann man diese Liebeslehren nur vor dem Hintergrund der geschichtlichen Entwicklung und eines Kastensystems sehen: Hier wurde ursprünglich nicht jedermann angesprochen, sondern nur Angehörige der gehobenen Schichten, die über einen gewissen Luxus verfügten. Die Liebeslehren selbst stammten ja auch aus dem Brahmanismus, also der Kastenherrschaft »wissender Priester«, die zwischen der Gottheit und den Radschahs, aber auch zwischen den herrschenden Klassen und dem Volk Vermittlerdienste leisteten.

Man kennt die Ursprünge des Kastenwesens nicht, das dem indischen Leben bis auf den heutigen Tag seinen Stempel aufdrückt, doch rührt die subtile Kenntnis der Liebeskunst aus der Zeit, als die Brahmanen die Feudalherrschaft der Radschahs stützten. Diese Fürsten, unumschränkte Herrscher, verschafften sich jeden Genuß und schreckten weder vor Blutschande noch vor Mord und Gewalt zurück. Wenn ihre eigene Phantasie, sich neue Sensationen zu verschaffen, erlahmt war, wandten sie sich an ihre geistlichen Berater, die Brahmanen, die sich diesen Wünschen nicht entzogen, um die eigene Herrschaft um so besser festigen zu können. Man glaubt diese historischen Hintergründe zu erkennen, wenn man sieht, daß die Frauen nach dem Kama Sutra in drei Gruppen zu gliedern sind: Dies sind die Mädchen, d. h. Jungfrauen, die Wiederverheirateten und die Hetären. Eigentümlicherweise unterscheiden die alten indischen Autoren zwischen den Hetären, die den Männern aller Kasten zur Verfügung stehen, wenn diese nur zahlungskräftig sind, und den sogenannten »zügellosen Frauen«. Sie werden definiert als Frauen, die ihre Gatten verlassen haben, um sich aus Sinnenlust einem Mann der gleichen Kaste hinzugeben. Zur Hetäre wird eine solche Frau erst, wenn sie die Grenze ihrer Kaste überschreitet. Kastenvorschriften beruhen auf einer Verbindung bestimmter Tabu-Vorstellungen mit Heiratsvorschriften innerhalb gewisser Gruppen. Es geht um die Aufrechterhaltung einer »Reinheit«, so daß physische Kontakte, ja gelegentlich selbst Blicke zwischen Angehörigen verschiedener Kasten unmöglich gemacht werden. Die »Dobhis« zum Beispiel, welche nachts die Wäsche menstruierender Frauen waschen, müssen sich tagsüber praktisch verbergen, weil ihr bloßer Anblick die Reinheit jedes Angehörigen einer höheren Kaste verletzen würde. In einer solchen Gesellschaft spielt naturgemäß die Jungfräulichkeit eine große Rolle, und es ist für den Inder ein fundamentaler Unterschied, ob er in der Gruppe der »Wiederverheirateten« einer Frau begegnet, die defloriert, oder einer Frau, die trotz vorheriger zeremonieller Ehe noch Jungfrau ist. Die indischen Liebeslehren raten dem Mann übrigens, keine Frau zu heiraten, die schon sexuelle Erfahrungen hat; deshalb galt auch eine Ehe als ungültig, wenn sich hinterher herausstellte, daß das Mädchen nicht mehr Jungfrau war.

Die hohe Bewertung der Jungfräulichkeit als ein weibliches »Gütesiegel« entspricht der feudalistischen Gesellschaftsordnung; ebenso die strengen Regeln, mit denen die Brahmanen ihre Herrschaft über das Volk festigten. Andererseits verraten die brahmanischen Liebeslehren, die an den Höfen entwickelt wurden, so viel psychologisches Verständnis auch für die Frau und eine solche Höhe der erotischen Kultur, daß sie hier ausführlicher dargestellt werden sollen. Sie hatten in der Form des Kama Sutra und seiner Nachfolger ausgesprochen aufklärerische Tendenzen und fanden weite Verbreitung über die höchsten Kasten hinaus. Darüber hinaus führten sie zu einer selbstverständlichen erotischen Kultur, auch im Alltag des einfacheren Inders. Die überall aufgerichteten Lingam-Säulen (sanskrit: Penis) als Sinnbild des Gottes Schiwa und die ebenso unbefangen dargestellten Yonis (sanskrit: weiblicher Schoß) dokumentieren die indische Einstellung, die sich auf religiösen und gesellschaftlichen Grundlagen gebildet hat.

Die Praxis wirkte sich folgendermaßen aus: Die vornehme indische Braut, selbstverständlich unberührt, war theoretisch mit allem vertraut, was die Ehe von ihr fordern würde, und zwar gerade in physischer Beziehung. Die Geschlechtsorgane werden im Kama Sutra genau klassifiziert und die Positionen so beschrieben, daß der Leser nicht im Zweifel ist, wie er sich unter bestimmten Umständen zu verhalten hat. Natürlich umfaßten die Liebeslehren zunächst alle Voraussetzungen einer glücklichen Ehe, die stets in dem vorgezeichneten feudalen Rahmen gesehen wurde. Man erwartete von einer Tochter aus gutem Hause, daß sie musizieren, tanzen und singen gelernt hatte und einen Mann zu unterhalten verstand: Geduldsspiele und Rätselaufgaben sollte sie ebenso kennen wie Geheimschriften, um sich mit dem Geliebten verständigen zu können. Daß sie gesellschaftlich sicher war und sich zu benehmen verstand, galt als selbstverständlich. Weibliche Handarbeiten, die Kunst des Blumenbindens und die Kenntnis aller Kosmetika wie die Fertigkeit, sie selbst herzustellen, gehörten ebenfalls zu dem umfangreichen Repertoire fraulichen Könnens. Nur wenn eine junge Inderin alle diese »64 Künste« beherrschte, konnte sie damit rechnen, auf einen gebildeten Mann einen größeren Reiz auszuüben als eine der Kurtisanen, mit denen er sich bisher die Zeit vertrieben hatte und die gesellschaftlich durchaus nicht niedrig eingestuft waren. Auch an den Mann wurden ganz präzise Anforderungen gestellt. Dazu gehörte, daß er Vermögen besaß, daß er ein Haus einrichten konnte, wie es sich gehörte, und daß er sich den Privilegien seines Standes entsprechend benahm. Übrigens war dem Mann nahezu alles erlaubt, auch die Homosexualität, weil die indischen Lehren den Standpunkt vertraten, daß ein Verbot zum Laster führe, während jede Freiheit den Menschen erhöhe, sofern niemand anders geschädigt wurde.

Die wichtigsten Hinweise aber gibt das Kama Sutra hinsichtlich der Erotik, wobei schon die erste Annäherung des Mannes und die eheliche Vereinigung nach den Hochzeitsfeierlichkeiten in den Kreis der Erfahrungen einbezogen werden. Hier lautet die Vorschrift über die »Hochzeitsnacht«: »Drei Tage halte der Mann das Gebot der Keuschheit und unternehme keine Handlung nach Gutdünken, ohne ihr Herz gewonnen zu haben.« Während dieser Zeit sollen die Jungvermählten nebeneinander auf dem Boden schlafen, doch tagsüber sollen sie sich unterhalten und auf diese Weise miteinander vertraut werden: »Bei weiter zunehmendem Zutrauen bringt Betel, Blumen usw. herbei, wenn er sie darum bittet, oder Blumen, die sie an seinem Obergewand befestigt. Dann berühre er mit den Fingerspitzen ihre Brustknospen.« In den folgenden sieben Tagen nehmen Mann und Frau die Mahlzeiten gemeinsam ein und besuchen gemeinsam die wichtigsten Verwandten und die Freunde, die an der Hochzeit teilgenommen haben. Wenn sich das Paar im Freundeskreis zeigt, kommt es nicht darauf an, die Verliebtheit von Turteltauben zur Schau zu tragen, sondern sich wie vertraute Bekannte zu geben. Wenn die jungen Eheleute aber wieder unter sich sind, sollen sie miteinander baden, um die Scham voreinander zu verlieren und ihre Körper nackt kennenzulernen. Der Klang von glückverheißender Musik soll sie entspannen, während sie einander begehrlich oder schüchtern betrachten (Frischauer).

Für den Europäer ist die geschickte Art und Weise bemerkenswert, mit der nicht nur die körperliche Scham abgebaut wird, sie spielt heutzutage ja bei uns kaum mehr eine Rolle, sondern wie das bei uns tabuisierte Geschlecht beim Namen genannt wird. Man wußte, daß Männer wie Frauen unterschiedliche Geschlechtsorgane besitzen und daß ein Mann mit einem sehr kleinen Penis nur unter bestimmten Voraussetzungen zu einer Frau mit einer sehr großen Scheide paßt. Diese Voraussetzungen wurden gelehrt, und so konnte der als »Hase« klassifizierte Mann mit einer als »Stute« bezeichneten Frau sehr wohl zum vollkommenen Liebesgenuß gelangen, weil beide wissend waren. Verglichen mit der Ahnungslosigkeit zahlloser europäischer Mädchen, die zwar über die Erzeugung von Kindern belehrt werden, aber nicht über die Erotik, erscheint einem die indische Kultivierung der Sexualität als sympathisch, vor allem auch ihrer »untechnischen« Einstellung wegen: Vertrauen, Achtung und Zuneigung gelten auch dem Inder als Voraussetzung des sexuellen Glücks.

Ein späteres Werk der indischen Sexologie, das auf dem Kama Sutra aufbaut, hat in klassischer Kürze ausgedrückt, was geschieht, wenn die Kunst zu lieben nicht entwickelt wird: »Die Einförmigkeit und Eintönigkeit des Liebesgenusses führt zur Übersättigung, die Übersättigung zur Gleichgültigkeit, die Gleichgültigkeit zur Abneigung, zum Ekel. Und damit ist der letzte Akt der Liebes- und Ehetragödie erreicht. Was dann folgt, ist nur die logische Konsequenz: Verführung, Eifersucht, Ehebruch, Polygamie.«

Die Diktatur der Schwiegermütter

Frau Tschao, eine grauhaarige Frau in Peking, erzählte vor einigen Jahren, sie stamme aus einer kleinen Handwerkerfamilie, die sich ihr Brot mit der Herstellung von Papierblumen verdiente, wie sie für Hochzeitsfeierlichkeiten alten Stils gebraucht wurden. »Dann habe ich mich verheiratet, wie es bei uns üblich war. Meinen Gatten habe ich vor der Hochzeit nicht zu sehen bekommen, nicht einmal seinen Namen wußte ich. Man hat alles über meinen Kopf hinweg entschieden, und darin lag ja nichts Außergewöhnliches. Eine Ehe wurde vor allem geschlossen, um der Schwiegermutter ein neues Dienstmädchen zu verschaffen. Wenn man geheiratet hatte, mußte man vor allem arbeiten. Hier in Peking soll es schlimmer gewesen sein als in anderen Städten. Ich wußte nur, daß ich dieses Haus nie wieder verlassen würde . . . Ohne Erlaubnis durfte ich keinen Schritt vor das Hoftor machen. Mein Gatte gehorchte natürlich seiner Mutter, das war eben so. Den anderen Frauen ging es auch nicht anders. Einmal in jedem Monat durfte ich in den Tempel gehen, und dann brannte ich immer ein Rauchstäbchen vor dem Bild des Buddhas ab, weil es das einzige Gesicht war, das ich je hatte lächeln sehen. Zwanzig Jahre ging das so« (Cameron). Frau Tschao ist heute Vorsitzende des lokalen Frauenvereins in Peking, eine überzeugte Funktionärin in einem puritanischen Land, das mit den Problemen der Übervölkerung ringt. Kein Chinese darf mehr als drei Kinder haben, für das vierte und alle weiteren Kinder werden keine Lebensmittelkarten mehr ausgegeben. Studenten ist die Heirat verboten, Kinder von Studenten werden als unehelich betrachtet und erhalten keine Lebensmittelkarten. Keine Mutter, die schon drei Kinder besitzt, bekommt bei einer weiteren Schwangerschaft bezahlten Urlaub. Vor einem solchen Hintergrund über chinesische Erotik zu sprechen, scheint geradezu absurd, und doch lohnt sich ein Versuch. Allerdings kennt man vom Liebesleben der Milliardenbevölkerung in einem riesigen Land nur vage historische Umrisse, wie sie die Literatur einer feudalen Epoche überliefert hat, und während in allen anderen Ländern der Erde eine gewisse kulturelle Kontinuität festzustellen ist, hat der Sieg der chinesischen Kommunisten die Stellung der Frau von Grund auf geändert. Symbolisch dafür ist der Feldzug zum »Aufbinden der Füße« gewesen, von dem heute kein Mensch mehr spricht und der doch eine viele Jahrhunderte dauernde Verstümmelung beseitigt hat.

Psychologisch interessant ist bei diesem Brauch der Zeitraum, in dem er sich auf das angeblich natürliche Schamgefühl ausgewirkt hat: Um 600 n. Chr. soll eine der Nebenfrauen des damaligen Kaisers Klumpfüße gehabt haben. Man erklärt die spätere Sitte aus dem Wunsch, jene Reize künstlich nachzuahmen. Die chinesischen Poeten haben die verkrüppelten Füße als »goldene Lilien« besungen, und noch zu Beginn unseres Jahrhunderts fühlte sich eine bekleidete Kurtisane, die ihre Füße entblößte, in ihrem tiefsten Schamgefühl verletzt. Tausend Jahre genügen offenbar, damit man sich für irgend etwas zu schämen beginnt, das von der Sitte festgelegt worden ist. Die Prozedur selbst war scheußlich: Wenn das kleine Mädchen vier oder fünf Jahre alt geworden war, wurden alle Zehen außer der großen Zehe stark nach unten gebogen und fest bandagiert. Gleichzeitig wurde die Ferse nach vorne gezwängt. Wenn die Zehen langsam in die Fußsohlen zu wachsen drohten, war der Erfolg erreicht, der ganze Fuß maß zum Schluß nicht mehr als 10 cm. Mit derartig gewickelten Füßen hatten die Mädchen eine gute

Chance, in eine höhere Gesellschaftsschicht aufzusteigen; kein Wunder, daß die Eltern vor solchen Quälereien, die doch nur zum »Besten des Kindes« waren, nicht zurückschreckten. Wenn dann der Heiratsvermittler kam, im feudalistischen China war die Kinderehe allgemein üblich, fragte er nicht nach der Schönheit der Braut, sondern nach der Kleinheit ihrer Füße. Eine alte chinesische Redensart sagt: »Ein häßliches Gesicht schickt der Himmel, schlecht gewickelte Füße aber sind ein Zeichen von Trägheit.« Die Prozedur selbst und die psychologische Einstellung der Eltern verwundern nicht in einer unglaublich starren, patriarchalischen Gesellschaft, in der die Frau nur als Mutter von Söhnen zählte. Kleine Mädchen waren im alten China unwillkommen und wurden häufig getötet. Als erwachsene Frauen waren sie nach der Heirat Leibeigene in einer Großfamilie, die unter der Herrschaft der Schwiegermutter stand, und wenn sie verwitweten, war ihr Schicksal besiegelt: Sie blieben als Arbeitskraft in der Familie, und es war ihnen verboten, erneut zu heiraten. Wenn eine Frau das trotzdem wagte, so hatte die Familie in früheren Zeiten das Recht, sie als »zuchtlose Witwe« umzubringen. Falls der Verlobte vor der Eheschließung starb, die Verlobungen erfolgten ja schon im Kindesalter, dann konnte das Mädchen früher gezwungen werden, die »Grabplatte zu heiraten«. Einen Anspruch auf Scheidung von seiten der Frau gab es nicht, und niemand fand im neunzehnten Jahrhundert etwas dabei, seine minderjährige Tochter als Konkubine (Geliebte) an einen älteren Mann oder in ein Bordell zu verkaufen. Die chinesische Großfamilie nahm zwar ein Mädchen mit einem unehelichen Kind auf, ohne Fragen zu stellen, aber diese auf uns so menschenfreundlich wirkende Haltung dürfte sich eher auf die Arbeitskraft des Mädchens als auf ihre sexuelle Moral bezogen haben.

In einer so vollkommen auf den Mann ausgerichteten Gesellschaft gab es von seiner Seite keine eheliche Treue, und alle nur denkbaren sexuellen Möglichkeiten standen ihm offen. Auch zur Erotik selbst hatte der Chinese wohl ein gänzlich anderes und vollkommen unromantisches Verhältnis. Man sagte im Fernen Osten nicht: »Wir lieben uns, also schlafen wir miteinander«, sondern: »weil wir miteinander schlafen, lieben wir uns«. Im übrigen war die Sexualität nicht tabuiert. Die Chinesen, nicht unter dem Gotteshimmel einer asketischen Offenbarungsreligion aufgewachsen, sondern diesseitige Anhänger einer Vernunftlehre, nämlich des Konfuzianismus oder des Buddhismus in allen seinen Ausprägungen, scheinen die Sexualität als einen Genuß wie jeden anderen betrachtet zu haben. Die chinesische Frau, als Gattin wie als Kurtisane, ist von europäischen Männern oft als Muster von Anmut, Zartheit und Liebenswürdigkeit beschrieben worden. Sie war das Kulturprodukt einer vom Mann geformten Welt, in der sie sich nur durch kluge Unterwürfigkeit behaupten konnte.

Die Chinesen als leidenschaftliche Systematiker haben jede Erscheinung des Lebens in ein festes System gebracht. So klassifizierten sie auch die Ehefrauen, aber ebenso die Konkubinen, Kurtisanen und Prostituierten aller Grade. Dieses Klassensystem war nicht absolut gesetzt wie in Indien und auch nicht mit annähernd so starken Tabus belastet, aber doch von einer gewissen Strenge, die nur durch den chinesischen Realitätssinn gemildert wurde. Es sorgte für Ordnung in der fließenden, von Dämonen und Ahnen beherrschten undurchschaubaren Welt.

Die Mädchen, die zur obersten Klasse gehörten, brachten ihren Eltern beträchtliche Summen ein. Im alten China hielt es niemand für verwerflich, seine Tochter

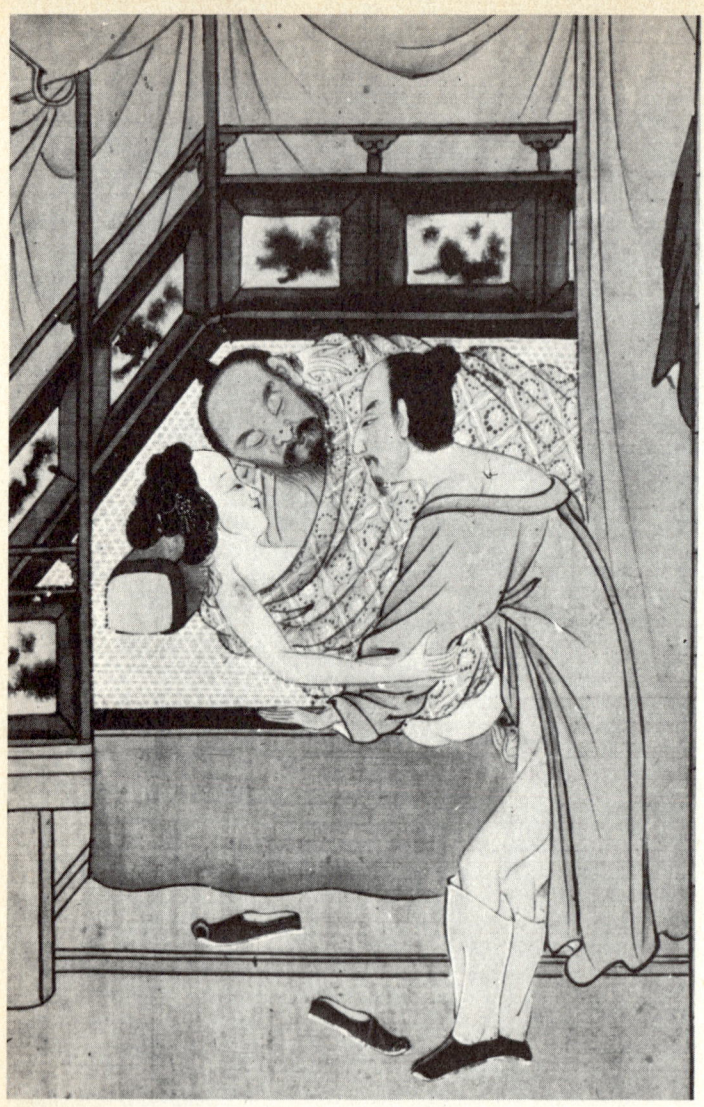

Liebespraxis in einem chinesischen Freudenhaus. *Während ihr
Partner schläft, wendet sich das Mädchen einem neuen Kunden zu.
Zeichnung, 19. Jh. Kunstbibliothek, Preußischer Kulturbesitz, Berlin*

an eines der »Blauen Häuser« oder »Grünen Häuser« zu verkaufen. Das wog wohl nicht schwerer, als wenn heute ein Vater seine vierzehnjährige Tochter als ungelernte Arbeiterin in eine Fabrik schickt. Die Mädchen dieser Klasse, die Ching Nü, wurden nach ihrer Schönheit und Bildung bezahlt. In bestimmten historischen Epochen mußten sie jungfräulich sein und waren lediglich, wie die griechischen Hetären, die anregenden Gesprächspartnerinnen der Männer. Zu anderen Zeiten scheinen sie die Aufgabe gehabt zu haben, das erotische Bedürfnis des Mannes, wenn auch auf sublimierte Weise, zu wecken. Den eigentlichen sexuellen Kontakt suchte ein auf diese Weise erotisierter Mann dann bei einem Mädchen niederer Kaste, einer tatsächlichen Prostituierten (C. v. Bolen). Wenn es zwischen dem Mann und der jungfräulichen Ching Nü dennoch zum Liebesakt kam, stieg sie zwangsweise in die niedere Kaste ab. Die Defloration selbst erfolgte nach alten Berichten unter einem gewissen feierlichen Zeremoniell; wenn jedoch das Liebesverhältnis mit dem Mann der ersten Nacht beendet war und sie nicht seine Gattin wurde, blieb ihr der Abstieg in die Kaste der »Hung Nü« nicht erspart.

Für den einfachen Mann gab es nur die Yu Chi, die »wilden Hühner«: Hier zählte nicht mehr Bildung und Schönheit, sondern sexuelle Erfahrung, die alle nur denkbaren Praktiken umschloß. Während die »wilden Hühner« und ihre noch tiefer stehenden Kolleginnen, die Hafenmädchen, von der Straßenprostitution lebten, befanden sich die beiden höheren Klassen auf den sogenannten Blumenbooten, die mit allen Raffinessen ausgestattet waren und in langen Reihen, erleuchtet von Lampions, auf dem Wasser lagen, ein für den Europäer faszinierender Anblick.

Über die chinesische Erotik kann man sagen, daß sie sich wie in Indien nach sozialen Klassen differenzierte, und wenn es auf diesem Gebiet allgemeine Kriterien und ein ausgearbeitetes wissenschaftliches System gäbe, ließe sich diese Feststellung vermutlich auch für den europäisch-amerikanischen Kulturkreis treffen. Alle jene sexuellen Praktiken, wie sie in der »Abenteuerlichen Geschichte von Hsi Men und seinen sechs Frauen« aus dem sechzehnten Jahrhundert und im »Traum der roten Kammer« aus dem achtzehnten Jahrhundert beschrieben sind, zeichnen Zustände in den herrschenden Klassen. Das Volk hat weder die Möglichkeit noch das Interesse gehabt, seine Energie auf die Kultivierung der Erotik zu richten. In der bildenden Kunst Chinas gibt es übrigens kaum erotische Darstellungen, wie sie z. B. der japanische Farbholzschnitt hervorgebracht hat, und die reiche chinesische Lyrik kennt keine der europäischen Liebeslyrik vergleichbaren Verse, eine Tatsache, die mit der niedrigen Einschätzung der Frau zusammenhängen mag.

Der Drache Eifersucht

So geschah es in Japan noch vor wenigen Jahrzehnten: Liebende, die aus irgendeinem Grunde nicht miteinander leben konnten, umschlangen sich mit den Armen und legten sich in dem Augenblick auf die Eisenbahnschienen, wenn der Zug heranbrauste. Manchmal veranstalteten sie auch ein kleines Bankett füreinander, schrieben höfliche und demütige Abschiedsbriefe an Eltern und Freunde, mischten Gift in den Reiswein und schliefen zusammen ein. Die älteste und vornehmste

Methode, gemeinsam aus dem Leben zu scheiden, war gleichsam eine gewandelte Form des Harakiri, in Japan Seppuru genannt: Der Liebende tötete zuerst mit einem einzigen Schwerthieb die Geliebte und durchbohrte sich dann selbst. Schließlich gehörte zu den zeremoniellen Arten des gemeinsamen Selbstmordes auch, daß Liebende sich mit dem kreppseidenen Untergürtel des Mädchens Gesicht an Gesicht fest aneinanderbanden, um sich dann gemeinsam von der Klippe ins Wasser zu stürzen.

Solche Paare schieden weder mit Verzweiflung noch mit einem Vorwurf gegen die Umwelt. Ihrer Überzeugung nach war die ausweglose Verstrickung eine Wirkung ihres »Innen«, eines in einer früheren Existenz begangenen Fehlers. Vielleicht waren sie einst, in einem früheren Dasein, achtlos gegeneinander oder haben ein Versprechen gebrochen. Die jetzige Situation war nur die Folge davon, aber nach diesem Tod konnten sie hoffen, wiedervereinigt zu werden: »Auf den Lotosblüten des Paradieses werden wir vereint ruhen.« Für diesen Selbstmord Liebender gibt es ein eigenes Schriftzeichen, einen eigenen Begriff, der übersetzt etwa »Herztod« oder »Tod aus Leidenschaft« bedeuten würde. Am häufigsten war er unter den Mädchen der oberen Kurtisanenklasse, aber er kam auch bei den Töchtern aus gutem Hause vor. Ein alter japanischer Aberglaube besagte: Wenn in einem Joroya, einem Kurtisanenviertel, ein Paar auf diese Weise endet, folgt bald ein zweites Paar; dies ist eine psychologische Einsicht, die durch moderne Beobachtungen durchaus bestätigt wird. Lafcadio Hearn (1850–1904), der unvergleichliche Schilderer des versunkenen Japan, beschreibt einen solchen Liebesfreitod: Ein gehorsames und sanftes Mädchen hatte sich mit siebzehn Jahren als Joro verkauft, weil ihre Mutter und ihre kleine Schwester materielle Not litten. Nach kaum einem Jahr begegnete sie einem jungen Mann. Es war eine leidenschaftliche Liebe auf den ersten Blick. Nichts Verhängnisvolleres hätte sie treffen können, denn eine Ehe war von vornherein ausgeschlossen: Das Mädchen konnte als Joro nicht über sich verfügen, den jungen Mann hatte man zugunsten eines Adoptivsohnes enterbt, also blieb ihnen nichts als »Joshi«, der Tod als Liebe. In dieser Geschichte spiegelt sich das alles beherrschende Prinzip der Familie und die Stellung der Frau ebenso wider wie die Stellung der japanischen Kurtisanen, der berühmten Geishas.

Die altjapanische Familie, in einem feudalistischen Rahmen dem Ahnenkult dienend, umfaßte alle Mitglieder der Sippe und war patriarchalisch: Nur Söhne zählten, wobei wie im alten Rom eine Adoption die natürliche Sohnesfolge ersetzen konnte. In den Frühzeiten, bevor der Buddhismus aus China nach Japan gebracht wurde, sollen die Frauen eine verhältnismäßig große Freiheit besessen haben. Das änderte sich mit der großen Verwaltungsreform im neunten Jahrhundert, als die chinesische Schrift und chinesische Verwaltungsformen in Japan eingeführt wurden. Während der Konfuzianismus und die verschiedenen Formen des Buddhismus das japanische Geistesleben vertieften und verfeinerten, wirkten sie sich auf die Stellung der Frau ungünstig aus. Auch von den Frauen der Samurai, des japanischen Schwertadels, erwartete man nur, daß sie Söhne gebären und kämpfen konnten. Darüber hinaus waren Frauen rechtlos, galten als Besitz des Mannes wie seine sonstigen Güter, hatten keine eigenen Ahnen, sondern nur die der Männerlinie, und existierten infolgedessen auch in religiöser Hinsicht nur als Schatten des Mannes. Die Ehe war kein Problem zweier Menschen, sondern eine Pflicht der Ehrfurcht, deren Erfüllung zwischen zwei Familien ausgehandelt werden mußte: Es ging nicht um Glück, sondern um den Bestand der Familie, weil nur so die Ahnenverehrung bis in die fernere Zukunft gesichert war.

Wie in einer patriarchalischen Gesellschaft nicht anders zu erwarten, hatte der Mann im frühen Japan mehrere gleichberechtigte Frauen. Unter chinesischem Einfluß verwandelten sich die Nebenfrauen in Konkubinen, aber mit fortschreitender Zivilisation verstärkte sich der Zug zur Monogamie, während die herrschenden Klassen weiterhin polygam blieben. Eine alte Gesetzesvorschrift definiert diesen bis an die Schwelle des zwanzigsten Jahrhunderts beibehaltenen Zustand: »Die Stellung der Ehefrau gegenüber der Konkubine gleicht der eines Lehnsherrn gegenüber einem Vasallen. Der Kaiser hat zwölf kaiserliche Konkubinen. Den Prinzen sind acht gestattet, Beamten der höchsten Klasse fünf, und ein Samurai darf zwei Konkubinen haben. Alle, die im Rang unter diesen stehen, sind nur gewöhnliche, verheiratete Menschen.«

Als größtes Vergehen einer Frau galt unter diesen Verhältnissen naturgemäß die Eifersucht, und so lehrte man die japanischen Bräute, der eifersüchtige Mensch werde gelegentlich zur Strafe in einen Drachen verwandelt. Wie es zwischen Hauptfrau und Konkubine hinter der Fassade undurchschaubaren Lächelns wirklich aussah, berichten alte Legenden: So sah ein gewisser Kato Sajemon Shigenji zur Nachtzeit, wie sich das Haar seiner Gattin und das seiner Konkubine in miteinander kämpfende Schlangen verwandelte. Dieser Mann ist übrigens vor Gram, soviel Zwietracht verursacht zu haben, ins Kloster gegangen, eine gewiß untypische und wohl deshalb als Legende überlieferte Handlungsweise.

Man sah es im alten Japan nicht ungern, wenn zwischen den Ehegatten eine gewisse Zuneigung bestand, aber sobald diese Zuneigung zu stark wurde, betrachtete man den Zusammenhalt der Familie als gefährdet. So konnte eine Frau von ihrem Gatten geschieden werden, wenn seine Liebe zu ihr zu groß geworden war. Tatsächlich hat in keinem anderen Land der Welt die Familie eine so unbedingte, rituelle Funktion gehabt: Die Kinder gehörten mehr der Sippe als den Eltern, und der Begriff der persönlichen Freiheit war gegenstandslos. So konnte auch die Sexualität in der Ehe nur eine untergeordnete Rolle spielen, denn das streng stilisierte Zusammenleben zweier Ehepartner diente nur einem einzigen Zweck und bedurfte keiner erotischen Leidenschaft, die allenfalls als störend empfunden worden wäre. Ein Kama Sutra mit detaillierten Schilderungen der sexuellen Techniken, um den beiderseitigen Liebesgenuß zu fördern, wäre in Japan unvorstellbar gewesen, wie jede Direktheit.

Man möchte also annehmen, daß die japanische Frau ein Muster an Reizlosigkeit gewesen sei. Das Gegenteil ist der Fall. Eine alte Redensart der Ostasienkenner sagt: »Wenn du den Himmel schon auf Erden haben willst, nimm dir einen chinesischen Koch und eine japanische Frau.« Das bezog sich nicht etwa auf den Reiz demütiger Hingabe, sondern meinte ein Geschöpf, das in seiner Art vollkommen Anmut, Zärtlichkeit und Feinfühligkeit auf eine für Europäer unfaßbare Weise miteinander vereinte. Dieser Frauentyp ist ein Kulturprodukt der japanischen Prostitution, die schon mit diesem europäischen Begriff falsch bezeichnet ist, denn die Mädchen in den Teehäusern waren keine Menschen außerhalb der Gesellschaft, sondern ein wesentlicher und geschätzter Bestandteil der japanischen Welt.

Die Blumen von Yoshiwara

Die Mädchen durften nicht zu alt sein, höchstens sechs oder sieben Jahre, wenn sie zur Geisha ausgebildet werden sollten. Die Eltern brachten sie zur Direktorin eines Teehauses, die ihnen eine bestimmte Summe zahlte, und das Mädchen wurde zurückbehalten, ein Japaner würde sagen, als Pfand, damit das Unternehmen eine Sicherheit besaß. Sobald das Mädchen seinen Unterhalt selbst verdienen konnte, begann es die Schulden abzuzahlen. Diese subtile Form der Sklaverei ist von der amerikanischen Besatzungsmacht abgeschafft worden. Die Industrialisierung Japans mit ihrem Bedarf an Arbeitskräften hat dem Beruf der Geisha im alten Sinn den Todesstoß versetzt, aber noch immer gibt es die Joros und Geishas, vor allem aber ist ihre erotische Kultur erhalten geblieben und hat in der japanischen Mentalität tiefe Spuren hinterlassen.

Wenn das Mädchen seine Ausbildung begann, wurde es zunächst einer erfahrenen Kurtisane, einer »Oiran«, als Gehilfin zugeteilt. Eine solche »Kamuro« trägt auf dem Ärmel ihres Kimonos die Abzeichen der Herrin, der sie dient, nicht anders, als die Mandarine am kaiserlichen Hof die kaiserlichen Drachen oder die Phönixe der Kaiserin trugen. Ihre Herrin macht sie mit allen Bräuchen des Teehauses vertraut, aber nicht etwa mit den erotischen Techniken. Das Mädchen lernt das Ikebana, die Kunst des Blumensteckens im Sinne des Zen-Buddhismus, die Kunst der Teezubereitung, die in Japan bekanntlich einen geistigen Rang wie in Europa Malerei oder Dichtkunst einnahm; sie lernte tanzen und auf der Schamise, einem japanischen Zupfinstrument, musizieren, außerdem eignete sie sich alle Einzelheiten eines guten Benehmens an. Schon in dieser Zeit lernte sie Künste, die sie weit über ihre auf dem Dorf gebliebenen Altersgenossinnen hinaushoben. Mit dem Eintritt der Geschlechtsreife wurde aus dem Kind eine Elevin, eine »Schinzo«. Nun ahmte sie die geschmeidigen, erotisierenden Bewegungen ihrer Herrin nach und übte sich in der Beherrschung ihres Körpers, weil diese Kunst zu den wesentlichsten Voraussetzungen ihres Berufes gehörte. In den kosmetischen Künsten mußte sie ebenfalls Bescheid wissen, wozu außer dem Schminken vor allem das Frisieren gehörte: Die Haartracht war ein wesentliches Element der japanischen Erotik, und die Frisur, ein überaus kunstvolles und kostbares Gebilde, durfte selbst während der sexuellen Vereinigung möglichst nicht zerstört werden. Ein japanischer Mann achtete übrigens selbst darauf, daß die »glänzende Krone der Frau« nicht in Unordnung geriet, das gehörte zum ästhetischen Reiz des sexuellen Umgangs. Die Japanerin schlief deshalb stets mit einer Kopfstütze, und allein das Kämmen mit sechs verschiedenen Kämmen, das etwa alle drei Tage vor dem Frisieren vorgenommen wurde, dauerte zwei Stunden. Alle diese Dinge mußte die heranwachsende Schinzo vollkommen beherrschen; sie erhielt aber in dieser Zeit auch schon einen geringen Anteil des Geldes, das ihre Herrin einnahm. Schließlich war der Tag gekommen, an dem die Schinzo zur vollwertigen Oiran wurde: Die Kurtisane zog mit ihrem Schützling von einem Teehaus zum nächsten und sammelte Glückwünsche »für das künftige Wohlergehen und den Erfolg der schönen Blüte«. Die Sitten, die anläßlich des ersten Beischlafes üblich waren, verraten Verständnis für das Mädchen, das bis zu diesem Zeitpunkt noch keusch geblieben und von ihrer Herrin nicht in die Tricks und Künste der Erotik eingeweiht worden war. An diesem einen Tage darf sie den Liebhaber, der sie entjungfern soll, selbst wählen.

Da dies im Rahmen eines Festes geschieht, wünschen sich ihre Arbeitgeber, daß sie einen reichen Mann aussucht, können aber ihre Wahl nicht beeinflussen, wenn sie sich für einen armen Jungen entscheidet. Nach dieser Nacht wird das Mädchen in alle Künste des Liebesspiels eingeweiht und hat eine zehntägige Schonfrist.

Im alten Japan galt es als unschicklich, den ganzen Körper zu entblößen, wenn man den Liebesakt vollzog; auch gab es nur wenige mögliche Positionen. Die Frau hatte, durch eine bemerkenswerte Körperbeherrschung, dennoch die Kunst entwickelt, den Mann zu bestimmten Veränderungen zu führen, doch immer so, daß er selbst sich einbilden konnte, sie gewünscht zu haben. Die Hingabe des unbekleideten Körpers wäre einem Japaner alter Schule obszön erschienen. Im Nicht-Wissen, im Verhüllen, dem bloß kunstvoll erotischen Andeuten bestand die eigentliche Liebeskunst (C. v. Bolen). Dabei hatte die Kurtisane eine fast männliche Rolle, nämlich die der erotischen Initiative, aber auf eine überaus zeremonielle und feinfühlige Weise, so daß das Überlegenheitsgefühl des Mannes keinen Schaden erlitt. Zehn Tage hatte die Elevin Zeit, sich diese Künste, deren Grundlagen sie bereits kannte, zu eigen zu machen, dann mußte sie als vollwertige Oiran in den hölzernen Käfig, um sich zur Schau zu stellen und zu verdienen, was an Kapital in sie investiert worden war.

Zwischen den Kurtisanen und ihren Schützlingen bestanden nicht selten lesbische Beziehungen, aber auch wirkliche Liebesaffären erschütterten immer wieder die Existenz der Mädchen. Dann kam es zu solchen paarweisen Selbstmorden, wie sie anfangs beschrieben wurden. Das Glück, von dem jede Oiran träumte, war die Begegnung mit einem Mann, der sie freikaufte und zur Gattin machte. Das kam vor, seltener als ein Hauptgewinn in der Lotterie.

Der ganze Betrieb des Teehauses wurde seit jeher vom Staat kontrolliert; es gab eine Buchführung über die Gäste, ihr Aussehen, ihren Stand, und für die Mädchen feste Tarife, jedenfalls auf dem Papier. Bevor sich im neunzehnten Jahrhundert das japanische Teehaus immer mehr dem europäischen Bordell anglich, war es ein wesentlicher Faktor im japanischen Gesellschaftsleben. Jedermann besuchte die Teehäuser, obwohl seine Besuche dort durchaus registriert wurden. Moralische Einwände hätte er ebenso verständnislos zur Kenntnis genommen, als wolle man einem heutigen Menschen den Besuch eines Freibades vorwerfen.

Berühmt ist Tokios Vergnügungsviertel Yoshiwara, das als Stadt der Geishas seit 1617 existierte und der Beamtenschaft der japanischen Hauptstadt Yedo, des heutigen Tokio, Zerstreuung bot. Oft wurden die Töchter hochgestellter Familien strafweise ins Teehaus geschickt, wie man aufrührerische Gattinnen in Europa ins Kloster steckte, oder Töchter, die sich dem Willen der Eltern nicht beugen wollten, verschwanden in Yoshiwara. Zugleich wurde dieses Viertel Ende des achtzehnten Jahrhunderts, als das Feudalsystem seine höchste Ausprägung erfahren hatte, zum Treffpunkt der Künstler, Literaten und Intellektuellen, die sich dem Zugriff der Schogune entziehen wollten und in Yoshiwara untertauchten. Die Polizei hatte zwar den Besitzern der Teehäuser die Auflage gemacht, jeden Besucher zu melden, der sich länger als drei Tage im Teehaus aufhielt, aber offensichtlich gelang es ihr nicht, die Durchführung dieser Anordnung zu kontrollieren. Die Künstler und Schriftsteller genossen den Schutz der Mädchen und ihrer Wirte.

Zu den Eigenheiten der japanischen Kunst gehört es, daß diese Verbindung von Künstlertum und Prostitution zu Leistungen besonderen Ranges geführt hat: Der japanische Farbholzschnitt, ein Kunsterzeugnis hoher Abstraktion und Stilisierungskraft, hat sich zu einem Zeitpunkt der Erotik bemächtigt, als sich die historisch bedingte Strenge der realistischen Darstellungsweise aufzulösen begann. Dies geschah vor allem durch den genialen Utamaro (1753–1806) aus dem adligen Klan der Minamato, der seine Werke unter verschiedenen Signaturen veröffentlicht hat und es wagte, sich selbst im Liebesakt mit einer Kurtisane darzustellen: Auch dies für unsere Begriffe streng stilisiert, denn beide Partner sind in altjapanischer Kleidung dargestellt, und zwar so kunstvoll, daß man den Vorgang nur aus dem Arrangement errät. Utamaro soll, nachdem er den Staatsdienst quittiert hatte, ganz in der Nähe der Vergnügungsstadt Yoshiwara gelebt haben. Man weiß, daß er mit einer jungen Holzschnittmeisterin verheiratet war und lange bei seinem Verleger gewohnt hat. Sein Werk jedenfalls spiegelt die Welt der Teehäuser und Oirans wider, vergleichbar den Plakaten Toulouse-Lautrecs, der auf dem Montmartre lebte und dessen Kunst übrigens vom japanischen Farbholzschnitt stark beeinflußt worden ist. Als Utamaro im Jahre 1804 ein satirisches Triptychon veröffentlichte, wurde er verhaftet. Er starb bald nach seiner Befreiung mit 53 Jahren. Außer den auch in Europa bekannten Namen wie Harunobu (1725–1770) oder Hokusai (1760–1849) gibt es eine ganze Fülle von Namen, die sich mit dem Leben der Kurtisanen beschäftigt haben: Auch bei ungewöhnlicher Freiheit der Darstellung blieb aber das ästhetische Element, das auch die Erotik selbst charakterisiert, streng gewahrt.

Heute gehören Geishas zu einem Klischeebegriff von Japan und zieren die touristischen Werbeprospekte. Der Beruf selbst hat sich unter westlichem Einfluß verändert: Noch immer gibt es allerdings eine Rangordnung, die zwischen hochbezahlten Tayus, den einfachen Geishas und den Tanzgirls der Teehäuser und Vergnügungslokale erhebliche Unterschiede macht, noch immer gibt es die hochgetürmten Frisuren und die klappernden Getas, die Holzsandalen. Die Prostituierten, von dem Reformeifer der amerikanischen Besatzungsmacht ihrer Existenzgrundlage beraubt, haben sich gewerkschaftlich organisiert, um als unwissende Opfer gesellschaftlicher Verhältnisse weiterhin in sexueller Sklaverei zu leben. Der Name ihrer Vereinigung lautet: »Frauengesellschaft zur Erhaltung der Gesundheit«.

Im Dienst
der Venus

Die Freudenhäuser von Athen

Die ältesten Anekdoten über das Bordell verdanken wir dem Mann, der im Jahre 448 v. Chr. Ägypten bereist hat, um die Tempelstädte am Nil kennenzulernen und das Land zu studieren. Bei dieser Gelegenheit dürfte er auch in jenen ägyptischen Tavernen eingekehrt sein, die schon zur Zeit des großen Pharao Cheops (um 2520 v. Chr.) die Funktion von Amüsierlokalen gehabt haben. Die lebenslustigen und temperamentvollen Ägypter fanden die Tatsache, daß man aus der Liebe einen Beruf machte und Geld für etwas bekam, das einem Spaß machte, nicht bemerkenswert. Frauen waren wohlfeil in der damaligen Gesellschaft, und warum sollte man sie nicht kaufen wie das Bier oder den Dattelwein, wenn einem der Sinn danach stand. Für ein einfaches Mädchen war es andererseits immerhin angenehmer, in einer Taverne auf Kundschaft zu warten und mit allerlei Soldaten, Handwerkern und Beamten zu schlafen, als auf den Feldern, im Steinbruch oder in den riesigen Farmen zu arbeiten. In solchen Tavernen lernten viele Mädchen ihren späteren Ehemann kennen, und niemand fand etwas dabei, wenn sein Mädchen sich auf diese Weise Geld verdient hatte.

Herodot hat nach seiner Rückkehr einen ausführlichen Reisebericht geschrieben, der freilich keine wissenschaftliche geographische Darstellung, sondern eine Sammlung vielfältiger Eindrücke und interessanter Geschichten darstellt. Auch über Bordelle hat er einiges gehört, und so erzählt er: »Der König Rampsinit gab seine leibliche Tochter preis, indem er ihr befahl, sich in einem Bordell niederzusetzen und dabei alle Männer in gleicher Weise anzunehmen, die kommen würden, aber sie zu verpflichten, wenn sie ihnen diese Gunst bewilligte, ihr mitzuteilen, was ihre schlimmste Tat gewesen sei . . .« Diesem uns unbekannten König war der Kronschatz gestohlen worden, und so wandte er seinen ganzen Scharfsinn und alle seine Möglichkeiten auf, um den Dieb aufzuspüren. Ob er Erfolg gehabt hat und mit wie vielen Männern die Prinzessin schlafen mußte, bis der Dieb gefunden oder der Vater einsichtig geworden war, hat Herodot nicht überliefert. Die andere von ihm nacherzählte Geschichte ist weltberühmt geworden. Sie handelt von den finanziellen Schwierigkeiten des Königs Cheops, der den Bau der bekannten Pyramide begonnen hatte und wie mancher Bauherr von den Baukosten überrollt worden war. »Durch diese Ausgaben erschöpft, verstieg er sich auf jenen Punkt der Schamlosigkeit, seine leibliche Tochter in einem Bordell preiszugeben und ihr zu befehlen, von allen ihren Freiern eine bestimmte Summe Geldes zu verlangen. Sie führte aber nicht allein den Befehl ihres Vaters aus, sondern wollte auch für sich selbst ein Denkmal hinterlassen. Deshalb bat sie jeden, der sie besuchen kam, um einen Stein zu dem Werk, das sie vorhatte. Und von diesen Steinen, so sagten mir die Priester, sei die mittlere der drei Pyramiden errichtet.« Das

Flötenspieler und Tänzerin *von einer Schale des Malers Epiktet. Um 520 v. Chr.*

ist eine typische Fremdenführergeschichte, ob die Priester sie nun erfunden oder als Überlieferung selbst geglaubt haben. Jedenfalls zeigt sie, daß die Einrichtung des Bordells jedermann bekannt und sehr alt war. Vermutlich steckt in diesen Geschichten als mythologischer Kern die Erinnerung an eine frühe Tempelprostitution, wie sie etwa vom Ischtarkult bekannt ist; auch darüber hat ja als erster Herodot geschrieben. Bordelle kannte Herodot aus seiner Heimatstadt, denn in den Hafenstädten Athen und Korinth gab es ausgedehnte Bordellviertel, die etwa 100 Jahre zuvor eingerichtet worden waren, als Solon die wirtschaftlichen und gesellschaftlichen Verhältnisse seiner Vaterstadt neu geordnet hatte. Solon, den man aus den Schulbüchern als den »Gesetzgeber von Athen« kennt, kümmerte sich nicht nur um Politik und Wirtschaft, sondern um alle Einzelheiten des staatlichen Lebens. Er hat zum Beispiel auch ein einheitliches Maß- und Münzsystem geschaffen, und ebenso sorgte er auch im Bereich des Liebesmarktes für eine gewisse Ordnung. Was sein Vorschlag, Bordelle einzurichten, tatsächlich bedeutet haben mag, läßt sich nur vermuten. Athen war eine schnell wachsende, von Wirtschaftskrisen mitgenommene und unzulänglich verwaltete Stadt, in der Soldaten und Matrosen, Sklaven und Freigelassene, freie Athener und Angehörige vieler fremder Völker aus dem ganzen Vorderen Orient in buntem Gemisch lebten. Der Gedanke, die Mädchen zu kasernieren, kann ihm nicht aus Gründen der Moral gekommen sein, sondern der Zweckmäßigkeit: Nur eine klare, ständische Gliederung verbürgte soziale Gerechtigkeit, die dem Gesetzgeber Solon vorgeschwebt haben mag.

Von den Besuchern der Bordelle wurden offenbar Eintrittsgebühren erhoben, unabhängig vom Preis für die Mädchen. Die Athener waren von Solons Maßnahme besonders deshalb begeistert, weil er die Gebühr sehr niedrig angesetzt hatte, so daß allein über das Preisregulativ der Liebesmarkt beruhigt und die Gunst der Mädchen erschwinglich wurde. Weniger begeistert waren jene Mädchen, die sich auf dem Markt ihre Preise selbst gemacht hatten und nun mit einer sehr unangenehmen Konkurrenz zu rechnen hatten. Sie organisierten sich denn auch in jener Gliederung, die sich aus den Verhältnissen anbot. Die Mädchen in den neu eingerichteten Häusern nannte man »Dikteriaden«, die Mädchen, die bei den Gastmählern tanzten und spielten, die »Auletriden« (griechisch: aulos: Flöte), und schließlich gab es die Hetären, die eine bessere Bildung als die übrigen Mädchen besaßen. Der Klassiker der Prostitution, Dufour, schreibt: »Die ersten waren gewissermaßen die Sklavinnen der Prostitution, die zweiten ihre Helferinnen, die dritten endlich ihre Königinnen.« Diese ständische Gliederung entsprach etwa der allgemeinen Gesellschaft, und so spiegelte die Prostitution auch hier wie in Babylon oder Susa, Heliopolis oder Ninive die Gesellschaft, in der sie ihre »Ventilfunktion« erfüllte. Die Dikteriaden unterstanden staatlicher Aufsicht, vor allem, weil sie aus ihren Einnahmen Steuern zu zahlen hatten. Wie andere Steuern wurde auch diese an Unternehmer verpachtet, damit man für den Staatshaushalt mit festen Summen rechnen und den Aufwand für die Eintreibung der Steuer auf den Pächter abwälzen konnte. Der »Hurenzins«, griechisch »Pornikotelos« genannt, war für den Rüstungshaushalt Athens so wichtig, daß jede Abwanderung einer »Dikteria« diese Einnahmen empfindlich schmälerte. Die Mädchen mußten deshalb, wenn sie in der Provinz Verwandte besuchen wollten, eine besondere Erlaubnis einholen und Sicherheiten für ihre Rückkehr bieten (Licht). Einen Vorzug genossen die Mädchen in den Bordellen allerdings wie jeder, der sich dort aufhielt: Sie konnten weder von der Polizei noch von Gläubigern herausgeholt werden, denn das Bordell genoß Immunität. Die Römer haben von den Griechen die Einrichtung der Sondersteuer für Prostitution übernommen, und diese ist in Rom so selbstverständlich geworden, daß der Vatikan sie beibehielt. Über solche Praktiken hat sich der radikale Mönch aus Wittenberg, Dr. Martin Luther, besonders ereifert, gewiß ohne ihre geschichtliche Tradition zu kennen.

Der Besuch der Bordelle ist von der älteren Generation schon damals mißbilligt worden, denn die Jugend war schon zu Lebzeiten des Komödiendichters Xenarchos (um 350 v. Chr.) verdorben. In einem seiner Stücke schreibt er: »Schreckliches, Schreckliches und nicht mehr Erträgliches tun in unserer Stadt die jungen Leute. Wo man nur schöngewachsene Mädchen in den Bordellen sieht, man kann sie anschauen, wie sie mit entblößten Brüsten in Florgewändern der Reihe nach aufgestellt sich in der Sonne darbieten. Jeder darf sich die aussuchen, die ihm gefällt, eine dünne, dicke, rundliche, lange, krumme, junge, alte, mittelgroße, reife; dabei brauchst du keine Leiter anzustellen, um heimlich einzusteigen, brauchst nicht durch die Dachluke dich einzuschleichen, noch listig dich in Streuhaufen hineinzuschmuggeln: Sie selbst ziehen dich ja beinahe mit Gewalt ins Haus zu sich hinein und nennen dich, wenn du schon ein Greis bist, Väterchen, sonst Brüderchen oder Jüngelchen. Und jede von ihnen kannst du besitzen, ohne Gefahr besitzen und für wenig Geld, am Tag oder gegen Abend.« Tagsüber durften die Mädchen nicht aus dem Hause gehen, erst nach Anbruch der Dämmerung. Ihre Kleidung war insofern vorgeschrieben, als die Dikteria an bestimmten Eigenheiten zu erkennen sein mußte, für diesen Beruf eine Selbstverständlichkeit, denn wie sollten die Männer sonst wissen, wen sie vor sich hatten. Über einem solchen Bordell in den Hafenstraßen von Athen und Korinth war keine rote Lampe angebracht, sondern ein Relief, dessen priapische Eindeutigkeit jedem Manne zeigte, daß er hier richtig war. Die hier beschriebenen Regelungen galten nur für die Dikteriaden, denn die Flötenmädchen und Tänzerinnen konnten sich, ebenso wie die Hetären, frei bewegen.

Man hat sich in Athen dieser Freudenhäuser nie geschämt, sondern sie unbefangen in das Leben der Öffentlichkeit einbezogen. Es gibt dafür einen bedeutenden Dichter als Kronzeugen. Die Geschichte spielt im Jahre 464 v. Chr., als in Olympia wieder einmal die großen Spiele ausgetragen wurden. Xenophon, der Sohn des Thessalos, ein adliger und wohlhabender Jüngling aus Korinth, hatte ein Gelübde abgelegt, daß er der Aphrodite hundert junge Mädchen für ihren Tempel weihen wolle, wenn er den Fünfkampf gewinnen würde. Er hat ihn gewonnen, und der Dichter Pindar hat ein großartiges Siegeslied gedichtet, das vermutlich bei der feierlichen Einholung des Siegers in seine Vaterstadt oder bei der Kranzweihe im Zeustempel vorgetragen worden ist (Licht). Die Anfangszeilen dieser feierlich getragenen Dichtung sind erhalten: »O vielbesuchte Mädchen im reichen Korinth«, heißt es da, und von der himmlischen Mutter der Liebe, Aphrodite, ist die Rede. Der Gedichtanfang bricht ab mit dem Anruf: »Kypros Herrin! Xenophon hat diesem Hain hier zugeführt / Wohl Scharen von Mädchen zu hundert, weidend den Anger zusamt.« Die Mädchen in den Bordellen sind namenlos geblieben wie die gutherzigen und leichtlebigen Flötenspielerinnen, aber von den Hetären sind einige berühmt geworden und in die antike Literatur eingegangen.

Hetären beim Symposion

Ohne Zweifel ist die interessanteste Figur in der griechischen Gesellschaft die Hetäre (griechisch: Gefährtin, Begleiterin), die nicht als Freudenmädchen und schon gar nicht als Dirne, allenfalls als »antike Geisha« bezeichnet werden könnte. Es wäre für den griechischen Mann eine absurde Vorstellung gewesen, nur deshalb auf ästhetische Genüsse der Liebe verzichten zu müssen, weil er zu Hause eine Frau hatte, die ihm Kinder gebar. Und so selbstverständlich, wie er aß oder trank, erfreute er sich der Gegenwart der Hetären. Diese Mädchen hatten eine besondere Erziehung genossen und waren imstande, ein kultiviertes Gespräch zu führen, auf der Flöte zu musizieren, Laute zu spielen, zu tanzen und durch ihre Gegenwart der männlichen Runde einen erotischen Reiz zu verleihen. Daß sie nicht wie Priesterinnen lebten und schließlich auch Geld für ihren Unterhalt brauchten, da sie als Sklavinnen nicht sozial gesichert waren, versteht sich von selbst. Es gab die Liebe käuflich, es gab Ehebruch und Kuppelei, also alle die Erscheinungen, die sich aus einer bestimmten »Marktlage« zwangsläufig ergaben. Die ganze Anmut und zeitlose Weiblichkeit dieser Gespielinnen verrät ein Text, den sich eine Hetäre auf den Gürtel sticken ließ: »Liebe mich immer, aber sei nicht eifersüchtig, wenn auch andere mich lieben.« Ihren Realitätssinn darf man nicht gering einschätzen. So sagte eine Hetäre zu ihrem Freund: »Ihr liebt Schönheit, ich Geld. Laßt uns ohne Vorbehalt unser gegenseitiges Verlangen befriedigen.«

Übrigens spielte es für den griechischen Mann kaum eine Rolle, ob er sich mit einem Knaben oder einer Hetäre vergnügte. Die Knabenliebe war in Griechenland so selbstverständlich wie für jedermann die Selbstbefriedigung, die keine Schuldgefühle erzeugte und auch nicht verpönt war, sondern als natürliche Möglichkeit der sexuellen Entspannung betrachtet wurde. Selbstverständlich wußten auch die Griechen, daß ein Übermaß, wie bei allen Genüssen, schädlich sei, doch war das für sie kein Grund, die Sache selbst zu verteufeln. Bei den Frauen war, wie aus den erhaltenen Hetärengesprächen hervorgeht, der Olisbos, der künstliche Phallus, in Benutzung, und es sind sogar besonders geschickte Hersteller dieser sexuellen Hilfsmittel überliefert, die meist aus Milet eingeführt wurden. Daß in dieser Hinsicht die ursprüngliche Unbefangenheit verlorenging, zeigt eine Textstelle aus Werken des Lukian (120 bis ca. 180 n. Chr.), der am Euphrat geboren wurde und in Athen gelebt hat: »Die Erfindung schamloser Instrumente verwendend, den monströsen Zauberstab unfruchtbarer Liebe, soll das Weib beim Weibe schlafen wie ein Mann; jenes Wort, das bisher nur selten an das Ohr drang – ich schäme mich, es zu nennen – tribadische Unzucht mag zügellos ihre Triumphe feiern.« Unter Tribadismus versteht man eine bestimmte Technik der lesbischen Erotik, die in Griechenland ebensowenig strafwürdig war wie etwa die Knabenliebe.

Plato, dessen Strenge aus seiner »Politeia« bekannt ist, hat sich mißbilligend über die Sitte geäußert, das Symposion mit Hetären zu verbringen: »Viele sind aus geistiger Armut nicht imstande, sich miteinander beim Becher zu unterhalten. Deshalb verwöhnen sie die Flötenspielerinnen und mieten für schweres Geld die fremde Stimme der Flöte und unterhalten sich durch deren Stimme. Wo aber gute, edle und gebildete Zecher zusammenkommen, da findet man keine Flötenspielerin noch Tänzerin, noch Lautenschlägerin, sondern sie sind untereinander sich selbst genug zur Unterhaltung.« Für gedankentiefe Philosophen, wie sie Platon geschildert hat, mochte diese Auffassung Gültigkeit haben, nicht aber für die griechischen Adligen, die sich amüsieren wollten. Bei diesen Symposien war die Anwesenheit der Hetären unerläßlich, und einige der schönen und gescheiten Mädchen haben sich denn auch einen Ruhm erworben, der bis heute nicht verblaßt ist.

Da ist zunächst die schöne Mnesarete, als Phryne (griechisch: Kröte) bekannt. Sie hat im vierten Jahrhundert vor Christus gelebt und war die Geliebte des Praxiteles, dem sie Modell gestanden hat. Einer der bekanntesten Politiker und Redner Athens, der reiche Bürger Hypereides, hat sie vor dem Gericht in Athen in einer Rede verteidigt, die mit einer berühmten Szene endete: Er griff nach ihrem Gewand und enthüllte ihren Busen. »Die Richter aber ergriff heilige Scheu vor der Gottheit, so daß sie es nicht wagten, die Prophetin und Priesterin der Aphrodite zu töten.« Man weiß nicht, weshalb die Hetäre vor Gericht gestellt worden war, auch ist die Rede selbst nicht erhalten, nur der antike Schriftsteller Athenaios (um 200 n. Chr.) hat einiges überliefert. Er schreibt über Phryne, sie sei aber »tatsächlich mehr an den Teilen schön, die man nicht zu zeigen pflegt«, und es sei nicht leicht gewesen, sie nackt zu sehen, denn sie habe ein eng anliegendes Chiton getragen und keine öffentlichen Bäder benutzt. »Als aber an der Eleusinienfeier und am Poseidonfeste das ganze Griechenvolk versammelt war, legte sie vor aller Augen die Gewänder ab, löste das Haar und stieg nackt in das Meer: Das gab dem Apelles die Anregung zu seiner aus dem Meer emporsteigenden Aphrodite. Auch Praxiteles, der berühmte Bildhauer, gehörte zu ihren Verehrern und arbeitete nach ihrem Modell seine Knidische Aphrodite.« Diese Schilderung gibt nicht nur einen Eindruck von der Schönheit dieser Frau, sondern auch von ihrem sicheren Instinkt für Wirkung und von ihrem Charakter. Sie muß gelassen und beherrscht gewesen sein, dabei von natürlicher Klugheit. Sie hat eines Tages dem Praxiteles eine Frage gestellt, die wohl jeden beschäftigt, der mit Künstlern umgeht, nämlich welches seiner Werke er für das schönste hielte. Da Praxiteles nicht zu antworten wußte, griff sie zu einer List. Eines Tages, als dieses Gespräch längst vergessen war und Praxiteles sich bei Phryne befand, stürzte ein Diener herein und rief Praxiteles zu, das Atelier stände in Flammen, und es sei schon vieles, aber nicht alles zerstört. Praxiteles sprang auf: »Wenn das Feuer meinen *Satyr* und meinen *Eros* vernichtet hat, ist alles verloren!« Phryne lächelte und klärte den Sachverhalt auf; jedenfalls hatte sie nun eine Antwort auf ihre Frage, und zwar von Praxiteles selbst, der ihr den *Eros* schenkte. Sie behielt dieses Kunstwerk übrigens nicht, sondern weihte es dem Eros-Tempel ihrer Vaterstadt Thespiai, einer berühmten Kultstätte, die auf diese Weise für Jahrhunderte zu einem vielbesuchten Wallfahrtsort geworden ist. Die Einwohner von Thespiai müssen schon zu Lebzeiten Phrynes stolz auf deren Berühmtheit gewesen sein. Jedenfalls erwiesen sie sich als dankbar und beauftragten den Praxiteles, eine goldverzierte Statue von Phryne anzufertigen. Auf einer Säule aus pentelischem Marmor wurde dieses Standbild in Delphi aufgestellt, zwischen die Standbilder zweier spartanischer Könige. Daß eine Hetäre vom Format der Phryne in Athen einen politischen und wirtschaftlichen Faktor darstellte, beweist ihr Angebot, sie wolle die Mauern der Stadt Theben, die im Kriege zerstört worden waren, auf eigene Kosten wieder aufbauen. Ihre Bedingung: Die Thebaner sollten eine Inschrift anbringen »Zerstört von Alexander, aufgebaut von Phryne, der Hetäre«. Die Thebaner lehnten ab, und das Prestigebedürfnis der schönen Hetäre blieb unbefriedigt.

Eine gewiß noch bedeutendere Frau war Aspasia, die aus Milet in Kleinasien stammte und schon als sehr junges Mädchen nach Athen gekommen sein muß. Sie hat sich ihren Lebensunterhalt als Hetäre verdient und diese Herkunft auch nie verleugnet, sondern sich im Gegenteil verpflichtet gefühlt, für die Rechte der Hetären und überhaupt der Frauen einzutreten. Über ihr Äußeres weiß man nur, daß sie blondes Haar, eine »silberne Stimme« und reizvolle Füße besaß. Zu ihren Freunden gehörte Perikles, der ihretwegen schließlich seine Gattin verstieß und sehr zurückgezogen mit ihr zusammen lebte. Diese Ehe, eine Herausforderung an die alteingesessenen Familien Athens, aus deren Kreis Perikles stammte, wäre ihm gewiß nie verziehen worden, wenn Aspasia nicht eine so überragende Persönlichkeit gewesen wäre. Auf Perikles hat sie wohl einen starken Einfluß gehabt, und gewiß wird der Politiker auch über politische Probleme mit ihr gesprochen haben. So warf man ihr vor, sie habe Perikles zum Krieg gegen Samos angestiftet. Zwischen der Stadt Milet und der Insel Samos war es zu einem Streit gekommen, in dem die aristokratische Regierung von Samos über Milet gesiegt hatte. Als Führer des Attischen Seebundes forderte Perikles, die Samier sollten die Waffen niederlegen und sich dem Schiedsgericht Athens unterwerfen. Weil diese sich weigerten, fuhr Perikles persönlich nach Samos, stürzte die aristokratische Regierung und führte die Demokratie ein. Natürlich schob man in Samos dieses Eingreifen auf Aspasias Einfluß. Daß sie keine Einheimische, sondern eine Ausländische war, verstärkte in Athen den Haß, der sich in zahlreichen Gerüchten niederschlug. Sie soll freie Frauen an ihren Mann verkuppelt, ja sogar ein regelrechtes Bordell unterhalten haben, und so brachte Aristophanes den Ausbruch des großen Peloponnesischen Krieges mit dem Freudenhaus der Aspasia in Verbindung. Der Staatsmann Perikles, der »große Olympier«, in schmählicher Abhängigkeit von einer Hetäre, einer »Hera«, diesen Stoff ließ sich so leicht kein Komödiendichter entgehen, und die attische Spottlust schärfte sich immer wieder an diesem Paar, das alle Normen sprengte.

Karrieren und Philosophen

Eine der strahlendsten Erscheinungen unter den griechischen Hetären ist die schöne Lais gewesen, mit der sich viele Anekdoten beschäftigen. Strenggenommen sind es zwei verschiedene Mädchen gleichen Namens gewesen, von denen die eine zur Zeit des Peloponnesischen Krieges gelebt hat. Sie ist in Korinth geboren worden und muß einen bemerkenswerten Erwerbssinn besessen haben. Die jüngere Lais ist die Tochter einer gewissen Timandra gewesen, die mit Alkibiades befreundet war. Sie ist in Sizilien zur Welt gekommen, war die Geliebte des Malers Apelles und des Politikers Hypereides und soll schließlich einem Thessalier zuliebe in dessen Heimat gezogen sein. Dort sollen die auf ihre Schönheit eifersüchtigen Weiber sie mit einer falschen Nachricht in den Aphroditetempel bestellt und mit einem bronzenen Dreifuß erschlagen haben. Über diesen Mord war die öffentliche Meinung so erregt, daß die Dichter und Philosophen jener Zeit mit ausgesprochener Befriedigung von der Strafe der Götter berichtet haben, einer tödlichen Seuche, die erst zu wüten aufgehört habe, als man den Tempel der Liebesgöttin von dem Verbrechen entsühnt hatte. Wenn in der Literatur von Lais die Rede ist, so läßt sich nicht immer genau sagen, welche der beiden Hetären gemeint ist. Selbst die Historiker haben die Schicksale und Überlieferungen der Hetären nicht entwirren können, und so mag Lais als Gestalt geschildert werden, in der sich der Typ der griechischen Hetäre am reinsten verkörpert hat, ohne daß darauf eingegangen wird, welcher Überlieferung die Anekdote jeweils zuzuschreiben ist.

Lais ist schon als ganz junges Mädchen von dem Maler Apelles, dem berühmtesten Maler der Antike, beim Wasserholen entdeckt worden. Noch am selben Abend nahm der Künstler die Kleine mit in die Taverne und stellte sie seinen Freunden vor. Man fragte ihn, was dieses halbe Kind, diese Jungfrau, in diesem Kreis wolle und weshalb Apelles keine Hetäre mitgebracht habe? Der Maler lächelte: »Tröstet euch und wartet drei Jahre, dann wird sie eine Hetäre sein.« Er selbst hat dann wohl dafür gesorgt, fasziniert von der Anmut des Mädchens, und ihm jene Bildung zukommen lassen, ohne die eine Karriere undenkbar gewesen wäre. Mit Sicherheit wäre das Mädchen sein Leben lang eine Sklavin geblieben, hätte der Maler sie nicht freigekauft, übrigens nicht, um sie an sich zu fesseln, sondern um ihr die Freiheit zu schenken. Sie hat diese Freiheit genutzt und sich dann in Korinth, der Hafenstadt mit reicher Kundschaft aus dem ganzen Mittelmeerraum, niedergelassen. Zu den jungen Leuten, die sich vor ihrer Tür trafen, gehörten ein betont langhaariger und schmutziger junger Mann namens Diogenes, der als genügsamer Kyniker später weltberühmt werden sollte, und ein verwöhnter Junge aus reichem Haus namens Aristipp, auch er später als Philosoph berühmt (425–355 v. Chr.). Diogenes vertrat das Prinzip radikaler Genügsamkeit, Aristipp das der differenzierten Lustethik, und beide stritten sich, nicht ohne Anflug von Eifersucht, als intellektuell gleichrangige Partner angesichts der um zehn Jahre älteren, reizvollen Geliebten. Es heißt, ganz Griechenland habe vor ihrer Tür geschmachtet, und ihr Busen soll von solcher Schönheit gewesen sein, daß jeder Künstler davon träumte, sie als Modell zu gewinnen (Bassermann).

Fast für alle Hetären, deren Namen wir kennen, ist der Umgang mit der Prominenz ihrer Zeit zu einem Teil ihres Ruhmes geworden. Es gibt bezaubernde Skandalgeschichten und zeitlose Bonmots aus dem Kreis der Hetären; man errichtete ihnen Altäre und Gedenkstätten, ja sogar Paläste und Theater zu ihrem Gedenken, aber berühmt sind doch schließlich nur wenige dieser Mädchen geworden, und nur, wenn sie die richtigen Männer hatten. Zu ihnen gehört die schöne und kapriziöse Thais aus Athen, die das Glück hatte, im richtigen Augenblick Alexander dem Großen zu begegnen. Nach seinem Tode hat sie übrigens den Feldherrn und Beherrscher Ägyptens Ptolemaios geheiratet und ist so die Stamm-Mutter der Lagiden-Dynastie geworden. Als Thais im Troß des Königs durch Persien zog, muß sie schon eine bekannte Hetäre gewesen sein.

Thais ist von dem Komödiendichter Menander als Heldin eines Lustspiels auf die Bühne gebracht worden, doch sind von dieser Komödie nur dürftige Fragmente erhalten. Bekannt ist ein Ausspruch, den die Heldin äußert, vermutlich ein Zitat aus den Werken des Euripides, das schon im Altertum eine stehende Redensart geworden ist: »Böser Umgang verdirbt gute Sitten.« Auch der Apostel Paulus hat sie in seinem ersten Korintherbrief erwähnt.

Die Töchter der Wölfin

Die Gründungsgeschichte Roms beginnt mit einer Vergewaltigung und ist mit der Prostitution so eng verknüpft, daß man sagen kann, das Bordell auf dem Palatin war die Urzelle der Weltstadt. Dabei gibt es, wie häufig in der Mythologie, aus verschiedenen Quellen stammende unterschiedliche Überlieferungen, wobei sich uralte magische Vorstellungen und übertragene Wortbedeutungen zu einem oft unentwirrbaren Gespinst verknüpfen. Rom soll, der griechischen Überlieferung nach, von Aeneas gegründet worden sein. Andere haben behauptet, Romulus und Remus seien die Gründer der Stadt, und so hat man in der Antike angenommen, nach seiner ersten Gründung sei Rom verödet und schließlich von Romulus und Remus neu gegründet worden.

Die Zwillinge sind Söhne der vergewaltigten Rhea Silvia, einer Königstochter,

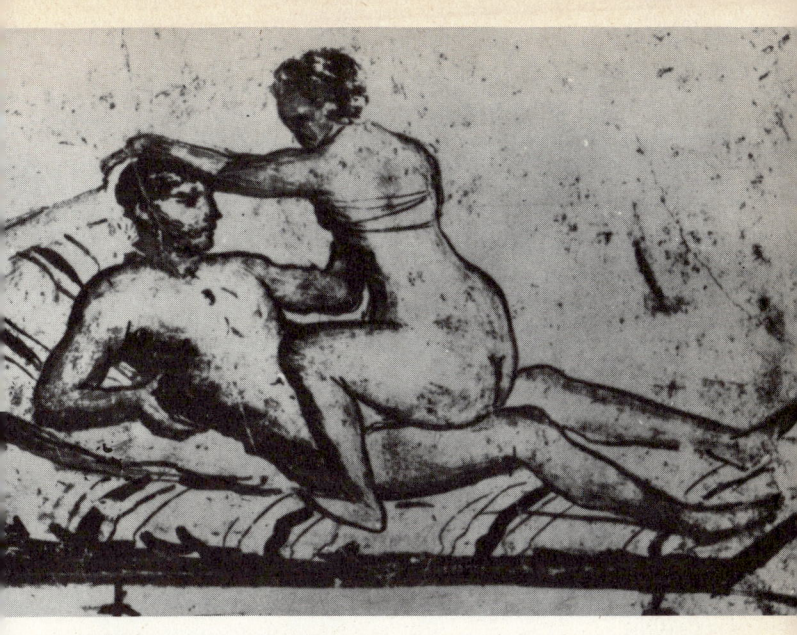

Erotische Szene *auf einer Wandmalerei,*
1. Jh. n. Chr., aus dem Haus der Vettier in Pompeji

die man gezwungen hatte, Vestalin zu werden. Sie behauptete, sie habe die na-
menlosen Zwillinge von Mars empfangen, doch schützte sie das nicht vor dem
Zorn des Königs Amulius, der seinerzeit ihren Vater erschlagen hatte, um sich
in den Besitz des Thrones von Alba Longa zu bringen. Alba Longa, heute Albano
in den Albaner Bergen, ist historisch seit ältester Zeit Vorort des latinischen Bun-
des gewesen und vermutlich schon während der Königszeit Roms von den Römern
erobert worden. Diese Vorgänge sind in der Legende kaum angesprochen, hier
ist Alba Longa der Sitz des Königsgeschlechtes der Silvier. König Amulius, Herr
über Alba Longa, ließ Rhea Silvia, die geschändete Jungfrau, in Fesseln schlagen
und befahl, ihre Söhne im Fluß zu ertränken, um die Thronfolge für sich zu sichern; ein ähnliches Motiv, wie man es aus der Herkunft Moses' kennt. Auch
hier ergaben sich unvorhersehbare Widerstände, gleichsam Vorzeichen für die
Außerordentlichkeit der dargestellten Existenz, und trotz des strengen Befehls
wurde der königliche Wille hintergangen. Der Tiber war nämlich über seine Ufer
getreten, so daß man nicht an das eigentliche Flußbett kam. Die Diener, lässig
in der Ausführung ihrer Aufgaben, warfen den Korb mit den Zwillingen in eine
der seichten Buchten und glaubten damit ihre Pflicht erfüllt zu haben. Dies geschah angeblich am Luperkal, an der Westecke des Palatins, wo heute der sogenannte ruminalische Feigenbaum steht. Als der Wasserspiegel sank, blieb der Wei-

denkorb auf dem Land hängen, und das klägliche Weinen der Säuglinge lockte eine Wölfin an, die vom Gebirge zur Tränke heruntergekommen war. Die Sage berichtet, der Oberhirt der königlichen Herde Faustulus habe mit eigenen Augen gesehen, daß die Wölfin die Kleinen zärtlich abgeleckt habe. Der Hirt nahm die Kinder mit und brachte sie seiner Frau Larentia, damit sie die Kinder aufzog. Diese Larentia soll von den Hirten angeblich »lupa« genannt worden sein, weil sie sich, wie eine Wölfin, vielen hingab.

Dieses Beispiel aus der römischen Mythologie ist deshalb so aufschlußreich, weil es zeigt, wie gleichsam der Mechanismus einer solchen Mythenbildung funktioniert. Außerhalb der Stadtmauern, von den Bürgern mit Mißtrauen betrachtet, lebten die Hirten auf dem öden Land, das als Ackerland nicht geeignet war, hier trieben sich auch die Mädchen herum, die nichts zu verlieren hatten, denn hier war man ungestört und doch in Menschennähe nicht gänzlich ohne Schutz vor Überfällen. Von einem solchen liederlichen und gutherzigen Mädchen mögen die Zwillinge aufgezogen worden sein, der Doppelsinn des Wortes »lupa« (lateinisch: Wölfin) hat dann später dazu geführt, von der Wölfin zu reden statt von der Dirne. Unter dieser Deutung glaubt man noch eine andere, tiefere Schicht der Überlieferung bloßgelegt zu haben, denn der Hirte Faustulus scheint niemand anderes als der Waldgott Faun zu sein, die Dirne Larentia, die mit ihm durch die Wälder zieht, wäre demnach Flora, die Herrin der Fruchtbarkeit. So erklärte sich der orgiastische Charakter der Floralien und Luperkalien. Bei diesen Festen tobten die ›luperci‹, die Priester der Lupa, an der Spitze der Dirnen durch die Straßen, nur mit ledernem Phallus und Bocksfell bekleidet, und trieben mit den Frauen ihre drastischen Scherze, die Fruchtbarkeit verhießen.

Im übrigen spielten die Dirnen im Stadtbild damals noch keine Rolle. Rechtlich hatten sie eine Sonderstellung, mußten aber auf Befehl Caligulas (37–41 n. Chr.) nach griechischem Vorbild Steuern zahlen. Die niedere Form der Prostitution fand in den öffentlichen Häusern statt, den sogenannten »Lupanaren«. Es waren entlaufene Sklavinnen oder Freigelassene, die sich auf diese Weise ihren Lebensunterhalt verdienten. Sie paradierten nackt vor den Bordellen und hatten jede eine dämmrige Zelle, über der ihr Name angebracht war und deren Eingang mit einer Matte verhängt war. Von diesem »Stehen vor der Tür« (lateinisch: prostare) ist der Begriff der Prostitution abgeleitet. Auf Kundenfang gingen die Mädchen in den Zirkus und in die Amphitheater, in die öffentlichen Bäder und auf die Gräberfelder vor der Stadt. Es gab auch Stundenhotels, in die sie ihre Freier schleppten, auch luden sie ihre Kunden gelegentlich zu einem Fest in eine der Bäckereien ein. Wesentlich höher als die kasernierten Mädchen standen die Freundinnen reicher Männer, die sich eine Weile vom selben Mann aushalten ließen, ehe sie älter werdend in einem der über 40 Bordelle landeten. Auch freie Römerinnen haben sich als Prostituierte betätigt; sie mußten sich bei den Ädilen melden, denen neben anderen Aufgaben die Polizeiaufsicht übertragen war, und übten ihr Gewerbe mit Genehmigung ihrer Männer aus.

Rom ist damals eine Millionenstadt gewesen, in der die Bevölkerung aus allen Provinzen des Reiches zusammenströmte. Zwar wachten die Sittenwächter, die Zensoren, noch über die Moral, aber eigentlich nur, um den Schein zu wahren, denn jedermann lebte, wie es ihm gefiel und wozu ihn der Reichtum verführte: Überall sah man phallische Symbole, Liebesszenen und derbe Zeichnungen, jedermann sprach von Lust und hielt sich Hetären oder Knaben. Die Menge der wirtschaftlich gescheiterten Freigelassenen, der entlaufenen Sklaven senkte den Preis, und so interessierten sich für Fragen der Moral nur einige politische Starrköpfe und ein paar Beamte, während die Priester lediglich darauf achteten, daß geopfert wurde.

Man kennt aus Rom keine Hetärengeschichten wie aus Lesbos oder aus Korinth, keine Namen, die mit einer Lais oder Thais, einer Phryne oder Aspasia vergleichbar wären. Die römische Halbwelt spiegelt sich in den leichtlebigen Versen einiger amüsanter Dichter und in den Schilderungen der Historiker. Aber es sind in Rom nicht nur die Mädchen von der Straße, die zärtlichen Freundinnen, die auf die Nachwelt überliefert werden, sondern sexualpathologische Sonderfälle, die Geschichte gemacht haben, weil es sich um Töchter aus kaiserlichem Hause handelt. Die Erlebnisse eines Properz und Catull, eines Tibull und Ovid sind durchaus nicht ungewöhnlich: Jeder junge Mensch aus gutem Hause, der vom Land nach Rom kam, erlebte solche Lieben und Liebeleien, und daß man heute noch eine Cynthia und eine Corinna, eine Clodia und Delia kennt, verdankt man nicht ihrem ungewöhnlichen Charakter oder ihrem besonders ausschweifenden Leben, sondern ihren Liebhabern, die nun einmal Literaten waren. Allerdings hatten diese Literaten im Vergleich mit den sonstigen Liebhabern der Damen einen entscheidenden Nachteil: Sie waren arm, folgten als sogenannte »Klienten« ihren Herren, standen draußen vor dem Haus herum, in dem sich der Reiche amüsierte, und hatten den Mädchen nicht mehr zu bieten als ein paar fragwürdige Verse und ihre Zärtlichkeit; vom Nachruhm konnte, da man seiner selbst so wenig sicher war, keine Rede sein, und das große Vorbild der Griechen erreichte ohnehin kein Lebender.

Eines dieser Mädchen hieß Hostilia und war die Tochter eines Historikers namens Hostilius, der ihr eine gute Erziehung gegeben hatte. Sie muß eine reizvolle und berechnende Frau gewesen sein, unbeständig und jähzornig, aber von bezwingender Schönheit und voll Kunstverstand. Ihre Freunde waren einflußreiche Männer, so auch ein Prätor aus Illyrien, dessen Besuche in Rom für sie besonders wichtig waren. In solchen Zeiten durfte sich der junge Mensch, der behauptete, sie wie wahnsinnig zu lieben, nicht bei ihr sehen lassen. Er hieß Properz und stammte aus gutem Hause, sein Vater hatte Güter bei Assisi besessen und war 41/40 v. Chr. zugunsten der Veteranen des Octavian enteignet worden und gestorben, als Properz noch ein Kind war. Der junge Adlige ist nach Rom gekommen, um sich alter Verbindungen zu bedienen, konnte sich jedoch nicht entschließen, Offizier oder Politiker zu werden. Er widmete sich, in enger Verbindung mit Ovid, ganz der Dichtkunst, und er hatte das Unglück, eine Frau zu lieben, die nicht nur einem einzigen Mann gehören konnte und wollte. Immer wieder hat er versucht, sich von dieser Leidenschaft zu befreien, mit dieser Beziehung fertig zu werden, und weil er sich keine Blöße geben wollte, flüchtete er in die Ironie oder in Sarkasmen. Selbst zu Füßen der Thais zu Korinth, behauptete er mit einem Seufzer, sei die Zahl der Verehrer nicht so groß gewesen wie vor der Tür seiner Cynthia. Den Namen Cynthia hatte er selbst ihr gegeben, nachgebildet dem Ort Cynthios, der mythischen Geburtsstätte des Apoll. Damit hat Properz Cynthias Kunstverstand und ihr feines Stilgefühl feiern wollen. Zähneknirschend zog er sich zurück, wenn der reiche Dickwanst aus der Provinz in Rom aufkreuzte, um seine Rechte wahrzunehmen. Es half alles nicht, er konnte sich von der zauberhaften Geliebten nicht lösen.

Die ehrgeizige und lebenslustige Cynthia wirkt harmlos im Vergleich zu der Frau, die mit dem jungen Lyriker Catull gespielt und ihm glühende Verse der Liebe entpreßt hat. Die Historiker haben einigen Scharfsinn aufwenden müssen, um herauszufinden, wer sie war, die in den Versen Catulls mit dem Namen »Lesbia« verherrlicht wird. Darin lag keine Anspielung auf weibliche Homosexualität, sondern auf die Insel der Liebe. In den Tavernen Roms hat man ihr freilich den boshaften Namen »Quadantaria« angehängt, weil sie schon für eine winzige Münze zu haben war. Sie hieß in Wirklichkeit Clodia und ist die erste jener Reihe von hemmungslosen Nymphomaninnen, die das Sittenbild des späten Rom geprägt haben, eine »Viergroschendirne« mit Geist und Ehrgeiz, die für Konventionen nur Verachtung übrig hatte. Für diese Schwester des Patriziers Publius Clodius Pulcher ist Catull nur eine Affäre gewesen, aber ihm war es ernst: »Niemals kann sich ein Weib so heißer Liebe je rühmen, Lesbia, wie du geliebt wurdest so glühend von mir.« Er war 22 Jahre, als er im Jahre 62 v. Chr. nach Rom kam, um sein Glück zu machen, ein kultivierter und gebildeter junger Mensch. Er hat noch in den ersten Monaten die um zehn Jahre ältere Freundin kennengelernt, die durch ihren Bruder in einen unglaublichen Skandal verwickelt worden war. Clodius, ein arroganter Mann von 30 Jahren, hatte sich in die Gattin Cäsars verliebt und, weil sie ihm keine Gelegenheit bot, zu einem törichten Trick gegriffen, mit dem er die öffentliche Meinung gegen sich aufgebracht hatte.

In Rom wurde seit jeher der Kult der »Bona Dea«, der Guten Göttin, gefeiert, und zwar als Mysterium, das der weiblichen Fruchtbarkeit galt. Im Kreis von Vestalinnen begingen die Damen der römischen Gesellschaft dieses Fest jeweils in einer Dezembernacht im Hause eines Konsuls oder Prätors. Diese Feste fanden unter strengstem Ausschluß der Männer statt, aber Clodius kam auf die unglaubliche Idee, sich als Flötenspielerin verkleidet ins Haus Cäsars zu schmuggeln, wo Pompeja zu einem solchen Fest eingeladen hatte. Er verriet sich durch seine Männerstimme, als er sich in den Gängen verirrt hatte und eine Sklavin nach dem Weg fragte. Clodius war schon damals in Rom kein Unbekannter mehr, er hatte 68 v. Chr. im Heer seines Schwagers Lukullus eine Meuterei angezettelt und vor drei Jahren den Catilina öffentlich angeklagt, in dieser Sache mit Cicero einig. Dieser Frevel aber verletzte die religiöse Intimität der Frau und verärgerte die Römer so sehr, daß selbst Cicero vor Gericht gegen ihn aussagte. Es gelang dem Clodius allerdings, seinen Kopf zu retten, denn das reichlich bestochene Gericht unter Vorsitz des dicken Crassus sprach ihn frei. Allerdings herrschte von nun an Feindschaft zwischen dem Clan des Clodius Pulcher und dem scharfzüngigen Cicero, der nicht versäumte, die schmutzige Wäsche seiner Gegner in aller Öffentlichkeit zu waschen. Nur deshalb wissen wir heute, daß Clodia vermutlich wie ihre Schwester Tertia sexuelle Beziehungen mit ihrem Bruder Clodius unterhalten hat. Catull hat dieser Frau, die sogar des Gattenmordes verdächtigt wurde, nichts entgegenzusetzen gehabt und ihre sexuelle Unersättlichkeit in schmerzlichen Versen beklagt. Ihre Gatten und Freunde waren keine Dichter wie Catull, sondern realistische Männer von Rang und Einfluß, die an ihrem Lebenswandel keinen Anstoß nahmen und auf unveränderliche Gefühle offenbar weniger Wert legten als auf das Vergnügen, das Clodia ihnen bereitete. Über Clodias Ende weiß man nichts.

Catull, inzwischen einer der bedeutendsten Lyriker Roms, hat sich mit 27 Jahren der Leibgarde eines politisch links stehenden Prätors angeschlossen, die nach Kleinasien ging, und ist verhältnismäßig jung gestorben. Aus seinen Gedichten geht hervor, daß er Clodia niemals hat vergessen können.

Diese jungen Literaten aus reichen Häusern lebten in einer Welt von Skandalen und Intrigen, in der sich Liebe und Politik unlösbar miteinander verstrickten, und nur intime Kenntnis der Gesellschaft schützte einen Mann davor, in Mißgunst zu geraten. Allerdings, wenn man nur die Spielregeln kannte, war alles möglich und alles erlaubt. Reife Frauen ließen sich ins Dirnenregister eintragen, damit ihnen der Zensor, wenn sie ihren Hausfreund empfingen, nicht den Vorwurf machen konnte, sie seien nicht ehrbar. Fast jeder wohlhabende römische Familienvater hielt sich seine griechischen Knaben mit der gleichen Selbstverständlichkeit, mit der man die Bäder besuchte. In diesem Halbweltmilieu lebte Corinna, deren Lebensumstände man kennt, ohne ihren Namen entschlüsseln zu können, wenn sie überhaupt existiert hat. Aber der erotische Lehrmeister der Römer, der aus dem heutigen Sulmona stammende Dicher Ovid, hat das Porträt seiner Corinna mit den Farben glühender Eifersucht so lebendig gezeichnet, daß es nicht auf bloßer Erfindung beruhen dürfte. Verheiratet war diese liebenswerte und undankbare Sünderin, und zwar mit einem durchaus akzeptablen Menschen aus dem Ritterstand, der sogar Vermögen besaß, wenn er auch nie mit seinem Geld auskam. Er ist, von Ovid mit Feindseligkeit betrachtet, der Vermittler seiner Gattin gewesen, um nicht das böse Wort Zuhälter zu gebrauchen. Ovid hat sich durch seine kühne »Ars amatoria« einen Namen gemacht, den bald ganz Rom kannte. Seine subtilen Erfahrungen muß er mit Frauen aller Stände, vor allen aber mit den schönen Gunstgewerblerinnen gemacht haben, deren vollendeter Typ Corinna war. Er hat sich über Frauen keine Illusionen gemacht. »Keusch ist nur eine Frau, die niemand versucht hat«, ist die knappe Formel seiner Erfahrungen, und so führt uns seine Eifersucht tief in die Widersprüchlichkeit der Gefühle: Er konnte es nicht ertragen, daß Corinna, eine gut ins Geschäft gekommene Kurtisane, den zahlenden Gästen mehr als nur Küsse schenkte und an ihnen ihre zärtlichsten Künste spielen ließ. Zahllose Stunden hat Ovid, immerhin ein Mann von Einfluß und beamteter Jurist, vor der Kammer der Corinna verwartet, und seine lebhafte Phantasie, seine intime Kenntnis aller Möglichkeiten, müssen ihm dieses Warten zur Qual gemacht haben. So widmete er sich gelegentlich, um die Herrin mit der Dienerin zu strafen, der jungen Griechin Cypassis und rächte sich auf seine Weise: »Glaube mir, sie, die so eifrig Bett und Zimmer dir einräumt, / war – und nicht einmal bloß – schon mit mir selber allein. / Laßt auch die Magd, die euch dient, nicht allzu schön von Gesicht sein, / oft vertrat sie bei mir ihrer Gebieterin Platz.«

Ovid liebte das Weibliche in allen seinen Verkörperungen, ihn reizte das laszive Kind ebenso wie die reife Frau, und er kannte die dreisten Kurtisanen ebenso wie die spröden Jungfrauen, »die jedoch willig werden, wenn der Mann sie berührt«. Vor allem aber liebte er Corinna, der er »ewige Treue im Ehebruch« auf dem Ruhebett des Ehemannes geschworen hatte (Frischauer). Rom besang er als die Stadt der Venus, und der Reichtum an Mädchen schien ihm unerschöpflich. Dieser Erotiker kannte jeden Genuß und jede Steigerung des Genusses, er fühlte sich als »Lehrer Amors« und war doch mit einer einzigen Frau, die ihn immer neu faszinierte und beglückte, in einer Beziehung verbunden, die unzerreißbar war, obwohl weder von Treue noch von Moral gesprochen werden konnte. Ihren Charakter kannte er, ihre Gier und ihre Kälte, und doch konnte und wollte er sich nicht von ihr lösen. Sie muß im Laufe der Jahre wie er an dieser Beziehung gelitten haben, denn immer größer wurde ihre Hemmungslosigkeit, immer wahlloser ihr Umgang. Ovid beschwor sie schließlich: »Ich kann nicht verlangen, daß du keusch werdest und züchtig lebest, aber ich bitte dich, mich wenigstens über die grausame Wahrheit hinwegzutäuschen. Noch die letzte Dirne bedeckt mit Scham, was du angesichts des ganzen Volkes tust.«

Ovid hat Reisen gemacht und die ganze Welt gesehen, aber er war Weltmann und Städter. Als er sich gegen die Scheinheiligkeit der Augusteischen Reformen sträubte, erregte er den Unwillen der zuständigen Stellen, und ein Anlaß, ihn zu verbannen, war schnell gefunden. Irgendein Sittenrichter schwärzte ihn an, er habe mit der Liebeskunst die Sitten des Volkes untergraben und außerdem anständige Frauen verführt. Im Jahre 8 n.Chr. verhängte Kaiser Augustus über Ovid die »relegatio auf Lebenszeit«, doch beließ er ihm Vermögen und Bürgerrecht. Trotzdem war dieser Schlag für den 65jährigen Dichter, der sich schon vor einiger Zeit aus der Politik zurückgezogen hatte und auf dem Lande lebte, nahezu eine

Orgiastisches Festgelage *im Rom der Verfallzeit aus der Sicht des 19. Jh. Gemälde von Th. Couture. Louvre, Paris*

Katastrophe. Noch im selben Jahr reiste Ovid zu Schiff nach Tomi am Schwarzen Meer, dem heutigen Konstanza. Er ist 18 n. Chr. dort gestorben und hat Corinnas Verfall nicht mehr erlebt. Sie hat weder die Männer noch das Geld halten können und ist in den Hafenkneipen am Tiber verkommen, eine Viergroschendirne, die jeder Schiffer haben konnte, wenn er sie zu einem Glas Wein einlud. Durch den Mann, dessen vielfältige Dichtung den Lyrikern bis weit ins Mittelalter und an die Schwelle der Neuzeit das klassische Muster geliefert hat, ist sie unsterblich geworden.

Es gibt noch eine Reihe anderer Klassiker, die das Milieu der Prostitution beschreiben wie Catull und Ovid, vor allem der impotente Tibull und der bisexuelle, überaus bissige Martial, der mit seinen Epigrammen das Milieu der römischen Halbwelt so unbestechlich gezeichnet hat wie Toulouse-Lautrec das des Montmartre. Wichtiger als diese Literaten sind die Nymphomaninnen aus dem julischen Geschlecht, allen voran die schöne, sittenlose Julia, die Tochter des Kaisers Augustus. Die einzige Tochter des Kaisers Augustus war mit 14 Jahren zum erstenmal verheiratet, mit 16 Witwe. Sie hat diese Witwenschaft, im kaiserlichen Rom allen Verführungen ausgesetzt, in vollen Zügen genossen, und als ihr Vater sie zwang, einen seiner Vertrauensleute, den langweiligen Agrippa, zu heiraten, gestand sie dem Gatten und dem Vater lediglich zu, »nur mit vollem Bauch«, also schwanger, werde sie Unzucht treiben. Julia hat die Gesetzgebung ihres Vaters empörend gefunden, sie wurde zur Wortführerin jener Frauen, die keineswegs mehr gewillt waren, sich den Männern zu unterwerfen und hinter griechischen Lustknaben zurückzustehen, nur weil das Gesetz »über die Sittlichkeit und zur Bekämpfung des Ehebruchs« das so wollte. Sie ist dann bekanntlich mit Tiberius verheiratet worden, nachdem man sie gezwungen hatte, sich von Agrippa zu trennen, hat aber an der Seite dieses verwüsteten Psychopathen ein so ausschweifendes Leben geführt, daß der Kaiser sich nach langem Zögern entschloß, sie im Jahre 2 n. Chr. zu verbannen.

Man kann sie zwar nicht zu den Prostituierten rechnen, weil sie sich nicht aus Geldgier, sondern aus nymphomanischer Besessenheit hingab, aber ihr Schicksal ist mit dem Ovids und mit der Gesetzgebung des Augustus so eng verbunden, daß es auf indirekte Weise auch die Situation der Dirnen beeinflußt hat. Nachdem das Gesetz in Kraft getreten war, gab es nämlich einige Gruppen, für die das Keuschheitsgesetz nicht galt. Dazu zählten alle Dirnen, solange sie ihr Gewerbe ausübten, alle Unternehmerinnen, die ein Bordell betrieben, die Wirtinnen mit ihren Mägden, von denen Keuschheit zu verlangen unbillig gewesen wäre, weil die Tavernen tatsächlich eine Art Freudenhaus waren, und die Schauspielerinnen, Tänzerinnen und Musikantinnen, die ja alle an den Gastmählern mitwirkten und die Freuden kaum gesteigert hätten, wenn sie sich den Männern mit dem Hinweis auf das Augusteische Keuschheitsgesetz entzogen hätten. Das Gesetz zog also dank seiner Sittenstrenge plötzlich eine scharfe Trennungslinie zwischen anständigen und außerhalb der Gesellschaft lebenden Frauen, und damit förderte es Erscheinungen, die es bekämpfen wollte, denn wer sich der Sitte nicht beugen wollte oder konnte, rechnete sich lieber zu den Dirnen, als die Bestrafung durch das Gesetz zu riskieren. Julia hat sich durch diese Situation herausgefordert gefühlt und ihren Vater, den göttlichen Augustus, bewußt provoziert. Sie zwang ihn, ein Exempel zu statuieren, wenn seine Gesetzgebung kein Schlag ins Wasser sein sollte. Er hat die Erfahrung aller Gesetzgeber machen müssen, die mit Dekreten Symptome zu bessern versuchen, weil sie die Ursachen nicht erkennen können, und so haben letzten Endes die Corinnas und Cynthias, Julias und Lesbias den Sieg davongetragen.

Kaiserinnen im Bordell

Im Jahre 48 n.Chr. wurde Messalina hingerichtet, die Kaiserin, die dem Kaiser Claudius zwei Kinder geboren und weiblicher Unersättlichkeit ihren Namen gegeben hat. Sie war um drei Jahrzehnte jünger als der Kaiser und war seine dritte Frau, er ein durch Kinderlähmung geschwächter, verbrauchter Mann: Eine wahrhaft teuflische Konstellation, die ihn hörig und sie zur größten Hure der Geschichte werden ließ. Jeder Mann, der Messalinas krankhaftes Verlangen erregte, riskierte Leben und Vermögen, wenn er ihr nicht zu Willen war. Der Tänzer Menester, der sich von Messalina nicht hatte verführen lassen, weil ihre mächtigen, goldbemalten Brüste ihn anwiderten, wagte sich kaiserlichem Befehl nicht zu entziehen und ergab sich ihrem Verlangen. Messalina war keine aparte Schönheit, nicht einmal hübsch, sondern eine etwas matronenhaft wirkende Brünette, falls man antiken Schilderungen und den Porträtbüsten trauen darf. Man sieht diesem Gesicht weder Gier noch Lust an, sondern nur eine majestätische Selbstzufriedenheit.

Es muß sie schließlich ermüdet haben, immer nur selbst zu begehren statt begehrt zu werden. Also bestellte sie sich in einem Lupanar bei der Wirtin eine Kammer, hing die Tafel mit dem Namen über die Tür, wie dies vorgeschrieben war, und ließ sich als Lysisca von den Männern befriedigen, die von der Straße hereinkamen. In Rom war dieses Verfahren, seine sexuellen Probleme zu lösen, nicht einmal so ungewöhnlich. Es gab nicht wenige verwöhnte Frauen aus reichen Häusern, die regelmäßig ins Bordell gingen und den anderen Frauen die Kundschaft stahlen, um sexuell befriedigt zu werden. Sie waren unter dem Namen »famosae« bekannt und bei allen Prostituierten verhaßt, vor allem bei den »meretrices«. Das waren Frauen, die tagsüber ihren Pflichten nachgingen und ein ordentliches Leben führten, abends um 5 Uhr aber pünktlich ihre Behausung verließen und sich im Bordell einfanden, um ihre Nachtschicht abzuleisten. Sie waren als Dirnen ins Register eingetragen, zahlten in dieser Eigenschaft Steuern und wollten vor allem nichts mit der Polizei zu tun haben. Für diese Frauen waren die »famosae«, die auf Geld verzichteten, eine böse Konkurrenz. Daß die Kaiserin als »famosa« nicht unentdeckt blieb, erklärt sich aus dem Milieu, und bald sprach ganz Rom über Messalina, die man im Bordell für ein paar Münzen haben konnte. Nur der Kaiser soll von ihrem Treiben nichts gewußt haben, dabei galt sie als die betriebsamste Hure des Lupanars. Daß sich reiche Frauen im Bordell prostituierten, um sich sexuell befriedigen zu lassen, hat man damals achselzuckend zur Kenntnis genommen, aber daß die Kaiserin, unersättlich in ihrer Sexualgier, die kaiserliche Würde im Bordell beschmutzte, ist als unerträglich empfunden worden. Der römische Dichter Juvenal hat in seiner 6. Satire die Szene geschildert, wenn »die durchlauchtigste Metze« mit blonder Perücke ins Bordell schlich und »wenn auch von Männern erschöpft, so doch nicht befriedigt« zurückkam und den »schwülen Geruch des Bordells« zum Lager des Kaisers brachte, den Leib, »der edler Britannicus, dich trug«, preisgab.

Damals verbreitete sich unter den einfachen Leuten ein Wunderglaube aus dem Osten, der jeden ansprach, wenn er noch nicht ganz verdorben war. Es hieß, das Reich Gottes sei nahe herbeigekommen, und man solle sich taufen lassen, um seine Sünden abzuwaschen, auch solle man lieber dulden als sich gegen die Herrschenden wehren, und man müsse, um erlöst zu werden von allen Übeln, nur ein paar einfache Gebote befolgen. Gerade die armseligsten Prostituierten in den Bordellen hörten zu, wenn ihnen jemand von den Christen erzählte. Für sie war nicht der Leib wichtig, sondern die unsterbliche Seele, nicht der Genuß auf Erden, sondern das Himmelreich Gottes, und man mußte sein jetziges Leben nur bereuen, um von Gottes Sohn an die Hand genommen und ins ewige Leben geführt zu werden. Es war der Weg aus der Gosse zurück in die Kindheit und Reinheit, der Weg zu Gottvater, der diesen Mädchen und Frauen zur Hoffnung wurde. Niemand ist eher bereit, auf die sogenannten Freuden des Leibes zu verzichten als jemand, der sie im Bordell bis zum Ekel genossen hat, der kaum noch Hoffnung auf eine Erneuerung hat. So gibt es zahllose Heiligengeschichten im Milieu der spätrömischen Prostitution, und die Männer, die um Christi willen sich der Seelen der Mädchen und Frauen annahmen, fanden hier ein dankbares Feld. Es war für die Christen ein Erfolg, wenn sie eine der bekannten Lustgespielinnen, der erfolgreichen Kurtisanen, zum wahren Heil ihrer Seele bekehren konnten, und es war ein Triumph, wenn eine heimliche Christin, von ihren Nachbarn entlarvt und denunziert, nackt durch die Straßen geschleppt und ins Bordell gesteckt, in diesem Elend standhaft blieb und sich zu Christus bekannte. Es gibt zahllose Heiligenlegenden aus diesem Milieu, die nach diesem Muster erzählt werden. Ihr sittlicher Mittelpunkt war die Keuschheit, die Zitadelle der christlichen Existenz, und zwar entweder eine Keuschheit nach einem von Schmutz und Sünde erfüllten Leben oder die Reinheit der Jungfrau, die lieber starb als ihre Unberührtheit preiszugeben. So wurden im frühen Christentum die Begriffe »christlich« und »keusch« nahezu identisch, ebenso die Gegenbegriffe der heidnischen Unkeuschheit.

Die Prostitution hat, wie alle Gewerbe, eine heilige Fürsprache durch spezielle Vertretung bekommen, aber nicht, wie man meinen könnte, durch die im Neuen Testament erwähnte Maria Magdalena, die jedermann als Büßerin, als reuige Sünderin kennt.

Das Fest jener Heiligen, die auch den Prostituierten durch Fürbitte hilft, ist der 12. Dezember, der Tag der heiligen Lucia. Diese Jungfrau hat nichts mit den Lupanaren Roms oder Alexandrias, den Bordellen von Korinth oder ihrer Heimatstadt Syrakus zu tun. Sie hat der Legende nach auf Sizilien Anfang des vierten Jahrhunderts gelebt und war mit einem römischen Mann verlobt. Er hat sich durch ihre standhafte Keuschheit so herausgefordert gefühlt, daß er sie als Christin denunzierte. Damals herrschte Kaiser Diokletian, unter dessen Herrschaft die Christen seit 303 ebenso wie die Manichäer mit Nachdruck verfolgt wurden. Die Denunziation kam daher einem Todesurteil gleich, und Lucia, die nicht einmal Christin war, wurde um ihrer Keuschheit willen am 13. Dezember 304 einigen Folterungen unterworfen und schließlich durch einen Schwertstich in den Hals getötet. Damals war beharrliche Keuschheit ein Indiz dafür, daß jemand dem verbotenen Glauben anhing, wie rund 1000 Jahre später ein Leberfleck oder rotes

Haar als Beweis dafür galten, daß jemand Umgang mit dem Satan gehabt hatte. Gerade diese Jungfrau, die ihrer Enthaltsamkeit wegen umgebracht worden war, haben die Kirchenväter dann zur Schutzherrin der Dirnen und Huren gemacht – ganz offensichtlich in dem Bestreben, moralische Kategorien durch extreme Beispiele zu markieren. Dennoch hat dieser Kampf zwischen »Fleisch und Entsagung, zwischen Antike und Christentum« (Bassermann) nicht mit einem Sieg des Christentums enden können, und alle die Heiligen, die wie Afra, die römische Lagerdirne des Lagers Lechfeld, auf einer Donauinsel verbrannt oder wie eine spätere Thais zur Eremitin geworden waren, konnten den Kampf nicht entscheiden. Es gab weiterhin Bordelle, soweit der römische Einfluß reichte, und weder in Rom noch in den fernsten Städten der Provinz war es möglich oder denkbar, die Prostitution zu beseitigen, wenn dies auch das erklärte und mit Starrsinn verfolgte Ziel der Kirche wurde.

Unter Kaiser Konstantin wurde das Christentum zur Staatsreligion des Imperiums erklärt, und schon 527 gab es in Byzanz eine christliche Kaiserin, deren Vorleben dem Treiben einer Messalina in nichts nachstand: Diese in vollkommen enthemmter Umgebung aufgewachsene Tochter eines Zirkuswärters ließ sich, nach Überlieferung des byzantinischen Historikers Prokop, »von moralisch Verkommenen in schamloser Weise schon als unreifes Kind wie ein Lustknabe mißbrauchen, sogar von den Sklaven, die ihre Herren ins Theater begleiteten«. Sobald sie eine Frau geworden war, trat sie als Schauspielerin auf und wurde »eine Hetäre der niedersten Sorte«. Oft entledigte sie sich im Theater vor dem vollen Haus ihrer Kleider, schreibt Prokop, legte sich flach auf den Boden und ließ sich von Knaben Gerstenkörner in den Schoß streuen. Dann kamen für diese Szene abgerichtete Gänse auf die Bühne und pickten die Körner mit dem Schnabel auf. »Und alles das machte Theodora keineswegs erröten, im Gegenteil: sie schien sich königlich dabei zu unterhalten . . .« Theodora soll sich längere Zeit mittellos in den Städten des vorderen Orients herumgetrieben haben, wenn man Prokop Glauben schenken will. In der Nähe von Alexandria, wo es viele Eremiten gab, soll auch sie eine Sinneswandlung erlebt und ihrem lasterhaften Leben entsagt haben. In Alexandria ist sie dann Justinian begegnet, der sie durch seine Beziehungen zur Patrizierin machen ließ und schließlich heiratete. So gelangte sie, als Justinian 527 gekrönt wurde, zur Würde einer Kaiserin. Sie hat 21 Jahre lang Justinian beraten und beherrscht, eine unerschrockene, tatkräftige Frau, die ihrem Manne im Jahre 532 während der Rebellion der Zirkusparteien den Thron rettete. Der »Byzantinismus« freilich, der pompöse Stil bei Hofe, geht auf ihre primitiven Vorstellungen von kaiserlicher Würde zurück. Sie hat sich als Kaiserin große Mühe gegeben, das ausbeuterische System der Prostitution auszurotten, das sie am eigenen Leibe kennengelernt hatte. Kuppelei wurde schwer bestraft, die Bordelle wurden geschlossen, und sie selbst kaufte Mädchen frei und gründete für sie ein Asyl, erntete jedoch wenig Dank dafür. Am 28. Juni 548 ist sie an einem schweren Krebsleiden gestorben.

Vopperinnen vor der Kirche

Die Welt hat sich nicht mit einem Schlage verändert, nur weil das Christentum sich im römischen Imperium als Staatsreligion durchsetzte und einer verrotteten und verwilderten Menschheit die Forderung nach Abtötung des Fleisches, nach Keuschheit und Reinheit entgegenhielt. Als sich nach den Stürmen der Völkerwanderung neue Reiche bildeten, hatten sich gewisse Details des römischen Lebensstils trotz aller Kriegsschrecken erhalten, und in Byzanz wie im alten Lutetia Parisorum (Paris) gab man sich Mühe, nach der Art der Römer zu leben – natürlich nicht im Volk, sondern in der herrschenden Adelsklasse. Die Merowinger hatten in ihren Palästen römische Kunstschätze angehäuft und sich von ihren Feldzügen reizende Sklavinnen mitgebracht; sie waren weder durch eine starke Kirche noch durch andere politische Kräfte in ihrer Willkür beengt und genossen ihre Macht unbegrenzt. Das wilde Treiben an den Merowingerhöfen und die blutschänderischen Exzesse sind durch die dürren Berichte der Chronisten bekannt. Am schlimmsten muß es »die schöne, die blonde, die schreckliche« Fredegunde getrieben haben, die Gemahlin König Chilperichs I. (gest. 597), eine Art germanischer Messalina, die von frommen Schreibern voll Abscheu als »unheilige Maria des Teufels« bezeichnet wird. Wie in der römischen Antike hatten die Sklavinnen und Mägde dem Herren zu willen sein, so gab es kein aufgestautes Triebleben, man benötigte keine offiziellen Einrichtungen. Erst mit dem Wachstum der wenigen größeren Städte diesseits der Alpen entwickelte sich im frühen Mittelalter die Prostitution als ein Gewerbe. Älter und bedeutender aber war der Mädchenhandel, der offenbar von den reisenden Pferdehändlern wahrgenommen wurde. So hat der islamische Reisende Ibrahim Ibn Jaqub auf seiner Handelsreise durch Europa, die ihn bis nach Böhmen, nach Mitteldeutschland und in die damals slawischen Ostseeländer führte, von den dortigen Stämmen blonde Kriegsbeute einzuhandeln versucht. Übrigens wurden von den nordgermanischen Stämmen nicht nur erbeutete Mädchen in die orientalischen Harems verkauft, sondern auch solche, die sich etwas hatten zuschulden kommen lassen. Zwischen den Wikingern, die den Handel des Nordens kontrollierten, und den arabischen Handelsherren gab es in diesem Punkte also wohlverstandene gemeinsame Interessen.

In Rom ist die Prostitution niemals ausgestorben, denn die Kirche als Steuereinnehmerin profitierte von der Dirnensteuer, und als der Strom der Pilger einsetzte, erlebte dieses älteste Gewerbe einen neuen wirtschaftlichen Aufschwung. Es mutet wie eine Ironie der Geschichte an, daß der Weg des Kreuzes von Bordellen gesäumt ist: Je strenger die moralischen Forderungen in sexueller Hinsicht, je größer die Menschenmassen, die sich auf engem Raum zusammenballten, desto zwingender die Notwendigkeit solcher »Ventileinrichtungen«, gegen die nun wiederum die Kirche einen hoffnungslosen Kampf führte. Eine der ersten Amtshandlungen Kaiser Karls des Großen, der selbst bekanntlich zahlreiche Kebsweiber besessen und Kinder in die Welt gesetzt hat, war ein scharfer Erlaß gegen Ehebruch, Hurerei und Prostitution. Diese Laster wurden stets in einem Atemzug genannt und verkörperten eine sündige Dreieinigkeit. Selbstverständlich richteten sich die kaiserlichen Dekrete nicht gegen die Männer, sondern gegen die Sünde, und bestraft wurden die Dirnen, die vorwiegend im Gefolge der Landfahrer und Vaganten quer durch Europa zogen. Die Liste der Strafen, die man

Auf dem sogenannten Wippgalgen *bestrafte man hauptsächlich Dirnen und Wucherer. Die Betroffenen wurden bei diesem brutalen Vorgang halb ersäuft. Englischer Holzschnitt um 1700*

gegen die Dirnen angewandt hat, ist so mannigfaltig wie ein mittelalterlicher Strafenkatalog; da gibt es kaum eine Brutalität, die man, den Sitten der Zeit entsprechend, nicht ohne zu zögern praktiziert hätte. Die Mädchen wurden an den Pranger gestellt, verprügelt, geschoren, halb ersäuft und des größeren Vergnügens wegen wieder aus dem Wasser gezogen, man zerrte sie durch die Straßen, ließ sie den Schandstein tragen und blieb dabei stets überzeugt, dem Teufel geschadet und der Tugend geholfen zu haben. Allerdings waren diese Mädchen gerissen genug, sich ihrerseits auf das Geschäft im Schatten der Kirchtürme einzustellen. Da gab es Huren, die sich auf raffinierte Weise als Irre gebärdeten, so daß niemand sie wegen unzüchtiger Handlungen belangen konnte. Das zahlte sich aus, denn Männer, die interessiert waren, wurden mit solchen »Vopperinnen« rasch handelseins und fanden sie nachts zwischen den Ställen oder vor der Stadt. Die »Plickschlaherin«, wörtlich »Nacktläuferin«, drapierte sich, kunstvoll abgerissen und mit alten Fetzen sehr notdürftig bedeckt, auf eine Kirchentreppe, bis jemand sich der reizenden Armut erbarmte und sie unter seinen persönlichen Schutz nahm.

Verdient haben die Mädchen gut, denn sie brauchten keine Steuern zu zahlen und waren anfangs dem Zugriff jeder Obrigkeit entzogen. Sie konnten sich deshalb, wenn sie noch jung und hübsch waren, manchen Kleiderluxus leisten, und ihr ganzer Ehrgeiz war, die ehrbaren Frauen in dieser Hinsicht zu übertrumpfen. Das ging nicht immer gut, wie die Geschichte von Ludwig dem Heiligen (1226–1270) beweist, der drei Kreuzzüge durchführte, zwei gegen die Türken und einen gegen die Prostitution, alle drei ohne durchschlagenden Erfolg. Er hatte das Pech, mit einer standesbewußten Dame ohne jeglichen Humor in Fragen der Rangordnung verheiratet zu sein. Als nämlich seine Gemahlin Marguerite de Provence an einem Sonntag des Jahres 1254 in die Kirche ging, wie stets von einer tugendhaften Hofdame begleitet, setzte sich auf ihre andere Seite eine elegant gekleidete Pariserin mit langer Schleppe und goldenem Gürtel. Majestät hauchte der Dame, wie es damals Sitte war, nach den Segnungen einen Kuß auf die Wange. Zu ihrer Empörung erfuhr die Königin nach dem Kirchgang, daß es sich hier keineswegs um eine ebenbürtige Dame, sondern um eine Prostituierte gehandelt habe. Marguerite wurde bei ihrem Gatten vorstellig, diesem Treiben ein Ende zu machen. Nun hatte sich Ludwig der Heilige schon immer mißfällig geäußert, wenn seine Ritter in den orientalischen Bordellen verkehrten, und dies auch gelegentlich drastisch zu verstehen gegeben. Als ein Ritter einmal in einem Feldlagerbordell außerhalb von Caesara entdeckt wurde, konnte er zwischen zwei Strafen wählen: entweder ließ er sich an seinem Gemächte, um das ein Strick gebunden wurde, durch das Lager zerren, oder er gab dem König Pferd und Waffen und verließ das Heer. Der sündhafte Ritter zog es vor, auf Roß und Waffen zu verzichten (Epton). Bei einem so sittenstrengen König, er wurde bereits 1297 heiliggesprochen, fand die Königin offene Ohren. Nun befaßte man sich genauer mit den Gunstgewerblerinnen und stellte mit Entsetzen fest, daß mitten im christlichen Paris das Laster immer neue Blüten trieb. Die Mädchen lebten unter der Obhut eines »Roi des Ribauds«, eines »Königs der Huren«, in einigem Wohlstand, verehrten die Maria Magdalena als ihre Heilige und beteten in einer Kapelle, die ein Glasfenster der Maria Ägyptiaca besaß. Die Heilige, schwarz gebrannt von der Sonne, raffte gerade die Röcke, um ein Boot zu besteigen, wobei schon das Raffen der Röcke als unziemliche Gebärde galt. Unter dem Fenster stand »Wie die Heilige einem Schiffer ihren Körper als Bezahlung anbot«.

Der König war empört und versuchte, das Dirnenproblem nach dem Vorbild der Kaiserin Theodora im Guten zu lösen. Er schuf Heimstätten für die Prostituierten, in denen sie vor Nachstellungen sicher waren, eine jährliche Rente bekamen, die ihrem früheren Verdienst entsprach, und zu frommem Lebenswandel angehalten wurden. Diese Häuser unterstanden der Oberaufsicht des Beginenordens. Obwohl die Summe, die aus der königlichen Schatulle an jede reuige Sünderin gezahlt werden mußte, beachtlich hoch war, kamen nur rund 200 Prostituierte von rund 12000, die in der Stadt tätig waren. Das Pariser Beginenhaus gehörte dem Mann, dessen Namen der Universität noch heute trägt, dem Kaplan Robert de Sorbon. Er hatte 1253 ein Internat für arme Theologiestudenten gegründet und in Universitätsnähe auch das »Haus der Gottestöchter« eingerichtet. Aber alle Mühe war vergeblich, und Ludwig der Heilige mußte zu härteren Maßnahmen greifen. Er verbot den Hausbesitzern, ihre Häuser an Dirnen zu vermieten, hatte aber mit dieser Maßnahme noch weniger Erfolg und ließ sie nun gänzlich aus der Stadt vertreiben. Zwar hatte schon Augustinus gesagt: »Wenn ihr die Prostitution unterdrückt, wird leichtsinnige Lust die Gesellschaft verderben«, aber der fromme Eifer des energischen Königs sah nur das Ziel, ein sauberes Paris zu schaffen. Mit der Vertreibung der Dirnen hatte er einen verblüffenden Mißerfolg erzielt, denn nach kurzer Zeit gab es in Paris doppelt so viel leichte Mädchen wie vor der Vertreibung. Daraufhin versuchte es König Ludwig über eine Sondersteuer, die er den entsprechenden Hausbesitzern auferlegte. Auch diese Maßnahme wurde unterwandert. Die Dirnen verließen Paris und lebten in kleinen Häusern außerhalb der Stadtmauern, sogenannten »bords«, woraus sich die Verkleinerungsform »bourdeau« oder »bordel« entwickelt hat.

Damals ist Paris schon eine Stadt der Scholaren gewesen, denn es besaß neben Bologna eine der ältesten Hohen Schulen Europas. Kein Wunder, daß Paris auch für seine Prostituierten berühmt war und der Prediger Jacques de Vittri gegen die Kollegen wetterte, »wo die Hurerei Hand in Hand mit der Wissenschaft geht und die Studenten im ersten Stock Vorlesungen über Theologie hören, im Erdgeschoß aber Kurse in der Wollust nehmen«. Die Bemühungen des frommen Ludwig blieben unter solchen Umständen vergeblich. Bald etablierten sich auch in der Stadt selbst Bordelle, und in einer Vorrede zu einer Neuausgabe von Ovids »Ars amatoria« heißt es, um eine amüsante Geliebte zu finden, gäbe es keinen besseren Ort als Paris.

Ludwig der Heilige hatte, dem Vorschlag seiner Gemahlin folgend, den Dirnen befohlen, eine bestimmte Art von Mantel zu tragen, damit man ihren Beruf erkennen könne, aber diese Forderung nicht durchsetzen können. Im fünfzehnten Jahrhundert verbot man ihnen nur noch das Tragen von Silberknöpfen, Perlen, goldenen Gürteln, Spitzen und Pelz, aber wenn die Verwaltung mit den Damen sympathisierte, aus was für Gründen auch immer, blieben diese Vorschriften Papier. Die Zeitgenossen spotteten über die hochgestochenen Kurtisanen, die herausgeputzt wie Fürstinnen zur Kirche schritten und sich riesige Gebetbücher nachtragen ließen, ohne selbst lesen zu können. Wenn diese Halbweltdamen von Beamten des Sittlichkeitsdezernats belästigt wurden, heirateten sie einen ehrbaren Handwerker, um weiterhin ihrem Gewerbe nachgehen zu können, freilich nun ohne weiteren Ärger. Damals kamen in Paris bizarre Spitznamen für solche Mädchen auf, »Harte Brust« oder »Kapuzenmacherin« oder »Helmschmiedin«, und die »Helmschmiedin«, eine Anfang des fünfzehnten Jahrhunderts in ganz Paris bekannte Prostituierte, hat François Villon (1431 bis ca. 1463) als alte Vettel kennengelernt und in einer seiner Balladen die Vergänglichkeit aller Freuden beklagen lassen.

Liebesdienst für Landsknechte

In Deutschland wurden Frauenhäuser seit dem zwölften Jahrhundert in den Städten eingerichtet. Offensichtlich hatten die kaufmännisch rechnenden Bürger begriffen, daß es für die Tugend wie für das Stadtsäckel besser sei, sich ein paar auswärtige Huren und Hübschlerinnen ansässig zu machen als die durchziehenden Weiber mit Wegzehr und Nachtquartier zu versorgen. Man setzte also die »Glyden« ins Freudenhaus, damals Strom, Schrefenboß und Glidenboß geheißen. Die mittelalterliche Sprache ist derb, aber plastisch: die Bordellmutter nannte man »Glidenvetzerin«, und die Mädchen, die durchs Land liefen und um Almosen bettelten, weil sie bereut hätten und als Gliden nicht mehr arbeiten wollten, hießen »Sundfegerinnen«. Die Stadtbüttel werden es nicht schwer gehabt haben, ein paar solcher Wesen ins Frauenhaus zu sperren, denn für die Mädchen selbst bot die geregelte Arbeit bei festem Einkommen einigen Anreiz, und so breitete sich, dem Zwang der Verhältnisse folgend und wohl unbeeinflußt von antiken Vorbildern, die Erfindung Solons auch in Germanien aus.

Frauenhäuser hat es auf den Gutshöfen schon früh gegeben. Hier waren die Mägde unter Aufsicht an der Arbeit, man spann und zupfte Werg, hechelte Flachs und webte Stoffe, nähte und stickte, denn die engen, lichtlosen Stuben der Leibeigenen waren für derartige Tätigkeiten vollkommen ungeeignet. Die Frauen und Mädchen dort, Freiwild für den Grundherrn, konnten sich nicht lange zieren, wenn sie nach einem Gelage auf der Burg gebeten wurden, den Herren willens zu sein. So wurde das »Frauenhaus« ein Begriff mit allerlei Doppeldeutigkeiten. Die Städte vergaben auf ein Frauenhaus eine Lizenz oder verpachteten das Haus; solche »Frauenwirte« hatten alle Veranlassung, bei den Stadtvätern gut Wetter zu machen, und so kehrte auch im Lager zunächst Zucht und Ordnung ein, denn zwischen den engen Mauern wußte jedermann, was hinter den Wänden geschah. Ehemännern und Priestern war der Besuch der Frauenhäuser verboten, in einigen Städten auch den Juden. Letztere riskierten ihr Leben, wenn sie ein Frauenhaus betraten, gewiß nicht, weil sie keine Christen waren, sondern weil in der Sexualsphäre stärker als anderswo der Besitzkomplex in einen »Rassenhaß« umschlägt. Selbstverständlich nützten diese Verbote nichts, denn weder Ehemänner noch Geistliche ließen sich auf die Dauer den Besuch des Frauenhauses verbieten. Vor allem die Geistlichen mußten fürchten, nicht für ganze Männer gehalten zu werden, wenn sie mit der Keuschheit ernst machten. So verfielen sie geradezu einem Männlichkeitswahn und waren Urheber eines Wettbewerbs, der nun freilich nicht der Keuschheit nützte, sondern zu Orgien führte. Mit beachtlichen Hurern und Frauenhelden trafen sie sich in den Frauenhäusern und ließen sachkundig feststellen, wer das mannhafteste männliche Glied hätte (Frischauer). Damit sollte bewiesen werden, daß die frommen Herren sehr wohl das Zeug zur Unzucht hätten, aber aus Frömmigkeit an der Tugend festhielten. Gerade bei solchen Anlässen, bei denen es Wein und vielfältige Versuchungen des Fleisches gab, ist dann aber manche Tugend zu Fall gekommen.

In jeder Stadt gab es mehrere Frauenhäuser, und in Zeiten der Hochkonjunktur reichte auch das nicht aus, dann nutzte jedermann den goldenen Segen, so gut er konnte. Reichstage und Kirchenkonzile stellten an die »Jungfern« erhöhte Anforderungen, und ohne Hilfstruppen war die Liebesschlacht mit all den sexuell ausgehungerten Herren kaum zu bewältigen. Dieser Umstand muß auch den Beteiligten gelegentlich zum Bewußtsein gekommen sein. So äußerte ein Kardinal, als er im Gefolge des Papstes Innozenz IV. im Jahre 1254 nach dem Konzil durch das Stadttor von Lyon ritt, zu seinen Begleitern aus der Bürgerschaft: »Liebe Freunde, Ihr seid uns zu großem Dank verpflichtet, denn wir sind euch nützlich gewesen. Als wir hierher kamen, fanden wir nur drei oder vier Bordelle vor. Jetzt aber, da wir abreisen, lassen wir ein einziges Bordell zurück, das allerdings vom östlichen Tor der Stadt bis zum westlichen reicht.« Die »Stadtjungfern« hatten aber auch repräsentative Aufgaben, nicht gerade als Ehrenjungfrauen, aber als Staffage in den großen Festzügen, die zu Ehren gekrönter Häupter bei Fürstenhochzeiten oder Krönungen abgehalten wurden. Als Kaiser Karl V. in Antwerpen einzog, das damals eine der reichsten flandrischen Städte war, gehörten zu dem

Festzug, der ihn in die Mauern der Stadt einholte, einige hundert nackte blumen-
bekränzte Jungfrauen, die ihn mit Blumen bewarfen.

Mit dem Aufblühen der Städte wuchs die Nachfrage nach geeigneten Hübschlerinnen; so entstand in Europa ein lebhafter Handelsverkehr mit »weißer Ware«
zwischen den Hafenstädten und dem Hinterland, denn an gut gewachsenen »Bön-
häsinnen« ließ sich einiges verdienen. So stark war der kommerzielle Anreiz, daß
mancher hohe geistliche oder weltliche Herr sich Dirnen als Kapitalanlage hielt
und an Bordelle vermietete. Das war nicht die Regel, aber immerhin möglich, und
man hatte offenbar ein schlechtes Gewissen dabei, denn man scheute sich, das Kind
beim Namen zu nennen. Wie immer in solchen Fällen, in denen das Schuldgefühl
sich auf gute Gründe beruft, gebrauchte man allerlei beschönigende Bezeichnungen für einen eindeutigen Tatbestand: Es war von »Jungfern« die Rede und von
»Töchterhäusern«, wenn man Dirnen oder Bordelle meinte. Immer berief sich die
Kirche, wenn sie angegriffen wurde, auf die Bibel, denn es heißt: »Wahrlich, ich
sage euch: Die Zöllner und Huren mögen wohl eher ins Himmelreich kommen
denn ihr.« Man sah es kirchlicherseits als nützlich an, Frauenhäuser in eigener
Regie zu betreiben, weil nur so die Unsittlichkeit der Männer in die rechte Bahn

Frauenhäuser *wurden in den aufblühenden Bürgerstädten
des Mittelalters wegen ihres finanziellen Erfolges nur allzu
gerne eingerichtet. Holzschnitt, 15. Jh.*

gelenkt werden könne, andererseits nahm man den Dirnen ihr »Sündengeld« ab, um es für höhere Zwecke nutzbar zu machen. So erreichte die Kirche mit Errichtung eines Bordells, daß die Huren in Ruhe arbeiten konnten, ehe sie ihr sündiges Leben bereuten und ins Himmelreich kamen, daß einem schlimmeren Übel vorgebeugt wurde und daß das Sündengeld nicht noch mehr Sünde erzeugte. Mit dieser Logik errichtete im Jahre 1309 der Bischof Johann von Straßburg, offensichtlich ein resoluter und unternehmerisch denkender Mann, selbst ein Frauenhaus, und Papst Sixtus IV., der Erbauer der Sixtinischen Kapelle, zog allein von einem einzigen römischen Bordell rund 20 000 Golddukaten. Die Dirnen, prächtig gekleidet und nicht unvermögend, standen also nicht außerhalb der Gesellschaft, sondern waren in die mittelalterliche Gottesordnung aufgenommen, und wenn sie sich an ihren Stand hielten, genossen sie den Schutz des Gemeinwesens gegen Beleidigung und Gewalt.

In den Städten gab es nicht nur Bordelle und Badehäuser, von denen noch zu reden sein wird, sondern wie seit altersher die freien Dirnen, die auf die Dienste von Kupplerinnen angewiesen waren. Wenn man an die Marthe Schwerdtlein in Goethes Faust denkt, sieht man den Typ: Geschwätzig und verschwiegen, vertraut mit allen menschlichen Schwächen, geldgierig und gewissenlos, in Handlese- und Sterndeutekünsten erfahren, keine alte Vettel, sondern eine Frau, die tagsüber als Bürgerin wohlanständig lebte und nur nachts zu Werke ging, um hier einem jungen Herrn, dort einem reiferen Geistlichen oder Reisenden eine Gespielin zuzuführen, die in Liebesdingen so erfahren war wie die Alte im Kartenschlagen. Neben dem Dienst im Frauenhaus und der freien Jagd zwischen den Stadtmauern gab es noch die Möglichkeit, gänzlich aus dieser Ordnung auszubrechen. Solche Mädchen landeten, wie manches geraubte oder aufgelesene Bürgers- und Bauernkind, im Troß der Landsknechte bei irgendeiner »Mutter Courage«. Hier führte der strenge Hurenweibel das Regiment über die »Unzuchthäsinnen«, aber auch hier hatten die Huren ihren festen Platz und ihre Pflichten. Sie sollten ihrem Landsknecht getreulich »mit dem Leibe aufwarten«, aber auch seine Kleider waschen, für ihn kochen, sein Gepäck tragen und rechtschaffene Gefährtinnen sein, eine Art ersatzweiser Eheweiber, die auf dem Schlachtfeld zu besorgen hatten, was die daheimgebliebene Gattin nicht für ihn tun konnte. Aber das war durchaus nicht alles: Die Mädchen mußten schanzen und vor einem Sturm die Schlaglöcher beseitigen, sie mußten beim Geschützschleppen helfen und die Latrinen säubern, sie leisteten grobe und schwere Arbeit. Unter Herzog Alba waren die Dirnen sogar in Kompanien eingeteilt. In die eroberte Stadt Brabant zogen 400 hoch zu Pferde ein, 800 schritten zu Fuß. Solche Zahlen waren im Mittelalter und auch während der Renaissance nicht ungewöhnlich. So rollten schon 1298 im Troß des Herzogs Albrecht von Bayern zum Reichstag nach Straßburg 800 Dirnen mit, und als Karl der Kühne (1433–1477) die rheinische Festung Neuß belagerte, soll auf vier Landsknechte eine Troßdirne gekommen sein, eine unglaubliche Zahl, die selbst auf dem Konzil zu Konstanz (1414–1418) nicht übertroffen worden ist: Hier standen nur 1500 Dirnen den rund 50 000 geistlichen und weltlichen Würdenträgern und ihren Gefolgsleuten gegenüber. Unter Papst Sixtus IV. hat es kein Dirnenverbot gegeben, aber eine Zählung der Mädchen: Bei einer Einwohnerschaft von 70 000 Menschen kam man auf rund 7000 käufliche Liebesdienerinnen.

Neben den städtischen Frauenhäusern, den freien Dirnen und dem Troß der

Marketenderinnen existierten im Mittelalter noch halb legale Formen der Prostitution, vor allem in den Badestuben, in denen Männer und Frauen sich nackt im Bottich begegnen konnten. Das hat in einer Epoche, in der man den nackten Menschen in der Kunst noch nicht kannte und Nacktheit für Sünde hielt, eine bemerkenswerte Möglichkeit geboten, das Tabu unter Vorwänden zu umgehen. In Paris gab es im Anfang des fünfzehnten Jahrhunderts bereits 30 solcher Badehäuser, die den Bordellen durchaus Konkurrenz machten, und auch in den kleineren Städten richtete man Badestuben ein. Das hatte natürlich auch seinen praktischen Sinn: Der Bader setzte nicht nur Schröpfköpfe und ließ den Besucher zu Ader, sondern schor ihm auch das Haar und rasierte ihn, denn nur in der Dampfhitze der Bäder wurde das Barthaar weich genug. Immerhin hatten die Bußprediger bald Anlaß genug, sich über das Baden zu beklagen: »Wenn man angekommen ist, werden Gastereien veranstaltet, man sucht der Frauen Gesellschaft, geht ins Bad, wäscht den Leib, befleckt die Seele« (fünfzehntes Jahrhundert). Da werden, heißt es bei Heinrich von Langenstein, »versteckt Küsse gegeben, es küssen sich Männer und Weiber. Im Bade sitzen sie nackt mit Nackten zusammen, nackt mit Nackten tanzen sie.« Was ihn besonders bekümmert: Der Ritter kommt in der Mönchskutte, die Nonne im Aufzug der öffentlichen Dirne, der Geistliche in Frauenkleidern; in der grimmigen Sicht des Frommen gesehen, scheint das ein ständiger Karneval gewesen zu sein, und es war für die legale, ordentliche Prostitution gewiß eine recht unangenehme Konkurrenz.

Das Vergnügen der Prälaten

Die Dirne des Mittelalters, vereinfacht ausgedrückt, ist wie der Landsknecht arm und tumb, ein sinnliches, primitives Kind, das kaum weiß, wie ihm geschieht, sei es im Bordell oder im Troß der großen Haufen. Im Gegensatz dazu ist die Kurtisane der Renaissance gebildet wie die griechische Hetäre oder die Geisha des mittelalterlichen Japan. Sie versteht sich auf das Malen und Zeichnen, auf Musik und Tanz, ihre Kenntnisse antiker Autoren sind so gut wie die der geistlichen Herren, mit denen sie Umgang hat, und sie dichtet wohl auch selbst Sonette. Die Übergänge zwischen den beiden Formen der Prostitution sind fließend. Das Konzil zu Konstanz hatte Hunderte von Mädchen angelockt, die über Jahre nicht schlecht verdient haben. Eine erstklassige Dirne hatte für eine Nacht achthundert Dukaten fordern können; wo sonst in Europa ließen sich, außer vielleicht in reichen Hafenstädten, solche Preise erzielen? Als das Konzil beendet war, zog ein Teil der Prostituierten nach Rom, weil sie sich mit Recht eine Chance ausrechneten, dort ähnlich leben zu können. Man darf sich die nun beginnende Epoche, die erst Mitte des neunzehnten Jahrhunderts kunstgeschichtlich als »Renaissance« definiert worden ist, nicht als eine strahlende Zeit der Wissenschaften und der schönen Künste vorstellen. Die Menschen waren der blutigen Reihe der Kämpfe und Schlachten müde, sie erlebten den Hundertjährigen Krieg zwischen England und Frankreich (1337–1453), die »babylonische Gefangenschaft« der Kirche in Avignon (1309–1377) war noch in frischer Erinnerung, und wenn man sich umblickte, sah man Verwüstung und Not. Damals schienen die bürgerlichen Rechte aufgehoben, das Gewerbe war verkümmert, die Kirche bis ins Mark verfault. Deshalb wünschte der Schriftsteller Leon Battista Alberti (1404–1472) den Tod auf alle Neugeborenen herab, da die Zukunft für sie nur Schrecken bereithielte, und man glaubte sich in einer ausweglosen Endzeit.

Dieser geistigen Erstarrung setzten einige Dichter und Künstler, vor allem Petrarca (1304–1374), den Wunschtraum eines neuen Menschen entgegen. Ihre Formsprache entnahmen sie den »Schriften der Alten«, den neu entdeckten öder neu übersetzten griechischen und lateinischen Autoren. In der Literatur und in der Architektur, in der Malerei und in der Bildhauerei richtete sich nun jedermann nach antiken Vorbildern, und statt der mönchischen Askese triumphierte im fünfzehnten Jahrhundert schließlich die Philosophie Epikurs: Das Leben, so hieß es, sei für den Genuß geschaffen, und alle Genüsse und Vergnügen könnten als erlaubt und unschuldig gelten, solange das Gegenteil nicht bewiesen sei. So flüchtete man sich aus der Daseinsangst in die »Glückseligkeit der Lust« und wollte nichts anderes sein als »ein Ferkelchen aus der Herde Epikurs«. In dieser frühkapitalistischen Epoche mit ihrem schnell wachsenden Reichtum ließ sich die Sexualität nicht mehr verdrängen, und alle bisher geltenden Begriffe von Keuschheit und Unzucht, Sittenlosigkeit und Sünde wurden fortgespült. Die neuen Sitten zeichneten sich bereits in Konstanz ab und fanden nach dem Konzil ihre endgültige Gestalt. Die finstere Kehrseite der prunkvollen Tyrannei hat der Bußprediger Savonarola, der Prior des florentinischen Klosters San Marco, mit alttestamentarischer Sprachgewalt angeprangert, ehe er als unbelehrbarer Radikaler im Jahre 1498 verbrannt wurde. Über Rom hat er gesagt: »Tausend Huren, das ist wenig gesagt für Rom. Zehntausend sind noch zu wenig. In Rom treiben alle Männer und Weiber das Hurengewerbe.«

Vor diesem Hintergrund verwandelte sich die Dirne zur Kurtisane. Ursprünglich hatte das aus dem Französischen stammende Wort »Hofdame« bedeutet. Ins Italienische übernommen bedeutete »Cortigiane« jene Frauen, die dem »corte«, dem Hof der römischen Kurie, verbunden waren. Damals hielten sich die Geistlichen, die es sich leisten konnten, Hausdamen, die man »cortigiana oneste« nannte, »ehrbare Kurtisanen«. Das waren keine törichten Mädchen, sondern erfahrene und attraktive Frauen, die tagsüber dem Hauswesen eines Prälaten oder Kardinals vorstanden, sich in Gesellschaft zu benehmen wußten und es verstanden, den Herren bei den fast allnächtlich stattfindenden Gastmählern allerlei Vergnügungen zu verschaffen. Der Schein wurde übrigens gewahrt, denn selbstverständlich wohnte die Kurtisane im allgemeinen in einem eigenen, stattlichen Haus, in dem auch die Gastmähler stattfanden. Allerdings, die Preise stiegen ins Ungemessene, und nur ein wirklich wohlhabender Mann konnte sich solche Vergnügungen leisten. Kein Wunder, daß Savonarola seine Zeitgenossen aufzurütteln versuchte: »Die gottlosesten Menschen auf Erden sind heutzutage die Christen. Es gibt nichts Habsüchtigeres, nichts Hochmütigeres. Die habsüchtigsten, hochmütigsten und liederlichsten Christen aber sind die Geistlichen, und unter den Geistlichen sind die verworfensten die Prälaten. Teufel sind es, nicht Menschen. Sie verprassen das Kirchengut, das den Armen gehört, mästen sich im Schweiße ihrer Untertanen, die sie dem Hungertode überantworten, und berauben sie ihrer Habe, gehen aber gleichwohl straflos aus . . .« Die »ehrbaren Kurtisanen« hochgestellter Würdenträger, die weniger anspruchsvollen Kurtisanen aus den Vorstädten, die sich von einem Mann aushalten ließen, und die zahllosen entwurzelten Mädchen auf dem Strich und in den Bordellen waren zugleich Opfer und Nutznießer dieser Verhältnisse.

Die Existenz der durchschnittlichen Kurtisane entwickelte sich nach einem Muster, das sich in Jahrhunderten kaum verändert hat: Der Mann, der den Haushalt bezahlt, fordert als Gegenleistung sexuelle Treue, wenn auch oft vergeblich, denn die meisten Kurtisanen hatten mindestens zwei Hauptliebhaber, von denen nur einer für die Kasse zuständig war. Manches Mädchen hatte sich auch mit drei Männern ganz behaglich eingerichtet: »Der eine bezahlt die Wohnung, der andere die Kleidung, der dritte die Kost, und sie arbeitet, wenn nötig, für alle drei mit ihrem Körper . . .« Die römischen Kurtisanen lieben den Luxus, man findet in ihren Zimmern Becher und Fläschchen, Schalen und Büsten, die Möbel sind aus edlen Hölzern gearbeitet, die Wände getäfelt, die Kleidung ist reich mit Perlen und Stickereien verziert, der Schmuck aus kostbarem Material; man trägt Ringe, Ketten, Gehänge und spielt mit dem Schoßhündchen. Der Ton der Gespräche ist in einem heute unvorstellbaren Maße frei, nur in einem Punkt herrscht ein rigoroses Verbot: Niemand darf unverhüllt seine Geschlechtsteile zeigen. So wurden Nachbildungen dieser Art zu handlichen Emblemen aus Edelmetallen verarbeitet und im »underground« gezeigt, wenn Gleichgesinnte beisammen waren. So beliebt und erfolgreich waren die römischen Kurtisanen, daß ein römischer Schriftsteller erklären konnte, eine Frau verletze die Natur, wenn sie nicht als Kurtisane lebe, und nur wenn sie sich ganz und gar der Liebe widme, erscheine sie würdig, als Frau bezeichnet zu werden, da sie doch einzig zu diesem Zweck geschaffen sei.

Auch während der Renaissance hat es aber für die meisten Kurtisanen und sonstigen Prostituierten jene Einschränkungen gegeben, mit denen sich die Gesellschaft gegen die Raubritterinnen der Liebe wehrte. Zunächst versuchte man, die Prostitution räumlich zu beschränken, wie dies die Königin von Neapel in ihrem Edikt von 1347 und König Ludwig der Fromme in Paris im Jahre 1367 versucht hatten. So schuf man Bordellstraßen, die nur durch ein Tor zugänglich waren und von einer energischen »Abesse«, einer Äbtissin, überwacht wurden. Trotzdem breitete sich die Prostitution an immer neuen Stellen aus, manchmal vor den Toren der Stadt, und einige dieser Vergnügungsviertel wurden Ausflugsziele. Um 1500 gab es in Valencia eine regelrechte Miniaturstadt, die ein Reiseschriftsteller voll Bewunderung beschrieb: »Es gibt nur einen einzigen Zugang, vor dem zur Warnung aller Übeltäter ein hoher Galgen aufragt. Der Torwächter nimmt allen, die eintreten wollen, Stöcke und Waffen ab und erklärt sich auch bereit, Geld und Wertgegenstände für sie aufzubewahren, bis sie wieder herauskommen . . . In der Dirnenstadt zu Valencia gibt es drei oder vier Straßen, an denen dichtgedrängt die kleinen Häuser stehen. In den Straßen promenieren, in Samt und Seide gekleidet und reichlich keck, die Dirnchen. Andere blicken aus den Fenstern.« Es hat schon damals die Klagen der Bürgerschaft über die Belästigungen gegeben, die durch solche Nachbarschaft verursacht werden, und in den städtischen Archiven von Neapel findet man noch heute ganze Stöße solcher Beschwerden (Bassermann).

Von der Dirnensteuer war bereits die Rede. Weil die Prostitution als ein Gewerbe wie jedes andere galt, wurde es auch fiskalisch entsprechend behandelt, und wie Wegezölle oder Warensteuern wurden auch diese staatlichen Einnahmen verpachtet, nicht an einen Hurenkönig, sondern an angesehene Männer, die dafür bürgen konnten, daß diese oft erheblichen Einnahmen redlich abgerechnet wurden. Ein Kuriosum in der Besteuerung stellt Verona dar. Hier entschied ein Beamter durch Augenscheinprüfung, in welche Steuergruppe die Dirne einzustufen sei. Für eine Nacht mit Kundschaft hatte eine hübsche Dirne drei Soldi an Steuern zu bezahlen, eine häßliche Dirne jedoch die vierfache Steuer. Dabei mögen die Ratsherren von dem Gedanken ausgegangen sein, daß es vor allem darauf ankomme, gleichmäßig hohe Einnahmen zu erzielen, und hübsche Dirnen sind nun einmal häufiger besucht als ihre abgetakelte Konkurrenz.

Das dritte Mittel der Einschränkung war wie zu Solons Zeiten die Kleiderordnung, deren Schranken die Mädchen deshalb immer wieder zu durchbrechen versuchten, weil sie die Grenze zwischen den sogenannten anständigen Frauen und denen zog, die »außerhalb der Gesellschaft« standen. Meist war es nur eine rote Schleife, ein Bändchen an der Schulter, in Capua eine rote Kapuze, in der Provinz Ravenna ein gelbes Kopftuch, auch mußten die Dirnen hier ein Körbchen mit sich herumtragen. Während der Renaissance wurde die Zuordnung zu einem Stand im mittelalterlichen Sinne nicht mehr so selbstverständlich hingenommen wie etwa im zwölften oder dreizehnten Jahrhundert, und so entwickelte sich, vor allem bei den großen Kurtisanen, der Wunsch nach gesellschaftlicher Anerkennung, ausgedrückt in der Mode. Im späten fünfzehnten Jahrhundert machten vornehme Reisende oder akkreditierte Diplomaten bei berühmten Kurtisanen ihre Besuche wie bei anderen Standespersonen, und doch unterlagen diese Frauen noch der ständischen Kleiderordnung, die zu überteten gefährlich war. Das Volk hatte das Recht, Dirnen auf offener Straße zu entkleiden und in ihre Schranken zurückzuweisen, wenn sie die Vorschriften außer acht ließen. Ein solches Vergnügen hätte sich niemand entgehen lassen, und so mußte eine reiche Kurtisane, die sich wie ihre bürgerliche Rivalin kleidete, jederzeit fürchten, nackt durch die Straßen getrieben zu werden. Einen Dispens von der Kleidervorschrift zu erhalten, war selbst für eine einflußreiche Kurtisane schwierig. Sie mußte schon ausgezeichnete Fürsprecher am Hof und bei der Geistlichkeit haben, wenn es ihr gelingen sollte, die Zeichen ihres Berufes abzulegen.

Glanz und Elend der Kurtisanen

Im Heer der lebenslustigen Kurtisanen hat es einige bedeutende Persönlichkeiten gegeben, die wie eine Phryne oder Thais, Lais oder Lesbia ihre Umwelt in Atem gehalten haben. So zeigt das Ende der Imperia Cognata theatralische Züge, die in die Szenerie jener Epoche passen: Als sie starb, verdunkelte sich der Himmel, und ein Unwetter von unerhörter Gewalt brach über Rom herein. Tagelang hatten die Einwohner Roms um ihre Genesung gebangt und die Bulletins verfolgt, die von den besten Ärzten der Stadt alltäglich ausgegeben wurden, und als ihre Sterbestunde gekommen war, schickte der Papst Julius II. der Kurtisane seinen apostolischen Segen. Auf dem Höhepunkt ihrer Karriere war sie von dem schönen Raffael in ihrer ganzen Pracht auf einem seiner Hauptwerke, der »Disputa«, verewigt worden, und Matteo Bandello (1485–1562) hatte sie in einer seiner berühmten Novellen festgehalten. Sie stammte aus Ferrara, hatte in Rom schnell den Anschluß gefunden, den sie benötigte, und sich nacheinander von zwei reichen Bankiers aushalten lassen. Die Wände ihrer Wohnung waren mit Brokat behangen und die Möbel mit Lapislazuli eingelegt. Auf dem Gebiet der erotischen Ästhetik wird ihr, wenn auch nicht unumstritten, eine epochale Erfindung zugeschrieben, nämlich ein schwarzbezogenes Bett, auf dem sich die weiße Schlankheit ihrer Glieder höchst verwirrend ausgenommen haben muß. Bekannt ist die Anekdote über den Besuch eines spanischen Granden, der in ihrem Zimmer ausspucken mußte und, nach kurzem Zögern, ihrem Diener ins Gesicht spie. Als sie empört fragte, was das zu bedeuten habe, verbeugte sich der Diplomat: »Verzeih mir, aber es war das einzig Häßliche hier!« Was man über ihren Charakter weiß, erinnert in keiner Weise an das Bild habgieriger und hochfahrender Hetären; sie muß eine warmherzige, gescheite und großzügige Frau gewesen sein, die ihre gesellschaftliche Rolle nicht ihren körperlichen Vorzügen und dem Vergnügen verdankte, das sie einigen Herren verschaffte, sondern ihrer ungewöhnlichen Intelligenz.

Die Donna Imperia war kein Einzelfall, der Typ florierte wie die Geschäfte florentinischer und venezianischer Bankiers. Als eine der berühmten Kurtisanen in Ferrara ankam, schrieb der dortige Gesandte in seinem Geheimbericht: »Hier ist eine Edeldame angekommen, so vornehm in ihrer Haltung, ihrem Charakter und ihrer Bescheidenheit und so berückend in der Art, wie sie sich gibt, daß man nicht umhin kann, etwas wahrhaft Göttliches an ihr zu finden. Sie singt alle Arten von Arien und Motetten vom Blatt, hat in ihrer Unterhaltung einen unvergleichlichen Zauber, weiß alles, und man kann sich über alles mit ihr unterhalten. Es gibt hier keine Person, die man mit ihr vergleichen könnte, nicht einmal die durchlauchtigste Frau Marchesa von Pescara.« Die durchlauchtigste Marchesa war immerhin Vittoria Colonna, für die Michelangelo seine schönsten Sonette gedichtet hat, und die Dame selbst war die Tochter einer seinerzeit ebenfalls berühmten Kurtisane Giulia Ferrarese. Diese Giulia hatte seinerzeit am 1. November 1501 zu den fünfzig schönsten Kurtisanen Roms gehört, die von Cesare Borgia, dem natürlichen Sohn Papst Alexanders VI., in den Vatikan eingeladen worden waren. Nach dem Mahl hatten sie im Dunkeln ihre Kleidung abgelegt und auf dem Marmorfußboden nach Maronen gesucht, die von den Dienern körbeweise ausgeschüttet worden waren. Dann hatte man vielarmige Leuchter gebracht, und Cesare Borgia konnte sich als Voyeur über das Gebalge nackter Mädchenleiber amüsieren.

Als Dichterin unter den italienischen Kurtisanen galt auch Veronica Franco, die sich durch gefällige Reimereien und geistvolle Briefe einen Namen machte; selbst Montaigne hat sich beiläufig mit einem solchen Briefbändchen befaßt, als sie dem berühmten Besucher Venedigs das Werkchen als Gruß hatte zustellen lassen. Diese Veronica, Mutter zahlreicher Kinder, zog sich in reiferen Jahren aufs Land zurück und stiftete ihr beträchtliches Vermögen einem Magdalenen-Asyl für bußfertige Mädchen. Eine andere Kurtisane, Angela Zafetta, wörtlich etwa »Angela die Rafferin«, hat sich einen wohlausgestatteten Palazzo erarbeitet, Prälaten und Dichter wie Schoßhündchen gehalten, in einer Nacht bis zu dreißig Herren geliebt und auf dem Gebiet der Kochkunst noch Erstaunlicheres geleistet als in der Liebe.

So lebten die Kurtisanen zwischen der großen Pest von 1348–1350 und dem epidemischen Auftauchen der Syphilis mit ihren Herren Prälaten und Kardinälen, Bankiers und Kaufherren in einer Zeit gespannter Lebensfreude und wahrhaft heidnischer Sexualität, wenn auch nicht ohne Sündenbewußtsein. Der Geschmack der Epoche, heute als historisches Dekor verbraucht, könnte uns nicht mehr anrühren, und auch die Schönheit der vielgepriesenen Kurtisanen würde uns veraltet erscheinen wie die Schönheit einst berühmter Filmschauspielerinnen. Aber wie diese Frauen fühlten und liebten, bleibt unmittelbar nachvollziehbar, wie etwa in den Briefen der Camilla di Pisa an ihren Francesco del Nero: »Doch will ich mich um alles dies nicht kümmern, sondern biete mich Eurer Herrlichkeit mit ganzem Herzen dar.« Das Lebensgefühl änderte sich, als die Syphilis den Umgang der Geschlechter zu vergiften begann. Am 19. Januar 1496 wurde der erste Fall dieser rätselhaften Krankheit aufgezeichnet, die zunächst den Namen »morbus gallicus« bekam. Die ersten Soldaten, die davon befallen wurden, gehörten nämlich zur französischen Armee, die damals Neapel belagert hat. Man stellte schmerzlose Geschwüre auf den Genitalien fest, die schnell verschwanden, später neue Geschwüre, fressende Ausschläge und wußte nichts von den Spätfolgen. Zunächst nahm man an, die Matrosen Christobal Kolons hätten die Krankheit aus der neuen Welt jenseits des Atlantik eingeschleppt, aber man konnte sie nicht befragen, denn Kolumbus befand sich damals bereits wieder mit 17 Schiffen auf einer zweiten großen Fahrt nach Westen. Ein spanischer Arzt hat einige Jahre nach dem ersten Auftreten der Syphilis festgestellt, daß schon auf der Rückreise von Haiti ein Obermaat Pinzon an der Seuche erkrankt gewesen sei; diese Feststellung wird auch aus anderen Quellen, die sich auf Kolumbus selbst beziehen, bestätigt. Die neuere Wissenschaft hat aber Argumente dafür, daß die Syphilis in der alten Welt schon früher bestanden habe und von den Matrosen des Kolumbus mitgenommen worden sei.

Woher die Lustseuche wirklich gekommen ist, hat man nicht mit Sicherheit klären können. Ihren heutigen Namen trägt die venerische Krankheit nach einer mythologischen Anspielung: Der Veroneser Arzt Fracastroro hat in einem Lehrgedicht die antike Mythologie mit den damaligen Vermutungen verschmolzen und in seinem Werk »Sylphilides, sive morbi gallici libri tres« (1530) behauptet, der Hirte Sipylus habe sich gegen seinen Vater, den Sonnengott, einer furchtbaren Dürre wegen aufgelehnt und sei deshalb mit der Lustseuche geschlagen worden. Zur Schreibweise Syphilus mit »h« kam es durch einen Schreibfehler in einer Ovid-Ausgabe, von der man den Namen abschrieb. In welchem Land nun auch ihr Ursprung liegen mag, erst Ende des fünfzehnten Jahrhunderts trat sie als nahezu epidemischer Schrecken auf und versetzte die Lebewelt in Panik. Schon 1495 erließ Kaiser Maximilian einen Aufruf gegen die »pösen plattern«, diesseits und jenseits der Alpen entstanden zahllose gelehrte Abhandlungen. Während den Männern in der Furcht vor den Geschwüren das frivole Gelächter verging, begannen sie, die Bordelle und Kurtisanen zu meiden. Die schreckliche Plünderung Roms durch die Soldateska Karls V. am 6. Mai 1527 zog einen blutigen Schlußstrich unter diese lebensgierige und übermütige Epoche.

Bordell für Könige

König Franz I., der 1515 den französischen Königsthron bestieg, war ein ungemein lebenslustiger Herrscher, der sich mit einem ganzen Harem umgab. Diese »petite bande« aus weißhäutigen Normanninnen und dunkelhäutigen Afrikanerinnen, flämischen Bauernmädchen und eleganten Adelstöchtern aus Burgund, von einem energischen »Roi des Ribauds« in Schach gehalten, begleitete den König auf allen Feldzügen. Als der König in Italien kämpfte, lernten die Mädchen einiges von den dortigen Kurtisanen, wie auch der König und seine Ritter sich als gelehrige Schüler erwiesen, denn nahezu jeder, auch der König, holte sich die Syphilis.

Die in Paris zurückgebliebenen Damen des Hofes gaben ihrem Liebesverlangen konkreten Ausdruck: Es wurde damals Mode, die Liebesgenüsse literarisch bis ins Detail zu schildern. Der Hofdichter Marot besorgte das in Epigrammen und Episteln, die das Rokoko vorwegzunehmen scheinen. Eine der sittenlosesten Damen war die Schwester des Königs, Margarete von Navarra. Auch sie konnte nicht umhin, ihre Lüsternheit literarisch zu gestalten und schrieb nach dem Vorbild des »Decamerone« von Boccaccio ihr »Heptameron«, das »Schöpfungswerk«, dessen frivoler Titel auf die Schöpfungswoche in der Bibel anspielt. Diese Dame wurde für ihre Epoche so etwas wie eine Pappritz für Liebesdinge, denn ihr »Brevier aller losen Streiche« enthielt alles, was damals Frauen ihren Männern und Liebhabern anzutun pflegten. Als König Franz I. mit seinen Rittern von seinen ersten Feldzügen in Italien zurückkehrte, wurden alle mit offenen Armen von ihren Frauen aufgenommen. Es dauerte denn auch nicht lange, bis der gesamte Hof, einschließlich der Königinmutter, von Syphilis verseucht war. Dieser Umstand hatte sittengeschichtlich bemerkenswerte Folgen. Louise von Savoyen stellte die Mutterliebe über die Schicklichkeit und richtete ihrem Sohn Franz I. ein regelrechtes Hofbordell ein, das seinen in Italien geschärften Ansprüchen genügte. Sie hoffte irrigerweise, ihren Sohn auf diese Weise in Paris halten zu können. Franz I. dachte anders darüber, er zog wieder ins Feld, überstand die Gefangennahme durch den Landsknechtsführer Georg von Frundsberg und führte auch danach noch seine Kriege gegen Karl V. von Habsburg. Wenn er allerdings in Paris war, schäumte er vor Lebenslust. Zu seiner Zeit fanden in Paris regelrechte Dirnenwettkämpfe zwischen den italienischen und französischen Liebesdienerinnen statt. Man bezeichnete dieses Turnier als »edlen Wettstreit in Liebestechnik«, wird aber das Wort nicht ganz so eng verstanden haben wie unsere Generation. Immerhin ging es um handfeste Erotik, und ausdrücklich war alles verboten, was dem Genuß der Liebe hätte hinderlich sein können. So bürgerten sich die Tricks und Techniken der Italienerinnen sehr bald an der Seine ein.

Dieses Turnier der Liebesdienerinnen hat es wohl nur zur Zeit Franz I. gegeben, während die Institution des Hofbordells Vorläufer, die karolingischen Frauenhäuser und die Frauenhäuser des Mittelalters, und Nachfolger gehabt hat. Wie Louise von Savoyen haben auch andere, hochgestellte Mütter für ihre Sprößlinge solche Häuser eingerichtet und mit besonderer Liebe ausgestattet. Daß die Gattinnen sich zu diesem Liebesdienst bereitfanden, ist ein Privileg späterer Epochen gewesen. Bei Hof wurde übrigens der »Roi des Ribauds«, ein meist krimineller Typ aus den Vorstädten, der als Institution nicht recht in die parfümierte Hofluft passen wollte, durch die königliche Bordellmutter ersetzt. Diese »Dame der Freudenmädchen«

degradierte den »Roi des Ribauds« zum Palastwächter, bis seine Position endgültig aus den Personallisten des Hofes verschwand. Sie selbst mußte aus bester Familie kommen und bei Hofe eingeführt sein, denn nur eine Dame aus dem Hochadel verfügte über die Kenntnisse und Fähigkeiten, den aufgekauften Mädchen einen gewissen Schliff zu vermitteln. Ihre Aufgabe war es, nicht nur die Aufsicht über die Bordelle zu führen, sondern auch für Nachschub an Mädchen zu sorgen. Kuppelei wurde am französischen Hof deshalb nicht etwa bestraft, sondern mit Goldstücken aus der Staatskasse nobel belohnt, oft vom König selbst, wenn ihm das Mädchen gefiel. Das königliche Bordell war in das zeremoniöse Leben am Hofe durchaus einbezogen. Die damals üblichen Maifeiern, deren Ursprung ja alte Fruchtbarkeitsriten sind, erreichten ihren Höhepunkt, wenn eine Abordnung aus dem höfischen Bordell ihrem höchsten Gebieter und Herrn einen Blumenstrauß überreichte. Er nahm ihn in aller Öffentlichkeit in Empfang und erwies den Mädchen seine Gunst mit Goldstücken, die in der Liste der offiziellen Ausgaben verbucht werden konnten.

Übrigens hat es auch in England, wenn auch gute hundert Jahre später, ein Hofbordell gegeben. Mit Karl II., der von Cromwell bei Worcester am 3. September 1651 vernichtend geschlagen, aber von General Monk 1660 auf den Thron seiner Väter zurückgeführt worden war, hatte das französische Vorbild in England Schule gemacht, und man orientierte sich nicht nur in Fragen der Mode und des Geschmacks an Paris. Aus Frankreich brachten die Höflinge, die Karl II. im Exil umgeben hatten, romantische Gefühle und ritterliche Attitüden mit, aber diese galante Epoche im Leben Englands dauerte nur bis zur Thronbesteigung König Jakobs I., der ein sittenstrenger Herrscher war. Er wandte sich gegen Fluchen, Trinken und Huren bei Hofe, und dem Laster wurde in breiter Front der Kampf angesagt. Ein Menschenalter später konnte Daniel Defoe, damals schon durch seinen »Robinson Crusoe« berühmt, im Jahre 1727 schreiben: »Die durch die Schärfe des Blutes, die Entzündung der Geister und die animalischen Salze in uns erregte Hitze und Glut ist ein Werk der Hölle, wird vom Teufel geschürt und durch die unreinen Gedanken und Vorstellungen in unseren Adern zum Rasen und Kochen gebracht.« Nur eine kleine Anstrengung, so schien es, und die Welt würde besser und tugendhafter, der Teufel des Fleisches überwunden sein.

London war eine Reise wert

Die »sündige Epoche« Londons beginnt mit der Tugendhaftigkeit. Zu der Zeit, als puritanische Männer ihre Familien wie Gottvater regierten, wurde London zum Geheimtip aller Adligen, die in Europa von einer Stadt zur anderen reisten – gewiß nicht nur um der Kunstschätze willen, sondern um sich zu amüsieren und zu zerstreuen. Daß London neben Paris einen solchen Ruf errang, muß die Engländer selbst überrascht haben, und jeder Puritaner hatte nun einen immerwährenden Grund, sich über die Sittenlosigkeit zu entrüsten wie einst Karl II., der Urheber der französischen Sitten, in seiner Thronrede: »Ich kann nicht verhehlen, daß die ganze Nation durch ihre übertriebene Lebensweise etwas verdorben scheint; alle Leute geben für Kleidung, Essen und andere Dinge sehr viel mehr aus als bisher; ich hoffe nur, daß uns nach den langen Leiden nur ein froher Übermut zu diesen

Ausschweifungen veranlaßt hat . . .« Nun, es dürfte weniger der »frohe Übermut« nach überstandenem Bürgerkrieg, als vielmehr das Puritanertum gewesen sein, das bei der Geburt des sogenannten Lasters wesentliche Hilfe leistete. Alljährlich zur Fastenzeit rotteten sich ganze Banden von jungen Leuten, vor allem junge Arbeiter und Lehrlinge, vor den Bordellen zusammen und trieben die Mädchen mit Steinwürfen durch die Straßen. Der Schriftsteller Samuel Pepys, der in einer selbsterfundenen Kurzschrift von 1660 bis 1669 Tagebuch geschrieben hat, beschreibt die Angst des Hofes, als die Nachricht vom Sturm auf die Bordelle den Hof erreichte: »Mein Gott, man mußte es sehen, wie bei Hofe sich alles fürchtete! Sogleich wurde die gesamte Garnison zu Fuß und zu Pferd in Alarmzustand versetzt, mit Trommeln und Trompeten marschierten die Truppen in Westminster auf und sammelten sich unter den Fahnen, als stünden die Franzosen vor der Stadt. Ich hatte C. getroffen und war mit ihm nach Lincoln's Inn Fields gegangen, in der Vermutung, wir würden dort ein paar rebellische Lehrlinge sehen; aber alles, was wir zu sehen bekamen, waren Truppen und abermals Truppen in formierten Kompanien. Lord Craven, der sie befehligte, galoppierte wie ein Irrer hin und her. Dann sahen wir einige Verhaftete auf dem Posten von Whitehall, und die Leute sagten: ›Seht, das kommt davon, wenn man die Bordelle niederbrennt‹« Immerhin saß der König erst wieder seit neun Jahren auf dem englischen Königsthron, und die Szene zeigt, wie tief die Angst vor dem Volk den Höflingen in den Knochen steckte. Der König selbst blieb völlig verständnislos über diesen jugendlichen Rigorismus: »Wenn sie die Bordelle nicht mögen, brauchen sie ja nicht reinzugehen.« Hundert Jahre später hatten sich die Bordelle in der Weltstadt an der Themse zu einem unübersehbaren Faktor des öffentlichen Lebens entwickelt, und nun wurde London tatsächlich das Reiseziel zahlreicher verwöhnter Reisender. Um die Mitte des achtzehnten Jahrhunderts gab es dort rund 50000 Dirnen aller Nationen, wobei Vläminnen, Deutsche und Italienerinnen bevorzugt wurden. Die Zahl der öffentlichen Häuser soll 2000 betragen haben, eine beachtliche Größe, die ahnen läßt, wie unstillbar in einer puritanischen Gesellschaft das Bedürfnis nach solchen Institutionen wird. Jeder Junggeselle, der einer bestimmten Gesellschaftsschicht zugehörte, mußte Bordelle besuchen, da die Mädchen von ihren Vätern schärfer bewacht wurden als der gesamte sonstige Familienbesitz. So bildete sich ein riesiger Markt mit Angeboten aller Art und einer beachtlichen Nachfrage. Der kundigste Sittenschilderer dieser Zeit ist James Boswell (1740–1795), der den verehrten Schriftsteller Samuel Johnson als Assistent auf seiner Südseereise begleitete und durch seine »Londoner Tagebücher« berühmt geworden ist. Unter dem 19. Mai 1763 notierte er: »Aufgekratzt, wie ich war, sprach ich bei der kleinen Watts vor, die ich allein zu Hause traf, adrett gekleidet und allerliebst. Ich gab mich ganz ungezwungen und bat sie, in der Shakespeare-Schenke ein Glas Wein mit mir zu trinken, was dann auch geschah. Dabei gab ich mich für einen Hochländer namens Macdonald aus. Sie erklärte, sie habe Bergschotten gern, da sie unternehmungslustig und freigebig seien. Man wies uns eine hübsche Stube an, wo wir eine Flasche Sherry leerten, vom besseren.« Mit artigen Worten erklärt Boswell, er habe kein Geld, aber wenn sie ihm ihre Gunst auch so gewähre, sei er ihr sehr dankbar. Lächelnd willigte sie ein, aber ihre Magd kam und meldete »einen guten Freund vom Lande«, und so wurde aus der Sache nichts. Das Fräulein Watts war eine stadtbekannte Prostituierte, aber ihre Manieren müssen reizend gewesen sein. Boswell

Karikatur auf die englische Flagellationsmanie.
Nach einer Buchillustration um 1750

bummelte an diesem Abend weiter und sprach »zwei artige Mädchen« an, die er zu einem Glas Wein einlud. Wiederum landet er in der schon erwähnten Shakespeare-Schenke, wiederum trinkt er eine Flasche Sherry, doch dann entwickeln sich die Dinge nach Wunsch: »Ich besah mir meinen Harem und fand die beiden wohlgeeignet zum Liebesspiel. So tändelte ich denn mit ihnen, trank ihnen zu, sang *Freut euch der Jugend* und fühlte mich ganz als Hauptmann Macheath; und dann tat ich mich nacheinander an den beiden gütlich, streng nach Dienstalter.«

Schon Boswell, der über seine galanten Abenteuer mit soviel guter Laune zu plaudern verstand, litt an einem schlechten Gewissen, das er seiner religiösen Erziehung verdankte. In seinen melancholischen Stunden sprach er es unumwunden aus: »Die biblischen Patriarchen mögen eine Vielzahl von Frauen gehabt haben, weil man ihnen nicht sagte, daß es unrecht sei; ich aber, den man stets lehrte, es sei Sünde, kann die gleichen Freuden nicht ohne ein Gefühl von Schuld genießen.« Für einen Angehörigen des Bürgertums war dieses Sündenbewußtsein typisch, und es sollte bald eine ganze Epoche beherrschen. Je mehr aber dieses schlechte Gewissen als Ausdruck scheinbarer Tugendhaftigkeit die Oberhand gewann, desto unangenehmer waren die Begleiterscheinungen dieses Verdrängungsaktes, der zu einer allgemeinen Verrohung führte. Von den jugendlichen Banden, die in den Straßen Londons Passanten quälten, Frauen belästigten und weibliche Dienstboten als Freiwild behandelten, war schon die Rede. Unter den besonderen englischen Verhältnissen wurde die versteckte Brutalität verstärkt und sanktioniert. Da gab es die Prügelstrafe auf den Schiffen der Royal Navy, der man einen gewissen Einfluß auf die sexuelle Brutalisierung zusagt. Aus den Kolonien waren Ende des achtzehnten Jahrhunderts erstmals die reichen Engländer zurückgekehrt, die »nabobs«, die sich nicht mehr an die europäischen Verhältnisse gewöhnten und ihre zügellose Herrenmoral mit Hilfe ihres Reichtums verwirklichen konnten. Allen diesen Brutalitäten aber liegt der Haß auf das Weib zugrunde, wie er vom puritanischen Christentum mit Eifer geweckt worden ist. Potenzstörungen und ihre Kompensation sind die psychologischen Folgen. So entstand jene »Deflorationsmanie«, die noch Anfang des vorigen Jahrhunderts als typisch englisch galt und erst mit der Prüderie der viktorianischen Ära verschwunden ist.

Jeder zehnte Einwohner von London lebte damals in irgendeiner Form, als Dirne, Kellner, Zuhälter oder Wirt, von der Prostitution, die geradezu industrielle Formen angenommen hatte. In langen Reihen, oft bis zu 200 Mädchen nebeneinander, warteten die Dirnen auf ihre Freier, und die Macht des Sexualtriebes war stärker als alle Vernunft und die Angst vor der Syphilis. Allein in England gab es damals 5 Millionen Syphilitiker. Man hat einige erotische Praktiken aus der Angst vor dieser Seuche erklärt, gewiß mit Recht.

Eine Eigenart der Engländer aber ist weniger aus dieser Ansteckungsangst als aus jenem Sadismus zu erklären, der die düstere Kehrseite überspannter Tugendhaftigkeit bildet. Zwischen 1750 und 1760 trat der Sadismus, latent als gewiß schon immer vorhandene Perversion, ans Tageslicht, und eine gewisse Miß Jenkins ist die erste bekannte Prostituierte, die ihren Ruhm der Benutzung der Rute verdankt. Reiche Lebemänner zahlten dafür, daß man sie züchtigte. Diese »englische Krankheit« nahm mit der Zeit absurde Formen an. Ein hochgestellter Psychopath namens Chace Pine erfand eine Flagellationsmaschine, die imstande war, gleichzeitig 40 Personen auszupeitschen. Um 1800 galten die »Flagellationshäuser« (lateinisch flagellare: geißeln) als Londoner Spezialität und waren für die Lebewelt so attraktiv geworden, daß selbst der damalige Prince of Wales, der spätere Georg IV. (1820–1830), ein haltloser Psychopath, das Haus der Mrs. Collett in Tavistock Court (Covent-Garden) mit Vergnügen besucht hat, übrigens ohne ein besonderes Geheimnis daraus zu machen. Einen hervorragenden Ruf genoß auch das Bordell einer Theresa Berkley, die eine stattliche Anzahl von Folterinstrumenten zusammengebracht hatte und damit ihren Beruf selbst ausübte, allerdings nur acht Jahre. In dieser kurzen Zeit brachte sie ein Vermögen von 10 000 Pfund Sterling zusammen. Nach ihrem Tode wäre ihr Besitz an ihren Bruder gefallen, der jedoch diese Erbschaft voll Abscheu zurückwies, denn er war Missionar. So gelangten die Folterwerkzeuge und die umfangreiche Korrespondenz der Berkley mit ihren Kunden in den Besitz der Krone. Leider wurden diese Briefe, die der Medizin und der Psychologie ein so reichhaltiges Material geboten hätten, vermutlich gerade dieses Inhalts wegen vernichtet.

Ein Liebhaber klettert über eine Leiter zu seiner Angebeteten hinauf. Bevor der griechische Gesetzgeber Solon die Einrichtung von Bordellen vorschlug, war diese »Notlösung« ein oft bewährtes Mittel zur Verwirklichung galanter Wünsche. Phylax-Vase, 4. Jh. v. Chr. British Museum, London

Enthüllung einer symbolischen Phallusfigur *anläßlich der
Einweihung eines Mädchens in die dionysischen Mysterien.
Unter der Schirmherrschaft des Dionysos wurden in der Antike
orgiastische Feiern abgehalten, deren sexuelle Ausschweifungen
berüchtigt waren. Wandmalerei aus dem Haus der Mysterien,
1. Jh. n. Chr., Pompeji*

Ariadne und Dionysos. *Dionysos ist als Schutzpatron wein-
seliger Feste bekannt. Er heiratete Ariadne, Tochter des Königs
Minos von Kreta, nachdem diese auf der Insel Naxos von ihrem
Geliebten Theseus verlassen wurde. Wandgemälde aus dem Haus
der Vettier, ca. 65 n. Chr. Pompeji*

Koitus a fronte *auf einer Kline.*
Gipsabdruck einer griechisch-
römischen Gemme

Römische Bordellmark *mit*
Darstellung einer Koitusposition

Die Marketenderin *sorgte für das leibliche Wohl der Landsknechte, war aber auch zu Liebesdiensten verpflichtet. Gemälde
von J. v. Gheyn, 1565–1629. Sammlung Salm, Steyregg*

Diane de Poitiers *war die Mätresse Heinrichs II. von Frankreich.*
Sie war nicht nur eine berühmte Schönheit ihrer Zeit, sondern versuchte auch
mit weiblichem Geschick die politischen Entscheidungen des Königs zu beeinflussen.
Schule von Fontainebleau, 16. Jh. Musée des Beaux Arts, Dijon

Die Freudenmädchen von Paris *werden zur*
Polizeiwache transportiert. Gemälde von E. Jeaurat,
Ende 18. Jh. Musée Carnavalet, Paris

Keine Weltstadt ohne Prostitution, keine ohne den Kampf gegen die Entartung des Lasters. Dieser Kampf der Tugend gegen das Laster ist in der Hauptstadt des k.u.k. Reiches mit bewundernswerter Energie geführt worden und hat die Stadt zeitweise geradezu zu einem Muster an Tugendhaftigkeit werden lassen. Erst der Wiener Kongreß hat die amourösen Seiten Wiens ins Licht der damaligen Welt-öffentlichkeit gerückt. Doch hat diese Stadt, seit dem sechzehnten Jahrhundert Kaiserresidenz und Mitte des Habsburger Reiches, auch in der Prostitution eine römische und eine mittelalterliche Vergangenheit. Natürlich ist es kein Zufall, wie man so hübsch sagt, daß mit Männern wie Krafft-Ebing und Sigmund Freud die Sexualpathologie und die Psychoanalyse in Wien ihren Anfang nahmen. Keine andere Stadt außer vielleicht Prag bot dieses geistige Klima, war gesättigt mit so viel achselzuckender Toleranz und uralter Erfahrung im allzumenschlichen Be-reich. Die Epoche, als auf allerhöchstes Geheiß in Wien eine »Keuschheitskom-mission« eingerichtet war, mag diese im Wienertum angelegte Toleranz noch ver-stärkt haben, denn da selbst die Kaiserin Maria Theresia der Tugend nicht hat zum Sieg verhelfen können, hat man sich mit dem Laster einrichten müssen. Die Kai-serin, bekanntlich in bemerkenswert glücklicher und fruchtbarer Ehe lebend, legte ihr eigenes Maß an ihre Untertanen, und da sie eine ehrenhafte und sittenstrenge Person war, zwang sie jeden Mann, der ein Mädchen verführt hatte, diese Untat mit einer Heirat zu legalisieren. In ihrem Staat war für die freie Liebe kein Platz, und erst recht nicht für käufliche Liebe. Wer also darauf drängte, daß endlich gegen die Sittenlosigkeit durchgegriffen würde, konnte auf allerhöchstes kaiserliches In-teresse hoffen. Die Einrichtung einer Keuschheitskommission war denn auch ein Sieg der Jesuiten gegen den Teufel, jedenfalls muß der Jesuitenpater Parlhammer, der Beichtvater des königlichen Gemahls, das so gesehen haben. Er war Präsident dieser Kommission, die 1751 ins Leben gerufen und erst 1773 unter dem damals als revolutionär geltenden Kaiser Joseph II. wieder abgeschafft worden ist. Parl-hammer begann einen unerbittlichen Feldzug gegen die Unsittlichkeit, vor allem gegen die »Bierhäuselmenschen« (Waldegg). Das klingt harmloser als es war, denn die echten Dirnen wurden mit einer Brutalität ohnegleichen behandelt, wenn auch im Namen der Sittlichkeit. Falls es geboten schien, an einem solchen Mädchen ein Exempel zu statuieren, wurde es bis aufs Hemd entkleidet und öffentlich aus-gepeitscht. Dann mußte es barfuß zur Kirche gehen, gefolgt vom Henker. Dort steckte man sie in einen Sack, den man unter dem Kinn zuband, der Henker schnitt dem Mädchen die Haare ab und rasierte ihren Schädel. Die Glatze wurde dick mit Teer beschmiert, dann wurde das Mädchen dem Volk überlassen, das seine Ag-gressionen abreagierte; man bespie die Dirne, begoß sie mit Kot, beschimpfte und besudelte sie, bis der Henker Einhalt gebot. Noch einmal wurde das Mädchen vom Henker ausgepeitscht, diesmal nackt, und schließlich auf einem Karren zur Stadt-grenze gefahren. Dort warf man die Mißhandelte mit einem Tritt vom Wagen, und der Pöbel trieb sie mit einem Steinhagel fort, eine Warnung für hartgesottene Sünderinnen. Alle Dirnen, die an der Syphilis erkrankt waren, wurden gefoltert, und den Strafvollzug an den Kindsmörderinnen bestimmte ein Patent vom Jahre 1743. Man schlug einer solchen unglücklichen Frau die rechte Hand ab, und für jeden Kindsmord, den man ihr nachweisen konnte, wurde sie einmal mit rotglühenden Zangen gefoltert, schließlich mit dem Schwert enthauptet. Meist wurden die leichten Mädchen aber nicht so drakonisch bestraft, sondern donauabwärts nach Ungarn verschifft. Zweimal im Jahr leerte man die überfüllten Gefängnisse per »Wasserschub«, und einige hundert Kilometer südostwärts wurden aus verworfenen Geschöpfen brave Siedlerinnen zu Peterwardein oder Komorn in Ungarn. Wer sich dort nicht schickte oder keinen Mann fand, geriet allerdings über die Levante in die Frauengemächer des Orients.

Nachdem diese restriktiven Maßnahmen unter Kaiser Joseph II. aufgehoben wurden, stellte sich heraus, daß auf diese Weise kein Wiener auf den Pfad der Tugend gebracht worden war, von den Wienerinnen ganz zu schweigen. Als man sich über das Problem der Prostitution wieder einmal die Köpfe zerbrach, schlug einer der k.u.k. Hofräte dem Kaiser vor, man solle doch alle käuflichen Weiber in einem Frauenhaus unterbringen. Der Herrscher schüttelte den Kopf: »Aber ich bitt' Sie, da müßt' ich ja über ganz Wien ein Dach bauen lassen!« In dieser Zeit war der sogenannte Graben im Zentrum der Kaiserstadt das Jagdrevier der »Grabennymphen«; der Strich begann bereits am frühen Nachmittag und brachte einer solchen »Grabenschnepfe«, wenn sie jung und gescheit war, pro Tag mehr Gulden ein, als ein Hofrat verdiente. Diese Mädchen erfreuten sich eines allgemeinen Interesses, in dem sich Neugier und gutbürgerliches Entsetzen über so ein sittenloses Leben mischten, auch nahmen die Nymphen am kulturellen Leben auf ihre Weise teil: Es erschien, wie es damals Mode war, ein eigener Kalender mit dem hübschen Titel »Taschenbuch für Grabennymphen auf das Jahr 1787« und ein weiterer mit der sittsamen Überschrift »Tagesbeschäftigung der Wiener Grabenjungfern«. Bald war nicht nur der Graben ein galantes Revier, sondern die rund 3000 Dirnen tauchten praktisch überall auf, selbst vor den Kirchen, und man verständigte sich durch Blick und Lächeln, wenn der vor dem Kirchgang geschlossene Handel abends perfekt sein sollte.

Nach dem Ausbruch der Französischen Revolution lockerten sich die Sitten noch mehr, vor allem nach der Enthauptung der Königin Marie Antoinette. Alle Herrscher, vor allem aber ihr Neffe, Kaiser Franz II., zitterten um Thron und Leben; so entstand eine eigentümlich gepaarte Atmosphäre von Daseinsfreude und Angst. Hunderte von Schnüfflern, sogenannten »Naderern«, durchstöberten die Gasthäuser, Weinschenken und Bordelle nach Jakobinern, Freidenkern, potentiellen Attentätern und Revolutionären, es war eine regelrechte Armee von Geheimdienstbeamten, die nach imaginären Revoluzzern fahndete, und keiner traute dem anderen. Damals wünschte der Hof keine Gespräche über soziale Mißstände, und das Wort »Paris« war in Wien so verpönt wie das Wort Revolution. Auf Geheiß der Polizei gingen deshalb in den Lokalen heimlich besoldete Zotenreißer unters Volk, um die Gespräche auf unverfängliche Gegenstände zu lenken, nämlich auf das Vergnügen der Armen, die Liebe.

Unter diesen Umständen blühte die Prostitution, und die Stadt war nach dem Sturz Napoleons auf ein so strapaziöses Ereignis wie den Wiener Kongreß glänzend vorbereitet. Der Reichtum bei den gesellschaftlichen Veranstaltungen, die hochherrschaftlichen Flirts und fürstlichen Amouren sind oft geschildert worden. Aber auch in den unteren Etagen kam man auf seine Kosten. Wieder wimmelte es in Wien von »Geheimen«, diesmal von Agenten der Staatskanzleien aller europäischen Staaten, und auf dem Graben flanierten russische Diplomaten, italienische Hofbeamte, französische Kavaliere, deutsche Offiziere und zahllose Schreiber, Gecken, Tagediebe und Nichtsnutze aus aller Herren Ländern; für die Damen eine unwiderstehliche Verlockung, gegen eine kleine Aufmerksamkeit die eigenen Reize zu erproben. Auf den Bällen, nicht nur zur Faschingszeit, mischten sich die leichten Mädchen mit den alteingesessenen Prostituierten, und die draußen wartenden Fiaker wußten, daß wieder einmal eine »Porzellanfuhre« fällig war, nämlich eine Liebesfahrt kreuz und quer durch die nächtliche Stadt, aber sachte, als hätte man Porzellan geladen.

Die alte Kaiserstadt überstand die Cholera von 1830 und feierte die Gewerbeausstellung von 1845, sie erlebte die Revolution von 1848, als so unerhörte Dinge wie Glaubens- und Gewissensfreiheit gefordert wurden, von sozialer Sicherheit und Achtstundentag ganz zu schweigen, und die blutige Unterdrückung des Volkes durch den Fürsten Windischgrätz. Vor allem aber erlebte sie einen Reigen von Redouten, Bällen, Festlichkeiten, und zwar in Sälen, die wie der Odeons-Saal rund 10 000 Menschen fassen konnten. Der glanzvolle Mittelpunkt dieser Welt war Johann Strauß, ein eleganter Mann, der mit einer Geige sein Orchester von 200 Mann leitete. Der Odeons-Saal wurde während der Revolution durch Feuer zerstört, aber die Vergnügungssucht blieb, sehr zum Unbehagen Kaiser Franz Josephs, der Ruhe und Ordnung wiederherstellen wollte. Bis Ende November 1848 hatten die reaktionären Kriegsgerichte gegen die Revolutionäre und ihre verwirrten Mitläufer gewütet, aber auch nach Aufhebung des Belagerungszustandes patrouillierten Soldaten durch die Stadt und führten Razzien durch, die sich nun auch gegen die Dirnen richteten, nicht nur gegen Revolutionäre. Damals sollen rund 5 000 Dirnen in Wien aufgegriffen und in ihre Heimatländer, meist nach Böhmen, Ungarn, Kroatien und Bosnien, aber auch in die italienischen Provinzen abgeschoben worden sein. Dieser Schlag gegen die Unsittlichkeit wurde 1850 geführt. Als aber 1851 die Preise inflatorisch in die Höhe schnellten, trieb die Armut die Frauen und Mädchen auf die Straße, und es gab mehr Prostituierte als je zuvor. Vor allem aus Bayern strömten zahlreiche Dirnen in die Stadt, und so waren von den nunmehr 8 000 Prostituierten nur ein Drittel aus Wien. Den Höhepunkt der Auseinandersetzung zwischen der Polizei und den Dirnen erlebte Wien im Jahre 1869, als die Mädchen der als brutal bekannten Sittenpolizei offen den Krieg erklärten. Der Anlaß war nichtig, aber es kam zum Bau von Barrikaden, die von der Polizei erstürmt werden mußten. Die uniformierten Gesetzeshüter wurden mit Kübeln voll Unrat, Steinen und Abfällen empfangen und mußten zunächst mit besudelten Uniformen und verklebten Augen vom Kampf ablassen, und die Dirnen hatten bei dieser »Hetz«, bevor die Polizei reinen Tisch machte, alle Sympathien auf ihrer Seite.

Wien war damals bereits wieder eine reiche und genußsüchtige Stadt, deren Mode von dem Maler Hans Makart (1840–1844) geprägt war, einem Maler, dessen historische und allegorische Schinken jedermann begeisterten. Man liebte Makartsträuße, riesige Blumengebinde mit eingebundenen Papageienfedern, man trug breitrandige »Makarthüte«, wallende Reiherfedern und beachtliche Dekolletées und bewegte sich in einem Meublement, das den Bankiers und Magnaten, den Großindustriellen und dem gehobenen Mittelstand ein Gefühl von Würde und Wucht verlieh. In dieser aufgedonnerten Welt existierte das Volk in Gestalt von Personal und die Natürlichkeit in Form der »Wiener Wäschermadln«. Als es noch keine Waschmaschinen gab, wuschen kräftige Mädchen den ganzen Tag auf dem Waschbrett die schmutzige Wäsche der »Herrschaft«. Sie trugen als Berufstracht knapp sitzende Kleider mit viereckigem Ausschnitt, der großzügige Einblicke bot, und ließen stramme Waden sehen. Schlagfertig waren diese Mädchen und gut gelaunt, eine Attraktion für die Kavaliere, die ihre nervösen Gattinnen und teuren Freundinnen sitzen ließen, um sich auf den »Wäschermadl-Bällen« zu amüsieren. Wer sich da sehen lassen wollte, mußte schon Geld haben und sich sein schwarzes Zigarillo mit einem Guldenschein anzünden können. Aufdringlich durfte er nicht werden, der feine Herr, sonst kamen die ehrlichen Freunde der Mädchen, meist resche Fiaker mit Spitznamen wie »Bratwurst«, »Schnackerl« oder »Pepperl«, und setzten den geschniegelten Lackaffen an die Luft. Zu später Stunde, nach dem Ball, gingen die Herren dann wohl in die berüchtigte Naglergasse, wo man lebende Bilder betrachten konnte. Es ging allerdings weniger um Kunst als um gutgewachsene Freudenmädchen, die »gewagte Stellungen« zeigten. Diese Lasterhöhle wurde von der Polizei ausgehoben, und auch die sogenannten »nackten Bälle«, wo hochgestellte Persönlichkeiten nackt miteinander tanzten und feierten, haben sich nicht lange halten können, denn die Polizei vermochte Spitzel einzuschmuggeln und ließ sie auffliegen.

So verlogen und morbide war die Moral dieser Gesellschaft, daß die Schauspielerin Stella Hohenfels sich dagegen wehrte, die »Christine« in Schnitzlers »Liebelei« darzustellen, nur weil dieses Mädchen, Mittelpunkt des Stückes, keine einwandfreie Moral besitzt. Auch gegen das neu aufkommende Badewesen wurde von den Behörden ein erbitterter Kampf geführt. Erst nach langem Sträuben eröffnete die Stadt einige Jahre vor Ausbruch des Ersten Weltkrieges in den Donauauen ein Familienbad, in dem auch Frauen Zutritt hatten. Zwar befürchtete man ein schlagartiges Ansteigen der Kapitalverbrechen, insbesondere von Notzucht und Verführung Minderjähriger, aber man gab achselzuckend nach. Aus Gründen der Schicklichkeit ließ man aber in das Familienbad, das »Gänsehäufel«, nur Paare ein, deshalb standen vor dem Eingang zahllose junge Mädchen und Burschen, die Anschluß suchten, um ihren paarweisen Eintritt und vielleicht noch manches mehr zu verabreden. Die Stadtverwaltung bemerkte ihren Fehler aber schon bald und sorgte dafür, daß der Eingang zum Familienbad nicht zum Liebesmarkt wurde. Daß man in einer Stadt, deren Innenstadt von Dirnen wimmelte, auch noch Sinn für Moral und Anstand hatte, beweist ein Schreiben eines Gemeinderates, der sich am 20. Januar 1871 für sein Fernbleiben von der Sitzung wie folgt entschuldigte: »Ich bitte mich zu entschuldigen, daß ich der heutigen Sitzung des Gemeinderathes nicht beiwohnen werde, aber es widerstreitet meiner Ansicht und meinem Schicklichkeitsgefühle, daß die Angelegenheit der Prostitution in öffentlicher Sitzung verhandelt wird.«

Wenige Monate vor der Weltausstellung, die am 1. Mai 1873 ihre Pforten öffnen sollte, rafften sich die Wiener Stadtväter auf und verordneten die Reglementierung der Prostitution. Man entschied sich für den Straßenstrich und gegen die Errichtung von Bordellen, vermutlich aus prinzipiellen Gründen wie auch heute, wenn zuviel Sittlichkeit den Blick trübt. An 1546 Damen wurden Gesundheitsbücher ausgegeben, allein 500 für die Innenstadt. Im Schutz ihrer behördlichen Privilegien traten die Dirnen dort noch dreister auf als vorher, aber die Prostitution hatte jetzt ihre Ordnung, und Wien fühlte sich allen Anforderungen der Weltausstellung gewachsen. Die ärztliche Überwachung allerdings erwies sich als Fehlschlag, denn über 90 % der Mädchen waren Syphilitikerinnen, und man wurde dieser Seuche nicht Herr. Ein neuer Schlag gegen die Sittenlosigkeit verschlimmerte die Situation: im Jahre 1873 verbot die Stadtverwaltung den Handel mit Präservativen.

Die Geißel Syphilis

Seit sich 1494 die französischen Matrosen im Hafen von Genua an der Lustseuche angesteckt hatten, war die Furcht vor der Ansteckung Bettgenosse aller Liebesspiele: Jedermann, der mit einer Frau schlief, konnte damit rechnen, sich die »Franzosenkrankheit« zu holen. Daß die »bösen Blattern« als Strafe Gottes gedacht waren, lag auf der Hand, denn nur Sünder wurden krank, von unschuldigen Ausnahmen abgesehen. Allem Anschein nach verbreitete sich die Krankheit zunächst mit den Soldaten König Karls VIII., die sich nach Auflösung der Heere über ganz Europa zerstreuten, mit unglaublicher Schnelligkeit. Im Jahr 1497 erreichte sie Schottland, 1499 Rußland, 1505 China. Der Erzbischof von Kreta starb 1503 an Syphilis, und auch der spätere Papst Julius II. (1503–1513), der Auftraggeber von Bramante und Michelangelo, war Syphilitiker. Man bemühte sich aber schon in der Renaissance mit allen Kräften um eine Heilung der morbus venereus, der Krankheit der Venus, und bereits wenige Jahre nach ihrem Auftreten hat der italienische Arzt Giovanni de Vigo die Quecksilberkur erfunden, mit der man rund vierhundert Jahre lang die Syphilis behandelte. Das war verdienstvoll, doch glaubte man nun, die Gonorrhöe, vulgär Tripper genannt, sei ein Vorstadium der Seuche. Die Gonorrhöe (von griechisch gone: Same) war in Europa so häufig, daß sie als Kavalierskrankheit galt, und jedermann unterzog sich voll Furcht einer Quecksilberkur, weil er glaubte, sich mit der Lustseuche angesteckt zu haben. Es waren meist Bader und Kurpfuscher, die solche Kuren durchführten und sich mit hohen Honoraren bezahlen ließen. Aus der Enttäuschung über den Mißerfolg solcher Heilungsversuche ist das Quecksilber im »Quacksalber« zum Schimpfwort geworden. Die arabischen Ärzte hatten schon im frühen Mittelalter gegen den Tripper gute Erfolge erzielt, aber diese Erkenntnisse wurden vergessen, und durch falsche Behandlung gegen die vermeintliche Syphilis entstanden schwere Nachkrankheiten, ohne daß der Kavalier seine Gonorrhöe losgeworden wäre. Casanova erzählt in seinen Memoiren eine hübsche Geschichte von Ancilla, einer italienischen Kurtisane in Venedig, die er im Liebesspiel mit dem britischen Gesandten John Murray beobachtet. Er beteiligte sich aber daran nicht, da er sie ihrer heiseren Stimme wegen für eine Syphilitikerin hielt. Sie starb zwar an Kehlkopfkrebs mit kaum vierzig Jahren, hatte sich aber schon vor einiger Zeit einer Quecksilberkur unterzogen, die zu einem Prozeß führte. Sie hatte nämlich dem Modearzt Lucchesi ein Honorar von 100 Zechinen versprochen, wenn er sie heile. Aber als er sein Honorar eintreiben wollte, verlangte die schöne Ancilla, er möge ihr beweisen, daß seine Kur zuverlässig sei, und mit ihr schlafen. Das lehnte der Doktor ab, dessen Skepsis gegenüber seiner Kur größer war als seine Geldgier, und so kam es zum Prozeß. Die Richter entschieden, das Verlangen sei sittenwidrig, und verurteilten die Kurtisane zur Zahlung des Honorars (Bassermann).

Wenn jedermann unter der Angst vor einer Ansteckung litt, mußte das Folgen für das Sexualleben der Gesellschaft haben. In Venedig zum Beispiel spezialisierte man sich auf Formen der Erotik, die eine Ansteckung auszuschließen schienen, und bevorzugte sexuelle Praktiken, die im allgemeinen Sprachgebrauch als »Sodomie« verteufelt wurden, nämlich Fellatio und Cunnilingus. Das war vor allem in den zahllosen Klöstern Venedigs der Fall, die praktisch zu heimlichen Bordellen geworden waren. Nacht für Nacht legten im Schutze der Dunkelheit Gondeln auf einer der Inseln an, und die Kavaliere aus aller Herren Ländern vergnügten sich mit den Nonnen, die in allen Künsten der Liebe wohlbewandert und frei von Scham waren. Casanova hat in seinen Memoiren aufgezeichnet, wie man die berühmte Nonne MM besuchte und sich mit ihr amüsierte. Seine Erinnerungen sind auch in anderer Hinsicht bemerkenswert, denn er erzählt, er habe einmal einer Nonne einen ganzen Vorrat Kondome gestohlen und dafür ein Gedicht deponiert; kein ausreichendes Äquivalent, wenn man bedenkt, daß die Nonne Mühe gehabt haben wird, sich neue Präservative zu besorgen. Diese Gegenstände sind 1560 von Fallopius erfunden worden und dienten ausschließlich als Schutz vor venerösen Ansteckungen, zunächst in Form von Leinenstückchen, die unter der Vorhaut getragen wurden. Mit der Zeit entwickelte sich die uns bekannte Form, doch waren diese Schutzmittel nicht zuverlässig. Die gescheite Madame de Sevigné hat sie dann auch als »Spinnweben gegen die Infektion und Stahl gegen die Liebe« bezeichnet, obwohl sie damals keineswegs aus Leinen, sondern aus Goldschlägerhaut bestanden.

Ende des achtzehnten Jahrhunderts waren die Präservative allgemein in Gebrauch, jedes Bordell hielt sich Vorräte, in den Zeitungen warben Anzeigen für die Benutzung, aber immer noch war der Schutz gegen Syphilis das eigentliche Motiv. Es kümmerte die Kavaliere wenig, ob sie ein Mädchen mit einem Kind sitzenließen, und erst die Frauen selbst haben sich dieses Mittels zur Empfängnisverhütung bedient. Dieser Gedanke hat sogar die Philosophie fasziniert, und so schlug der englische Schriftsteller Jeremy Bentham (1748–1832) allen Ernstes vor, man möge Kondome verteilen, um die Bevölkerung zu verringern und damit an der Armensteuer sparen zu können. Wenige Jahre später, im viktorianischen Zeitalter, wurde das Wort Kondom als obszön bezeichnet, und ein Syphilitiker galt nicht als Kranker, sondern als kriminell. Als in den frühen dreißiger Jahren das Latex-Verfahren für Kondome angewendet werden konnte, veränderte bereits diese Erfindung die sozialen Verhältnisse im sexuellen Umgang, und man sah sich von einem lästigen Zwang befreit. Auch die Syphilis hatte ihre Schrecken verloren, seit der deutsche Chemiker Paul Ehrlich im Jahre 1909 das Salvarsan gefunden hatte. Mit der chemischen Empfängnisverhütung, die auf einer botanischen Entdeckung eines Amazonasindianers beruht und von der Großindustrie ausgewertet wurde, hat der Mensch die vollkommene Freiheit über die Physiologie der Sexualität bekommen. Aber die gesellschaftlichen Formen der Sexualität haben mit dieser Entwicklung noch nicht Schritt halten können, und so ist auch die psychische Einstellung gegenüber der Sexualität von tiefer Unsicherheit gekennzeichnet, weil uralte Tabus, überkommene Wertmaßstäbe und primitive Willkür das Verhältnis des Menschen zur Geschlechtlichkeit belasten.

Vielleicht ist es von Interesse, das Leben und die erotische Lebensauffassung von Männern kennenzulernen, die sich die absolute Freiheit und Unbefangenheit bereits in einer Zeit geleistet haben, als dies durchaus nicht selbstverständlich war. Sie sind als unsittlich, als allzu gewagt und frei verdächtigt und versteckt worden, auch dies ein Symptom für die tiefe Heuchelei und Verdorbenheit europäischer Sitten.

Von Boccaccio zu Casanova

In der Kirche Santa Apollonia zu Florenz zeigt ein Fresko des Andrea del Castagno (1423–1457) einen streng gekleideten, etwa 40jährigen Mann, der mit seitlich weggedrehtem Kopf den Betrachter aus den Augenwinkeln anschaut. Sein bartloses Gesicht trägt den Ausdruck gelassener Aufmerksamkeit, mit der schmalen Hand weist er auf ein großformatiges Buch, das er gleichsam als Demonstration dem Betrachter vorweist. Dieses Fresko, im Stil der Frührenaissance, zeigt den Dichter Giovanni Boccaccio, der nahezu ein Jahrhundert tot war, als der junge Castagno die Wände der Kirche mit den Gestalten der Humanisten schmückte. Er gehört in die Reihe jener Schriftsteller, wie Aretino und Casanova, deren Sittenschilderungen ein plastisches Bild vom Alltag ihrer Epoche vermitteln, und weil ihr Empfinden natürlich, ihre Sprache derb und ungekünstelt, wenn auch nicht kunstlos war, gerieten sie im neunzehnten Jahrhundert in das Fach »Pornographie« und in die verschlossenen Schränke des Bürgertums. Dabei spiegelt sich in jeder dieser Existenzen die Epoche, der er angehörte und die er beeinflußt hat. Denn wie Boccaccio (1313–1375) ein Mensch des frühen Humanismus ist, so verkörpert Pietro Aretino (1492–1556) die differenzierte Genußsucht der Hochrenaissance und der selbsternannte Chevallier de Seignalt namens Giacomo Girolamo Casanova (1725–1789) das galante Zeitalter des Rokoko. Solche Zuordnungen nach einem starren und kunstgeschichtlich orientierten Schema mögen einer differenzierten Betrachtung kaum standhalten, weil jede Epoche die Züge vorausgegangener und künftiger Jahrhunderte in sich vermischt, doch kommt man, wenn man ein übersichtliches Bild zeichnen muß, ohne solche Orientierungshilfen nicht aus.

Der existentielle Lebenshintergrund Boccaccios ist die Pest. Diese Seuche hatte, aus Indien kommend, Europa über den Don und die Krim erreicht. Das Gutachten der Universität in Paris vom Oktober 1348 besagte, daß die Konjunktion der drei Planeten Saturn, Jupiter und Mars im Zeichen des Wassermanns die Ursache des Sterbens sei. Bis zum achtzehnten Jahrhundert gibt es übrigens kaum eine Stimme, die an diesem Gutachten gezweifelt hätte. In Avignon starben in vier Monaten 62000 Menschen, die Pest erreichte 1349 England und Dänemark, 1350 die Rheinlande, Frankreich und Spanien. Insgesamt starben in Europa 1348–1350 ein Viertel der Gesamtbevölkerung, rund 25 Millionen Menschen. Boccaccio, als unehelicher Sohn eines florentinischen Kaufmanns in Paris geboren und in Neapel aufgewachsen, war ein junger Mann von 25 Jahren, als der Schwarze Tod kam. Er hätte Kaufmann werden und dank der Verbindungen seines Vaters reich werden können, aber er widmete sich der Literatur, studierte Latein und las die antiken Autoren, vor allem Ovid, dessen ars amatoria, dessen erotische Lebens- und Liebeskunst ihn faszinierte. Er dichtete im Stil Ovids reizende Gedichte etwa von dem

»Lucia«. *Illustration aus einer 1850 in Deutschland erstmals veröffentlichten Ausgabe der »Memoiren« des G. Casanova*

Mädchen, das sein Hemd abwarf und dem Geliebten nackt in die Arme fiel, und erlangte mit dieser Lyrik eine gewisse Berühmtheit.

Als die Pest kam, war er wie alle anderen der Meinung, sie sei »durch die Einwirkung der Himmelskörper oder um unserer ungerechten Handlungen willen zur Züchtigung über die Sterblichen verhängt, deshalb vermöchten weder Wissenschaft noch menschliche Vorkehrung etwas gegen dieses Unheil«. Allein in Florenz starben, wie Boccaccio mitteilt, etwa 100000 Menschen, und die Schilderungen aus dem »Decamerone« lassen ahnen, welche Stimmung in der Stadt geherrscht haben muß. Der Titel dieser berühmten Novellensammlung bedeutet »Zehn Tage«. Es handelt sich um eine klassische Rahmenerzählung, wie man sie auch aus Tausendundeinernacht kennt: Sieben junge Damen verbringen mit drei artigen jungen Männern zehn Tage in einem Landhaus bei Florenz, wohin sie sich vor der Pest geflüchtet haben. Hier, zwischen Kornfeldern und Weinbergen, mit dem Blick auf das blaue Meer, weitab von dem Entsetzen des Sterbens, erzählt man sich zum Zeitvertreib Geschichten. Weil man dem Tod entronnen ist, erzählt man sich Geschichten über die Liebe, und hier hat Boccaccio, in der Rahmenerzählung antiken Vorbildern folgend, aus dem vollen geschöpft, denn in wesentlicher Teil der Anekdoten und Pointen stammt aus dem indisch-persischen Kulturbereich, manches ist bereits in der provençalischen Dichtung gestaltet, anderes direkt aus der Antike übernommen. Daneben gibt es auch einige Novellen Boccaccios, doch spielte die Frage der eigenen Autorschaft damals keine so große Rolle. Seine Leistung lag nicht im Stoff, sondern im Stil, und so läßt er Nonnen und Wüstlinge, Witwen und Ritter, Kaufleute und Bettler Revue passieren, ein amüsierter Menschenkenner, dem nichts heilig ist, weil er das Leben kennt, schon gar nicht Heuchelei und Tugendhaftigkeit. Zum Schluß seines Werkes bekennt er, daß er vielleicht wegen seiner Freiheiten Vorwürfe verdiene, »aber über die Mönche habe ich die Wahrheit geschrieben«. Manche seiner Formulierungen sind sprichwörtlich geworden, und sein Werk hat ganzen Generationen von Philologen Stoff für Dissertationen geliefert. Für den modernen Leser hat es nichts von seiner Frische verloren, denn auch heute noch gilt sein derber Satz »Gut Loch will gebohrt sein«, und so sind auch seine Geschichten unsterblich, solange Menschen »zärtlich ihr Geschlecht vereinen«.

Boccaccio war ein gelehrter Humanist, aber kein Mann der Skandale wie Aretino, der sich ebenfalls mit der ars amatoria literarisch auseinandergesetzt hat. Er ist eigentlich mehr durch Zufall, nämlich aus Gefälligkeit, zum sozusagen klassischen »Pornographen« geworden, also zu einem Menschen, dem es Freude macht, zur Lust anzuregen oder sich in Wort und Bild über Lust zu äußern: Im juristischen Sprachgebrauch hat man das bekanntlich bisher als unzüchtig bezeichnet.

Daß man, unter Berufung auf die Antike, in der Renaissance den nackten Körper wieder darzustellen wagte, wurde allgemein als Fortschritt empfunden und auch von den fortschrittlichen, humanistisch gebildeten Kreisen des Vatikans geduldet. Einige junge Künstler wollten sich damit nicht zufriedengeben, die Heuchelei erschien ihnen unerträglich. So fertigte der geniale 25jährige Giulio Romano, Raffaels Lieblingsschüler, sechzehn Zeichnungen von den verschiedenen Positionen des Liebesaktes an, gewiß ohne Kenntnis vergleichbarer Darstellungen aus früheren oder anderen Kulturen. Offensichtlich auf Zuspruch von Freunden ließ er sich schließlich dazu bewegen, den besten Kupferstecher Roms Marc Antonio Raimondi mit der Vervielfältigung zu beauftragen. Nachdem die Stiche fertiggestellt waren, brauchte man zur Erläuterung Texte und verfiel auf den berüchtigten Aretino, einen Hansdampf in allen Gassen, der denn auch für jede Spielart der Liebe ein höchst armseliges, aber unzüchtiges Sonett schrieb.

Bekannter als seine Sonette zu Romanos Stichen, die übrigens nur noch in einem Exemplar wohlverwahrt in der Bibliotheca Corsiniana in Rom existieren sollen, sind Aretinos »Ragionamenti«, Hetärengespräche im Stil des Lukian, gewesen, die uns ein lebendiges Bild des Kurtisanenlebens vermitteln. Sie sind seinem Lieblingsäffchen Joko gewidmet.

Diese ironische Floskel würde auch ins Rokoko passen, ins achtzehnte Jahrhundert, dessen erotische Kultur von Casanova mit so viel Scharfsinn und Leichtigkeit beschrieben worden ist. Casanova ist Italiener, genauer gesagt, Venezianer. Seine Abkunft gibt Rätsel auf, denn sein Vater kann ein gewisser Giacomo aus Parma gewesen sein, der aus Liebe zu einer Schauspielerin selbst zur Bühne ging, aber auch Michel Grimaldi, ein venezianischer Edelmann. Seine Mutter jedenfalls, Zanetta Verussi, eine Schuhmacherstochter, die ihrer Karriere nachging, überließ ihn seiner Großmutter und einem Milieu, das ihm nicht förderlich gewesen sein kann: Erst mit acht Jahren lernt er lesen, erst mit neun Jahren schreiben. Venedig, auch damals noch eine lasterhafte Stadt, besaß vierzehn Bühnen und subventionierte offiziell die Prostitution. Seit den Tagen Aretinos war die Dogenstadt ein Zentrum pornographischer Produktion, man lebte leicht und nahm, was sich bot.

Casanovas Einstellung zur Sexualität war unbefangen, sein Verhalten natürlich, seine unersättliche Neugier, besser gesagt sein Spieltrieb, ließ ihm keine Wahl. Wo seine Phantasie gereizt wurde, mußte er bezaubern und sich inszenieren, ein sehr männlicher Mann, aber ein Mann von Geist und Geschmack. Man kann nicht sagen, daß er keine Moral besessen habe. Als junger Mensch wagte er die vierzehnjährige Lucia nicht zu entjungfern, weil er sie nicht in Schande bringen wollte. Als er bei einem späteren Besuch feststellen mußte, daß ein anderer weitaus weniger Skrupel gehabt hatte, mit dem das Mädchen dann auch durchgegangen war, ließ er sich das zur Lehre dienen. Niemals betätigte er sich als Sadist, niemals wandte er Gewalt an, nützte nicht den Rausch eines Mädchens aus oder überwand sie mit anderen Mitteln als mit denen, die jeder Mann anwendet, um ans Ziel seiner Wünsche zu kommen. Ob er immer die Wahrheit sprach, mag offenbleiben, aber gewiß war er weniger verlogen als mancher Heuchler und nicht eitler als andere, die ihre Eitelkeit mit ihrem Amt verknüpfen. Vermutlich wäre Casanova, eine der faszinierendsten Gestalten des achtzehnten Jahrhunderts, längst aus unserem Gesichtskreis geschwunden, in dem sich selbst ein Voltaire und ein Molière kaum haben behaupten können, wenn man nicht dem deutschen Verlag Brockhaus die Memoiren des Venezianers zum Abdruck angeboten hätte. Der Verlag erwarb das Manuskript für ganze 200 Gulden. Die Herren des Verlages, die sich im Jahre 1821 mit den Erinnerungen des Chevalliers befaßten – er war in Privataudienz von Papst Clemens XIII. zusammen mit Winckelmann empfangen worden, hatte ihn sehr amüsiert und dafür den Orden vom goldenen Sporn erhalten, der ihm nunmehr erlaubte, sich auch rechtmäßig Chevallier zu nennen – die Herren des Verlages also schüttelten die Köpfe und publizierten, da sie von der Offenheit dieser Memoiren peinlich berührt waren, nur Bruchstücke. Erst 1960 ist erstmalig der volle, ungekürzte Text des Originals in drei Doppelbänden veröffentlicht worden.

Wann der Name Casanova zum Begriff für einen stets erfolgreichen Herzensbrecher geworden ist, wäre eine Spezialuntersuchung wert. Casanova selbst sagte von seinen 1790 begonnenen Memoiren, man würde sie wohl in allen Ländern, in denen man anständige Sitten liebt, verbieten, andererseits ahnte er, daß man sie wohl in alle Sprachen übersetzen würde. Tatsächlich sind sie in mehr als zwanzig Sprachen übersetzt, sogar ins Japanische, Arabische und Bengalische, stehen aber in der Heimat Don Juans, in Spanien und Portugal, auf dem Index. Casanova ist auf dem Schloß Dux des Grafen Waldstein am 4. Juni 1798 gestorben und auf dem Friedhof von St. Barbara begraben. Man hat eine Gedenktafel, aber keine sterblichen Überreste gefunden. Seine letzten Worte sollen gewesen sein: »Ich habe als Philosoph gelebt und sterbe als Christ«, eine ebenso epigrammatische wie pompöse Formulierung für einen Mann, der in seiner Jugend die tollkühne Flucht aus den bleigedeckten Gefängnissen der venezianischen Inquisition bewerkstelligt hatte; der ferner als Projektemacher und Spieler, Unterhalter und Diplomat, Schriftsteller und Sekretär an allen europäischen Fürstenhöfen zwischen St. Petersburg und Paris eine schillernde Rolle gespielt hatte und im Gedächtnis der Nachwelt doch nur als Erotiker überlebt hat, als der oberflächliche, stets siegreiche Frauenbezwinger.

Charakterliche Mängel wird man ihm an Hand seiner Memoiren leicht nachweisen können, doch kaum Gefühllosigkeit oder Kälte. Vielleicht ist für ihn am bezeichnendsten jene Episode, die er als Gast beim Herzog von Matalone in Neapel erlebt hat. Der Herzog hielt sich pro forma eine Geliebte namens Leonilda, in die sich Casanova leidenschaftlich verliebte. Daß er an Heirat dachte, ist nicht häufig vorgekommen, aber dieses Mädchen muß sein Wesen auf besondere Weise angesprochen haben. Schließlich waren sich beide über ihre Zukunft einig, und Leonilda ließ ihre Mutter holen, damit der Ehekontrakt aufgesetzt werden konnte. Casanova erkannte in dieser Frau Lucrezia Castelli wieder, mit der er 1744 eine Affäre gehabt hatte; Leonilda, ein Jahr später geboren, war seine natürliche Tochter. Casanova bot der Mutter an, nunmehr sie zu heiraten, aber deren weibliches Mißtrauen in die Unbeständigkeit dieses Mannes ließ sie die Partie ausschlagen. Casanovas Vorschlag zeigt aber mit aller Deutlichkeit, daß er Frauen wohl zu nehmen wußte, wenn er um sie warb, aber daß er im Grunde von ihnen nichts verstand, ein Mann, der zuviel Sensibilität und Phantasie besaß, um ein wirklicher Don Juan zu sein. Seine Lebensleistung, die Memoiren, bieten ein detailliertes und intelligent gezeichnetes Bild seines Jahrhunderts, eine geistige Leistung, an der gemessen der spezielle Ruhm seines Namens verblaßt.

Don Juan und Faust

Don Juan, der unersättliche Frauenliebhaber, ist eine Gestalt der Weltliteratur, weil er die tiefsten sexuellen Ängste und verdrängten Wünsche des christlichen Europäers verkörpert: Ohne Rücksicht auf die Moral begehrt Don Juan jede Frau und verspottet menschliches und himmlisches Recht; der erotische Genuß liegt für ihn in der Eroberung, nicht in zärtlicher Verfeinerung, und noch in seiner entflammtesten Geste wird eine Art Haß auf das Weibliche spürbar, dem er sich immer und immer wieder unterwerfen muß. Eine Kulisse von strengen Moralvorstellungen über Keuschheit, Ehre, Familie und Ehe umstellt die Bühne, auf der dieser spanische Edelmann sich auslebt. Jede seiner Handlungen ist ein spöttischer Protest gegen die sexuelle Repression und entspringt einer geheimen Potenzangst, die von der Psychiatrie als Ursprung männlichen Eroberungswahnes erkannt worden ist. In dieser Zeit sind solche Kavaliere mit dem Degen schnell bei der Hand, sie sind ebenso empfindlich wie aufbrausend, und ihrer Empfindlichkeit liegt dieselbe Angst zugrunde wie dem Duell, das dem Bedürfnis entspringt, die eigene männliche Kraft zu beweisen.

Woher stammt die Figur des maßlosen Erotikers, der sich rühmt, allein in Spanien über 1000 Frauen besessen zu haben? Sie wurde geschaffen von einem Mönch, dem Prior des Mercedarier-Ordens Gabriel Tellez, der über dreihundert Bühnenwerke geschrieben haben soll und ein Zeitgenosse Lope de Vegas und Calderóns gewesen ist. Aus seiner Feder stammen Lustspiele, religiöse Dramen, historische Werke und eine Geschichte seines Ordens, in dessen Klosterklausen er 1648 gestorben ist. Alle seine Komödien, also auch »El burlador de Sevilla y convidado de piedra« (Der Verführer von Sevilla oder Der steinerne Gast), erschienen unter dem Pseudonym Tirso de Molina, ein Name, der denn auch zu den Klassikern des goldenen Zeitalters in Spanien zählt und den Ruhm der spanischen Komödie gefestigt hat. Seit dem Jahre 1630, als das Stück über Don Juan zum ersten Male aufgeführt wurde, bis zum Jahre 1959, als eine Spezialarbeit von Leo Weinstein über diesen Gegenstand erschien, hat es 462 literarische oder musikalische Versionen und 22 Filme gegeben, in deren Mittelpunkt diese Figur stand. Die Liste umfaßt nicht die vielfältigen Parodien, die Stegreifentwürfe der Commedia dell'arte und die zahlreichen Puppenspiele – kurzum, nur wenige Gestalten der Weltliteratur sind so tief im europäischen Bewußtsein verankert wie der spanische Verführer, der übrigens bei genauer Betrachtung mit dem Doktor Faustus allerlei gemeinsame Züge aufweist.

Die Geschichte, wie Tirso de Molina sie erzählt, ist von holzschnitthafter Gradlinigkeit. Schon mit den ersten Sätzen des Stückes wird eine unverwechselbare, äußerst dramatische Situation hergestellt: Don Juan hat im Schutz der Dunkelheit ein Rendezvous mit der gesellschaftlich hoch über ihm stehenden Herzogin, der gegenüber er sich als der Herzog ausgegeben hat. Damit ist die Ehre der Dame verletzt, ebenso die des Herzogs, alle Hüter der Moral sind herausgefordert, man erwartet ein gräßliches Strafgericht, aber Don Juan gelingt es, sich dem Zugriff der Macht zu entwinden. Von dieser Erwartung, daß der Frevler bestraft werde, mit dem sich der Zuschauer schaudernd identifiziert, wird das Stück vorwärtsgetrieben. Nach der stolzen Herzogin gewinnt er ein hübsches Kind aus dem Volke, eine Fischerin, als Typ der Pastoralkomödie entnommen, danach versucht er die arglose Donna Anna zu überlisten, eine Verkörperung edelster Weiblichkeit, und schließlich ersetzt er skrupellos den bäuerlichen Bräutigam an der Seite des deftigen Bauernmädchens, das gerade Hochzeit feiern will. Alle Stilelemente, von der Haupt- und Staatsaktion bis zur Bauernfarce, sind ineinander verschlungen, damit Don Juan in seiner ganzen Wahllosigkeit gezeigt werden kann. Er verschmäht keine Eroberung, er macht sich jede Situation zunutze, sein Begehren, auf der Stelle entflammt, drängt auf der Stelle nach Befriedigung, die stets eilig erfolgt, denn Don Juan ist immer im Aufbruch. In dieser Figur steckt ein Stück Sozialkritik, denn es ist der übermütige Adlige, der sich ungestraft an allem vergreifen darf, was sich bietet; doch damit ist die Figur nicht ausgedeutet, denn Don Juan ist zwar gewissenlos, aber nicht gottlos. Er ist nur die Verkörperung des Leichtsinns, ein Mann, der um jeden Preis die lustvolle Selbstbestätigung sucht, also eine schwache Natur.

Der dänische Philosoph Sören Kierkegaard hat zur Sündhaftigkeit des Don Juan eine Deutung geliefert, die sich mit Mozarts »Don Giovanni« auseinandersetzt, aber Züge aufdeckt, deren Bedeutung weit über die Oper hinausreicht: »Da das Sinnliche das ist, was negiert werden soll, so kommt es als positive Wirklichkeit erst recht zum Vorschein durch die Position des Gegensatzes, der es eben ausschließt. Als Prinzip, als Kraft, als System in sich ist die Sinnlichkeit erst vom Christentum gesetzt worden, insofern hat das Christentum die Sinnlichkeit in die Welt hineingebracht . . .« Kierkegaard stellt fest, daß das Sinnliche unmittelbar nur durch Musik ausgedrückt werden könne; erst in der Darstellung der »sinnlichen Genialität« habe die Musik ihre vollgültige Bedeutung. Später kommt er zu einem Vergleich zwischen Don Juan und Faust: »Don Juan ist der Ausdruck für das Dämonische, bestimmt als das Sinnliche, Faust ist der Ausdruck für das Dämonische, bestimmt als das Geistige, das der Geist des Christentums ausschließt.« Der naive Genußmensch als Prinzip sinnlicher Dämonie ist in Mozarts Oper am reinsten verkörpert. In Goethes »Faust« ist der Verführer ein Intellektueller, der sein Erlebnis reflektiert, ihm fehlt die vitale Stoßkraft eines Don Juan, aber auch dessen Gewissenlosigkeit, ihn plagen Gedanken. Ganz anders der Spanier, von dem Kierkegaard schreibt: »Kluge Besonnenheit fehlt ihm, sein Leben schäumt wie der Wein, mit dem er sich stärkt; sein Leben ist bewegt wie die Töne, die ein heiteres Mahl begleiten, immer triumphiert er. Er bedarf keiner Vorbereitung, keines Planes, keiner Zeit, denn bereit ist er immer, weil die Kraft beständig in ihm ist, die Begierde gleichfalls, und nur, wenn er begehrt, ist er so recht in seinem Element.«

Die ältere Don-Juan-Forschung hat das historische Vorbild gesucht und einen Don Juan de Tassis gefunden, der durch allerlei Liebeshändel berühmt war und

»Mein schönes Fräulein, *darf ich wagen, meinen Arm und Geleit Ihr anzutragen?«*
Illustration zu Goethes »Faust« I. Teil von F. Cornelius, 1811

1622, acht Jahre vor der Drucklegung der Komödie, gestorben ist. Frühere wissenschaftliche Arbeiten beziehen sich auf einen Don Juan Tenorio, aber die Frage ist gegenstandslos geworden, seit neben der philologischen Richtung auch andere Disziplinen an der Don-Juan-Forschung beteiligt sind, vor allem die psychoanalytische Richtung der Psychiatrie. Eine Liste aller Dichter und Komponisten, die sich mit der Gestalt des Don Juan auseinandergesetzt haben, enthält illustre Namen. Neben Mozart, dessen einzigartiger Rang auch hier hervortritt, stehen Namen wie G.B. Shaw und R.M. Rilke, Grabbe und Puschkin, Verlaine und Max Frisch, Carl Sternheim und Montherlant. Die Figur des Don Juan setzt eine Gesellschaft voraus, in der sich das Böse als sexuelle Potenz manifestieren kann. Unter Menschen, deren Sinnlichkeit nicht mehr tabuiert ist und deren Gewissen sich eher an sozialen als an sexuellen Konflikten entzündet, wirkt die Reihe dramatisch inszenierter Verführungen antiquiert, und doch ist Don Juan keine lächerliche Figur, sondern eine Gestalt wie König Ödipus oder Hamlet, Don Quijote oder Faust, die zu immer neuen Deutungen herausfordert. Er ist der Typ des »Lebenskraftfanatikers«, wie G.B. Shaw das nennt, des rigorosen Egoisten, der auf jeden erotischen Reiz mit geballter Kraft antwortet und sich nicht vorstellen kann, daß eine Frau von ihm nicht beglückt sein könnte. Die Zukunft ist ihm so gleichgültig wie eine Frau, die er genossen hat, und daß er Lüge und List anwenden muß, um sein Ziel zu erreichen, berührt ihn kaum, denn er sieht nichts außer sich selbst, so erkennt er auch den steinernen Gast zu spät.

Im Vergleich mit Don Juan ist Faust ein Verführer ganz anderer Art. Er braucht keine tausend Frauen, um sich seine Kraft zu bestätigen, sondern die, in der er sich spiegeln kann und die ihm alle Frauen aufwiegt. Auch er ist gewissenlos und läßt sich, selbst nicht mächtig genug, sogar vom Teufel helfen, aber er führt mit dem naiven Gretchen regelrechte Gespräche, er erkennt ihr Wesen, das sich ihm erschließt, und eben deshalb richtet er um so schrecklichere Zerstörung an. Die Frauen, die Don Juan erobert hat, sind verletzt und empört, Gretchen ist vernichtet, sie verkörpert Fausts Schuld auf ungleich bedrückendere Weise. Sein Verbrechen an dem Mädchen, das letzten Endes nicht in der Zeugung des Kindes, sondern in seiner Arglist besteht, könnte durch einen steinernen Gast nicht gesühnt werden, hier muß der ganze Kosmos samt himmlischer Sphäre herbei, um diesem Sühnebedürfnis genüge zu tun.

Keine andere Kultur hat für die Erhellung der Beziehungen zwischen Mann und Frau so dramatische Gestalten hervorgebracht wie das Christentum, und gerade weil es die Sinnlichkeit verneint, die Sexualität verpönt hat, sind die aus diesem Konflikt entstandenen Gegenbilder von so außerordentlicher Leuchtkraft. Daß man von Verführern, aber selten von den Verführerinnen sprach, liegt vermutlich an der patriarchalisch orientierten Gesellschaft: Adam ist nicht mehr, wie noch in der Bibel, Opfer der Verführerin, sondern selbst der Verführer, und die Frau übernimmt in seinem Bewußtsein die Rolle des Opfers. Nur die Ehe, als Form einer existentiellen Partnerschaft, versucht die sexuelle Problematik zu entschärfen und mit Regeln zu ordnen.

Unter Sodoms
Fluch

Heilig war der Weibmann

Von Männern sind Liebesgedichte für Männer geschrieben worden, die zu den schönsten Versen der Weltliteratur gehören, und die Gedichte der Sappho, der griechischen Lyrikerin auf der Insel Lesbos, sind ihren Freundinnen gewidmet, jungen Mädchen. Die gleichgeschlechtliche Liebe, in wechselnden Formen auf der ganzen Welt verbreitet, hat besonders, wenn es die Männerliebe war, am meisten Anstoß erregt, aber auch die tiefsten Wirkungen auf die Kultur gehabt. Man bezeichnete die Homosexualität allgemein als Laster, ihre Praktiken als pervers, die homosexuellen Menschen als entartet, und gewiß trifft das auch in einem gewissen Maße zu, aber nur so weit, als auch jede andere Form der Erotik zum »Laster«, ihre Praktiken pervers, ihre Anhänger Psychopathen sein können.

Über die Homosexualität bei den Naturvölkern gibt es wenige verläßliche Untersuchungen, weil nur etwa hundert Jahre zur Verfügung standen, das Leben der Indianer und Eskimos, Südsee-Insulaner und Afrikaner zu studieren, ehe ihre Kultur vernichtet oder europäisiert war. Aber die wissenschaftliche Unvoreingenommenheit gegenüber so heiklen Fragen wie der Homosexualität ist keine hundert Jahre alt; auch haben die »Wilden« die weißhäutigen Eroberer und Professoren nur selten in ihre sexuellen Praktiken eingeweiht. Für diese Situation des Mißverständnisses ist ein Bericht über die sogenannten Kanaken aus dem Jahre 1907 bezeichnend; Kanake ist übrigens der hawaiische Ausdruck für »Mensch«. Auf der Gazelle-Halbinsel in Neubritannien (1884–1918 Neupommern) gab es Geheimbünde, die weit in die Vergangenheit dieser Völker zurückreichten und ihr ganzes Leben beherrschten. Der Initiationsritus für die Knaben fand seinen Höhepunkt in öffentlichen Tanzfesten auf dem zentralen Tanzplatz, in der Eingeborenensprache »Bauch-Platz« oder »Mittelpunkt« genannt. Bei solchen Ignietfesten – Igniet ist der Name eines dieser Bünde – kam es zu gewissen »Obszönitäten«, nämlich zu gleichgeschlechtlichen Handlungen. Während der Tänze verläßt jeweils ein älterer Mann den Tanzplatz und kehrt völlig nackt zurück, von oben bis unten mit Kalk beschmiert. Er trägt in der Hand eine Kokosmatte und beginnt mit einem Jüngling, der zum Bund gehören soll, einen spielerischen Ringkampf, bis beide sexuell erregt übereinander herfallen und auf die Matte zu liegen kommen, auf der die homosexuelle Begegnung vor sich geht. Jeder Jüngling unterzieht sich dieser Prozedur, die vielleicht mit einer tabuisierten und rituellen Form der Geburtenbeschränkung zu erklären ist, da auf den Inseln nur eine begrenzte Anzahl von Menschen leben konnte. Entweder tötete man, wie dies auf vielen Inseln geschah, die weiblichen Neugeborenen, oder man versuchte, den Beischlaf mit Frauen möglichst weit einzudämmen und für die Sexualität andere Ventile zu suchen. Vermutlich ist dies eine der Ursachen für die Entstehung der Homosexualität bei den Naturvölkern. Der weiße Reisende R. Parkinson hat seine braunhäutigen Freunde über die Riten des Ignietbundes ausführlich zu befragen versucht. Gewissensbisse wegen der »Scheußlichkeiten« hat er bei ihnen nicht feststellen können, eher Unverständnis wegen der Neugier des weißen Mannes. Er schreibt, man betrachte diese Art Geschlechtsverkehr eher als eine lächerliche Handlung, auch hätten alle Vorfahren und überhaupt alle Eingeborenen seit jeher derartiges getan, das sei nun einmal gebräuchlich. Die Kaiserlich-Deutsche Behörde, damals gehörte Neubritannien noch zum Deutschen Reich, habe aber neuerdings auf Veranlassung der christlichen Missionsgesellschaft Maßregeln ergriffen, um dieses »Unwesen« zu steuern. Der Hinweis auf die Maßregeln der damaligen Kaiserlich-Deutschen Kolonialbehörde wirkt aus historischem Abstand nur noch erheiternd, offenbart aber auch die ganze prüde und beschränkte Überheblichkeit, die der weiße Mann im Vollbesitz seiner christlichen Wertvorstellungen den unterworfenen Völkern entgegenbrachte.

Es hat gerade auf den Inseln der Südsee und auch in Australien die verschiedensten Formen gegeben, sexuelle Befriedigung zu erlangen, ohne den Geschlechtsverkehr mit einer Frau auszuführen. Der schmerzhafteste und barbarischste Versuch ist die bei einigen Stämmen Australiens verbreitete »Subinzision« des männlichen Gliedes, das nach der Beschneidung in der Längsrichtung aufgeschlitzt wird. Man hat die Auffassung vertreten, dies geschähe, um den Samen beim Verkehr seitlich austreten zu lassen. Graf Pfeil bezeichnet in seiner Darstellung der Verhältnisse auf Neuirland (1884–1918 Neumecklenburg) die dortigen Eingeborenen als die »unsittlichsten« Kanaken, die er kennengelernt habe. Dort binden zwei Männer mit Blattstreifen ihre Penisse aneinander und führen mit schwingenden Bewegungen eine Art Geschlechtsverkehr aus, bis der Samenerguß erfolgt.

Die Umwandlung des Geschlechtes vom Mann in ein Weib ist der Ausgangspunkt der Knabenliebe im schamanistischen Bereich. Schon 1862 hat Spencer St. John bei den Dajaks, die an der Küste lebten, nur einen unter 30 Schamanen getroffen, der seine Mannestracht nicht aufgegeben hatte, alle anderen hätten sich als Frauen gekleidet und auch so behandelt werden wollen. Eine andere Quelle berichtet, wenn jemand Zauberpriester werden wolle, nehme er den Namen und die Tracht eines Weibes an und verheirate sich mit einem Manne, der ihn begleiten und beschützen müsse. Das hindere ihn aber nicht, sich andererseits eine Frau zuzulegen, vermutlich nicht nur, um mit ihr zu schlafen, sondern weil man Frauen brauchte, um sich Nahrungsmittel zubereiten zu lassen. Manche Zauberpriester der Südsee behaupten, aus Gehorsam gegen einen Befehl, der ihnen dreimal im Traum gegeben worden sei, Frauenkleidung angelegt zu haben. Sie sagen, wenn sie diesen Befehl mißachtet hätten, müßten sie diese Weigerung mit dem Tode büßen. Auf eine von den weißen Gewährsleuten nicht berichtete Weise würde der Mann impotent gemacht, dann veranstalte er ein Fest und lade alle Stammesangehörigen dazu ein. Von diesem Augenblick an werde er in jeder Hinsicht als Frau behandelt und beschäftige sich nur mit weiblichen Arbeiten. Sein Ziel sei, die weiblichen Gebärden und Gewohnheiten möglichst getreu nachzuahmen. Oft gelänge es, einen jungen unerfahrenen Mann zu verführen, was sein Ansehen nur steigern könne. Wenn er durch seine Tätigkeit als Zaubermann reich genug geworden sei, um für einen Mann begehrenswert zu sein, versuche er zu heiraten.

Nur sein Reichtum könne einen Mann veranlassen, eine solche Heirat einzugehen und sich dem Gelächter des ganzen Stammes preiszugeben. Diese Zauberpriester, malaiisch »manang bali« genannt, zeichnen sich durch besondere Humanität aus und haben großen Einfluß im Stamm, oft werden sie sogar zu Dorfhäuptlingen gewählt. Jeder Streitfall, jede Krankheit und jedes Unglück werden dem »manang bali« vorgetragen, und fast immer weiß er Rat und Hilfe.

Die Geschlechtsumwandlung des Zauberpriesters in ein Weib ist aber nicht nur für den Südseeraum, sondern auch für Nordostasien charakteristisch. Auch bei den Tschuktschen, einem altsibirischen Volk auf der gleichnamigen Halbinsel, wird der kultische Geschlechtswandel auf Geheiß eines Geistes vollzogen, und auch hier verhält sich der Schamane so, wie es aus der Südsee bekannt ist. Bei diesem uralten Nomadenvolk hat sich bis in dieses Jahrhundert der Glaube an einen »Tierherrn« erhalten, den man sich in Gestalt eines riesigen weißen Rentieres vorstellte und dem man auch Rentiere opferte. Bei den Priestern dieses Kultes gab es viele Bauchredner, und so konnte es vorkommen, daß plötzlich ein männlicher Schamane mit seiner Bauchstimme erklärte, er sei Weib geworden und müsse sich nun entsprechend verhalten. Es gab sogar verschiedene Stufungen dieser Päderastie (griechisch: Knabenliebe). Die allgemeine Form äußerte sich darin, daß der Betreffende sein Haar nach Frauenart trug. Dies geschah häufig auch als Therapie, von Schamanen verordnet. Der zweite Grad wurde gekennzeichnet durch das Tragen weiblicher Kleidung, damit schamanistische Erfolge möglich waren. Hier war noch keine absolute Geschlechtsveränderung eingeschlossen. Der dritte Grad der Geschlechtsverwandlung ist die vollständige Verwandlung, die plötzlich geschieht: Der junge Mann, den die Geister zum Schamanen bestimmt haben, wirft Büchse und Lanze, Harpune und Lasso fort und greift zur Nadel und zum Fellschabeisen. Seine äußerliche Erscheinung verändert sich, soweit denkbar; er verliert seinen rohen Mut, seine Streitlust und wird scheu gegen Fremde, ein Freund »müßigen Geschwätzes« und ein Tröster kleiner Kinder. Mit der Zeit nähern sich dem verweibten Mann junge Männer, und der so veränderte Mensch nimmt sich Liebhaber und heiratet, übrigens mit den gleichen Zeremonien wie jedes andere Brautpaar auch. Diese Ehen sind nicht weniger dauerhaft als die zwischen Mann und Frau. Ihren früheren Namen behalten die verweibten Männer bei. Übrigens glaubte jeder Tschuktsche, ein solcher verweibter Mann habe unter den Geistern einen besonderen Beschützer, eine Art »übernatürlichen Ehemann«, der als der eigentliche Herr dieser homosexuellen Ehe gilt und den beiden Eheleuten durch den Mund des Weibmannes seine Anordnungen übermittelt. Uns erscheint dies als ein eigentümliches Beispiel dafür, wie der körperlich Unterlegene seinen Partner mit dem Hinweis auf übernatürliche Einwirkungen zu beherrschen vermag. Solche Fälle von Verweiblichung waren nicht sehr häufig. Sie gehörten aber zum Gesamtbild des Schamanismus und treten überall dort auf, wo sich der Schamanismus erhalten hat. So hat es bei den Eskimos wie bei den Indianern verschiedene Formen der Homoerotik gegeben.

Bei den einzelnen Indianerstämmen hat man aber die Knabenliebe ganz verschieden bewertet. Meist wurde sie nur geduldet oder, bei gewissen kriegerischen Völkern, auch verachtet; z. B. wurde sie bei den Illinois und den Mandan in Guatemala offiziell gefördert, in Peru mit schweren Strafen bedroht und bei den Pueblo-Indianern hatte sie kultischen Charakter und wurde heiliggehalten. Die

Illinois kannten eine eigentümliche gesellschaftliche Einrichtung, die bei keinem anderen Indianerstamm zu finden war. Besonders schöne Knaben wurden als Homosexuelle ausgebildet und lebten mit den Männern zusammen. Später wurden diese Knaben Krieger wie alle anderen Jungmänner und führten normale Ehen. Insgesamt haben die meisten indianischen Stämme für die unterschiedlichen sexuellen Veranlagungen eine variable gesellschaftliche Form gefunden, wie sie kaum irgendwo anders entwickelt worden ist. Wenn sich ein junger Mensch dem harten Kriegerleben nicht gewachsen fühlte, konnte er seiner Sippe erklären, er wolle nun als Frau leben. Er zog sich Frauenkleider an und widmete sich weiblichen Arbeiten. Manche dieser »berdaches«, wie der französische Ausdruck lautet, spezialisierten sich auf Handarbeiten, andere wurden Schamanen. Für die aggressiven Homosexuellen vom maskulinen Typ waren sie mögliche Sexualpartner, so daß alle diese Männer, obwohl abweichend von der Norm, in den Stamm voll integriert werden konnten, ohne daß es zu katastrophalen Spannungen kam.

Die weißen Eroberer waren durchweg empört, als sie auf die indianische Homoerotik stießen, und so enthielt das englische Gesetz für die Kolonie Neu-England aus dem Jahre 1641 einen Paragraphen gegen Knabenliebe (§ 20): »Unnatürliche Unflätigkeit soll mit dem Tode bestraft werden, sowohl Sodomie, das heißt die fleischliche Gemeinschaft von Mann mit Mann, oder Weib mit Weib, als auch Buggerie, das heißt die fleischliche Gemeinschaft von Mann oder Weib mit Säugetieren oder Vögeln.«

Die schönen Knaben Griechenlands

Die gleiche Verhaltensweise, die im Neu-England des Jahres 1641 n. Chr. mit dem Tode bestraft wurde, ist von den Griechen als Wirkung des Göttlichen gefeiert worden, wobei die Frage des sexuellen Vollzugs zunächst vollkommen unerheblich ist. Plato, dessen Denken nicht nur das klassische Griechenland beeinflußt hat, sondern der über das Christentum tief in die Gegenwart gewirkt hat, schreibt zur Knabenliebe: »Wie nun Eros der älteste Gott ist, so verdanken wir ihm auch die größten Wohltaten. Ich wüßte wenigstens für einen Jüngling kein größeres Glück zu nennen als einen wackeren Mann, der ihn liebt, und für diesen kein größeres Glück als einen wackeren Geliebten. Denn was den Menschen ein Leitstern sein muß, die ein sittlich hohes Leben führen wollen, das finden sie weder bei ihren Verwandten noch in Amt und Würden oder im Reichtum so gut wie in der Liebe. Soll ich auch sagen, was dies ist? Das Schamgefühl bei häßlichen Dingen und das Streben nach dem, was schön und gut ist. Ohne dieses sittliche Gefühl kann weder die Gesamtheit des Staates noch der einzelne Bürger Großes und Schönes leisten. Ich behaupte aber: Wenn einer, der einen Jüngling liebt, dabei betroffen wird, etwas Häßliches zu tun oder von einem anderen sich solches gefallen zu lassen, der wird sich weder vor dem eigenen Vater noch dem Freunde, noch irgendeinem anderen Menschen deswegen so sehr schämen wie vor seinem Liebling. Und ebenso sehen wir, daß der Liebling, wenn er bei etwas Unedlem betroffen wird, sich am allermeisten vor seinem Liebhaber schämt.«

Wer heute von platonischer Liebe spricht, meint eine »reine Liebe« ohne sexuelle Beziehungen. Es handelt sich dabei um ein Mißverständnis, das wohl entstanden ist, als Platons Knaben- und Männerliebe vom Bildungsbürgertum zu körperloser Denkmalhaftigkeit stilisiert worden ist. Platon hat seine Auffassung, es gäbe eine »himmlische«, auf dem Einklang der Seelen beruhende Liebe und eine »gemeine« Liebe, deren Ziel die körperliche Befriedigung sei, in seinem »Gastmahl« dem Pausanias in den Mund gelegt. Dabei sagt er eindeutig, daß an der Liebe zwischen Mann und Frau die himmlische Liebe keinen Anteil habe, denn diese sei nur zwischen Männern möglich.

Das Wort Knabenliebe (Päderastie) wurde aber ohne den schmutzigen Beigeschmack gebraucht, der ihm heute als Makel anhaftet. Der reife Knabe, der sich seines Geschlechts bewußt war, hieß griechisch »pais«, und die Liebe zu ihm umfaßte alle Aspekte, die Liebe nur umfassen kann; nur daß die Liebe ihrer Natur nach ohne physischen Zweck und ohne Eigennutz war. Die geistige Führerschaft des älteren Mannes und die begeisterte Lernbegier des Jünglings bildeten die Gefühlsbasis einer Bindung, die sich in einer ästhetisch bestimmten Sinnlichkeit Formen der Begegnung schuf. Liebe ist für den Griechen eine »mania« gewesen, ein unbegreiflicher Zustand von Außersichsein, in dem sich das Göttliche offenbarte, und die menschliche Vollkommenheit verkörperte sich nicht im Weib, sondern in der Jünglingsgestalt, wie sie die griechischen Bildhauer immer wieder aus Marmor gemeißelt haben. Frauen waren als Mütter zur Fortpflanzung bestimmt, als Hetären und Sklavinnen zum Zeitvertreib, aber Liebe in ihrer edelsten Form war im Grunde nur zwischen Mann und Knabe denkbar. Eine solche Liebesbeziehung zwischen zwei Männern schloß aber sexuelle Akte nicht immer ein. Lykurg, der sagenhafte Gesetzgeber Spartas, erklärt es sogar zum Verbrechen, was den Tod nach sich zieht, wenn jemand einen Knaben sexuell begehrt. Auch Cicero hat darüber berichtet; die Spartaner erlaubten »außer Schlechtigkeit« in der Liebe zwischen Jugendlichen nahezu alles, selbst Umarmungen und gemeinsames Lager. Nur eben das »stuprum«, das Schändliche, Unzüchtige ließen sie nicht zu, und man muß annehmen, daß damit der sexuelle Akt gemeint war. Ob eine so strenge Auffassung sich über Jahrhunderte behauptet hat, ist mehr als fraglich. Schon damals aber gab es Versuche, unreife Kinder vor der sexuellen Verführung durch Erwachsene zu schützen; so hat Äschylos in seinem Drama »Laios« dieses Problem auf der Bühne behandelt. Straton aus Lampsakos (288–270 v. Chr.), das Haupt der aristotelischen Schule, hat über die erotische Wirkung der verschiedenen Altersstufen junger Männer gesagt: »An der Jugendblüte zwölfjähriger Knaben habe ich Freude, aber viel begehrenswerter ist der Dreizehnjährige. Wer da zweimal sieben Jahre zählt, ist eine noch süßere Blume der Eroten, noch wonniger aber ist der, der das fünfzehnte Jahr beginnt. Das sechzehnte Jahr ist das der Götter, das siebzehnte aber zu begehren, kommt nicht mir, sondern nur Zeus zu.« Dies alles erschien so natürlich, wie heute weiblicher Sex natürlich erscheint, und kein Grieche hätte Verständnis dafür gehabt, sich einer Lust zu schämen, die in seiner Gefühlswelt verankert war.

Mit Sicherheit ist die Knabenliebe gleichsam aus einer Individualisierung der Initiationsriten erwachsen. Bekanntlich werden bei allen Völkern der Erde junge Männer oder Mädchen in einer Reifezeremonie, die oft magischen Ursprungs ist, in den Rahmen ihres Volkes, Stammes oder Geheimbundes eingefügt. Vorausgegangen ist die Lehrzeit, die oft in Abgeschiedenheit vom Alltag des Stammes verbracht wird. Im griechischen Doris hatte sich die vermutlich aus solchen Einwei-

Die Drastik der sexuellen Befriedigung, *wie sie der Maler dieser griechischen Schale schildert, läßt an Deutlichkeit nichts zu wünschen übrig. Schale des Skythes, um 500 v. Chr. Louvre, Paris*

hungsriten entstandene Sitte eingebürgert, daß sich ein Mann einen Knaben aussuchte, den er von nun an als fürsorgender Freund zur Reife führte; in dem studentischen Verhältnis zwischen Leibbursch und Fuchs ist solche Struktur bis in die Gegenwart erhalten. Die Dorer nahmen es denn auch einem Mann als grobe Pflichtverletzung übel, wenn er sich nicht dazu entschließen konnte, die Einweisung eines Jünglings zu übernehmen, und wer von den jungen Männern keinen Mentor fand, hatte allen Grund, sich zu grämen. Die Wahl und die Unterweisung spielten sich, wie das gesamte Leben der Männer, auf den Turnplätzen, Sportanlagen und Badeplätzen ab. Jedermann bewegte sich dort völlig nackt, und so heißt die ehrwürdige europäische Bildungsstätte Gymnasium nach dem griechischen Wort »gymnos« (nackt).

Für den Griechen der Antike war die Schönheit eines nackten Körpers allerdings etwas, das ihn in einen Zustand tiefer Betroffenheit versetzen konnte. Das Wort »theós« (griechisch: Gott) gebrauchten die Griechen in diesem Sinn, und wenn sie einen verlorenen Freund wiederfanden oder einem neuen Freund begegneten, nannten sie dies »éntheos«, daher unser Wort »Enthusiasmus«. Eben weil der Leib des Menschen noch geheimnisvoll war, nicht physiologisch erklärbar, mag das Spiel der Glieder dem Griechen eine Ahnung vom Göttlichen vermittelt haben, wie wir sie beim Anblick eines nackten Körpers nicht mehr nachvollziehen können. Die Inschrift »kalós« (griechisch: schöner Knabe) findet sich denn auch auf unzähligen Vasen. Ursprünglich als Ausruf einer solchen Betroffenheit gebraucht ist sie mit der Zeit zur leeren Floskel geworden, die bei jeder Gelegenheit benutzt wurde. Die Autoren der Antike berichten, daß man den Namen des Lieblings auf Wände und Vasen, Baumrinden und Türen angebracht habe, wo immer dies möglich war; der größte Bildhauer der Antike, Phidias, hat sogar auf dem Finger seiner gewaltigen Zeusstatue die Inschrift »Schöner Pantarkes« angebracht, eine Huldigung an seinen Geliebten. Ein Epigramm des Aratos, angebracht auf einer Grabplatte, zeigt den Stil solcher Huldigung noch genauer: »Philokles, der Argiver, ist schön, das verkünden die Säulen von Korinth und die Gräber von Megara. Das steht auch sonst noch zu lesen bis zu dem Bade des Amphiaraos, daß er schön ist. Aber was bedarf es des Zeugnisses der Steine. Jeder, der ihn kennt, wird es eingestehen.«

Die Knabenliebe ist schon im klassischen Griechenland, nicht erst in einer »Verfallszeit«, ein so selbstverständlicher und wesentlicher Bestandteil des Lebens gewesen, daß in der Literatur eine Fülle von Äußerungen überliefert sind, die diese Liebe feiern. Aristoteles hat über sie gesagt: »Auf keinen anderen der körperlichen Reize ihrer Lieblinge blicken die Liebenden mehr als auf die Augen, auf deren Grund das Geheimnis der Knabentugenden liegt.« Undenkbar, daß ein solcher Satz auf die Augen der Frau, auf Mädchentugenden hätte gesagt werden können, wie auch Vaseninschriften »kale« (griechisch: schönes Mädchen) sich ganz selten finden. Die griechischen Lyriker haben die Reize der Knaben immer wieder gefeiert, und ihre Verse wirken auf uns, die wir ein sogenanntes »normales« Verhältnis zur Sexualität besitzen, fast ein wenig lächerlich. Da heißt es: »Ich liebe die Knaben mit weiß-durchsichtiger Haut und liebe doch gleichzeitig die dunkel gebräunten, liebe die blonden und wiederum die mit dem schwarzen Haar. Auch bläulich-helle Augensterne verachte ich nicht, aber vor allen andern liebe ich die, die aus schwarzen Augen Blitze sprühn.« Nur wenige wissen, daß Sokrates in seiner Jugend der Liebesgefährte seines Lehrers Archelaos gewesen ist, und der griechische Schriftsteller Xenopohon läßt Sokrates gelegentlich sagen: »Bei dieser Jagd auf schöne Knaben kann ich dir vielleicht etwas behilflich sein, denn ich verstehe mich auf die Liebe. Mit unwiderstehlichem Drange bin ich darauf aus, von Menschen, auf die ich ein Auge geworfen habe, liebend wiedergeliebt, sehnend wiederersehnt, verlangend wiederverlangt zu werden.« Sokrates hat die starke Sinnlichkeit seiner Natur oft bekannt, die durch den Anblick reizvoller Knaben angeregt worden und auch von der Schönheit des Alkibiades nicht unbeeindruckt geblieben ist. Er hat aber eine solche Abhängigkeit von der Sinnlichkeit für unvereinbar gehalten mit jener Selbstbeherrschung und Gedankenklarheit, in der er ein Ziel menschlichen Strebens sah. So kann er zwar als ein beweiskräftiger Zeuge zum Thema Knabenliebe gelten, aber auch als einer der ersten Menschen, die sich von diesem Treiben, also vom Liebesleben in einer seiner damaligen Formen, aus prinzipiellen Gründen distanziert haben.

Die Knabenliebe, nicht als abartige Spielart männlicher Begehrlichkeit, sondern als tiefes Entzücken über menschliche Anmut und Schönheit, wie sie sich auch im eigenen Geschlecht verkörpern kann, war unveräußerlicher Bestandteil des griechischen Lebens. So hoch schätzte man diese Form der Liebe ein, daß Athens Gesetzgeber Solon (ca. 640–561 v. Chr.) den Sklaven die Päderastie verbot, weil diese freieste Bestätigung menschlicher Selbstbestimmung nur den Freien zukäme (Licht). Solon hat noch andere Gesetze erlassen, die sich mit der Päderastie befaßten und sicherstellten, daß nicht frei geborene Knaben mit Sklaven Umgang hatten, von Geschäftsleuten zur Liebe feilgeboten oder im kindlichen Alter mißbraucht wurden. Diese Gesetze betrafen aber nur die Vollbürger Athens. Um die übrige Bevölkerung und ihre sexuellen Probleme kümmerte sich kein Mensch, denn es ging ja auch Solon nicht um Moral, sondern um den Schutz der herrschenden Minderheit. Es hat in Athen unter diesen Umständen natürlich alle Spielarten des »Liebesmarktes« gegeben. Man konnte nicht nur Beziehungen zu käuflichen Knaben aufnehmen, sondern auch Verträge abschließen, mit denen man sich solche Knaben »auf Zeit« sicherte, also regelrechte Mietverträge.

Die erotische Bindung zwischen Männern – vom Mann zum Jüngling oder Knaben, vom Freund zum Freund – wirkt unter der »Sonne Homers« vollkommen natürlich, der Gedanke an eine »widernatürliche Unzucht« liegt noch sehr fern, und die gleichgeschlechtliche Liebe löst Leidenschaften aus, die Götter und Menschen verbindet: Zeus selbst liebt den schönen Knaben Ganymed, die Achäer Achill und Patroklos, wie sie Homer in seiner »Ilias« beschrieben hat, sind nicht nur Freunde und Waffengefährten, sondern ein Paar; Sokrates schämt sich seiner Beziehungen nicht, und Aristoteles, der Lehrer des großen Alexander, kennt die Knabenliebe ebenso wie sein Schüler, wie alle die großen Feldherren der Griechen von Epaminondas bis Themistokles. Alexander der Große zum Beispiel, bekannt für seine unbändige Leidenschaft für schöne Knaben, hatte sich in den Kastraten Bagoas so verliebt, daß er ihn im Theater vor aller Augen abküßte, und Lykurg, auf dessen Strenge die Kriegstüchtigkeit der Spartaner beruht haben soll, hat gesagt, daß »niemand ein tüchtiger Bürger sein könne, der nicht einen Freund im Bett habe«.

Lesbos, Insel der Liebe

Für die Homoerotik hatten die Griechen einen Mythos, der ihnen zwanglos ihr sexuelles Verhalten erklärlich machte. Seine Wirkung reicht bis in die Gegenwart, denn das Selbstverständnis der Liebenden, denen der Zufall der Begegnung zum Schicksal wird, beruht auf der griechischen Idee. Von diesem Mythos gibt es mehrere Versionen; eine geistreiche Fassung erzählt Aristophanes – nicht der Komödiendichter – in Platos »Gastmahl«. Es heißt da, ursprünglich habe es drei Geschlechter gegeben, und zwar den zwiefachen Mann, das zwiefache Weib und das Mannweib. Zeus habe nun diese Geschlechter getrennt, und aus dem ursprünglichen Geschlecht des Ganzen, dem der einzelne vor der Zertrennung zugehört habe, ergäbe sich sein Verhalten. Jede Hälfte mußte nämlich die andere Hälfte suchen, die ihr zur Vollkommenheit fehlte. Dies ist der Grundgedanke aller schicksalhaften Liebesbegegnungen bis zum heutigen Tag, und so sucht der Mann aus der männlichen Ganzheit die männliche Hälfte, das Weib aus der weiblichen Ganzheit das Weib, und aus dem zertrennten Mannweib sind Mann und Weib entstanden, die jeweils das andere Geschlecht suchen; keine Diskriminierung also, sondern eine Vorstellung, die allen Spielarten menschlicher Erotik gerecht wird.

Immer schon wird es die Liebe zwischen Frau und Frau gegeben haben, nicht nur als Form der sexuellen Befriedigung bei männerlosen Frauen; aber in Griechenland, wo sie ihren Namen gefunden hat, ist diese Liebe poetisch verklärt worden. Es ist müßig, darüber zu streiten, ob die Sappho, die ihren Gefühlen so hinreißenden Ausdruck gegeben hat, die besungenen Mädchen »nur« auf geistige Weise oder mit der homoerotischen Sinnlichkeit geliebt hat, wie wir sie aus den Hetärengesprächen des Lukian (120 bis ca. 180 n. Chr.) kennen. Eine glühende Zuneigung, die sich mit dem Anschauen der Geliebten begnügt und nicht jene Zärtlichkeiten fordert, die Lust bereiten, wäre ganz ungriechisch gewesen. Welche Hemmung hätte in dieser Epoche auch jemanden hindern sollen, etwas zu tun, was er sich mit aller Leidenschaft wünschte? Der Begriff von Sittlichkeit, der die Sinne ausklammert und verteufelt, ist erst sehr viel später entstanden, und so haftet der Vorstellung, die Dichterin habe die Mädchen im vollen Sinne des Wortes geliebt, kein Makel an. Auf die antiken Texte der Dichterin allerdings kann sich diese Vorstellung nicht stützen. Es gibt von den Gedichten der Sappho nur zahlreiche Bruchstücke, die ihre fast männliche Kraft verraten, und einige meist ungesicherte Lebensdaten. Dennoch kann man sich ein ungefähres Bild machen. Sicher ist, daß Sappho aus einem Adelsgeschlecht stammte, das auf Lesbos oder Mytilene, wie der andere Name der Insel lautet, ansässig war. Sie muß um 600 v. Chr. gelebt haben, also in der Epoche, als Solon seine Gesetze erließ, der erste Gesetzgeber, der sich nicht auf göttliche Gebote und höhere Weisungen berief. Sappho ist die berühmteste Frau des Altertums gewesen. Platon hat sie als »zehnte Muse« bezeichnet, was selbst dann ein hohes Lob darstellt, wenn man die Vorliebe der Griechen für die prägnante Formel kennt, und Strabo (63 v. Chr. bis 20 n. Chr.) nannte sie das »Wunder unter den Frauen«. Sehr bald haben sich deshalb die Komödiendichter dieser Gestalt bemächtigt, und so gehen einige angebliche Kenntnisse über ihr Leben auf die Überlieferung in Komödien zurück. So soll sie mannstoll gewesen sein, gewiß eine ironische Floskel, und soll des schönen Phaon, eines Mannes wegen, vom Leukadischen Felsen herabgesprungen sein. Dieser Irrtum rührt daher, daß die Griechen die Redensart »vom Leukadischen Felsen springen« anwendeten, wenn sie ausdrücken wollten, daß Leidenschaft sie überwältigt hatte.

Viele Autoren haben über sie geschrieben. Ovid, der noch ihre sämtlichen Gedichte gekannt hat, urteilte über sie, es könne nichts Sinnlicheres als diese Poesie geben, und meint, das gesamte Werk der Sappho sei eine einzige Schule der Homoerotik (Licht). Der römische Schriftsteller Apuleius (um 125 n. Chr.), in dessen Roman die berühmte Fabel von »Amor und Psyche« steht, hat über Sappho gesagt, daß sie »verliebte und sinnliche Verse geschrieben habe, zwar wollüstig, aber doch so anmutig, daß sich die Üppigkeit des Wortes durch den süßen Wohlklang der Sprache nun erst recht dem Leser einschmeichelt«. Einige biographische Angaben lassen sich aus ihren Gedichtfragmenten herausfinden. So gibt es zum Beispiel einen Bruder, der in Naukratis in Ägypten gelebt und mit der schönen Hetäre Doriche, genannt »Rhodopis«, die Rosenfingrige, Beziehungen gehabt hat. Doriche war eine der berühmtesten und wohl auch teuersten Hetären der Antike, so daß man sich nicht wundert, daß Sappho ihren Bruder seines Leichtsinns wegen tadelt. Ebenso glaubt man aus einem Gedicht herauslesen zu können, daß sie eine Tochter namens Klais gehabt habe, aber hier kann es sich ebensogut um eines ihrer Mädchen handeln. Offensichtlich hat die Sappho auf Lesbos Mädchen unterwiesen und gewiß auch dadurch Berühmtheit erlangt, daß es ihr überhaupt in den Sinn kam, Frauen bilden zu wollen. Dieser Kreis junger Mädchen, deren Namen aus den Versen überliefert sind, bildete um die Sappho eine Art Schule, und es drängt sich der Vergleich mit der Schule des Sokrates auf. Ein solcher Vergleich ist schon in der Antike gesehen worden. Ein zur Zeit des römischen Kaisers Commodus (161–192) lebender Autor schreibt: »Was ist denn die Leidenschaft der lesbischen Sängerin anderes als die Liebestechnik des Sokrates? Denn sie scheinen mir beide in derselben Weise die Liebe zu meinen, jene die der Mädchen, dieser die der Jünglinge. Beide gestehen sie, viele zu lieben und von allen, die schön sind, gefangen zu werden. Was also dem Sokrates ein Alkibiades war und Charmides und Phaedrus, das ist der Sappho eine Gyrinna, Atthis und Anaktoria.« Das war gewiß nicht falsch gesehen, wenn auch etwas geringschätzig formuliert.

Nur vor dem männlich orientierten Weltbild der Antike ist zu verstehen, daß eine Frau als Dichterin die allgemeine Aufmerksamkeit und Bewunderung so sehr auf sich zog: Frauen galten als Wesen von beschränkter Bedeutung, weder mit Kraft noch mit Verstand begabt. Um so mehr erstaunte diese Lyrik, deren Intensität von gleichrangigen Autoren kaum je erreicht worden ist. Wie männlich scheint diese Frau die Liebe zu empfinden, wenn sie sagt: »Wie ein Sturm im Gebirg' auf die Eichen sich wirft mit Macht, so erschüttert mein Herz Eros' Allgewalt . . .«, und ein anderes Mal: »Eros quält mich von neuem mit Allgewalt, das süßbittere, gewaltige Ungestüm . . .« Solche Verse, im griechischen Original von besonderer Musikalität, sprachen eine Leidenschaft aus, wie sie vorher nicht gekannt wurde; daß hier ein Mensch, immer neu von der Begegnung mit Eros betroffen, an der Liebe tiefer leidet als etwa der frivole Ovid an seiner Sehnsucht nach seinen Gespielinnen, bezeichnet den Rang dieser Frau. Es heißt, Sappho sei schon als junges Mädchen ihrer politischen Einstellung wegen verbannt worden und habe sich mit dem Lyriker Alkaios an einer Verschwörung beteiligt. Später soll sie einen reichen Kaufmann geheiratet und erst als Witwe jene Liebesschule gegründet haben, in der neben Tanz auch die Beherrschung von Musikinstrumenten gelehrt und Sprecherziehung gegeben wurde. Sicher ist, daß es diesen Kreis von Mädchen gegeben hat, und man kann annehmen, daß das geistige Niveau dieser Freundinnen und Gefährtinnen der Sappho höher war als das der durchschnittlichen griechischen Frau. Die Sage erzählt, Sappho sei aus unerwiderter Liebe zu einem Mann gestorben. Ebenso hat man erst nach ihrem Tode ihrer Art von Zuneigung als »lesbischer Liebe« erhöhte Aufmerksamkeit geschenkt. Manche Autoren meinen, sie noch heute gegen den Vorwurf der »Tribadie« in Schutz nehmen zu müssen (griechisch: tribein: reiben). Die homosexuelle Befriedigung unter Frauen erfolgt unter anderem durch dieses Reiben und Streicheln, und man nennt deshalb homosexuelle Frauen auch Tribaden.

Man muß alle diese Fragen offenlassen und sich mit dem begnügen, was an gesicherter Überlieferung vorliegt: Eine Handvoll vollkommener Verse, Fragmente eines oft nur geahnten Werkes von bleibender Schönheit. Bekannter als diese Lyrik ist das fünfte Hetärengespräch des Lukian, in dem geschildert wird, wie die junge Leaina an Megilla gerät, eine Lesbierin. Auf die Frage, was geschehen sei, nachdem sie sich nach dem Gastmahl »mit einem gehörigen Schwips« zwischen Megilla und ihre Freundin Demossana gelegt habe, erzählt sie den Hergang der Dinge, der sich in nichts von dem unterschied, was sie von Männern kannte. Schließlich wurde es ernst, und Megilla riß sich in Liebesglut die Perücke vom Kopf. Sie habe, erzählte Leaina, nun ganz knabenhaft gewirkt, wie ein junger Athlet, »so daß ich bei ihrem Anblick staunte«. Die Megilla erklärt, sie wünsche nun als Mann betrachtet zu werden, und die Demossana sei die Frau dieses »Megillos«. Natürlich wollte das Mädchen wissen, wie es sich mit dem bewußten Unterschied verhielte. Aber die Lesbierin sagt, das sei nicht wichtig, denn gleich werde sich zeigen, daß sie »noch auf viel süßere Art« lieben könne. Die letzte Klarheit wird dem Leser des Hetärengespräches allerdings vorenthalten. Leaina antwortet auf die drängenden Fragen: »Frage mich nicht weiter, ich schäme mich so, daß ich es dir wahr und wahrhaftig nicht sagen werde.« Ende des vierten Jahrhunderts vor Christus hat es in Lokris in Italien noch einmal eine lesbische Dichterin ge- geben. Auch sie feierte ihre Freundinnen und die Liebe, wenn auch nicht mit der Urgewalt sapphischer Strophen, sondern mit den eleganten Floskeln des damaligen Rom. Im allgemeinen blieb aber, was Frauen für Frauen fühlten, verborgen, und die sogenannte lesbische Liebe erregte weder soviel Aufmerksamkeit noch soviel Haß wie die gleichgeschlechtliche Liebe zwischen Männern, in der Sprache der Bibel »Sodomiterei« genannt.

Boten in Sodom

Zwei Engel schickte der Herr nach Sodom und Gomorra. Diese reichen Salzstädte am Roten Meer, ihrer angeblichen Laster wegen berüchtigt, hatten die zornige Aufmerksamkeit des Herrn auf sich gelenkt: »Es ist ein Geschrei zu Sodom und Gomorra, das ist groß, und ihre Sünden sind schwer. Darum will ich hinabfahren und sehen, ob sie alles getan haben nach dem Geschrei, das vor mich gekommen ist . . .« Die zwei Engel kamen »gen Abend« nach Sodom. Unter dem Tor saß Lot, und er trat ihnen entgegen und »bückte sich mit seinem Angesicht auf die Erde« und sprach: »Siehe, liebe Herren, kehret doch ein zum Hause eures Knechtes und bleibt über Nacht; lasset eure Füße waschen, so stehet ihr morgen früh auf und zieht eure Straße.« Die Männer, die in Wirklichkeit Boten des Herrn, also Engel sind, wollen auf der Gasse bleiben, ganz offensichtlich, um das sündige Treiben auf den Straßen der Stadt zu beobachten. Aber Lot »nötigte sie sehr; und sie kehr- ten zu ihm ein und kamen in sein Haus«. Nach dem Mahl, es gab ungesäuerte Fladen, wollten sie sich zur Ruhe legen. »Aber ehe sie sich legten, kamen die Leute der Stadt Sodom und umgaben das Haus, jung und alt, das ganze Volk aus allen Enden, und forderten Lot und sprachen zu ihm: Wo sind die Männer, die zu dir gekommen sind diese Nacht? Führe sie heraus zu uns, daß wir sie erkennen.« Lot ging heraus zu ihnen und schloß die Tür hinter sich zu und sprach: »Ach, liebe Brüder, tut nicht so übel! Seht, ich habe zwei Töchter, die will ich herausgeben unter euch, und tut mit ihnen, was euch gefällt; allein diesen Männern tut nichts, denn darum sind sie unter den Schatten meines Daches eingegangen.« Hier geht es Lot ganz offensichtlich nicht so sehr um die Tatsache, daß die Sodomiter mit Männern sexuell verkehren wollen – der Ausdruck »erkennen« ist der gleiche wie zum Beispiel beim Sündenfall –, sondern um den Bruch des geheiligten Gast- rechts. Die Sodomiter werfen Lot dann vor, daß er in ihrer Stadt der »einzige Fremdling« sei und regieren wolle. Sie bedrohen ihn tätlich und versuchen, die Tür aufzubrechen. Bis zu diesem Augenblick verläuft die Geschichte ganz reali- stisch. Nun aber greifen die zwei Engel ein, die hier einfach als Männer bezeichnet werden. Es heißt, da »griffen die Männer hinaus und zogen Lot hinein zu sich ins Haus und schlossen die Tür zu. Und die Männer vor der Tür am Hause wurden mit Blindheit geschlagen, klein und groß, bis sie müde wurden und die Tür nicht finden konnten.« Diese Gottesboten haben sich von der Verworfenheit der Einwohner selbst überzeugt und haben sich entschieden auf die Seite des Lot gestellt; die Verworfenheit bestand darin, daß die Einwohner das Gastrecht des Lot verletzen wollen, und zwar nur, um ihre Gelüste nach Männern zu befriedigen, man weiß nicht, weshalb gerade mit Fremden. Daß dieser fromme Mann lieber seine beiden Töchter einer rasenden Menge vorwerfen als seine Gastfreunde schändlich behandeln lassen will, nimmt für ihn ein. Nun erzählt die Bibel, wie die Männer ihn vor dem Verderben warnen, das über Sodom und Gomorra kommen wird, vor dem Strafgericht, das schon vorher im Gespräch zwischen Abraham und dem Herrn angekündigt worden ist. Man weiß, wie die Frage gelöst wird, ob es rechtens ist, die Gerechten mit den Gottlosen umzubringen: Lot wird mit seiner Sippe evakuiert, und der Herr läßt Schwefel und Feuer vom Himmel regnen auf Sodom, aber auch auf Gomorra, das eigentlich immer nur am Rande erwähnt wird. Von nun an bezeichnet man im christlichen Sprachgebrauch einen Päderasten als »Sodomiten«. Erst später hat sich die Terminologie eingebürgert, als Sodomie den sexuellen Umgang mit Tieren zu bezeichnen.

Die Geschichte von Sodom und Gomorra – es sind zwei Städte, als müsse der Erzähler die Schrecken verdoppeln, weil eine Stadt allein die Phantasie nicht stark genug anspricht – hat einige sehr rätselhafte Züge. Denn weshalb ist es ein so grauenhaftes Verbrechen, wenn die Menge wie aus heiterem Himmel plötzlich mit zwei Fremden, die noch dazu unter Gastrecht stehen, »päderastische Orgien« feiern will? Und wie kommt es, daß sich die gesamte Bevölkerung, ob groß oder klein, an diesem Sturm auf Lots Haus beteiligt? Und weshalb wird das Verbrechen der Sodomiter – wenn es tatsächlich nur um Päderastie geht – so grimmig bestraft? Es heißt, in der Stadt seien keine Gerechten, keine fünfzig und keine vierzig und keine dreißig Gerechte, nicht einmal zehn Menschen, um derentwillen der Herr sein Wort einlösen könne, die Stadt zu verschonen. Der Untergang der Städte um Sodom im Anfang des dritten Jahrtausends v. Chr. durch eine lokal begrenzte Erdkatastrophe ist geschichtlich bezeugt. Sie dient, zum legendären Bericht umgestaltet, hier als Vorwand – so, als müsse den Israeliten, denen aus ihrer Hirtenvergangenheit die Homosexualität kein so abscheuliches Vergehen erschien, mit äußersten Mitteln klargemacht werden, wie verderblich diese Sünde ist. Aus der Erzählung geht klar hervor, daß diese zum Kapitalverbrechen gewordene Sünde das Verlangen der Sodomiter ist, mit diesen Männern zu schlafen. Ursprünglich ist die männliche Homosexualität in Israel heilig gewesen, doch fand plötzlich ein Umschwung in der Bewertung statt. Noch vom König David hatte man sagen können, als er um den jungen Jonathan klagte: »Wie warst du mir so hold, deine Liebe war mir wundersamer als Frauenliebe.« Der Umschwung drückt sich im 3. Buch Mose (20/13) aus: »Wenn jemand beim Knaben schläft wie beim Weibe, die haben einen Greuel getan und sollen beide Todes sterben; ihr Blut sei auf ihnen.« Der Sexualforscher Kinsey ist der Ansicht, dieser plötzliche Wandel der Auffassung erkläre sich aus dem Wunsch der Juden, sich nach Rückkehr aus der babylonischen Gefangenschaft von ihren Nachbarn deutlich abzuheben. Damals sollen sie viele Gebräuche, die sie vorher mit den Nachbarvölkern teilten, aufgegeben haben, um sich zu profilieren. So auch die religiöse Verehrung der Homosexualität, die im übrigen Mesopotamien weit verbreitet war. In den späteren Zeiten hat es willfährige, wie Frauen geputzte Knaben in den Großstädten Mesopotamiens gegeben, und nicht nur bei den Städtern, sondern auch bei den Wüstenstämmen zwischen den Kriegern und ihren Schildknappen war die Homosexualität weit verbreitet.

Die Heiligkeit der Homosexualität in den frühesten Epochen Ägyptens und Mesopotamiens ist aber wohl als ein Restbestand aus jägerischer Urzeit anzusehen, als die Zauberpriester die Einheit des Geschlechtlichen verkörperten und in Weibergestalt auftraten, wie dies noch in unserem Jahrhundert bei den Schamanen des Polargebietes der Fall war. Mit dem Übergang von der Jagd zum Ackerbau wurden die Fruchtbarkeitsriten entwickelt, nicht die Verbindung zur Geistwelt der Lebewesen, sondern die Macht über die Erde. Der fruchtbare Schoß der Erde rückte in den Mittelpunkt aller Anstrengungen, und so wurde der unfruchtbare, homosexuell liebende Mann zu einer Randfigur, zum Objekt des Spottes. Dies alles ist durchaus hypothetisch, aber es erklärt, warum dem Volke Israel mit einer so schrecklichen Drohung – jederzeit konnte der Herr ja wieder Schwefel und Feuer regnen lassen – die homosexuelle Liebe ausgetrieben werden soll. Man weiß, daß sie damals in Israel noch üblich, wenn auch verboten war. Und daß die Einwohner von Sodom, an denen das Exempel statuiert wird, gerade nicht mit irgendwelchen Lustknaben, sondern mit heiligen Boten zu verkehren versuchen, verstärkt den Eindruck von Abscheulichkeit. So steckt in diesem Zug des biblischen Berichtes vermutlich ein kaum noch entschlüsselter Hinweis auf ursprüngliche kulturelle Schichten, in denen die Homosexualität mit der Geistwelt zusammenhing. Vielleicht erklärt gerade dieser Zusammenhang den besonderen Grimm des Herrn auf Männer, die noch früheren Sitten anhängen. Das Strafgericht, das der Herr an Sodom und Gomorra vollstreckt hat, ließ von den beiden Städten keinen Stein auf dem anderen. Nur der Name Sodoms scheint erhalten zu sein in Dschebel Usdum, dem Salzberg im Südosten des Toten Meeres. Die tatsächliche Wirkung des göttlichen Zornes reicht bis in unsere Tage: Gestützt auf die unmißverständliche Textstelle in Moses 3 haben die Christen die homosexuelle Betätigung unter Männern nicht nur scharf abgelehnt wie alle »Wollust und Hurerei«, sondern zum Verbrechen erhoben und bis zum heutigen Tage verfolgt.

Schenke mir Küsse, mein Knabe

In Rom hat sich die »griechische Liebe« seit dem dritten Jahrhundert v. Chr. ausgebreitet, vor allem unter den herrschenden Klassen, und wer auf Bildung hielt, berief sich auch in der Liebe auf das Beispiel Griechenlands. Freilich waren die Römer auch hier realistischer als die phantasievollen Griechen, und die Homosexualität der Weltstadt mit ihrem Völkergemisch dürfte mit der Knabenliebe Platons nur sehr entfernte Gemeinsamkeit besessen haben. Jedenfalls war die griechische Liebe allgemein verbreitet, und an der Liebe des Kaisers Hadrian zu dem in Kleinasien geborenen Sklaven Antinoos war nur ihre Leidenschaftlichkeit ungewöhnlich. Antinoos, der den Kaiser stets begleitete, soll 130 n. Chr. bei einer Kahnfahrt auf dem Nil ertrunken sein, angeblich bei dem Versuch, seinem Herrn das Leben zu retten. Kaiser Hadrian hat ihm zu Ehren die Stadt Antinoopolis gegründet und ihn unter die Götter aufnehmen lassen. Überall im römischen Welt-reich, außer in der spottlustigen Hauptstadt selbst, wurden Tempel zu Ehren des toten Jünglings errichtet und Kulte eingeführt, die seinem Andenken galten; kaum je ist die Bindung eines alternden Mannes an einen Geliebten so überhöht und gefeiert worden. Freilich war das Verhältnis zwischen dem Kaiser und dem Jüng-ling aus Claudiopolis, der wie ein Ptolemäer zu Grabe getragen wurde, durch die Macht idealisiert. Im römischen Alltag nahm sich die Homosexualität nicht ganz so feierlich aus, ebensowenig wie das sonstige Liebesleben. So gab es den Herm-aphroditenkult für alle, die eine Trennung in Geschlechter leugneten, es gab par-fümierte Patrizier in Frauenkleidern, und die Lustknaben machten den Gattinnen ernsthaft zu schaffen. Daß der junge Cäsar der »pathicus«, der weibliche Partner einer homosexuellen Beziehung mit König Nikomedes gewesen sein soll, hing ihm sein Leben lang an. In Spottversen bezeichnete man ihn, der vielerlei Liebschaften hatte, als »omnium mulierum vir et omnium virorum mulier«, als »Mann aller Weiber und als Weib aller Männer«. Aber ihn ließ das kalt, wie es im Grunde jeden kalt ließ, denn es gab zu dieser Zeit niemanden mehr, der nach den eisernen Prinzipien altrömischer Familienmoral lebte. Wenn man solche Vorwürfe wie die gegen Cäsar erhob, dann aus Gründen politischer Zweckmäßigkeit, nicht aus sitt-licher Empörung.

Die Behörden, die immer noch an den reaktionären Vorstellungen von altrö-mischer Sittlichkeit festhielten, haben die häusliche Knabenliebe mit Sklaven über die Steuer zu bekämpfen versucht, denn sie fürchteten, daß die römischen Familien aussterben könnten. Deshalb wurden alle männlichen Sklaven im erotisch gefähr-lichen Alter mit einer Steuer belegt, der das Zehnfache ihres wahren Wertes zu-grunde gelegt war. Diese Maßnahme wiederum trieb die Besitzer dazu, sie abzu-stoßen, so daß sie das Heer des Lumpenproletariats vergrößerten und im Bordell landeten.

Für die Christen der Katakombenzeit, die auf das Reich Gottes warteten und um dieses Glaubens willen Verfolgung und Tod auf sich nahmen, war die homo-sexuelle Form der Liebe noch verächtlicher als alles, was das römische Weltreich an Lastern und Genüssen sonst zu bieten hatte, denn sie stand seit Sodom unter dem Fluch Gottes. Zunächst war die Homosexualität für die Christen denn auch kein Problem, denn bis das Christentum 380 n. Chr. zur Staatsreligion erklärt wurde, lebte man unter dem erwählten Zwang einer elitären Moral, mit der man sich von den Menschen seiner Umgebung unterschied. Als aber das Kreuz gesiegt hatte, mußten sich die Christen mit den herrschenden sexuellen Sitten auseinan-dersetzen. So richtete Kaiser Justinian in den Jahren 538 und 539 an die Homo-sexuellen Konstantinopels spezielle Proklamationen mit der dringenden Auffor-derung, sie sollten von ihrem Triebe ablassen. Zwar sei ihr Verhalten verab-scheuungswürdig, doch wolle er für die Gnade vor Recht ergehen lassen, die sich der Kirchenstrafe des Patriarchen unterwerfen würden.

Schwierig wurde die Situation in den Klöstern, wo der einzelne einen oft un-erträglichen Kampf zwischen seinen Trieben und den Forderungen der Ordens-regel auszufechten hatte. Offensichtlich waren auch die Menschen des frühen Mit-telalters hier überfordert, denn schon Karl der Große mußte zweimal, im Jahre 789 und im Jahre 802, offiziell zur Homosexualität in den Klöstern Stellung neh-men. Er beklagte in seinen Erlassen das »häufige Vorkommen dieses Lasters« im

Mönchsstande, von dem doch eigentlich »für alle Christen die größte Hoffnung auf das Heil kommen, und der darum an Keuschheit vollkommener als alle sein sollte«. Es wäre ein Wunder gewesen, wenn derlei Appelle die Verhältnisse gebessert hätten. Offensichtlich breitete sich mit den Klöstern auch die Homosexualität weiter aus, denn im Jahre 1232 sah sich der unerbittliche Papst Gregor IV. genötigt, schärfer durchzugreifen: Er erklärte die Homosexuellen kurzerhand zu Ketzern. Im damaligen Sprachgebrauch war ein Ketzer ein Mensch, der um des Heiles der Christenheit willen aus der Gemeinschaft der Kirche ausgestoßen werden mußte. Auf diese Anschuldigung stand Exkommunikation, Verweisung außer Landes und Verlust des Vermögens. Seit dem Jahre 1215 war die Ohrenbeichte als Pflicht eingeführt worden, und das Beichtkind war in solchen Fällen durch kein Beichtgeheimnis geschützt. So vermochte die Kirche Männer als Ketzer auf die Anklagebank zu bringen und zu vernichten, die einige Jahrhunderte früher oder später ihr Leben unangefochten und straffrei hätten beenden können. Es wurden damals sogar eigens Predigermönche eingesetzt, deren Aufgabe es war, die »Sodomie« auszurotten. Zwar verteidigten sich die Angeklagten mit dem Hinweis auf die Kirchenväter, die gesagt hatten, das Weib verkörpere die Sünde, die vom Manne aber nicht gesprochen hatten. Solche Winkelzüge halfen indessen wenig, denn die Macht der Kurie war stärker. Während der Renaissance wurde die antike Knabenliebe in Rom auch von kirchlichen Würdenträgern praktiziert, und gegen die Sitten der herrschenden Klassen in Rom richtete sich ein deutsches satirisches Gedicht mit dem Vers: »Wenn man die Buchstaben verkehrt, ist Roma Amor,

Groteske Phallus-darstellung. *Der Liebesgott Amor reitet auf einem überdimensionalen Penis. Stich nach einer antiken Gemme*

das heißt Liebe. Die Lieb' steht in verkehrtem Trieb: Denn Rom pflegt aller Zeit der Knaben – s' ist g'nug, man soll's verstanden haben.«

Diese spöttische Betrachtung römischer Sitten läßt die Sonnenseite der Renaissance, die neue Kunst außer acht: Raffael Santi, berühmt durch seine Madonnenbilder, ein mädchenhafter Mann von großem Charme, war bisexuell und hat, wie Cäsar, beide Geschlechter geliebt. Der männliche Papst Julius II. soll mit diesem Maler, dem er mit zärtlicher Achtung begegnete, Beziehungen unterhalten haben. Auch Michelangelo hat in seinen späten Jahren junge Männer geliebt. Einige seiner schönsten Sonette sind solchen Freunden gewidmet. Was für Rom galt, traf auch für das übrige Europa zu: Mit dem humanistischen Gedankengut wurde auch die Homoerotik in den gebildeten Schichten verbreitet. Das berühmteste Beispiel ist William Shakespeare, dessen Sonette seiner Liebe zu dem Geliebten poetischen Rang verliehen haben.

Einen Sonderfall in der Geschichte der Homosexualität stellt die Tempelritter-Affäre dar: Hier ging es vordergründig um die sexuelle Moral eines hoch angesehenen Ritterordens, der seinen Ruhm im Kampf um das Heilige Grab begründet hatte. In Wirklichkeit handelte es sich um eine handfeste Machtpolitik, deren Schachzüge zur Aufhebung des Ordens durch den Papst führten. Man hatte gegen den Orden, der über riesige Reichtümer verfügte, einen ganzen Sündenkatalog zusammenstellen lassen. Mit dem Segen des Papstes, des vorherigen Erzbischofs von Bordeaux, der von König Philipp dem Schönen zum Papst erhoben worden war, schlug der König zu: Aufgrund der Anklagen ließ er am 12. Oktober 1307 sämtliche Ordensritter verhaften und, wie damals üblich, unter der Folter hochnotpeinlich befragen. Tatsächlich hatte es unter den Templern wie in jedem anderen Ritterorden Homosexualität gegeben, und offenbar gab es auch ungewöhnliche Riten. Mit Sicherheit aber wurde den Tempelrittern bei der Aufnahme in den Orden ausdrücklich die Erlaubnis zu »widernatürlicher Unzucht« erteilt. Das reichte, um die strengsten Maßnahmen gegen den Orden zu rechtfertigen. Schon vor der eigentlichen Verurteilung ließ Philipp der Schöne 54 Ritter öffentlich verbrennen. Das Konzil zu Vienne sprach zwar kein generelles Verdammungsurteil aus, aber der Papst hob den Orden im Jahre 1312 durch eine Bulle auf. Nun konnte König Philipp zugreifen: Der Großmeister Jakob von Molay wurde mit einigen überlebenden Rittern auf eine Seine-Insel verbannt, seine Güter wurden eingezogen, und der König hatte sein Ziel erreicht (Wilde). In Deutschland fiel das reiche Vermögen der Templer übrigens an die Johanniter, in Portugal an den neugegründeten Christusorden, der später in der Kolonisation eine bedeutende Rolle spielen sollte.

Bei dieser Gelegenheit stellt sich die Frage, welche Rolle eigentlich die Homosexualität unter Kriegern und in Männerbünden gespielt hat. Bei den Spartanern war es bekanntlich üblich, daß Freundespaare in der Schlacht nebeneinander kämpften: Deshalb opferten die Spartaner vor der Schlacht auch dem Liebesgott Eros. Nach dem Zeugnis eines antiken Schriftstellers waren sie »überzeugt, daß in der Liebe der nebeneinander kämpfenden Freundespaare Heil und Sieg liege«. Berühmt ist die »Heilige Schar« der Thebaner gewesen. Diese Truppe, aus dreihundert Adligen gebildet, hatte sich mit einem Liebesschwur gebunden, der nicht auf bloße Treue, sondern auf das Opfer des Liebenden für den Geliebten zielte. Sie blieb in vielen Schlachten unbesiegt, bis der Vater Alexanders des Großen,

König Philipp von Makedonien, bei Chaironeia 338 v. Chr. die Athener und Thebaner unterwarf. Als er das Schlachtfeld besichtigte, sah er auch die dreihundert
Leichen der »Heiligen Schar«, alle in der Brust getroffen. Er soll, so wird überliefert, die Tränen nicht unterdrückt haben, sein Ausspruch war: »Wehe denen,
die von solchen Männern Schlechtes denken.«

Nicht nur in der Antike, sondern auch bei den Normannen gab es die Homosexualität zwischen Männern, und es galt für einen Jüngling als ehrenhaft, einem
erfahrenen Kämpen als Knappe und Geliebter zu dienen. Die Frauenlosigkeit auf
langen Kriegsfahrten über das Meer mag diese Erscheinung gefördert haben. Hans
Blüher, der Klassiker des homoerotischen Problems, sagt in seiner 1918 erschienenen Schrift »Familie und Männerbund«: »Der Männerbund oder vielmehr die
männliche Gesellschaft ist die Geburtsstätte jener Lebensart, die die Griechen
›areté‹ nannten. Dieses Wort ist bekanntlich unübersetzbar, und dafür ›Tugend,
Tüchtigkeit, Sittlichkeit‹ zu sagen, ist lediglich ein bürgerlicher bzw. idealistischer
Jargon. Dieses Wort hat jedenfalls mit dem Manne zu tun. Es besagt, daß der Mann
sein bestes Wesen dem Manne verpfändet hat.« Dieser Grundzug ist allen Männerbünden eigen, feststellbar bis weit in die Gegenwart: Noch die Schwärmerei
freiheitstrunkener Jünglinge in Hölderlins »Hyperion« hat einen homoerotischen
Akzent, ebenso die Wandervogelbewegung vor dem Ersten Weltkrieg.

Die Lust der Folter

Drei nackte Mädchen werden ausgepeitscht, so daß ihre Glieder zerreißen. Auf
glühenden Rosten brät man ihre Leiber und hält sie in Pfannen, die mit Wachs
und Pech gefüllt sind, bis sie endlich mit dem Schwert enthauptet werden. Diese
sadistische Handlung ist von einer berühmten Nonne erfunden worden, der Roswitha von Gandersheim (ca. 935–975). Als »helltönende Stimme von Gandersheim« schon zu Lebzeiten berühmt und von Kaiser Otto II. geehrt, hat sie alle
nur denkbaren sexuellen Verirrungen, offensichtlich mit einiger Erfahrung, in
vollendeten lateinischen Hexametern beschrieben. In ihrem Stück »Sapientia« dienen die sadistischen Szenen einem frommen Vorwand: Man sollte erkennen, daß
der Leib gefoltert werden und brennen könne, aber die Seele gerettet werde, wenn
der Mensch sich in seinen Tugenden nicht beirren läßt. Ihr poetisches Vorbild,
dem sie mit geheuchelter Sittsamkeit folgt, ist der römische Autor Terenz, und
sie verwahrt sich gegen den »abscheulichen Wahnsinn unerlaubter Liebe«, den
sie so kenntnisreich schildert. Ihr Vokabular nennt die Dinge unüberbietbar deutlich bei Namen, und manche ihrer Formulierungen sind in den allgemeinen
Sprachgebrauch eingegangen. Der sadistische Zug vieler ihrer Werke tritt nur als
Begleiterscheinung auf, doch ist auffallend, daß schon in so früher Zeit ein solcher
Sadismus literarisch formuliert wird. Grausamkeit und die Lust an der Grausamkeit hat es gegeben, seit sich die Menschen, eingezwängt in die Forderungen ihrer
Konventionen, nicht anders als durch Brutalität von diesem Druck haben befreien
können. Die raffinierten Quälereien der römischen Zirkusspiele zeigen, wie stark
dieser Wunsch in einer erstarrten Zivilisation werden kann. Literarisch waren
diese Dinge aber noch nie ins Bewußtsein getreten, und erst im Kloster, unter
den Gelübden der Keuschheit, der Armut und des Gehorsams, werden solche Sa-

dismen zum Gegenstand des Interesses. Bezeichnenderweise ist es nahezu sicher, daß Roswitha selbst keine »Sadistin« im allgemeinen Sinne war, jedenfalls sind keine Skandale dieser Art über sie bekannt.

Selbstverständlich hat es Sadismus in vielen Völkern und zu allen Zeiten gegeben. Die indianischen Foltern und die Mannbarkeitsriten.tragen deutlich sadistische Züge. Auch der Strafvollzug erlaubt dem Menschen häufig, seine Quälsucht abzureagieren, und so gehören Pranger und Block, Daumenschrauben und glühende Eisen zu den klassischen Werkzeugen des Sadismus. Gelegentlich wird Sadismus auch zu einem Massenwahn wie im vierzehnten Jahrhundert, als ganze Scharen von Geißlern durch Mitteleuropa zogen und schließlich die Sekte der »Brüder vom Kreuz« bildeten. Dreiunddreißig Tage Geißelung, entsprechend den Lebensjahren Christi, galten als Freibrief für die Seligkeit. Nun schritt der Papst ein, verdammte die Geißler und beendete die Perversion. Den Zusammenhang zwischen Lust und Grausamkeit hat man damals nicht erkennen können. Erst als sich Sadismus, ähnlich wie bei Roswitha von Gandersheim, mit literarischer Intelligenz verband, lenkte er die Aufmerksamkeit auf sich. Die Literatur ist bei den de Sades, einer der ältesten Familien der Provence, zunächst mit jener Laura repräsentiert, bei deren Anblick Petrarca am Karfreitag des Jahres 1327 zu einem »vita nuova« der Liebe erwacht sein soll. Laura war die Gattin des ältlichen Ritters Hugues de Sade, und Petrarca, der sie – wenn man der Überlieferung Glauben schenken darf – mit seinen kristallenen Sonetten in den Renaissancehimmel der Literatur erhob, wurde in der Familie zum Gegenstand eines wahren Kultes: Auch der Verfasser der Romane »Justine« und »Juliette«, der nur das Viehische der Liebe zu erleben vermochte, hat den Dichter der seelenhaften Liebe stets respektiert. Donatien Alphonse François, Marquis de Sade, bekam einen klingenden Namen ohne den Beigeschmack des Perversen, als er am 2. Juni 1740 im »Hotel Condé« zu Paris geboren wurde. Seine Erziehung war standesgemäß, er kam mit zehn Jahren auf das berühmteste Lyzeum von Paris, das Collège Louis le Grand in der Rue Saint-Jaques. Hier regte man die Knaben zu kleinen schriftstellerischen Arbeiten an, züchtigte sie mit schweren Körperstrafen und überließ sie sich selbst. Es fällt nicht schwer, sich das Milieu und seine Auswirkungen auf ein empfindliches und verwöhntes Kind vorzustellen, das mit vier Jahren seiner Großmutter zur Erziehung übergeben worden ist.

In der Armee hat er, seinem Stand entsprechend, Karriere gemacht und als Kapitän am Siebenjährigen Krieg teilgenommen. Als er zurückkam, ein junger Mann von 22 Jahren, der die Vernichtung seines Kavallerie-Regimentes überlebt hatte, ließ er sich nicht mehr der Gesellschaft eingliedern. Sein Vater, Graf de Sade, hat ihn mit der älteren Tochter eines befreundeten Kammerpräsidenten verheiraten wollen, doch verliebte der Marquis sich in die Jüngere. Es war sinnlos, sich gegen die Familie aufzulehnen; im Mai 1763 fand die pompöse Hochzeit statt, die junge Schwägerin wurde entfernt, und de Sade gelang es nicht, ihren Aufenthaltsort festzustellen. Schon wenige Wochen nach der Hochzeit begann er, in seinem »petite maison« in Paris mit Dirnen von der Straße oder aus dem Bordell Orgien zu feiern, deren sexuelle Brutalität schockierte: Er hatte sich das Vergnügen gemacht, den Mädchen zwischen Wein und Likör Bonbons anzubieten, die eine starke Dosis von Kantharidin enthielten. Dieses starke sexuelle Reizmittel, aus zerstoßenen Käfern gewonnen, hatte seit jeher gelegentlich zu Vergiftungserscheinungen geführt. Im »petit maison« war die Wirkung katastrophal, die Mädchen wälzten sich schreiend auf dem Boden, so daß die Nachbarn zusammenliefen, und eine der vor Schmerzen halb wahnsinnigen Frauen stürzte sich aus dem Fenster, wobei sie schwere innere Verletzungen erlitt. Zwei Mädchen starben eines elenden Todes, der Marquis floh mit seinem Kammerdiener, der ihm behilflich gewesen war, und beide wurden in Aix zum Tode verurteilt. Es wäre zu diesem harten Urteil wohl nicht gekommen, hätte es nicht schon vor vier Jahren einen Skandal mit dem jungen Grafen gegeben. Damals hatte er ein junges Mädchen, das ihn um eine Unterstützung bat, in sein Sommerhaus gelockt, gefesselt und mit dem Messer bedroht. Sein Opfer hatte sich in höchster Todesangst befreit und durch einen Sprung aus dem Fenster retten können. Der Maquis stritt alles ab und erklärte, es habe sich nur um einen Scherz gehandelt. Damals hatte man mit geschickten Interventionen einen Skandal vermeiden können, und die Sache war mit einer kurzen Festungshaft ausgestanden gewesen, aber diesmal lagen die Dinge anders. Zwar gelang es der einflußreichen Familie, den gerade zum Obersten ernannten Marquis vor dem Todesurteil zu retten, aber nicht vor einem Gefängnisaufenthalt. Man ließ alle Beziehungen spielen, immerhin war der Vater französischer Botschafter in Rußland gewesen und stand bei Hofe in hoher Gunst: Das Todesurteil wurde aufgehoben, ein hervorragendes Beispiel von Klassenjustiz im Ancien régime, und de Sade stand erneut vor dem Richter, diesmal wegen »übermäßiger Völlerei und Nichterscheinen vor Gericht«. Er wurde zu einer Geldstrafe von 50 Pfund verurteilt, zu zahlen an die Armenkasse, und hätte als freier Mann das Gericht verlassen können, wenn man nicht entschlossen gewesen wäre, trotz aller Gefälligkeiten gegenüber der Familie de Sade diesen gemeingefährlichen Marquis, der überdies noch pornographische Werke verfaßt hatte, einstweilen hinter Gittern zu halten. Spätestens im Mai 1779 sollte er aber auf freien Fuß gesetzt werden. In Wirklichkeit ist er erst 1790 entlassen worden, als die Nationalversammlung die Befreiung aller politischen Häftlinge anordnete. Auf Befehl Napoleons vom Jahr 1800 wurde er erneut inhaftiert und bis zu seinem Tode im Jahre 1814 in der Irrenanstalt Charenton festgehalten; hier spielt auch das bekannte Stück von Peter Weiß, das de Sade zu einer politischen Figur macht.

Die Bedeutung des Marquis de Sade beruht aber keineswegs auf dem Ausmaß skandalöser Verbrechen, sondern in seiner literarischen Leistung, in der enzyklopädischen Bestandsaufnahme alles dessen, was einem seelisch Kranken sexuellen Genuß verschaffen kann. Man kann die Inhalte seiner großen Romane nur in Stichworten wiedergeben. Der Handlungsverlauf ist reine Kolportage, die Werke wirken wie Ausgeburten einer bösartigen und verletzten Phantasie und wären allenfalls kurios, wenn nicht Scharfsinn und eine unglaubliche Sensibilität für jene Nachtseite der menschlichen Existenz, die wir Laster nennen, psychologische Zusammenhänge aufspürten und etwas schilderten, was bisher unsichtbar wie in einer Tiefseewelt existiert hatte. Sein erster Roman, »Justine«, erschien 1791 in zwei Ausgaben.

De Sade benötigte die Wirklichkeit nicht, um die Tiefe der menschlichen Bestialität auszumessen; sein furchtbarstes Werk »Die hundertzwanzig Tage von Sodom oder die Schule des Lasters«, eine Psychopathia sexualis, ist vor Ausbruch der Revolution entstanden, und de Sade ließ es in der Bastille zurück, als er endlich seine Freiheit erhielt. Ein deutscher Forscher hat es 1904 in den Archiven entdeckt,

»Der Gärtner und seine Frau«. *Pornographische Szenen aus*
»Les Heures de Paphos«, 1787

und 1904 wurde es zum ersten Male in Paris gedruckt. Die Handlung ist mit nahezu mathematischer Klarheit konstruiert, damit man in der Fülle der sexuellen Phänomene nicht die Übersicht verliert; auch hat de Sade alle Hilfsmittel benutzt, er formuliert psychologische Erkenntnisse lange vor der Psychologie, kennt die Fixierung, die Auslösung und sagt, die Phantasie führe jeden Menschen zur Abnormität. Er wendet sich gegen die öffentliche Verhandlung von Sexualverbrechen und berücksichtigt alle Faktoren, welche die Sexualität beeinflussen, etwa Alter, Rasse, Klima, Kultur und vieles andere, deshalb muß er logisch gliedern, damit wirklich jede Einzelheit ihren Platz findet. Die Fabel der »120 Tage« läßt sich in wenigen Sätzen erzählen: Vier grauenhafte Wüstlinge vorgeschrittenen Alters benutzen ihren Reichtum, um eine systematische Orgie zu feiern. Zunächst werden von allen Kuppelmüttern die vier verworfensten ausgesucht, dann besorgt man nach bestimmten Auswahlprinzipien geeignete Mädchen und einige Burschen, schließlich zieht die Gesellschaft, einschließlich der Bediensteten 46 Personen, in ein Schloß, eine Art satanischen Venusberg. Dort lebt man vier Monate lang, von der Außenwelt abgeschlossen und einer strengen Tagesordnung unterworfen. Täglich um 6 Uhr abends erzählt eine der Bordellmütter, was sie an Perversionen kennengelernt hat, jede insgesamt 150 Varianten. Nach dem Souper um 10 Uhr werden diese Perversionen in die Praxis umgesetzt, um 2 Uhr ist die Orgie beendet. Wer gegen die Ordnung verstößt, wird jeweils Sonntags abends grausam bestraft. Nach vier Monaten, es sind insgesamt 600 Perversionen und sexuelle Varianten beschrieben, öffnen sich für die zehn Überlebenden die Schloßtore, alle anderen sind den Foltern zum Opfer gefallen.

Mit diesem Buch ist der Marquis de Sade zum Enzyklopädisten der sexuellen Perversion geworden. Wenn man von der Person dieses Kranken absieht, so ist Sadismus in der Tat das Symptom einer Kultur, die mit der Verdrängung ihrer Triebe nicht fertig geworden ist. Weder in Indien, wo die Sexualität eine starke, aber bejahte Rolle spielte, noch in China oder Ägypten noch in sonst irgendeinem anderen Kulturkreis ist eine solche systematische Sammlung von sexuellen Perversionen auch nur als Phantasieprodukt denkbar. De Sade ist das Alarmsignal für eine Gesellschaft, die ihre Sexualität seit den Tagen der Roswitha von Gandersheim verleugnen mußte. De Sade hat noch viele solcher pornographischen Werke geschrieben, besessen von einem einzigen Thema, und ein Leben geführt, das zwischen Vergnügungen und Exzessen im Dunklen verlief.

Der Marquis war so unvorsichtig, im Jahre 1800 ein pornographisches Werk über Josefine Beauharnais sowie die Gattin des Ministers Tallien und Männer wie Barras, Bonaparte und andere Mitglieder des Direktoriums zu publizieren. Der hübsche Titel »Zoloë und ihre zwei Genossinnen oder einige Wochen aus dem Leben dreier hübscher Frauen« sollte Napolen die Augen über das Treiben seiner Josefine öffnen, doch der Erste Konsul ließ den polizeibekannten de Sade unter dem Vorwand der Gemeingefährlichkeit verhaften und in die Irrenanstalt nach Bicêtre bringen. Auf Wunsch der Familie ist er 1803 nach Charenton gebracht worden und 1814 dort gestorben. Schon bald nach seinem Tode ist der Begriff Sadismus in Gebrauch gekommen, Inbegriff teuflischer Scheußlichkeiten, bis die Psychiatrie die tieferen Ursachen dieses Fehlverhaltens hat aufdecken können. Der österreichische Gerichtsarzt Dr. Freiherr Richard von Krafft-Ebing, ein Systematiker der Sexualpathologie noch vor der Freudschen Schule, hat dann zu Sadismus die begriffliche Entsprechung geprägt, den Masochismus. Der Name stammt bekanntlich von dem Schriftsteller Leopold von Sacher-Masoch, dem Sohn eines gefürchteten Polizeichefs von Lemberg, Prag und Graz und einer hochintelligenten Mutter. Er hat immer wieder Romane geschrieben, in denen Männer ihre Befriedigung darin fanden, von Frauen ausgepeitscht zu werden. Der berühmteste dieser Romane ist »Venus im Pelz«. Die Psychoanalyse hat dann die wechselseitigen Bedingtheiten zwischen Sadismus und Masochismus nachweisen können.

Ein Bildnis des Oscar Wilde

Daß eine gesteigerte Sensibilität auch im sexuellen Bereich ein anormales Verhalten zur Folge haben kann, hat die Psychiatrie zu erklären versucht. Es ist eine lange Liste von Namen, vor allem aus der neueren Literatur, denen im gängigen Sprachgebrauch das Etikett »anormal« zugeordnet wird. Für alle diese nervösen, empfindlichen und verzweifelten Dichter stehen die Namen Verlaine und Rimbaud.

Verlaine, ein streng autoritär erzogener Offizierssohn, geboren in Metz 1844, verließ nach kurzer, glücklicher Ehe seine Frau, weil er den jungen, damals neunzehnjährigen Rimbaud besitzen wollte. Die Freunde verließen zusammen 1872 Paris und reisten nach Belgien, zerstritten sich aber so, daß sie mit Messern aufeinander losgingen. Schließlich schoß Verlaine auf den Geliebten und erhielt dafür zwei Jahre Gefängnis. Von diesem Aufenthalt mit allen seinen Demütigungen hat sich der psychisch schwerkranke Lyriker nicht mehr erholt. Als er Jahrzehnte später, vor seinem Tode im Jahre 1896, in ganz Europa als Dichter gefeiert wurde, war er bereits ein gebrochener Mann, der von Absinth verwüstet, von Syphilis gezeichnet in den Kaschemmen sein Leben verdämmerte. Sein ehemaliger Gefährte Rimbaud zog sich nach der Trennung von Verlaine völlig von der Dichtkunst zurück und führte in Afrika als Waffenhändler ein unstetes Leben.

Der in Belgien geführte Prozeß gegen Verlaine hat seinerzeit Aufsehen erregt, aber nicht Sensation gemacht wie der Prozeß gegen Oscar Wilde, den genialen Vertreter der sogenannten »décadence«, jener raffinierten Mischung aus Sinnlichkeit und Ekel, die in der zweiten Hälfte des neunzehnten Jahrhunderts sich als elitäres Bewußtsein weniger »Ausnahmemenschen« artikulierte. Für die homosexuellen Neigungen Oscar Wildes gibt es gewiß die verschiedenartigsten Erklärungen; den Psychologen wird die Tatsache nicht unbeeindruckt lassen, daß seine Mutter ihn bis in das sechste Lebensjahr als Mädchen gekleidet hat, weil ihr Kind gegen ihre geheimen Wünsche ein Sohn geworden war. Man wird dieses Moment nicht überbewerten können, denn in Irland war es noch um die Jahrhundertwende durchaus üblich, kleine Jungen als Mädchen zu verkleiden, weil man allen Ernstes die bösen Wirkungen der Feen fürchtete; man glaubte nämlich von ihnen zu wissen, daß sie nur an Knaben interessiert sein konnten. Überdies bekam seine Mutter drei Jahre nach seiner Geburt die ersehnte Tochter. Der junge Wilde hat in Oxford studiert, ein träger, schwerfälliger und unsportlicher, aber hochintelligenter Schüler mit hoher Sensibilität für das ästhetische Moment; ein junger, arroganter Mensch voller Energie und Geschäftssinn, der nach dem Abschluß seiner Studien nach London auszog, um die Gesellschaft zu erobern.

Oscar Wilde hatte, der Tendenz dieser kapitalistischen Epoche folgend und sie fördernd, den Ästhetizismus zur Grundlage seiner dichterischen Existenz gemacht. Wo immer er auftrat, trat er leidend auf, voll Spott gegen Schwerfälligkeit und Häßlichkeit, voll Unmut über Dinge, die seinem verfeinerten Sinn für Schönheit nicht entsprachen. Sein ganzer Ehrgeiz war darauf gerichtet, die Gesellschaft, die er verachtete, zu überzeugen. Sein Verhältnis zu Frauen hat er ein Jahr vor seinem Tode mit der typischen ironischen Wendung formuliert: »Die drei Frauen, die ich am meisten bewundert habe, sind die Königin Viktoria, Sarah Bernhardt und Lily Langtry. Ich hätte jede von ihnen mit großem Vergnügen geheiratet.« In der Tat hatte er die Schauspielerinnen, wie die Langtry und die Bernhardt, heftig angeschwärmt, aber auch zahlreiche andere weibliche Wesen umworben, und da ihm eine nuancierte Skala von Ausdrücken zur Verfügung stand, und da er Geschmack und Geist besaß, wie man damals sagte, wurde er als Verehrer und Liebhaber par distance geschätzt.

Im Jahre 1884 hat Wilde geheiratet, er benahm sich auf der Hochzeitsreise so verliebt wie alle Männer auf einer Hochzeitsreise, und als dem jungen Ehepaar der Sohn Cyril geboren wurde, erfüllte Wilde auch seine Vaterrolle mit liebenswertem Charme. Er tobte mit dem kleinen Cyril, er erzählte ihm immer neue Geschichten und achtete, wenn er mit ihm spielte, nicht einmal auf seine Kleidung, auf deren Gepflegtheit er sonst so großen Wert legte. Er benahm sich also völlig »normal«, und daß sich im Laufe der Ehe die Ehegatten entfremdeten, kann man ebenfalls kaum als ungewöhnlich bezeichnen. Seine Gefühlswelt, bestimmt von einem Gemisch aus Kälte und Leidenschaftlichkeit, brauchte aber stets neue Reize, um aktiviert zu werden: »Unsere Momente glühender Ekstase sind lediglich Schatten dessen, was wir irgendwo einmal empfunden haben und was wir eines Tages empfinden werden. Und sonderbar: Was bei alldem herauskommt, ist die eigentümliche Mischung von Inbrunst und Gleichgültigkeit. Ich selbst würde alles für ein neues Erlebnis hingeben, und doch weiß ich, daß es so etwas wie ein neues Erlebnis überhaupt nicht gibt.«

Im Jahre 1891 lernte der damals bereits bekannte, erfolgreiche Dichter, der sich schon vorher von Männern angezogen gefühlt hatte, den zwanzigjährigen Lord Alfred Bruce Douglas kennen. Um sich von seinem Verdruß, seiner Gleichgültigkeit zu befreien, hatte Wilde sich mit der Frage der Homosexualität beschäftigt und den Geschmack dieses »Lasters« gekostet wie ein Feinschmecker ein neues Gericht. Sein 1889 erschienener Essay »Das Bildnis des Mr. W. H.« beschäftigte sich mit der Frage, welchem Manne die Sonette William Shakespeares gegolten haben könnten, und zeichnet das Porträt eines jungen Schauspielers von außergewöhnlicher Schönheit. Als er dem jungen Lord begegnete, war er innerlich reif für diese Begegnung und für die Katastrophe; und nicht nur die »außergewöhnliche Schönheit« des jungen Adligen, sondern dessen Hochmut, seine Ungezwungenheit, seine Verwöhntheit und Kultiviertheit müssen auf Wilde, den Snob und Ästheten, unwiderstehlich gewirkt haben. Die berühmte Erzählung »Das Bildnis des Dorian Gray« ist im Juni 1890 erschienen, ein Jahr vor dem Zusammentreffen mit »Bosie«, wie Douglas von seinen Freunden genannt wurde. So war die Gestalt in des Autors Leben vorgezeichnet, und als er schließlich einem Mann begegnete, der Dorian Gray so sehr war, der eine geahnte Konstellation realisierte, brauchte es nur noch wenig Phantasie und Neugier, um das Leben nach dem Kunstwerk zu gestalten. Von den 150 Briefen, die Oscar Wilde an Douglas geschrieben hat, sind nur wenige erhalten geblieben und immer wieder publiziert worden. Sie verraten Bestürzung und Entzücken, eine etwas exaltiert wirkende Leidenschaft und jene »exquisiten Freuden und exquisiten Leiden«, die in der Novelle Basil Hallward erahnt, als er zum erstenmal dem schönen Dorian Gray begegnet.

Die Katastrophe kam blitzschnell und ohne Warnung, sie wurde ausgelöst durch das empfindliche Ehrgefühl von Oscar Wilde und durch seine Unfähigkeit, den Tatsachen ins Gesicht zu sehen, war also selbstverschuldet, und sie ruinierte in wenigen Wochen seine Existenz bis auf den Grund. Im Grunde konnte ihn die Gesellschaft, die er zugleich verachtete und bewunderte, nur vernichten, weil er ihre Spielregeln ernstgenommen hatte. Es gab zwischen dem Marquess of Queensberry und seinem Sohn Lord Alfred Douglas familiäre Spannungen, die mit der für den Generationskonflikt bezeichnenden Halsstarrigkeit ausgetragen wurden. Die intime Freundschaft des jungen Lords zu diesem Mr. Wilde wurde in die Auseinandersetzungen einbezogen, und so kam es, daß der wutschnaubende Queensberry im März 1895 für Wilde in dessen Club eine offene Karte hinterließ, auf der er ihn als »sondomit« bezeichnete, ein Vorwurf, dessen orthographischer Fehler entweder mangelnde Bibelkenntnis oder Wut und Hast verrät. Oscar Wilde reagierte mit einer halsbrecherischen Flucht nach vorn. Obwohl er hoch verschuldet war, reichte er auf der Stelle gegen Queensberry eine Zivilklage ein, nachdem er seinem Rechtsanwalt sein Ehrenwort gegeben hatte, daß die Anschuldigung grundlos sei (Funke). Die Öffentlichkeit, von der Presse alarmiert, reagierte mit der ihr gemäßen moralischen Entrüstung: Man stellte sich auf seiten des ehrenwerten Edelmannes und Gentlemans, dessen Sohn von einem arroganten Literaten verdorben und mißbraucht worden war. Es kam schon am 3. April zum Prozeß, zwei Tage später verließ Queensberry rehabilitiert den Gerichtssaal, während nun Oscar Wilde verhaftet wurde. Die Geschworenen konnten sich nicht einigen, ob der Dichter tatsächlich schuldig zu sprechen sei, deshalb kam es zu einem zweiten Prozeß, der am 25. Mai 1895 mit seiner Verurteilung endete: wegen Sodomie wurde Oscar Wilde zu zwei Jahren Freiheitsentzug und Zwangsarbeit verurteilt. Kurz darauf wurde, nicht zuletzt der Gerichtskosten wegen, das Konkursverfahren gegen ihn eröffnet. In der viktorianischen Ära war der Schriftsteller Wilde damit ein toter Mann, seine Stücke verschwanden von den Spielplänen, seine Bücher wurden aus dem Handel gezogen, sein persönlicher Besitz versteigert. Oscar Wilde selbst schrieb an seine Freunde aus dem Gefängnis: »Wenn auch das besondere, vom Gesetz geltend gemachte Delikt nicht zu meinen Leidenschaften zählte, so lagen schließlich doch Perversitäten vor, oder warum wäre ich sonst hier? Der Gedanke, daß ich anomalen Leidenschaften und perversen Gelüsten nachgegangen bin, mag für meine Freunde ein furchtbarer Schock sein, aber wenn sie in der Geschichte nachlesen, werden sie finden, daß ich nicht der erste Künstler bin, der diesen Fluch trägt, so wie ich auch nicht der letzte sein werde.«

Die Gesellschaft hatte unerbittlich reagiert. Die Strafe, die Oscar Wilde abzuleisten hatte, war nach Aussagen des Gefängnisdirektors die härteste, der ein Verurteilter ausgesetzt sein konnte. Lord Douglas, der wie ein weiterer Freund Alfred Taylor unter Anklage gestellt worden war, hatte die Chance genutzt und war ins Ausland geflohen, eine Chance, die übrigens auch Wilde geboten war. Oscar Wilde ist geblieben, nicht etwa aus Reue oder Stolz, sondern weil er glaubte, die Gesellschaft und das Gericht bluffen zu können. Am 19. Mai 1897 wurde er aus der Haft entlassen, er begegnete »Bosie« wieder, aber der Zauber war gebrochen. Nach diesem quälenden Zusammentreffen fand Wilde keine Ruhe mehr. Er reiste einige Jahre ruhelos in Europa umher, bis er am 30. November 1900 an den Folgen einer Ohrenoperation im Hotel d'Alsace in Paris starb. Nicht das Gefängnis, sondern die Ächtung durch die bürgerliche Gesellschaft, deren Produkt er war, hatte sein Selbstgefühl zerstört.

Das scharfe Urteil gegen den Dichter hatte aber Folgen, die über den privaten Bereich weit hinausreichten, denn jeder Betroffene empfand die Härte der viktorianischen Justiz als Bedrohung. Bezeichnend ist die Wendung des genialen Aubrey Beardsley (1872–1898), der sich nicht nur als »gewagter« Illustrator, sondern auch als Buchautor exponiert hatte. Bevor er an Tuberkulose starb, äußerte er den Wunsch, man möge alle »obszönen Zeichnungen«, die er je gemacht habe, vernichten. Plötzlich gaben sich die Künstler wohlanständig und der Sitte gemäß, sie distanzierten sich von den übermütigen, aber auch unpatriotischen Äußerungen eines Oscar Wilde und seiner Freunde; die Pharisäer hatten wieder mal gesiegt.

Daß man die »Sodomiten«, der Bibel folgend, bestrafen müsse, war und ist eherner Grundsatz der Puritaner. Doch gab es auch humanere Ansichten, und wo man vorurteilsfrei zu denken gelernt hatte, kam man bald auf den Widersinn, die homosexuelle Betätigung von erwachsenen Männern zu kriminalisieren, die von Frauen aber zu dulden. Gerade weil in Europa unter dem Einfluß des »Code civil« liberalere Ansichten rechtbestimmend geworden waren, wirkte die Vernichtung Oscar Wildes als unzeitgemäß, die viktorianische Prüderie auf die intelligenten Minderheiten so herausfordernd. So hatte schon der berühmte Rechtsgelehrte Cesare Marchese Beccaria (1735–1794) in seinem 1781 erschienenen Essay »Über die Strafe« gefordert, die Strafbestimmungen gegen Homosexuelle müßten aufgehoben werden. Dieser Gedanke entsprach einem neuen, durch die Aufklärer vorbereiteten Selbstverständnis des Menschen. Deshalb konnte auch der deutsche Strafrechtler Johann Jakob Cella in seinem 1787 erschienenen Buch »Über Verbrechen und Strafe in Unzuchtsfällen« schreiben: »Soweit überhaupt einzuschreiten ist gegen die verschiedenen Arten von Fleischeslust wider die Natur, muß dieses mit doppelter Vorsicht geschehen, damit durch die Nachforschungen nicht erst das Ärgernis veranlaßt wird, dem man steuern will . . . Wehe der Polizei, die, um jeden Ausbruch zu erfahren, Eltern, Kinder und Gesinde zu Spionen macht und den Samen der Verräterei und des Mißtrauens in den Schoß der Familie streut« (Wilde). Der große Voltaire (1694–1778), der sich als Rezensent mit dem Buch von Beccaria auseinandersetzte, schrieb zu diesem Thema: »Die Sodomiterey sei wohl Sünde, außerdem Unflath, Schmutz, Unanständigkeit, die Schande bringt, aber kein Verbrechen, weil sie niemandem das Seinige entzieht und nicht aus betrügerischen, boshaften Herzen entspringt noch die bürgerliche Gesellschaft zerrüttet.« Der »Code civil«, das vierbändige Gesetzeswerk der Revolution, als »Code Napoléon« ein Geschenk Frankreichs an Europa und zahlreiche überseeische Staaten, garantierte zum erstenmal in der Geschichte der Menschheit dem einzelnen Staatsbürger mit einem kodifizierten Recht die persönliche Freiheit und die Unverletzlichkeit der Person, unabhängig von seiner Klassenzugehörigkeit. Die einfache Homosexualität wurde infolgedessen nicht mehr unter Strafe gestellt, wobei man auf dem Standpunkt stand, daß »die schmutzigen und skandalösen Untersuchungen, welche so häufig das Familienleben durchwühlen und erst recht Ärgernis geben, durchaus zu vermeiden seien« (Biederich).

Es hatte Ansätze zur liberaleren Handhabung dieses Problems schon vor der Französischen Revolution gegeben. Vermutlich unter dem Eindruck der Aufklärer hatte zum Beispiel das österreichische Strafgesetzbuch die unter Kaiser Joseph II. erlassene sogenannte »Josephina«, die Todesstrafe für Sodomie, abgeschafft, wenn auch die sonstigen Strafen beibehalten wurden. Ebenso verfuhr das »Allgemeine Landrecht für die preußischen Staaten«, auch hier war die Todesstrafe gestrichen worden, während man die übrigen Strafen beibehielt. In Bayern hatte man unter dem Einfluß des großen Kriminalisten Anselm von Feuerbach (1775–1833) im Jahre 1813 ein für alle süddeutschen Staaten vorbildliches Strafgesetzbuch eingeführt, das die einfache Homosexualität – außer im Falle der Notzucht – straffrei ließ. Auch das Strafgesetzbuch von 1851 folgte dieser Linie, und erst als die bayerische Regierung 1865 Strafbestimmungen einführen wollte, um die Rechtseinheit mit den anderen deutschen Staaten wiederherzustellen, wehrte sich die bayerische Kammer: Es gäbe keinen Rechtsgrund für die Bestrafung einer rechtlichen Handlung, welche von zwei erwachsenen männlichen Individuen unter gegenseitiger Einwilligung ausgeführt werde. Erst wenn öffentliches Ärgernis vorliege, dürfe eingeschritten werden. Was die Regierung geltend mache, enthalte nicht den Schatten eines Rechtsgrundes. Schon sieben Jahre später war aus Unrecht Recht geworden. Mit der Gründung des Deutschen Reiches im Jahre 1871 wurde der bisherige § 143 des Preußischen Strafgesetzbuches als § 175 in das neue Reichsstrafgesetzbuch übernommen und hat nahezu hundert Jahre lang die Handhabe geliefert, »erwachsene männliche Individuen« wegen homosexueller Handlungen hinter Gitter zu bringen.

Die Kriminalisierung der männlichen Homosexualität, so absurd sie heute erscheinen mag, hat zu zahllosen Erpressungsfällen, zu Mord und Totschlag geführt; und wie Juden, Polen und Zigeuner wurden die Homosexuellen unter der Terrorherrschaft des sogenannten Dritten Reiches ausgemerzt, d. h. in die KZs verschleppt und umgebracht. Dieser Haß gegen »andersartige« oder »abartige« Menschen wird von der Gesellschaft unter bestimmten Bedingungen auch heute noch immer wieder neu produziert, und so ist der homosexuelle Mann, selbst wo er geduldet wird, noch immer ein Außenseiter der Gesellschaft. Zur Unbefangenheit eines Cäsar oder Michelangelo, Shakespeare oder Raffael haben wir noch nicht zurückgefunden, als fürchteten wir noch immer das Schicksal Sodoms.

Er soll
dein Herr sein

Die Partner spielten Blindekuh

Die Hochzeit als eine Zeremonie, die ein Paar »vor Gott und den Menschen« miteinander verbindet, gibt es in nahezu allen Kulturen, entweder als symbolische Handlung, wie sie auch einem Handel Rechtskraft verleiht, oder als Ritus, der magische und kultische Aspekte einbezieht. Bevor es aber zur Hochzeit kommt, die ja die Verwandtschafts- und Besitzverhältnisse in einer Sippe, einem Stamm oder Volk entscheidend verändern kann, muß das Paar sich gefunden haben. Auch hier stehen die Interessen des Kollektivs auf dem Spiel: Nicht dem Zufall einer leidenschaftlichen Zuneigung, sondern einem Auswahlsystem, das in Generationen erprobt ist, vertraut man die Beantwortung der Frage an, wie die Frau an den Mann zu bringen sei oder wie ein Mann die richtige Frau findet. Die verschiedenen Völker haben dafür ganz unterschiedliche, oft überraschende und häufig sehr einleuchtende Methoden gefunden; mit der Begegnung zwischen jungen Männern und den Mädchen des Dorfes war die Frage ja nicht gelöst: Die konnte am Brunnen erfolgen, wie dies schon in der Bibel geschildert wird und noch in Goethes Faust eine Rolle spielt; man sah sich während des Gottesdienstes und bei großen Festlichkeiten, im Kreis der Familie oder bei Wettkämpfen. Nicht die Begegnung fehlte, sondern die gerechte Verteilung der Chancen, denn die Gesellschaft wünschte nicht so sehr das große Glück des einzelnen, sondern eine möglichst große Zahl von Normalfällen zur Zufriedenheit aller, wie Homer es in der Odyssee formuliert hat: ». . . denn nichts ist besser und wünschenswerter auf Erden, als wenn Mann und Weib, in herzlicher Liebe vereinigt, ruhig ihr Haus verwalten: Den Feinden ein kränkender Anblick, aber Wonne den Freunden; und mehr noch genießen sie selber.«

Eine unüberbietbar praktische Lösung des Problems, wie jeder zu seinem Recht kommt, haben die geschäftstüchtigen Babylonier gefunden. Sie haben die Sache von Angebot und Nachfrage her aufgezogen, sehr zum Staunen Herodots, der darüber berichtet: »In jedem Dorf geschah alle Jahre folgendes: Wenn die Mädchen mannbar geworden waren, so mußten sie alle zusammen auf den Marktplatz gebracht werden. Rundherum stand die Schar der Männer. Dann hieß der Ausrufer die Allerschönste aufstehen und versteigerte sie. Nachdem sie um viel Geld erworben worden war, rief er eine andere aus, die nächst dieser die Schönste war, aber alle unter der Bedingung, daß sie geehelicht würden. Was nun die Reichen unter den Babyloniern waren, die heiraten wollten, die überboten einander, um die Schönste zu bekommen. Was aber gemeine Leute waren, denen es nicht um die Schönheit zu tun war, die bekamen die häßlichsten Mädchen und noch Geld obendrein.« Wenn nämlich die schönsten Mädchen verkauft waren, hatte der Auktionator eine ganz beachtliche Kasse zusammen. Aus diesem Härtefonds wurden

Das Blindekuhspiel *war ein beliebtes Gesellschaftsspiel*
im Rokoko, dessen Reiz in der Zufälligkeit der Partnerwahl lag.
Gemälde von J. B. Pater. Stadtschloß, Potsdam

jene Männer bedacht, die sich entschlossen, eines der häßlicheren Mädchen zu
heiraten, und zwar bekam das jeweils angebotene Mädchen der, der am wenigsten
Geld für die Heirat verlangte, und »auf diese Weise brachten die Schönen die Häßlichen und Krüppel an den Mann«. Herodot schreibt, daß gegen Betrug und Fehl-
kauf gewisse Sicherungen eingebaut waren: »Keiner, der ein Mädchen gekauft
hatte, durfte es ohne weiteres mit nach Hause nehmen, sondern er mußte einen
Bürgen stellen, daß sie wirklich seine Frau werden sollte, und wenn sie sich nicht
vertragen konnten, so mußte er das Geld wieder herausgeben, das er bekommen
hatte.«

Eine andere Methode, die vorhandenen Mädchen richtig zu verteilen, führt in
verblüffende Nähe des Blindekuhspiels, von dem man annehmen möchte, daß es

Die »Entführung« *spielte von alters her eine wichtige Rolle.*
Bei einigen Völkern war sie legitimes Mittel, eine Ehegattin
zu erwerben, im westlichen Zivilisationskreis ging es jedoch
zunächst darum, die Angebetete, widrigen Umständen zum Trotz,
zu gewinnen. Kupferstich, 15. Jh. Albertina, Wien

an solche uralte Formen der Partnerverteilung anknüpft. So soll es in Sparta
Brauch gewesen sein, daß man heiratslustige junge Männer gemeinsam mit den
Mädchen, die in Frage kamen, in einem finsteren Raum einschloß. Im Dunkeln
mußte jeder Mann nach einem Mädchen tasten, und sobald er eines erwischt hatte,
mußte er es festhalten und später ordnungsgemäß zu seiner Frau machen. Diese
Spekulation auf die Vernunft des Zufalls findet man auch bei Naturvölkern. Die
Nayadi, ein südostasiatisches Dschungelvolk, überlassen allerdings den Zugriff
den Mädchen. Diese setzen sich, wenn die Zeit günstig ist, in eine dunkle Hütte
aus Palmblättern und warten, bis die jungen Männer kommen, bewaffnet mit
Stöcken. Zunächst tanzen die Männer singend um die Hütte und verkünden ihre
guten Absichten, doch plötzlich bleiben sie wie auf Kommando stehen, und jeder

stößt seinen Stock durch die Hüttenwand. Sofort greift jedes der Mädchen nach einem Stock und hält ihn fest, bis sie weiß, wem der Stock gehört: Dieser Mann wird ihr Gatte.

Allen diesen Beispielen ist gemeinsam, daß die Partnerwahl von der Gesellschaft gelenkt wird. Wo sie auf freier Entscheidung des jungen Mannes für ein bestimmtes Mädchen beruht, haben sich gewisse Regeln gebildet, zwischen dem Verlangen und der Erfüllung eine Spanne der Prüfung zu setzen: Der Held, der um der Jungfrau willen seine Taten vollbringt und sie durch Bewährung gewinnt, ist in Märchen und Sage zur Symbolfigur geworden; stets zielen diese Geschichten auf das glückliche Paar, auf dem der Segen des Gelingens ruht. Eine amüsante Form solcher Bewährung ist der Völkerkunde entnommen, allerdings nur noch ein historisches Kuriosum: Auf Kamtschatka, der nordöstlichen Halbinsel Russisch-Asiens, begann die Bewährung wie beim biblischen Laban mit einem längeren Dienen im Haus der künftigen Schwiegereltern. Wenn man den jungen Mann akzeptiert hatte, begann der Sitte nach der zweite Abschnitt der Werbung, nämlich eine geduldete Entführung. Von nun an hockte das Mädchen, in dicke Kleidung gewickelt und mit Lederriemen verschnürt, als schwer bewegliches Bündel zu Hause. Wenn das Haus tatsächlich verlassen werden mußte, hielten sich stets ältere Frauen in Reichweite auf, und alle Weiber des Dorfes waren verpflichtet, dem Mädchen im Falle der Entführung beizustehen. Es war die Aufgabe des Mannes, im richtigen Augenblick den Überfall zu wagen und dem Mädchen die Kleider vom Leibe zu reißen. Erst wenn ihm das gelang und die letzte Hülle gefallen war, gehörte sie ihm, ohne daß sie ihm jemand hätte streitig machen können. Meist aber rief gellendes Geschrei die Weiber des Dorfes herbei, die ihn zerkratzten und verprügelten, und der unglückliche junge Mann mußte mehrere Versuche unternehmen, bis er durch Kraft oder List triumphieren konnte. Solche Sitten, aus der Südsee oder den Polargebieten berichtet, wirken auf uns barbarisch oder exotisch, doch enthält unsere abendländische Zivilisation noch zahllose Sitten, die an solche uralten Bräuche erinnern.

Mit Myrtenkranz und Schleier

Wenn heute ein Brautführer neben dem Paar die Kirche betritt, so steckt darin eine Reminiszenz an die Raubehe. Damals war der Begleiter von Kopf bis Fuß bewaffnet und ein erprobter Waffengefährte des Bräutigams, dem er beistand, die Braut zu entführen. Auch der Brautschleier erinnert an die Vergangenheit. Er ist wohl symbolischer Rest jenes Tuches, in das die Braut eingewickelt wurde, bevor der Bräutigam sie vor sich auf den Sattel hob, um mit ihr durch die Nacht davonzusprengen. Andererseits ist der Schleier bereits in der Bibel ein Requisit der Weiblichkeit, denn schon Rebekka nahm, als sie zum erstenmal mit Isaak, ihrem künftigen Mann, zusammen war, einen Schleier, um sich zu verhüllen. Bei vielen Völkern wurde die Braut über die Schwelle getragen: Die alten Römer kannten diesen Brauch, auch die Indianer in Kanada, die Abessinier und die Chinesen, also darf man annehmen, daß dieser Handlung sehr viel ältere magische Vorstellungen zugrunde liegen, die mit den Hausgeistern und der Heiligkeit der Schwelle zusammenhängen. An die Kaufehe, deren Rechtsgültigkeit besiegelt wird, erinnert der

Ring. Er war bei den Römern gleichsam die Anzahlung, eine erste Rate des Kaufpreises für den Erwerb der Frau, übrigens ein eiserner Ring ohne Stein. Bei den Juden ist der Ring im achten Jahrhundert an die Stelle einer kleinen Münze getreten, die der Mann seiner Erwählten übergab, übrigens auch aus praktischen Gründen, denn ein Ring ging weniger leicht verloren als eine Münze. Aber die Verwendung des Ringes hat auch andere Aspekte: Im alten Orient bedeutete ein breites Schmuckstück, ein Armband oder eine Kette, die um die Hüfte geschlungen wurde, daß die Frau dem gehörte, der ihr das Band umlegte. Auch bot ein solcher Schmuck, als eine Art magischer Kreis, Schutz vor bösen Geistern. Der Schmuckring ist die verkleinerte Form einer solchen Inbesitznahme, wie heute ein Hundekettchen um den Fußknöchel. Unter griechischem Einfluß übernahmen die Römer dann den Siegelring, das Zeichen der Verfügungsgewalt. Wer seiner Gattin seinen Siegelring gab, überließ ihr Verfügungsrechte und teilte mit ihr seine Macht. Das Christentum hat dem Ring im neunten Jahrhundert unter Papst Nikolaus eine neue Bedeutung gegeben; nun wurde der Ring zum Symbol für die Beständigkeit der ehelichen Bindung und verwies auf die Unendlichkeit.

Im Mittelalter wurde der Ring erst auf den Daumen gestreift, ein Rückgriff auf die uralte heidnische Vorstellung von der Magie der Finger, denn der Daumen war Wotan geweiht. Daß er bei der Trauung sofort auf den Ringfinger gesetzt wird, hat sich erst in neuerer Zeit eingebürgert. Der christlichen Hochzeitszeremonie entsprechen ähnliche Feiern in anderen Kulturkreisen. Solche Festlichkeiten gipfeln meist in einer Mahlzeit, nachdem zuvor den himmlischen und irdischen Mächten Tribut gezollt worden ist. Immer wird die Feierlichkeit des Augenblicks durch das Hochzeitsgewand unterstrichen, die Familie ist versammelt, und oft übernimmt es der Priester, zwischen den Brautleuten und den Göttern zu vermitteln oder Dämonen abzuwehren. In Thailand zum Beispiel knien Braut und Bräutigam vor dem Altarschrein, entzünden Kerzen und murmeln Gebete zu Ehren »Lord Buddhas«. Der eigentliche Trauakt vollzieht sich aber ohne priesterlichen Segen. Nur eine weiße geweihte Schnur wird über die Krönchenfrisur der Braut und den lackschwarzen Scheitel des Bräutigams gelegt. Danach erscheinen alle Verwandten, barfuß und in leuchtenden Baumwollgewändern, um nach den geladenen Gästen die »Wassergießzeremonie« durchzuführen: Aus einem silbernen Kännchen gießt man Wasser über die Hände des mit Kränzen behangenen Paares in eine Blumenschale und erhält als Dank ein goldverziertes Tüllbeutelchen mit duftenden Kräutern. Zum Abschluß werden Reis, Kokosflocken und kandierte Früchte gereicht. Die Gäste sitzen dabei auf Stühlen, während das Paar halb gleitend von einem zum anderen wechselt, um seinen Dank zu sagen. Reiche Familien laden Mönche zur Speisung ein, normalerweise aber werden nur die Almosenschalen der vorbeiziehenden Mönche gefüllt. Wichtiger als die Spende an den Klerus ist, daß man die Hausgeister gnädig stimmt. Das weißgoldene Geisterhäuschen, das draußen im Garten auf einem Pfahl steht, wird mit frischen Blumen und Speisen versorgt. Diese Zeremonien sind aber keineswegs in der buddhistischen Religion begründet, die sich zur Ehe nicht äußert. Die Ehe ist nur, wie jede andere Zeremonie vom Wohnungswechsel bis zur Fabrikeinweihung, für den Buddhisten ein Anlaß, auf zeremonielle Weise eine »gute Handlung« zu vollziehen, die seinem jenseitigen Verdienstkonto gutgeschrieben wird.

Ganz anders war es in Japan, wo der Ahnenkult eine stärkere religiöse Haltung erzwang. Hier war es zunächst die Aufgabe des Shinto-Priesters, das junge Paar bei der Wahl des Zeitpunktes zu beraten, der unter einem günstigen Stern stehen mußte. Die Braut trug eine komplizierte Frisur, den »Hornverstecker«, der die Hörner der Eifersucht verbergen sollte, und war in einen kostbaren Kimono gekleidet, von denen sie mindestens zehn Stück besaß, oft aber bis zu 100 in der Aussteuer hatte. Die altjapanische Hochzeit wird vom Priester eingeleitet, der die heiligen Texte spricht; dann gelobt der Mann, seine Frau zu lieben und zu schützen bis zum Tode, die Braut bleibt stumm. Schließlich wird auch hier eine Zeremonie durchgeführt, die an ein Trankopfer erinnert. Der Bräutigam nimmt eine der drei Schalen mit geweihtem Reiswein, die auf dem Altar stehen, und reicht sie der Braut. Die zweite Schale trinkt er selbst, die dritte reicht er wieder der Braut, und der Hochzeitsakt ist besiegelt. Nun bekommt jedes der Eheleute vom Priester einen immergrünen Zweig mit Papierbändern, auf denen magische Formeln die bösen Geister bannen. In allen Kulturen ist die Kompliziertheit der Hochzeitszeremonien Ausdruck einer bestimmten kulturellen Entwicklung: Der Vorgang selbst wird, unter Berücksichtigung aller seiner Aspekte, seiner Alltäglichkeit entrückt und zum Ereignis stilisiert; hier spricht sich das menschliche Bedürfnis nach Selbstdarstellung aus, denn im Unterschied zum Tier befriedigt der Mensch nicht nur einfach seine Bedürfnisse, sondern erlebt sich selbst als Teil eines Ganzen. Selbst bei den Papuas auf Neuguinea liefert die Hochzeitszeremonie den Beweis dafür, daß der Mensch, scheinbar auf primitiver Stufe stehend, auf diese Stilisierung nicht verzichtet. Am Hochzeitstag eines Papuapaares wird zunächst der Sagobrei bereitet, schon dies erfordert erhebliche Mühe. Mit Körben aus geflochtenen Blättern holen die Mädchen Wasser und legen heiße Steine hinein, bis das Wasser warm geworden ist. Das warme Wasser wird auf eine Schale mit Sagomehl gegossen, und unter ständigem Rühren entsteht der »Pepéda«, der mit wilder Zitrone gewürzt wird. Bei den Papuas hat »Pepéda miteinander essen« eine sexuelle Nebenbedeutung. Die Hochzeitszeremonie selbst ist einfach: Die Brautleute setzen sich mit gespreizten Beinen so einander gegenüber, daß sie sich mit den Fußsohlen berühren. In der Mitte zwischen ihnen steht das Gefäß mit Pepéda. Nun sticht das Mädchen die Gabel in den Brei, dreht sie blitzschnell herum, damit möglichst viel auf der Gabel bleibt, und stopft sie dem künftigen Gatten in den Mund. Alle Dorfbewohner stehen im Kreis um das Paar und geben lachend ihre Meinung zum Besten. Die Bemerkungen drehen sich ausschließlich um das gemeinsame Essen von Pepéda mit seiner Doppelbedeutung, die schwer wiegt; eine verheiratete Frau, die einem anderen Mann Pepéda anbietet, begeht nämlich damit bereits Ehebruch. Mit dieser Zeremonie ist die Ehe rechtskräftig geschlossen, und jeder geht wieder seiner Arbeit nach.

Das geschichtliche Bewußtsein des Europäers reicht nicht bis in jene Frühstufen zurück, als die Rentierjäger oder die frühen Ackerbauern Hochzeit hielten, doch mag auch hier eine einfache, archaische Handlung das Ereignis markiert haben. Von solchen Riten bis zu einer glänzenden Fürstenhochzeit des Barock führt ein weiter Weg. Er bezeichnet nicht eine Richtung von einer tiefen zu einer höheren Form des Menschseins, denn die menschlichen Eigenschaften wie Bosheit und Güte, Geduld oder Mut bleiben sich gleich, ob im Urwalddorf oder im Dom. Nur der Weg aus der überschaubaren Enge einer kulturellen Frühstufe in die unübersehbare Vielfalt unserer eigenen Existenz wird durch solche Vergleiche deutlich.

Dabei ist die Hochzeitszeremonie nur gleichsam das Tor in die Ehe, die als Grund-form menschlichen Zusammenlebens biologische, rechtliche und religiöse Aspekte umschließt. Ohne jede Zeremonie hat es die Eheschließung in Europa übrigens nur bei den Puritanern gegeben. In England war 1653 die Zivilehe ohne kirchlichen Segen eingeführt worden, es genügte eine Willenserklärung und ein ehrlicher Handschlag; die Scheidung war allerdings sehr schwierig. Diese Regelung hat mit der Restauration des Königtums aufgehört und ist durch die althergebrachte Form ersetzt worden. Wenn man nun die Geschichte der abendländischen Eheformen bis zu ihren Anfängen zurückverfolgt, stößt man auf die antike Mythologie und auf eine offenbar segensreiche Gewalttat.

Unter des Gatten Hand

Romulus, einer der Zwillinge, die nach der Legende Rom gegründet haben sollen, hat das Bevölkerungsproblem der Stadt auf einleuchtende Weise gelöst. »Romulus aber sah, daß von den vielen neuen Ankömmlingen, mit denen die Stadt sich in kurzer Zeit gefüllt hatte, nur wenige Frauen besaßen.« Was dann folgte, ist als »Raub der Sabinerinnen« in die Gründungsgeschichte Roms eingegangen und hat der bildenden Kunst seit der Renaissance vielfältigen Vorwand geliefert, das Ge-wirr kämpfender Römer und nackter Frauenleiber darzustellen. Romulus bediente sich einer List: Er behauptete, unter der Erde einen Altar gefunden zu haben, der dem Gott Consus geweiht war, dem »Geheimen«. Das Opfer für diesen sehr rät-selhaften Gott gestaltete Romulus als ein so glänzendes Schauspiel, daß aus der Umgebung viele Zuschauer kamen. Es müssen außer den Sabinern auch Latiner und Etrusker gewesen sein, denn alle diese Stämme waren rings um Rom ansässig. Im Purpurmantel soll Romulus an der Spitze der angesehensten Männer erschie-nen sein. Nach Beginn der Festlichkeit gab er ein Zeichen, und alle unbeweibten, bewaffneten Männer stürzten sich auf die Zuschauer. »Während sie aber die Män-ner ungekränkt entfliehen ließen, raubten sie die Töchter der Sabiner.« Plutarch, der diese Legende wiedergibt, verurteilt diesen Bruch des Gastrechts offensichtlich nicht, und auch den Zeitgenossen muß es ähnlich ergangen sein. Zwar standen sich nach dem Raub Römer und Sabiner bewaffnet gegenüber, aber die Frauen, inzwischen rechtmäßige Gattinnen der Römer, traten zwischen die Schlachtreihen und verhinderten das Blutvergießen, das ja ohnehin an den Tatsachen nichts mehr ändern konnte.

Dieses antike Modell der Raubehe ist keineswegs eine römische Erfindung, son-dern bei vielen Völkern verbreitet und gehört zu den zahllosen Eheformen, die von der Geschichtswissenschaft und Völkerkunde erarbeitet worden sind. Ur-sprünglich hat man angenommen, die Raubehe sei die älteste Form der Eheschlie-ßung. Wo sie aber noch vorkam – wie bei den Eskimos oder den Indianern –, durchbrach sie eine andere, bestehende Heiratsordnung. Bei Tataren und Türken hat es noch lange den symbolischen Raub der Braut gegeben, der einem Handel vorausging. Nach Ablauf einer bestimmten Frist einigte man sich über die Höhe des Kaufpreises, und die Braut wurde freigegeben. Noch heute ist es in manchen Gegenden Deutschlands üblich, daß die Junggesellen während der Hochzeit die Braut entführen, und nur die Großzügigkeit des frisch getrauten Ehemannes kann mit einigen »Runden« die Braut loskaufen, auch dies ein Überbleibsel der alten Raubehe. Neben der Raubehe kennt man die Tauschehe, die Dienstehe, die Leviratsehe, die Kaufehe und die Mitgiftehe, eine verwirrende Reihe von Begriffen, die doch das Wesen dieser Einrichtung kaum erfassen, sondern nur deren äußere Modalitäten.

Die Literatur über das Wesen der Ehe füllt Bände. Die kürzeste Definition lautet: »Ehe ist die Gründung einer Lebensgemeinschaft zur Gründung einer Familie«, und tatsächlich kann man über Ehe nicht sprechen, ohne die Struktur der Familie zu kennen. Umgekehrt ist es nicht möglich, das Wesen der Familie darzustellen, ohne ihre Grundlage, die Form der Ehe, zu kennen. Es gibt für die Ehe eine biologische Erklärung: Das neugeborene Kind benötigt mütterliche Hilfe in viel stärkerem Maße als jedes andere Wesen, vor allem für eine viel längere Zeit. Als »physiologische Frühgeburt« ist das Neugeborene auf die Mutter und die Mutter auf den Schutz des Vaters angewiesen. Die Erklärung reicht nicht aus, um die Eheform dort zu erklären, wo matriarchalische Zustände herrschen und die Urheberschaft des Mannes bei der Zeugung unbegriffen bleibt. Eine andere Erklärung besagt, die Ehe, das Zusammenleben zwischen Mann und Frau, sei durch die Sexualität bedingt. Auch dies ist nicht stichhaltig, denn die Erforschung der Südseestämme zeigt, daß Sexualität sehr wohl ohne Ehe möglich ist, obwohl es keine menschliche Gesellschaft ohne eine Form der Ehe gibt. Umfassend formuliert ist die Definition des Soziologen H. Schelsky: Ehe und Familie seien »als eine zwar auf den Geschlechtsbeziehungen zwischen Mann und Frau aufbauende, primär jedoch der biologisch erforderlichen langdauernden Fürsorge für die Nachkommenschaft gewidmete, vorwiegend ökonomische Gemeinschaft zu verstehen«. Ihre Dauer und ihre Verpflichtungen seien durch Religion, Sitte und Gesetz sozial geregelt und anerkannt.

Die Geschichte der abendländischen Ehe und Familie beginnt zwar der Sage nach mit dem Raub der Sabinerinnen, in Wirklichkeit aber mit dem Zwölftafelgesetz, das etwa um 450 v. Chr. in Rom kodifiziert worden sein muß. Wenn sich heute ein Brautpaar im Standesamt trauen läßt und anschließend vor dem Altar die Ringe wechselt, wird eine Handlung vollzogen, deren Ursprünge in römischen Rechtsformen und im frühen Christentum liegen. Es ist aber nun nicht so, daß die ersten zum Christentum übergetretenen Römer die Ehe so verstanden hätten, wie wir sie heute verstehen. Damals galten die Augusteischen Ehegesetze, deren Ziel es war, dem Verfall der Sitten im kaiserlichen Rom entgegenzuwirken. Als Ideal schwebte dem Gesetzgeber die patriarchalische Familie der römischen Republik vor. Damals hatte der »pater familias« die absolute Gewalt über seinen gesamten Besitz, dazu gehörten auch die Frauen. Sie gehörten zum »mancipium« (lateinisch: in die Hand genommene) und konnten deshalb weder erben noch Besitz erwerben. Wenn eine Frau die Treue brach oder stahl, konnte ihr Mann sie töten. So groß waren nach den alten heiligen Gesetzen die Rechte des Vaters über seine Familie, daß es ihm freistand, seine neugeborenen Kinder auf dem öffentlichen Abfallplatz auszusetzen, wenn er sie nicht anerkennen wollte. Vor allem Mädchen, aber auch außereheliche Kinder, etwa die einer Sklavin, verfielen diesem legalen Kindesmord, der nur durch die Barmherzigkeit der Passanten gemildert wurde, denn gelegentlich nahm sich jemand eines solchen ausgesetzten Kindes an. Erst 374 n. Chr. ist dieses Recht unter christlichem Einfluß dem römischen Familienvater genommen worden.

Ein Grundpfeiler der römischen Familienverfassung war die Adoption: Wer keine männlichen Erben hatte oder mit ihnen unzufrieden war, konnte einen Sohn adoptieren. In der Thronfolge der römischen Kaiser hat dieses Prinzip später eine wesentliche Rolle gespielt. Die einzige Voraussetzung war, daß der adoptierte Mann das römische Bürgerrecht haben mußte, damit nicht Unfreie oder Ausländer zu Römern wurden. Man brauchte aber, um jemanden an Sohnes Statt anzunehmen, weder verheiratet zu sein noch mit Frauen verkehrt zu haben, auch spielte das Alter des Adoptierten keine Rolle. Ganz deutlich geht es hier nicht um ein familienerhaltendes Prinzip, sondern um Besitz und Erbfolge. Frauen konnten keine Kinder adoptieren, von Ausnahmen abgesehen; sie brauchten also den Mann, um Mutter zu werden, aber der Mann brauchte die Frau nicht, um Vater zu werden (Morus).

In den früheren Zeiten gab es drei verschiedene Formen der Eheschließung, die rechtlich die Frau unter die »manus« (lateinisch: Hand) des Gatten stellten: Die eine Form wurde als Opfermahl vollzogen, bei dem Brot und Salz in Anwesenheit des höchsten Priesters, eines Dieners des Kapitolinischen Jupiter, und von zehn Zeugen verzehrt wurden. Diese Ehe war unlösbar. Der Begriff Emanzipation führt auf diesen Ursprung zurück. Ferner gab es eine Art Kaufehe, mit der ein Vater aus dem Plebejerstand seine Tochter dem Gatten übereignete, und schließlich die Anerkennung eines bestehenden Verhältnisses zwischen einem Plebejer und einer Patrizierin; nach einjährigem ununterbrochenen Zusammenleben erhielt der »usus« (lateinisch: Gebrauch) Rechtscharakter. Keine dieser Eheformen hat sich behaupten können, zumal die väterliche Macht im Laufe der Jahrhunderte langsam abgebaut wurde.

Zu Cäsars Zeiten war die Ehe in bestimmten Kreisen häufig nur noch ein bloßer Vorwand, um mit Hilfe seiner Frau Karriere zu machen. Die Frauen waren praktisch gleichberechtigt; man hatte keinen ehelichen Verkehr mehr miteinander, da jeder seiner Wege ging, und Kinder waren unerwünscht. Ein allgemeiner Verfall der Sitten, oder anders ausgedrückt, das Privileg der herrschenden Schicht, sich jede sexuelle Freiheit leisten zu können, hatte die römische Familie zu einer Farce werden lassen. Eine Million Menschen lebten zur Zeitwende in Rom, aber nur um die Moral der herrschenden Kreise ging es dem Senat. Man ermutigte damals das Denunziantentum und belohnte sogenannte »delatores«, die »Überbringer«, mit einem Viertel des eingezogenen Vermögens, wenn es ihnen gelang, einen Sittenbrecher beweiskräftig zu überführen. Auch das änderte nichts an den Zuständen, denn jedermann lebte, wie es ihm gefiel. Fast hat man den Eindruck, als sollten die kaiserlichen Dekrete nur das Gewissen der Herrschenden beruhigen. Die altrömische Tugendhaftigkeit war durch Verordnungen nicht wiederherzustellen, und selbst Kaiser Augustus muß das gewußt haben. Seine Vorstellungen vom Verhalten der Frau waren beeinflußt von der stets geduldigen und tugendhaften Gattin Livia. Dieser Kaiser, der mit allen Kräften das Imperium vor dem Verfall zu bewahren versuchte, stand unter dem Einfluß seiner Gattin. »Ich habe selbst in Zucht und Ehre gelebt«, sagte sie gelegentlich, »alles mit Freuden getan, was ihm angenehm war, und mich nicht in seine Angelegenheiten gemischt, nicht wegen seiner Liebesabenteuer gezankt und stets getan, als wisse ich nichts davon.«

Nach diesem Vorbild wollte der Kaiser die römische Frau erziehen, notfalls durch Strafen. Die sexuelle Moral der Männer war von solchen Überlegungen nicht betroffen. Er verbot den Frauen also den Besuch der Sportwettkämpfe, und den Gladiatorenkämpfen durften sie nur von den oberen Rängen aus zusehen. Seine Meinung über Sinn und Ziel der Ehe ließ er öffentlich verbreiten. Der Ehebruch wurde unter verschärfte Strafe gestellt: Es stand dem Beleidigten frei, nach altrömischem Recht nicht nur seine Frau, sondern auch den Liebhaber zu töten. Falls er selbst seiner Frau verzieh, wozu er kein Recht hatte, mußte ihr Vater öffentlich Anklage erheben. Weil es sein Ziel war, die Familie als Basis der gesellschaftlichen Struktur zu sanieren, machte er die Ehe zur Pflichtaufgabe. Alle Männer unter sechzig und alle Frauen unter fünfzig Jahren mußten heiraten, Unverheiratete wurden deklassiert, öffentliche Ämter an Patrizier mit der höheren Kinderzahl vergeben und verdiente Mütter öffentlich geehrt. Alle diese Rechtsmittel konnten die Übel nicht heilen, wenn schon die eigene Tochter des Kaisers, Julia, in dritter Ehe mit Tiberius verheiratet, ungestraft ein Beispiel wilder Zügellosigkeit gab. Ebenso feierte der Lyriker Ovid jede, auch die verbotene Liebe, und der Staat erwies sich als machtlos.

Das war die Szenerie, als unter dem Statthalter Pontius Pilatus in Palästina der in Nazareth geborene Jude Jesus, der sich als »König« ausgab, nach Besatzungsrecht zum Tode verurteilt und hingerichtet wurde, ein Ereignis, von dem damals nur die politisch interessierten Kreise in Palästina berührt wurden.

Er soll dein Herr sein

In Kanaan, dem Gelobten Land, herrschten ursprünglich Muttergottheiten mit ihren sexuell bestimmten Kulten, auch gab es den Ischtarkult und die Anbetung des Baal. Im Gegensatz dazu entsprach die Moral der Stämme Israels ihrem patriarchalischen Hirtennomadentum, das auf seine rassische Reinheit höchsten Wert legte. Als ebenbürtige Ehe wurde in der Frühzeit, der sogenannten Patriarchenzeit, nur die Ehe zwischen nahen Verwandten betrachtet. Man lehnte alles ab, was fremd war, also auch die Ehe mit Ungläubigen. Nach der Rückkehr aus der babylonischen Gefangenschaft hieß es über eheliche Verbindungen mit Ungläubigen: »Darum sollt ihr eure Töchter ihren Söhnen nicht geben, und ihre Töchter sollen eure Söhne nicht zur Frau nehmen. Wenn ein Mann in Israel ist, der seine Tochter oder Schwester irgendeinem fremden Manne geben will, der soll des Todes sterben.« Der Verlust des männlichen Samens galt als unerträglich, ebenso war die Nacktheit tabuiert. Über den freien Lebensstil des Statthalters Herodes herrschte bei den Juden infolgedessen äußerste Erbitterung.

Man kannte im alten Israel mehrere Formen, eine Frau zu erwerben. Da heißt es zum Beispiel, daß Jakob sieben Jahre um Rahel bei seinem Schwiegervater dienen mußte, »und sie dünkten ihm wie einzelne Tage, so lieb hatte er sie«. Häufig blieb der junge Ehemann auch nach der Heirat noch im Haushalt der Frau; hier hatten sich noch Reste einer früheren matriarchalischen Gesellschaftsstruktur erhalten. Auch die Raubehe war bekannt: »Wenn ihr seht, daß die Mädchen von Silo kommen, um Reigentänze zu tanzen, so kommt aus den Weinbergen hervor und raubt euch jeder ein Mädchen zum Weibe.« Die Mehrehe war nicht weiter bemerkenswert, denn selbst Jakob hatte ja erst der häßlichen Leah und dann erst der Geliebten, der schönen Rahel, beigewohnt. Andererseits mußten sich, wenn nach Kriegszeiten die Männer knapp geworden waren, mehrere Frauen in einen Mann teilen. Auf die Jungfräulichkeit der Bräute legte man, wie bei allen Nomadenvölkern, großen Wert: Dieses »Gütesiegel« mußte unverletzt sein, um dem männlichen Besitzanspruch zu genügen. Am Morgen nach der Hochzeitsnacht pflegten Brauteltern und Freunde dann dem jungen Paar beim Anziehen behilflich zu sein, nicht ohne die üblichen Scherze auf Kosten der Jungvermählten. Die Brautmutter nahm das blutige Laken an sich und prüfte sorgfältig die Blutspuren, um es dann als Zeugnis der Ehre allen Gästen zu zeigen: Keiner sollte hinterher den guten Ruf des Mädchens verleumden können.

Den Zwiespalt zwischen natürlicher Sinnlichkeit und strengen patriarchalischen Geboten hat Israel mit aller Schärfe austragen müssen, wie das Alte Testament immer wieder bezeugt. Als die Stämme Israels seßhaft geworden waren und sich in Palästina ein gewisser Wohlstand ausbreitete, hatten sich die Sitten gelockert, und der Prophet Jeremias konnte sagen, die Männer seien wie »gefütterte Pferde

Die Eheverschreibung. *Der Ehekontrakt wird unterschrieben. Gemälde von Jan Steen, 17. Jh. Herzog-Anton-Ulrich-Museum, Braunschweig*

am Morgen«, jedermann wiehere nach dem Weib seines Nachbarn. Die Propheten, die ersten Männer, die soziale Anklagen in dieser Wucht öffentlich zu formulieren wagten, kamen aus dem Bauern- und Hirtenstand, ihr politisch motivierter Zorn richtete sich vor allem gegen den Lebensstil und Luxus der Städte.

Zur Zeit des Herodes bestimmten drei Gruppen das religiöse und politische Leben Israels, die Pharisäer, die Sadduzäer und die Essener. Damals gab der Tempel dem Volke Israel, das von Abgaben an die Eroberer bedrückt, von fremden Einflüssen aus Mesopotamien, Griechenland und Rom verwirrt war, den einzigen inneren Halt, und die drei religiösen Gruppen versuchten, vom Gesetz her der inneren Auflösung Israels entgegenzuwirken. Die Pharisäer stellten sich absolut unter die Befolgung der mosaischen Gesetze, die Sadduzäer übertrieben dieses Prinzip bis zur Absurdität und glaubten, im äußeren Erfolg ein sichtbares Zeichen des göttlichen Segens zu sehen, und die Essener antworteten auf die Herausforderungen der Zeit mit Askese: sie lebten meist unverheiratet in einer Art Urkommunismus bei äußerster Reinheit und Armut und verzichteten in ihren Gemeinschaften auf jede Sinnlichkeit. Selbst verheiratete Männer wohnten nicht bei ihren Frauen, sondern besuchten sie nur, wenn Kinder gezeugt werden sollten. Meist lebten die Essener nicht in der Stadt, sondern als Bauern auf dem Land, in bewußter Einfachheit und in mystischer Erwartung des Erlösers. Die Ideen der drei Gruppen lassen sich auch aus ihrer soziologischen Struktur interpretieren: Die Pharisäer verkörperten den konservativen Teil des Volkes, die Sadduzäer, vor allem aus dem Priesterstand kommend, die herrschende Elite, und die Essener gehörten zum Volk, wenn auch nicht zum Sklavenstand.

Welche Elemente brachte nun der junge Wundermann, den viele für den Messias hielten, in den Ehebegriff ein, und wie stellte er sich zu den moralischen Problemen seines Volkes? Der entscheidende Punkt war: Jesus verkündigte die Unauflöslichkeit der Ehe, eine damals durchaus nicht selbstverständliche Forderung, denn Scheidungen waren möglich, nur über die Formen gab es unter den Rabbinern unterschiedliche Auffassungen. Ursprünglich konnte der Mann, wie später im Islam, seine Frau mit einer bestimmten Formel verstoßen und sich ihrer ohne weitere Rechtsverpflichtungen entledigen. Diese Regelung geht auf das babylonische Recht zurück; schon das mosaische Recht ermöglichte der Frau eine Wiederverheiratung, indem es den Mann zwang, ihr eine Scheidungsurkunde auszustellen. Aber die Macht der Männer führte zu einem Mißbrauch des Rechtes: Sie selbst stellten eine solche Urkunde nach eigenem Ermessen aus, und wieder war die Frau der männlichen Willkür ausgeliefert. Die unlösbare Ehe gab es zwar im römischen Imperium schon, aber nur unter bestimmten, nur den obersten Schichten vorbehaltenen Bedingungen. Die Forderung Jesu, es solle jede Ehe unlösbar sein, stellte eine radikale gesellschaftliche und sittliche Forderung dar. Übrigens löste Jesus auch den alten Sippenzusammenhang auf, denn er sagte: »Darum wird ein Mensch Vater und Mutter verlassen.« Als die Jünger ihn fragten, weshalb Moses den Scheidebrief eingeführt habe, erklärt er das als Zugeständnis wegen des »Herzens Härtigkeit« (Matthäus 19/8). Er verurteilt jeden, der sich »von einem Weibe scheidet« und neu heiratet, und er verurteilt auch den, der eine geschiedene Frau heiratet. Die Jünger meinten, daß es nicht gut sei, ehelich zu werden, wenn es um die Sache des Mannes so stände. Jesus antwortete mit einem Hinweis, der wohl besagen sollte, daß man differenzieren muß: Der eine sei von Geburt »verschnitten«, also ein Eunuchentyp, der andere werde dazu gemacht, und manche seien es nicht. Dem Haupteinwand, daß ehetaugliche Männer, also die Mehrzahl, von der Ehe durch die neue Forderung abgeschreckt werden könnten, wich er mit dem Hinweis aus: »Wer es fassen kann, der fasse es.«

Die Interpretation dieser Textstellen, die übrigens in den einzelnen Evangelien geringfügig voneinander abweichen, füllen ganze Bibliotheken und beschäftigen das Christentum bis zum heutigen Tag. Die Wirkung der radikalen Forderung, die Jesus an die Menschen stellte, war in ihrer ganzen Tragweite in der Tat von niemandem zu fassen, der ihm damals zugehört hat. Denn die praktischen Folgen, vorwiegend skeptisch beurteilt und abgelehnt, ließen sich allenfalls voraussehen, aber nicht die eigentliche Kraft der neuen Lehre. Daß die Erbfolge in Frage gestellt war, wenn ein Mann seine unfruchtbare Frau nicht mehr verstoßen konnte, muß jedem eingeleuchtet haben, und auch, daß es dann viel weniger Kinder geben würde. Damals war die Kindersterblichkeit erschreckend hoch, und es wird viele durch Erkrankung unfruchtbare Frauen gegeben haben. Jeder, der sich um seinen Besitz sorgte und im Diesseits verhaftet war, muß die unbedingte Bindung an eine kinderlose Frau für wirklichkeitsfremd gehalten haben. Vor allem die wohlhabenden Schichten haben sich deshalb nur zögernd zu diesen Auffassungen des Christentums bekehren können.

Die eigentliche Wirkung der unauflöslichen Ehe bestand darin, daß die Frau nicht mehr auswechselbarer Besitz des Mannes, sondern Teil seines Schicksals war. Zwischen Mann und Frau entwickelte sich eine viel stärkere Bindung, als sie je zuvor möglich gewesen war, und in diese Bindung waren die Kinder mit einbezogen. Nicht mehr die Sippe und der Sippenbesitz waren der Lehre nach die Hauptsache, sondern die persönliche Zusammengehörigkeit zweier Menschen. Die Ehe ist auf diese Weise kein Institut des persönlichen Glückes geworden, sondern eine konkrete existentielle Situation. Von einer rechtlichen Gleichberechtigung war im Christentum nie die Rede, denn rechtlich war die Frau minderen Ranges und spielte auch in der Gemeinde keine Rolle. Dafür gab die christliche Auffassung ihr eine stärkere soziale Sicherung, denn man konnte sie nicht mehr verstoßen. Von Bedeutung waren alle diese Fragen zunächst jedoch nicht, denn wie das Volk sich verheiratete und miteinander lebte, interessierte kaum jemanden: Die Ehegesetze des römischen Weltreiches galten für die herrschenden Klassen, die das Christentum ablehnten.

Die Forderung Jesu nach der Unauflöslichkeit der Ehe und bedingungsloser ehelicher Treue wird ergänzt durch seine Toleranz gegenüber einer stadtbekannten Kurtisane, die ihr Leben bereut; Jesus heilt sie, die »von Dämonen besessen«, also psychisch krank ist, und sie begleitet ihn: Als erste entdeckt sie, daß das Grab Christi leer ist, und als erste sieht sie Christus nach seinem Tod leibhaftig und hört seine Stimme, zusammen mit Maria, der Gottesmutter.

Das christliche Verhältnis zur Sexualität wie zur Frau ist dann vor allem von Paulus geprägt worden, dem griechisch gebildeten jungen Juden römischer Staatsbürgerschaft, der sich 34 n. Chr. zu Christus bekehrt hat und als »Völkerapostel« die Auffassungen der jungen Kirche tief beeinflußt hat. Der Frau hat Paulus, in bewußtem Gegensatz zu den Verhältnissen seiner hellenistischen Umwelt, die sehr weit gehenden Freiheiten genommen und immer wieder gefordert, sie habe »zu schweigen in der Gemeinde« und solle dem Manne untertan sein, denn der

Mann sei das Haupt der Frau. Keuschheit und Ehelosigkeit galten ihm als höchste Ziele, die Ehe war ein Übel, wenn auch keine Sünde, und schon hier kündigte sich der asketische Zug an, der die Kirche beherrschen sollte, als Kaiser Domitian (81–96 n. Chr.) sie verbot: Je asketischer sich die Christen vom Luxus der herrschenden Kreise, von der Lebensgier und Genußsucht aller distanzierten, desto größer wurde ihre Überzeugungskraft. Das war die Situation, als die Christen der Urgemeinde in die Katakomben gingen.

Der Kampf gegen die Wollust

Das Wort »Askese« bedeutet ursprünglich nichts anderes als »Übung«, und zwar als Gegensatz zu dem, was aus natürlicher Begabung geleistet wird oder durch Theorie erlernbar ist. Mit der Askese, so verstanden es die Griechen, meinte man ein psychisches Training oder auch eine durch Bewährung gefestigte ethische Haltung. Die Askese als eine freiwillige, auf religiöser und philosophischer Überzeugung beruhende Entbehrung ist zuerst bei indischen Weisen aus der Zeit Alexanders des Großen aufgekommen: Im Grunde handelt es sich wohl um eine Spiritualisierung uralter Tabuvorschriften, denn immer bezieht sich die Askese auf Nahrung und Sexualität, die aus bestimmten Gründen einzuschränken seien, etwa am Vorabend von Mysterienfesten, vor der Aussaat oder bei bestimmten feierlichen Anlässen. Vom vorchristlichen fünften Jahrhundert an entwickelte sich die Auffassung, daß Leib und Seele keine Einheit, sondern gegensätzlicher Natur seien und nach dem Tod »verschiedene Schicksale« erleiden. Dieser Dualismus, von Platon auf vielfältige Weise formuliert und von dem Philosophen Plotin nach wechselvollen Schicksalen in Rom erneuert, ist als wesentliche Geistesströmung in das frühe Christentum eingegangen und beschäftigt uns noch heute als ein allerdings fragwürdig gewordenes Denkmodell.

Die Askese des frühen Christentums erklärt sich auch aus dem Protest gegen die bisherigen Gewohnheiten, in den Augen der Frommen eine Art Fäulnis, von der das Gebälk der Kirche befallen war. Noch im vierten Jahrhundert nach Christus feierten die Einwohner Roms etwa 175 heidnische Festtage. Es fanden regelmäßig Tierhetzen und Gladiatorenkämpfe statt, und die geistlichen Würdenträger waren ebenso parfümiert und gepflegt gekleidet wie ihre vornehmen Gastgeber. Gegen diesen Luxus wandte sich der ehrgeizige Sekretär des Papstes Damasus namens Hieronymus, der sich schon in seiner Heimatdiözese wegen seiner Intoleranz menschlichen Schwächen gegenüber einen Tadel eingehandelt hatte. Hieronymus (347–420) erhob seine Weltfeindlichkeit zur Tugend, lebte auch in Rom nur in der Kutte des Eremiten und hatte nur ein Laster, seine »Liebschaft mit der Sprache«. Mit unerbittlicher Schärfe verurteilte er alle seine Zeitgenossen und Zeitgenossinnen; nur zwei adlige Damen ließ er gelten, die ihr Vermögen der Kirche vermachten. Als eine Tochter der Paula an den Kasteiungen starb, denen sie sich unter dem Einfluß des Hieronymus unterzogen hatte, zog sich der Heilige nach Bethlehem zurück und schloß sich in ein Kloster ein. In achtzehnjähriger Arbeit hat er dort die berühmte Vulgata geschaffen, die Bibelübersetzung aus dem Hebräischen ins Lateinische, den von der Kirche anerkannten, freilich nicht vollständigen Text der Heiligen Schrift. Durch den Holzschnitt von Dürer (1514) ist die

Gestalt dieses Heiligen jedem Kunstliebhaber vertraut. Hieronymus bietet ein ausgezeichnetes Beispiel für die umstrittene These, daß eine Kulturleistung auf Triebverzicht beruht.

Aus der Überspitzung des asketischen Gedankens haben sich in der Sexualität des Christentums die wunderlichsten Verirrungen ergeben; ihre tiefenpsychologischen Aspekte sind erst in unserem Jahrhundert erkennbar geworden. Die unmittelbare Frucht der Askese ist der Zölibat, den zuerst der Bischof von Olympos, ein Mystiker namens Methodios, vertreten hat. Der Zölibat (lateinisch coelebs: ehelos) ist die sublimierte und deshalb sittlich höherstehende Form des sexuellen Selbstopfers. Blutiger und direkter ist die Kastration, die das Übel radikal ausrottet, indem sie den physischen Sitz der Wollust vernichtet. Diesen handgreiflichen Protest gegen die allgemeine sittliche Verwilderung hat Origines (185–254) in einem Übermaß an Askese vollzogen; er war ein bedeutender Theologe der frühchristlichen Zeit und berief sich dabei auf Matthäus 19/12, Matthäus 17/8 und 9 und einige weitere Bibelstellen. Im Jahre 230 n. Chr. wurde er trotz seiner Selbstverstümmelung – obwohl Priester nicht verkrüppelt sein durften – zum Presbyter geweiht. Seine Grundauffassung, daß nämlich alle Frauen Töchter des Satans seien, ist von dem Bischof Methodios leidenschaftlich bekämpft worden, der wohl die Seelen der Frauen für Christus retten wollte. Er hat ein seltsames Werk, ein »Gastmahl der zehn Jungfrauen«, geschrieben und darin eine Formel geprägt, die das gesamte abendländische Mönchswesen beeinflußt hat. Er lehrte nämlich, die Seele einer reinen Jungfrau könne zur »Braut Christi« werden. Das beschäftigte die Phantasie und erlaubte allen Klosterinsassen, ihre unbewußten Gefühle in religiöse Inbrunst zu verwandeln, weil Christus dem Gläubigen ja nicht nur als Gottessohn, sondern auch als Menschensohn, dargestellt mit edlen, schmerzensvollen Zügen, begegnete. Naturgemäß ist besonders die Keuschheit der Nonnen von diesem Gedanken verklärt worden. Über die Virginität und ihre theologischen Aspekte hat der in Trier geborene Kirchenlehrer Ambrosius (340–397) fünf Werke geschrieben. Er lehrte in Mailand, und selbst aus den römischen Provinzen Afrikas kamen junge Mädchen nach Italien, um unter ihm das Gelübde der Keuschheit abzulegen. Sein bedeutendster Schüler war der heilige Augustinus, dessen scharfe Ablehnung der Sexualität bereits erwähnt wurde.

Während einerseits die Meinung der Kirche immer asketischere Züge annahm, war doch der Bibeltext nicht ganz eindeutig, und unklare Stellen dienten den Klerikern immer wieder dazu, Widerstand gegen eine Forderung zu leisten, die den Sitten der Zeit nicht entsprach; denn auch den Priestern kann der Verzicht auf die Sexualität nicht leichtgefallen sein. Um die Interpretation der Textstelle des Apostel Paulus »Der Bischof sei eines Weibes Mann« ist lange gerungen worden, denn es blieb unklar, ob er eine Frau haben durfte, ob er sie, zum Bischof geweiht, entlassen müsse oder ob er keinesfalls mehr als ein Weib haben dürfe, das ist eine Frage der Betonung. Wie schwankend die Haltung der Kirche in der Zölibatsfrage war, zeigt ein Blick auf die offiziellen Verordnungen: In den Jahren 1018 und 1049 hieß es, alle Frauen und Kinder von Klerikern seien als Sklaven der Kirche anzusehen; sie waren also vorhanden, obwohl man andererseits 1031 verordnet hatte, ein Priester dürfe nur heiraten, wenn er in den Laienstand zurückträte. Noch lange wurden aber Priesterehen offiziell eingesegnet, und erst im zwölften Jahrhundert setzte sich die Auffassung durch, daß das Priesteramt zeitlebens zur Ehe untauglich mache, das Prinzip des Zölibats hatte einstweilen triumphiert.

Neben der sexuellen Enthaltsamkeit, die ohne Zweifel auch starke Kräfte freigesetzt und in den gewalttätigen Jahrhunderten nach der Völkerwanderung eine zähmende Wirkung ausgeübt hat, gab es immer wieder als Symptom der asketischen Übersteigerung die Kastration. Zu einer barbarischen Form der Rache ist sie für den Kirchenlehrer Abaelard (1079–1142) geworden. Dieser ungewöhnliche Mann aus bester Familie hatte in Paris als Lehrer für Theologie und Philosophie einen Kreis von Studenten um sich gesammelt, der aus ganz Europa Zulauf erhielt. Abaelard, befreundet mit den führenden Theologen seiner Zeit, wohnte bei einem Kanonikus in Paris, dessen Nichte Heloise dem Pfarrherrn den Haushalt führte. Das Mädchen hatte eine ausgezeichnete Klostererziehung genossen und sollte in Paris unter der Obhut des geistlichen Onkels bleiben, bis sich ein standesgemäßer Bewerber fand: Tugend und Zukunft seiner intelligenten Nichte waren ihm anvertraut. Heloise konnte sich ebenso gut lateinisch wie französisch unterhalten und lernte Hebräisch. Von dem berühmten Magister Abaelard hatte sie gewiß gehört, noch ehe dieser den Fuß in das Haus ihres Onkels gesetzt hatte. Der vierzigjährige Abaelard, der ausgezeichnet sang und komponierte, verliebte sich leidenschaftlich in das sechzehnjährige Mädchen. Die Liebe dieser beiden hochbegabten Menschen führte über die geistige Verständigung zum vollen Glück. Als Heloise von Abaelard ein Kind erwarten mußte, brachte sie dieser bei einer Schwester in der Bretagne unter, wo sie einen Knaben bekam, den sie Askolabe nannte. Abaelard hat ihr die Ehe angeboten, aber sie hat ihm, die Kirchenväter zitierend, erwidert, daß Männer seiner Art sich mit einer Familie nicht belasten dürften. Es gelang ihm aber, sie umzustimmen, und sie heirateten in aller Heimlichkeit, nachdem der Kanonikus ins Vertrauen gezogen war und sich zum Stillschweigen verpflichtet hatte, um einen Skandal zu vermeiden. Nur selten sahen sich die beiden Liebenden, aber auch das schien dem Kanonikus schließlich unerträglich: Er brach seine Zusage und verbreitete die Nachricht von der heimlichen Eheschließung. Abaelard entführte daraufhin seine Gattin in ein Kloster, um sie vor den Schikanen ihres Erziehers zu schützen, forderte aber gerade dadurch seine Rache heraus: Der Geistliche drang mit mehreren Helfern in das Schlafzimmer Abaelards ein, der den Vorgang später beschrieben hat: »Und nun nahmen sie eine Rache, so grausam und beschämend, daß die Welt erstarrte: Sie schnitten mir vom Leib die Organe ab, mit denen ich sie gekränkt hatte. Auf der Flucht erwischte man zwei der Gesellen; sie wurden geblendet und auch entmannt.« Die öffentliche Meinung stand hinter Abaelard, und die Studenten umgaben ihn, um ihre Sympathie zu zeigen, während sein Gegner sich verstecken mußte. Abaelard ließ sich von diesen Emotionen nicht beirren, denn er begriff, daß er nicht wie bisher weiterleben konnte. Seine Gattin Heloise veranlaßte er, den Schleier zu nehmen, er selbst legte in St-Denis das Mönchsgelübde ab. Die Kirche, der dieser Skandal peinlich gewesen sein mag, versuchte die ganze Angelegenheit vergessen zu machen, aber gerade das sollte nie gelingen, denn Abaelard und Heloise sind das erste klassische Liebespaar des Abendlandes geworden. Heloise hat den Mann nie vergessen können und ihm noch aus dem Kloster glühende Briefe geschrieben, die erhalten geblieben sind. Abaelard hat sie zu beschwichtigen und auf transzendentale Werte zu lenken versucht, bis sie sich mit ihrem Los ab-

Grabmal von Abaelard und Heloise *auf dem Friedhof
Père Lachaise in Paris. Die Liebesbeziehung zwischen dem gelehrten
Theologen und der Nonne stieß die damalige Gesellschaft vor
den Kopf. Aus »Gartenlaube«, 1857*

fand. Auf einem Gut in der Champagne durfte Abaelard schließlich wieder unterrichten und Studenten um sich sammeln. Er gründete sogar ein Kloster, in dem auch Heloise Aufnahme fand, aber ihr Zusammenleben war nicht von langer Dauer, denn Abaelard blieb ein rebellischer Denker und geriet mit der Kirche in Konflikt. Innozenz II. brachte ihn mit einem Dekret zum Schweigen, und Abaelard zog sich, erschöpft von den Kämpfen mit der Übermacht der Kirche, nach Cluny zurück. Am 21. April 1142 ist er in St-Marcel bei Châlons gestorben, seine Gattin Heloise, selbst geehrt und berühmt, hat ihn um über zwanzig Jahre überlebt. Sie wurde neben Abaelard beigesetzt, doch sind die Gräber 1817 auf den Père Lachaise verlegt worden, wo sie heute noch zu sehen sind.

In der Kirche hat die Selbstverstümmelung aus Frömmigkeit noch im achtzehnten Jahrhundert den Charakter eines Massenwahnes angenommen. In Rußland bildete sich, unter ausdrücklichem Hinweis auf die Bibelstellen und den Kirchenvater Origines, um 1715 die Sekte der Skopzen. Diese verzweifelten Frommen hielten Christus für den Vorläufer eines gewissen Sseliwanow und entmannten sich selbst mit einem Messer oder einer Axt, zum Blutstillen benutzten sie glühendes Eisen, wie es damals üblich war. Die Sekte zählte noch zwischen 1805–1839 etwa 16000 Mitglieder und ist erst im 20. Jahrhundert ausgestorben, wie die Sekte der Selbstmörder, die sich durch Feuer reinigten, indem sie sich verbrannten.

Dieser konsequentesten Form der Askese entsprach die allgemeine kirchliche Verteufelung der Sexualität, und so läßt sich die Kulturgeschichte des Mittelalters durchaus unter dem Gesichtspunkt des Kampfes zwischen Triebleben und Kirchenzucht sehen. Die Auffassung von der Ehe ist dabei zunächst positiv beeinflußt worden, denn die Keuschheit der Mönche und Nonnen wirkte als Beispiel gottgefälligen Lebenswandels auf alle, die im Umkreis des Klosters wohnten.

Des Kaisers Konkubinen

Als nach zwei Jahrhunderten, welche die Christen im Untergrund verbracht hatten, die Kirche von Kaiser Konstantin zur Staatsreligion erklärt wurde, blieben die Sitten heidnisch und die Gesetze wie sie waren. In dieser Epoche, die wir als Zeit der Völkerwanderungen kennen, stürmten die hunnischen Reiterheere quer durch Europa zogen sich die römischen Legionen 406 n. Chr. vom Rhein zurück. Die Wandalen, Burgunder und Alemannen stießen nach Westen und Süden vor, die Gotenreiche in Spanien und Italien wurden gegründet, und Totila fiel 552 in der Schlacht bei Gualdo Tadino gegen Narses, den Feldherrn von Byzanz. Das Ergebnis dieser Bewegungen war, daß der Orbis romanus, die römische Welt, auseinanderbrach und die neuen Reiche der Germanen, Slawen und des Islams an seine Stelle traten.

Welche Auffassungen bei den Germanen herrschten, weiß man unter anderem aus der »Germania« des Tacitus. Mit diesem Werk hielt er seinen Zeitgenossen einen Spiegel vor und malte das Bild eines freien, unverdorbenen Volkes, dem Keuschheit und Ehre noch etwas galten: »Den Liebesgenuß lernt der Jüngling erst spät kennen, deshalb ist seine Zeugungskraft ungeschwächt. Auch bei den Mädchen läßt man sich mit der Verheiratung Zeit. So gleichen sie den Jünglingen an Jugendkraft und zeigen ähnlich hohen Wuchs. Den jungen Männern ebenbürtig an Stärke treten sie in die Ehe, und in ihren Kindern spiegelt sich die Kraft der Eltern.« Die Eheschließung wurde bei den Germanen durch Austausch von Gaben besiegelt: Der Bräutigam brachte dem Vater der Braut einen Gegenwert für die Frau, nämlich Rind und Roß, Schild und Schwert, dann erhielt er die Braut, die nun ihrerseits dem Manne irgendeine Waffe schenkte. Tacitus beschreibt diese Sitten und weist darauf hin, daß die germanischen Frauen nicht verdorben seien »durch lüsterne Schaustellungen und verführerische Gelage«. Bei den Goten und Angeln, Sachsen und Franken, Burgundern und Langobarden ist die Kaufehe üblich gewesen, aber der Begriff führt in die Irre: Kein Mann konnte eine Frau wie eine Sklavin kaufen, sondern er wählte sie und mußte dafür, daß die Sippe eine Frau verlor, einen materiellen Ausgleich leisten. Wenn das dem Manne nicht möglich war, konnte er sich die Braut durch Arbeitsleistungen verdienen, nicht anders, als es Jakob bei Laban tat. Auch die Raubehe kam vor und gelegentlich auch die Geschwisterehe.

Aber auch bei den Germanen war die Frau rechtlich unmündig, der Mann hatte die volle Gewalt über sie, und während er selbst mehrere Frauen besitzen konnte, galt Untreue bei der Frau als Ehebruch. Zur Strafe wurden ihr die Haare geschoren, und man peitschte sie nackt durch das Dorf. Wie die Ehe vom Besitz und Schutz her gesehen wurde, zeigt das altgermanische Recht für den Fall, daß der Gatte erschlagen wurde: Wenn der Mörder die Witwe heiratete, genügte ihr das als Buße.

Diese germanischen Auffassungen von der Ehe wurden nun christianisiert. Es gab noch während der Zeit der Völkerwanderungen leidenschaftliche Dispute über das Wesen Christi zwischen Arianern und Athanasianern, und im Jahre 585 fand auf dem Konzil zu Maçon eine Diskussion der gelehrten Väter statt, ob die Frau denn überhaupt ein Mensch sei. Es scheint nicht leicht gewesen zu sein, dieses Problem zu klären, denn erst nach langen Debatten kam man zu einem positiven Ergebnis.

Selbstverständlich behielt jeder germanische König, jeder Fürst trotz seines christlichen Bekenntnisses neben seiner Gattin seine »Kebsweiber«, also Nebenfrauen, aber das sind nicht etwa im Troß mitreisende Marketenderinnen, sondern rechtens nach altem Brauch durch Brautgaben und Eheerklärungen anerkannte Ehefrauen. Meist wurden die Kinder aus solchen Verbindungen, obwohl von der Erbfolge ausgeschlossen, vom Vater in aller Unbefangenheit gefördert. So war Theoderich der Große (471–526) der uneheliche Sohn des Ostgotenkönigs Walamir; des Merowingerkönigs Chlodwig unehelicher Sohn Theoderich I. herrschte als König der Westgoten in Metz, und der sächsische Kaiser Otto I. (936–973) gab seinem unehelichen Sohn Wilhelm das Erzbistum von Mainz. Dies sind nur Beispiele für eine damals selbstverständliche Praxis, denn niemandem dieser Herren wäre es eingefallen, sich streng an den Bibeltext zu halten. Das lag nicht etwa an fürstlicher Willkür, sondern entsprach der Auffassung, daß ein Abkomme aus königlichem Blut besondere Eigenschaften besäße, die ihn zum Herrschen befähigten. Allein das Sanguis regius (lateinisch: königliches Blut) legitimierte zur Ausübung der Gewalt. Aus diesem Prinzip ist die Endogamie (Heirat innerhalb der Familie) der Herrscherhäuser, die spätere Frage der Ebenbürtigkeit erwachsen.

Immerhin standen Konkubinat und Ehescheidung auf der Tagesordnung, seit man daranging, die römischen Gesetze mit christlichem Geist zu erfüllen: Aus den Dekreten des Papstes und den Beschlüssen, die auf Konzilen ausgehandelt wurden, bildete sich das neue »kanonische Recht«. Außerordentliche Schwierigkeiten entstanden der Kirche aus der Notwendigkeit, zwischen Konkubinat und Ehe zu unterscheiden. Noch galt das formlose Zusammenleben zwischen Mann und Frau als Ehe, und man brauchte weder ein öffentliches Eheversprechen vor Zeugen noch einen priesterlichen Segen, damit eine Ehe anerkannt wurde. Damals, gegen Ende des siebten Jahrhunderts, lebten auch die Priester im Konkubinat, nämlich mit ihren Frauen unter einem Dach, und nur, wenn jemand zum Bischof geweiht wurde, mußte seine Frau ins Kloster. So galt also das einfache, dauernde Konkubinat als die normale Form des Zusammenlebens, und nur wer neben der einen Frau noch weitere Frauen hatte, wurde seit der Synode von Mainz 851 mit der Exkommunikation bedroht, auch erklärte die Kirche, ein Konkubinat werde durch eine feierliche Hochzeit aufgehoben.

Die strenge Unauflöslichkeit der Ehe ist schon 407 von der Kirche verkündet worden, aber im Frankenreich galt das Verbot der Ehescheidungen nur mit Einschränkungen, denn Ehebruch, Drohung mit Mord, Flucht oder die Weigerung der Ehefrau, ihrem Mann in ein fremdes Land zu folgen, wurden hier als Scheidungsgründe anerkannt. Das blieb so, bis die Karolinger, die Hausmeier der merowingischen Könige, an die Macht kamen, nachdem der letzte Merowingerkönig 725 auf Befehl des Papstes abgesetzt, kahlgeschoren und ins Kloster geschickt worden war. Karl der Große, der eine beachtliche Anzahl von Nebenfrauen besaß und seiner sexuellen Vitalität eine zahlreiche illegitime Nachkommenschaft verdankte, erließ im Jahre 805 ein Kapitular, mit dem Ehebruch, Hurerei, Sodomie und alle ehewidrigen Vergehen, so auch die Prostitution, verboten wurden. Die Prostituierten bedrohte man mit Pranger und harten Körperstrafen. Die christliche Monogamie war damit scheinbar durchgesetzt, wenn der Mann auch nach wie vor zur sexuellen Treue nicht verpflichtet war. Die unfreien Mägde gehörten zu seinem Besitz, und mit ihnen konnte er tun und lassen, was ihm beliebte. Daß es für den Kaiser selbst keine Einschränkungen gab, war für jedermann selbstverständlich, denn nicht nur langes Haupthaar und strahlende Augen, sondern magische Kräfte kennzeichneten seine Besonderheit, und er galt seines Blutes wegen nicht als gewöhnlicher Sterblicher. Übrigens hatte diese Verordnung Karls des Großen, mit der die sexuelle Tugend erzwungen werden sollte, einen realen, politischen Hintergrund: Es ging um die »Gesundheit des Volkes«, weil die Verderbnis angeblich das Volk »kriegsuntauglich« machte, ein für die Zeit charakteristisches und logisches Beispiel repressiver Moral.

Die Stellung der Frau im frühen Mittelalter war durch das Gebot der Unauflöslichkeit der Ehe nun zwar gesichert wie in der christlichen Urgemeinde, aber sie besaß keine Rechte und hatte nur die Wahl zwischen dem Kloster und der Ehe. Seit dem zehnten Jahrhundert hatte sich die Kirche die gesamte Gerichtsbarkeit in Eheangelegenheiten erkämpft. Damit waren die christlichen Vorurteile gegen die Frau Bestandteil der öffentlichen Meinung geworden. Frauen durften bei Gericht nicht als Zeuginnen vernommen werden, weil man sie nach einem Dekret des Vatikans von vornherein als unglaubwürdig betrachtete (Malina). Sie konnten weder ein Testament machen noch einen Vertrag schließen, waren also unmündig wie in der römischen Republik, und selbst für ein Verbrechen, das sie in Gegenwart ihres Mannes verübten, zog man nicht sie zur Rechenschaft, sondern ihren Mann.

Die Beschränkung der Frau auf das Haus, ihre gesellschaftliche Deklassierung blieb in den folgenden Jahrhunderten nicht ohne psychologische Folgen: Wie eine »unterdrückte Minderheit« entwickelten die Frauen Züge von Bosheit und Rachsucht, Unterwürfigkeit und Unselbständigkeit, und mit eben diesen Eigenschaften wurde ihre Unterdrückung begründet. Immer stärker sieht man die Frau als »Gefäß der Wollust«, als »Werkzeug des Teufels« an, bis schließlich die sexuellen Verdrängungen in den Hexenverfolgungen zu einer schauerlichen Kollektivneurose führten.

Ganz anders im Islam, der Bruderreligion des Christentums: Hier galt die Frau zwar auch wenig oder nichts, aber der Koran hatte doch Formen der Ehe gestiftet, die keine Verdrängung sexueller Wünsche, sondern eher ihre Erfüllung bedeuteten. Der Gründer des Islam war kein Asket, sondern ein vollblütiger Nomade.

Frauen hinter Gittern

Mohammed hat in seinem Leben vierzehnmal geheiratet und hinterließ neun Witwen. Nach einer Schlacht, die seinen Anhängern schwere Verluste gebracht hatte, soll der Prophet die überlebenden Streiter gemahnt haben, sich der Witwen und Waisen anzunehmen und »zwei oder drei oder vier« von diesen Frauen zu heiraten, oder auch nur eine, wenn ihnen die Last mehrerer Frauen zu schwer würde. Später haben die Interpreten des Korans die Zahl der Gattinnen für den gewöhnlichen Muslim auf vier festgesetzt, weil diese Zahl, wie im Christentum die Drei, eine symbolische Bedeutung hatte. Rechtlich war diese Begrenzung gegenstandslos, denn jeder Mann konnte sich außer der Gattin mehrere Konkubinen leisten und deren Nachkommen nach einiger Zeit legitimieren.

Der Anlaß dieser von Mohammed empfohlenen Maßnahme war rein praktischer Art, nachdem so viele Männer gefallen waren und ihre Gattinnen unversorgt zurückgelassen hatten. Im festen Stammesgefüge dieser arabischen Nomaden verlor eine Frau, die den Gatten verlor, mehr als nur ihren sozialen Status, denn es gab für die Araberin keine andere Art zu existieren als die, Frau eines Mannes zu sein.

Dennoch ist die arabische Frau ursprünglich, dem Ideal der stolzen Wüstennomaden entsprechend, eine freie und geachtete Persönlichkeit gewesen, soweit sie der Aristokratie angehörte. Es gab in den ersten islamischen Jahrhunderten Frauen, die in den Moscheen Vorlesungen hielten und Gesetze auslegten, man feierte die gelehrte Dame, und die Dichterin steht gleichberechtigt neben dem Mann. So hatten diese Frauen auch politischen Einfluß, nicht kraft ihrer Macht, aber durch kluge Ratschläge, die sie ihren Männern gaben. Dieses Bild änderte sich, als die Vielehe entstand und durch den persischen und hellenistischen Einfluß die Frauen entrechtet wurden: Während draußen in der Wüste Schleier und Harem unangemessen blieben, setzten sie sich in den Städten durch, und als die Frau hinter Haremsgittern verschwand, verlor sie ihre Persönlichkeit an die rein sexuelle Funktion, die sie zwang, mit den Sklavinnen zu rivalisieren.

In den Zeiten der Blutrache und der blutigen Feldzüge gegen die Christenheit war die Vielehe sinnvoll gewesen, weil sie durch Blutsbande einen festen Zusammenhalt der Aristokratie sicherte. Als sich das Gleichgewicht zwischen weiblicher und männlicher Bevölkerung eingependelt hatte und die Araber die Kultur der unterlegenen Völker übernahmen, führte die Vielehe zur Aufweichung der Stammesstruktur. Der gewandte Sklavenhändler vermittelte zwischen Angebot und Nachfrage, und die Epoche der Sexualsklaverei begann.

Heute fällt uns zum Begriff der Polygamie vor allem das Stichwort »Harem« ein, was soviel wie »abgeschlossen, verboten« bedeutet, aber ursprünglich ist die Vielehe durchaus keine Erfindung der Araber, sondern wohl die häufigste Form der Ehe. Der Völkerkundler unterscheidet zwischen Ehen, die ein Mann gleichzeitig mit mehreren Frauen führt, und jenen, die von einem Mann nacheinander mit wechselnden Partnern geschlossen werden, wie dies ja auch heute im europäischen Kulturkreis möglich ist. Selbstverständlich gab es auch die Ehe einer Frau mit mehreren Männern, aber sie ist kulturgeschichtlich ohne Bedeutung und nur in Tibet, in Sibirien und bei einigen Stämmen der Südsee als Notlösung vorgekommen. Bei einigen Formen der sogenannten »Polygynie« (griechisch aus poly: viel, gynai: Weib) ist das anders: Ihre Wirkung reicht bis in die Gegenwart, vor allem durch die Überlieferung der Bibel. Eine solche sozial wichtige Eheform war das bereits erwähnte biblische Levirat, das sicherstellte, daß der Bruder beim Tode des Bruders die Schwägerin heiratete, nicht aus sexuellen, sondern aus sozialen Gründen, und natürlich auch, um die Kopfstärke eines Nomadenstammes nicht zu sehr schrumpfen zu lassen, weil die Männer fielen. Als der Gott der alten Israeliten den Bruder des Onan getötet hatte, mußte dieser dessen Witwe heiraten und, wie es in der Bibel heißt, »seines Bruders Samen wecken«. Das erste Kind, das vom lebenden Bruder gezeugt wurde, galt in der Leviratsehe als leibliches Kind des Toten. »Aber da Onan wußte, daß der Same nicht sein eigen sein sollte, wenn er einging zu seines Bruders Weib, ließ er's auf die Erde fallen und verderbte es, auf daß er seinem Bruder nicht Samen gäbe. Das gefiel dem Herrn gar übel, was er tat, und er tötete ihn auch.« Von dieser Provokation, dem nach damaliger Sitte asozialen und primitiven Verhalten des Onan, ist der irreführende Begriff der Onanie (geschlechtliche Selbstbefriedigung) abgeleitet worden, der eigentlich nicht die Masturbation bezeichnen dürfte, sondern heißen müßte, daß ein Mann sich seiner Verpflichtung zur Mehrehe entzieht.

Bei den Jäger- und Sammlervölkern gab es die Vielehe selten, schon aus wirtschaftlichen Gründen, während sie bei Ackerbauern und Hirtenvölkern häufig vorkommt: Hier ging es nicht nur um die Arbeitskraft der Frau, sondern auch um das Prestige, denn Macht und Kraft eines Mannes ließen sich kaum auf bessere Weise ausdrücken als durch den Besitz mehrerer Frauen. So besaß König David mehrere Gattinnen, und König Salomon soll bei seinem Tode 700 Gattinnen und 300 Konkubinen hinterlassen haben; auch dann noch eine imponierende Zahl, wenn man die orientalische Übertreibung in Betracht zieht. Frauenhäuser hat es schon in ältesten Zeiten gegeben, wie Ausgrabungen bei Tello in Mesopotamien zeigen, aber der streng geschützte Harem als Frauengetto ist wohl eine Erfindung des Islam, wie auch die Einrichtung, ihn durch Eunuchen bewachen zu lassen. Diese üble Sitte, Männer sexuell zu verkrüppeln und sie zu Wachhunden abzurichten, geht nicht auf Mohammed zurück, sondern ist das Ergebnis der unumschränkten Herrschaft der abbasidischen Kalifen in Bagdad und Damaskus. Hier wurde ein ganzer »Hofstaat im Hofstaat« mit strenger Klassengliederung organisiert, denn das Mißtrauen der Herrscher, ihr Sexualbesitz könnte angetastet werden, ließ sie immer neue Überwachungssysteme erfinden. Am Hofe des Sultans von Istanbul gab es schwarze Eunuchen, die aus Afrika stammten, braune Eunuchen aus Indien und weiße Eunuchen, die als Leibwache dienten, weil sie sich als besonders eifrig und treu erwiesen hatten. Am höchsten in dieser Rangordnung stand der Chef der schwarzen Eunuchen, der mit dem Großvezier des türkischen Reiches und dem höchsten Kultusbeamten ranggleich war. Er war Oberaufseher sämtlicher Frauengemächer, Schlüsselbewahrer des Harems und ein Mann von höchstem Einfluß, weil die intime Natur seines Aufgabenbereiches ihm jederzeit Zutritt zum Sultan sicherte (Morus). Insgesamt hat man sich diese Eunuchen nicht als dick, gutmütig und träge, sondern als recht brutale Polizeinaturen vorzustellen, deren Macht über alle diese Frauen, Handwerker, Händler, Ärzte und das Heer von Dienstboten beachtlich gewesen sein muß.

In den großen Harems war die Unbefriedigtheit der Frauen ein ernstes Problem. Zwar fiel den Eunuchen die Aufgabe zu, diese Frauen sexuell zu befriedigen, aber auch das verminderte nicht die Schwüle der Atmosphäre. Häufig kam es zur lesbischen Liebe, und besonders die farbigen Dienerinnen galten als gefährliche Rivalen der Gatten. Es hieß, wer einmal in den Armen einer Negerin gelegen habe, sei für die Männerliebe verloren. Einige Sultane versuchten die Dinge mit Vernunft zu regeln. Von dem Kalifen Harun-al-Raschid (763–809), dessen Gerechtigkeitssinn und Großmut in »Tausendundeinernacht« gepriesen werden, weiß man, daß er seine 400 Konkubinen gezwungen hat, irgendeine Fertigkeit zu erlernen: Sie sollten nähen, sticken, malen oder musizieren, durften aber nicht untätig sein.

Zwischen den prächtigen Frauenpalästen mit ihren zahllosen Wächtern und Dienern, Handwerkern und Händlern und den einfachen Frauengemächern der niederen Klassen gab es erhebliche Unterschiede, aber in einem Punkt waren sich Sultan, Händler und Wüstennomade einig: Eine Frau, die Gattin werden wollte, mußte jungfräulich sein. Unter dieser Bedingung wurden im Volk die Eheverträge geschlossen, und wenn sich in der Brautnacht herausstellte, daß diese Voraussetzung den Tatsachen nicht entsprach, schickte der Gatte die Braut wie eine beschädigte Ware an die Hersteller zurück. Die Eltern pflegten deshalb das blutige Laken des Beilagers aufzuheben, damit es später vor dem Kadi nicht zu irreführenden Behauptungen von seiten des Mannes kam. Die Verschleierung der Frau und die strenge Bewachung gaben jeder erotischen Begegnung den Reiz eines gefährlichen Abenteuers.

Für einen Ehebruch wurde die Frau im Islam mit dem Tode bestraft, während der Ehebruch des Mannes bedeutungslos war. Die Scheidung war leicht gemacht; bekanntlich brauchte der Mann nur eine bestimmte Formel zu sprechen, »Dein Rücken ist mir lieber als dein Antlitz«, und die Ehe wurde, unter Wahrung bestimmter wirtschaftlicher Abmachungen, geschieden. Im festen sozialen Gefüge der Sippe war ein solches Verhalten aber doch, wenn es sich wiederholte, dem Ansehen des Mannes abträglich. Deshalb fand man eine elegantere Form der Polygamie, nämlich eine Verbindung, die ohne Scheidung auflösbar war, die Mut'a. Sie ist ein rechtlich sanktioniertes, zeitlich befristetes Konkubinat. Der Mann ist selbstverständlich während dieser Zeit zum Unterhalt der Frau verpflichtet und zahlt

gelegentlich auch eine bestimmte Geldsumme. Diese Mietehe hat in einigen islamischen Ländern, vor allem in Nordafrika, sehr bald den Charakter einer »Ver-
gnügungsehe« angenommen, wie überhaupt die Eheformen des Islam niemals die
Tiefe der personalen Zuwendung entwickelt haben, wie dies in der christlichen
Ehe als Ideal galt. Für die Männer hat es freilich dort auch keine verdrängte Sexualität mit allen ihren Folgen gegeben.

Die arabische Liebeslyrik lebte aus den Spannungen, die sich aus der gesellschaftlichen Struktur ergaben: Unerfülltes Begehren und tödliche Melancholie,
ritterliche Anbetung und leidenschaftliche Sinnenhaftigkeit wechseln einander ab,
und die Wirkung dieser Haltung reicht weit bis in die Gegenwart: Daß der Mann
sich der Frau ritterlich unterwirft, ist arabisches Erbe. Auch der Harem mit seinen
lockenden Möglichkeiten hat seit jeher literarisch Schule gemacht und die Phantasie unzähliger unternehmungslustiger Männer, aber auch der Erzähler bewegt.
Bis hin zu Mozarts »Entführung aus dem Serail« und den Abenteuern des Barons
von Münchhausen haben viele Geschichten ihren Spannungsreiz aus den Gefahren der Haremsatmosphäre bezogen.

Minnedienst und Frauenlob

Der Minnesang, poetischer Ausdruck des ritterlichen Frauendienstes, spiegelt uns
eine Epoche vor, in der hochgemute Herren, tapfer und fromm, voller Leidenschaft
und Zartgefühl um eine meist unerreichbare Dame warben; ein Bild, dessen tau-
sendfach nachgezeichnete Züge kaum noch Spuren der Wirklichkeit enthalten.
Es fragt sich überhaupt, ob literarische Formen wie Minnelied und Ritterepos als
unmittelbare Darstellung der damaligen Zeit verstanden werden können. Die Epoche des ritterlichen Minnedienstes, dessen Haltung und literarische Geste die erotische Gefühlswelt des Abendlandes tief beeindruckt haben, reicht etwa von 1150
bis 1400, und sie ist reich an widersprüchlichen Zügen und durchaus nicht so trans-
parent, wie die Geschichtsbücher glauben machen wollen. Erst seit die europäischen Historiker von der Blüte der islamischen Renaissance um 1000 n. Chr. Notiz
genommen haben, und seit die Tiefenpsychologie die Schichten des sexuellen Verhaltens aufgedeckt hat, zeichnet sich auch psychologisch ein klareres Bild der mittelalterlichen Minne ab. Vereinfacht könnte man sagen, daß der Minnedienst der
Troubadoure eine rebellische Reaktion auf den zunehmenden Druck der Kirche
in sexueller Hinsicht darstellt. Die poetische Floskel wie die Haltung des Troubadours entstammen dem islamischen Kulturkreis. Von dem arabischen »tarrab«
(Spielmann) dürfte die Bezeichnung »Troubadour« abzuleiten sein, und die dichterische Form fand sich im arabischen Minnesang Andalusiens, der diesseits der
Pyrenäen nachgeahmt und später zu eigener Form entwickelt worden ist. Mit dieser Lyrik wird eine Haltung der Frau gegenüber an das Abendland vermittelt, die
noch heute fortwirkt. Ebenso wichtig war, daß nach der Geistlichkeit, die im
Abendland bisher allein die lateinische Poesie verteten hatte, ein neuer Stand in
die Literatur eintrat: Erst mit dem Rittertum beginnt die außerkirchliche literarische Tradition Europas.

Die Ritter waren zunächst kein festgefügter Stand. Vor 1060 kam das Wort
»Ritter« in den althochdeutschen Texten überhaupt nicht vor, und wenn man vom

Der Knecht Abrahams führt Rebecca zu Isaak.
*Nach altisraelischer Sitte galt nur die Ehe
zwischen nahen Verwandten als standesgemäß.
Miniatur aus der »Wenzelsbibel«, ca. 1390.
Österreichische Nationalbibliothek, Wien*

Ein glanzvolles höfisches Fest *mit Musikanten.*
Miniatur, 15. Jh. Österreichische Nationalbibliothek, Wien

Ritter Kristian van Hamle *wird von seiner Angebeteten in einem*
Korb zum Fenster heraufgezogen. Miniatur aus der Manessischen
Liederhandschrift, ca. 1320. Universitätsbibliothek, Heidelberg

Die alte Kupplerin *überwacht den von ihr in die Wege geleiteten Liebeshandel, der gerade perfekt gemacht wird. Gemälde von Jan Vermeer, 17. Jh. Gemäldegalerie, Dresden*

**Hochzeitsbild des Peter Paul Rubens und seiner Gattin
Isabella Brant.** *Die Geißblattlaube im Hintergrund soll Beständigkeit und Dauerhaftigkeit symbolisieren. Gemälde von P. P. Rubens,
ca. 1610. Bayerische Staatsgemäldesammlung, München*

Die biblische Gestalt der Salome *wurde innerhalb des christlichen Moralcodex als Inbegriff weiblicher Verführungskunst verteufelt. Gemälde von Gustave Moreau, 19. Jh. Musée G. Moreau, Paris.*

Die Schaukel. *Verspieltheit und Frivolität des Rokoko kommen in diesem Bild von H. Fragonard glänzend zum Ausdruck. 18. Jh. Wallace Collection, London*

Das bürgerliche Familienidyll des Biedermeier wird in diesem
Bild von Karl Begas in all seinen liebenswerten Zügen veranschau-
licht. Dazu gehören beschauliche Gemütlichkeit und familiäre
Eintracht als für jedermann verbindliche Werte. Um 1820.
Wallraf-Richartz-Museum, Köln

»ritante« oder »reitman« sprach, war das eine militärische Berufsbezeichnung ohne Prestigewert. Der Wandel bereitete sich nach Beginn der ersten Kreuzzüge, etwa ab 1150, vor, und um 1250 hatte der, der zum Ritterstand gehörte, einen höheren sozialen Status als jeder andere freie Mann, gleichgültig, ob er nun zum Adel gehörte oder Dienstmann war. Mit dieser verkürzten soziologischen Feststellung ist gesagt, daß es eine gemeinsame Moral, gerade in sexueller Hinsicht, nicht geben konnte. Andererseits war das gesamte mittelalterliche Denken von der Angst vor der Sexualität beherrscht, die von der Kirche verteufelt und verdrängt wurde. Nicht nur die Freude am Liebesakt wurde für sündig gehalten, sondern schon das Begehren, selbst wenn es keine Erfüllung fand. So verstieg sich einer der Kirchenväter zu der Behauptung, seine Frau zu sehr zu lieben sei für einen Ehemann eine größere Sünde als ein Ehebruch. Unzählige Bußbücher erschienen, die alle Fragen der sexuellen Moral genau untersuchten und als Hurerei anprangerten, was sich nicht im Ehebett abspielte, selbst unfreiwillige nächtliche Pollutionen wurden mit Bußen belegt.

Dieser zwanghafte Kampf gegen die Triebwelt rief eine Gegenbewegung hervor, die ihren Ausdruck dort fand, wo die arabischen Einflüsse besonders stark waren, nämlich in Aquitanien, dem Land zwischen den Pyrenäen und der Garonne. Die Kreuzritter hatten zwar schon seit der Eroberung Jerusalems (1099) aus dem Nahen Osten neben Waffen und Pferden, Schmuck und Stoffen menschliche Beute aus den Harems der türkischen Sultane mitgebracht, aber erst mit der Eroberung der arabischen Städte in Spanien kamen Tausende von arabischen Mädchen und Frauen in die Normandie und in die Provence, nach Burgund und Aquitanien. So hatte der päpstliche Legat im Jahre 1064 nach Eroberung der Grenzfeste Barbastro allein 1 000 Mädchen nach Rom und Italien geführt, und als Toledo im Jahre 1084

Die Troubadoure *Paris und Edouard bringen der Dame Vienne ein Ständchen. Holzschnitt des 15. Jh.*

von den christlichen Rittern erobert wurde, gelangten nicht nur materielle Reichtümer, sondern auch unzählige arabische Frauen und Mädchen ins christliche Abendland: Sie vermittelten den Fürstenhöfen die Kenntnis arabischer Spielmannspoetik.

Als der erste Troubadour gilt Herzog Wilhelm IX. von Aquitanien, dessen Geschlecht in engen Beziehungen zu den »arabisierten« Königen von Kastilien stand. Schon der arabische Minnesang trug in seiner höchsten Vollendung einen mystischen Zug, der den Gegenstand der Anbetung ins Unirdische entrückte. Genau dies charakterisiert auch die Haltung des Troubadours, freilich nicht ganz so spirituell: Die Betrachtung der Schönheit der Geliebten in »reiner Liebe« bewirkte seit Wilhelm IX. von Aquitanien die Vereinigung der Herzen und Gemüter. Der Troubadour pries Kuß und Umarmung, das Anschauen und Berühren des nackten Körpers auf eine ganz sinnliche körperliche Art, und auch das Beilager war einbezogen in diese Thematik; nur den vollen, körperlichen Besitz der hohen Dame ersehnte er nicht. So meinte einer der Troubadoure, der wisse nichts von Liebe, der seine Dame ganz zu besitzen wünsche, und Wilhelm Montanhagol, ein provençalischer Ritter, sagte, daß von der Liebe die Keuschheit käme. Man wird sich durch den eigentümlich lüsternen, voyeurhaften Zug dieser Liebeslyrik an die arabische Erotik erinnert fühlen. Gewiß ist, daß die Minnesänger in aller Offenheit Gefühle formulierten, die doch der Kirche verhaßt waren.

Im Licht der modernen Psychologie betrachtet müssen sie auf eine Weise erotisch fixiert gewesen sein, die man heute als »Mutterbindung« bezeichnet (Gordon R. Taylor). Für diese Einstellung ist charakteristisch, daß der Mann bei Frauen, die er liebt und schätzt, zur Impotenz neigt, während er bei Frauen aus niedrigem Stand keine Schwierigkeiten hat. Gerade die Bindung zu der hochgestellten Ehefrau des fürstlichen Herren ist nun aber ein Charakteristikum der hohen Minne, die auf diese Weise einen besonderen soziologischen Akzent bekommt: Nie wird sich der Ritter eine Dame suchen, die sozial niedriger steht als er selbst, und wo es zur »niederen Minne« kommt, findet der Sänger ganz andere, natürliche Töne, die in unbefangener Sinnenfreude das Glück der Vereinigung feiern, wie dies in einigen Liedern Walters von der Vogelweide geschieht. Es gibt noch eine andere, sehr merkwürdige Übereinstimmung: Bestimmte Eigenschaften und Verhaltensweisen Frauen gegenüber galten als musterhaft für den Minnesänger, aber sie sind auch charakteristisch für den Mann mit einer Mutterbindung. So fordert der Troubadour Rambaut von Oranien: »Und so bin ich gegen eine Frau bescheiden, verbindlich, freimütig und artig, nachsichtig, achtungsvoll und ehrlich . . .« (Taylor). Die Troubadoure zeigten auch in ihrer gesellschaftlichen Rolle alle Eigenschaften, die diesen Zug hervortreten lassen. Sie waren nicht »konservativ«, sondern fortschrittlich gesinnt und allen Künsten gegenüber aufgeschlossen. Politisch standen sie auf seiten derer, die soziale Reformen wünschten, verabscheuten Gewalt und liebten farbenfrohe Kleidung und Spiele.

Es verwundert nicht, daß die Sublimierung des Weiblichen den Troubadour zum Marienkult führte, alles dies vor dem Zeithintergrund einer eifernden, auf Askese zielenden Kirche und wilder, oft brutaler Sitten. Zahllose Minnelieder wurden an die Jungfrau Maria gerichtet, die »Gottesminne« strahlte als Leitbild dem tugendhaften Ritter voran; 1140 wurde in Lyon von den Troubadouren ein Fest gefeiert, das der Kreuzzugsprediger Bernhard von Clairvaux scharf ablehnte, weil »es dem

Brauch der Kirche nicht bekannt sei, die Vernunft es nicht gutheißen könne und es von der Tradition nicht sanktioniert sei«: Es war das Fest der Unbefleckten Empfängnis Mariä.

Die Kirche hat, vor allem in den Anfängen, die Troubadoure stets angegriffen, weil sie in diesem Frauenkult mit seinem Liebesgesang ein Element der offenen Revolte sah. Der christliche Ritter sollte beten und kämpfen, nicht der Minne dienen. Aber gerade im Frauendienst entwickelte sich der Ritter vom beutegierigen und brutalen Haudegen zum ehrliebenden Herrn, der die Kranken und Schwachen schonte. Der Ehrgeiz, der Dame zu dienen und sich um ihretwillen auszuzeichnen, übte einen starken sittlichen Einfluß auf den Ritter aus, dessen ganzes Leben eine gekünstelte, überhöhte Selbstdarstellung im Dienst der Dame war. Nur in der Kreuzfahrerzeit war es Tapferkeit, die den Mann zum »Ritter« werden ließ. Als um 1250 die kriegerische Epoche des Rittertums abgeschlossen war und der König einen Mann zum Ritter schlagen konnte, gewannen die von den Troubadouren geprägten Vorstellungen stärkeren Einfluß, und das Wort »amoureux« wurde gleichbedeutend mit »ritterlich« und »tugendhaft«. Man erkennt diese Ursprünge der ritterlichen Haltung in dem englischen »gentle«, das eigentlich »milde« bedeutet.

Ehre und Tapferkeit als bestimmende Werte hat es aber in allen Kulturkreisen mit einer patriarchalischen Struktur gegeben. Kulturgeschichtlich entscheidend war, daß die Troubadoure das Gefühl leidenschaftlicher Liebe, das bisher eher als eine Krankheit, ein Wahn oder als Wirkung von Magie verstanden wurde, zu einer Tugend erhoben. Dieses Gefühl entfaltete sich freilich vor allem in der Vergeblichkeit: Der Minnesänger erhob die verheiratete Frau zu seiner Dame nicht, weil er sich nicht auch in ein junges Mädchen verliebt hätte, sondern weil der Stil seiner Gefühle ihn zwang, ein unerreichbares Objekt zu suchen. Eine Heirat als Abschluß einer solchen Beziehung wäre absurd erschienen, denn nach Ansicht der Zeit war leidenschaftliche Liebe zwischen Eheleuten unmöglich.

Wie die Beziehungen zwischen den Damen und ihren Rittern im einzelnen gewesen sein mögen, kann man nur vermuten. Es wird während der Epoche des Minnesangs vielerlei Möglichkeiten gegeben haben, von schmachtender Verehrung bis zum handfesten Ehebruch, der niemanden störte, wenn nur der Schein gewahrt blieb. In zwei altfranzösischen Gedichten, die sich der Frage widmen, ob der Mönch oder der Ritter ein besserer Liebhaber sei, wird dem Mönch der Vorzug gegeben, weil er reichere Geschenke machen könne als der Ritter und aus Angst vor Entdeckung verschwiegen sei, während der Ritter mit seinen Eroberungen prahle.

Die formelle Seite des Frauendienstes ist häufig beschrieben worden; man führte ein Tuch, einen Schleier oder ein Hemd der Dame mit sich; Ulrich von Liechtenstein bevorzugte ein Fläschchen mit dem Waschwasser, und zum Beweis seiner unüberbietbaren Liebe hackte er sich einen Finger ab und schickte ihn der Angebeteten, die sich daraufhin übrigens von diesem Ritter abwandte. Ebenso bizarr wie diese Übertreibungen wirken auf uns die endlosen Erörterungen über die Streitfälle der Liebe: Handelt eine Dame treulos, wenn sie, von ihrem ersten Liebhaber vernachlässigt, einen zweiten nimmt, der aufrichtiger ist? Darf ein Ritter, der jede Hoffnung, seine Dame zu sehen, aufgegeben hat, da ein eifersüchtiger Ehemann sie eingeschlossen hält, sich endlich einer neuen Liebe zuwenden? Was ist einem Ritter mehr zu wünschen: Daß man über seine Dame schlecht redet und er sie treu findet oder daß man gut über sie redet und er sie untreu findet? Der stilisierte Kodex des Frauendienstes mit seiner übertriebenen Hochschätzung des gesellschaftlichen Rufes erforderte, daß der Ritter sich für die zweite Variante entschied. Er hatte zu wünschen, daß auf die Dame seines Herzens kein Makel fiel, mochte sie in Wirklichkeit sein, wie sie wollte.

Zu dieser Zeit war aus dem christlich-frommen Ritter weitgehend ein Turnierjäger geworden, der sich seinen Lebensunterhalt damit verdiente, daß er für eine beliebige Dame stritt und sich mit hohen Preisen und Geldern entlohnen ließ: Die Gesten des Minnesangs waren zur hohlen Farce erstarrt, die ritterliche Haltung ein leeres Spiel. Wirtschaftlich hatte der Ritterstand dem aufkommenden Bürgertum nichts mehr entgegenzusetzen, und so wird auch der reiche Kaufherr zur Disputation über die Liebe zugelassen. Solche gelehrten Gespräche führte man ausgiebig im »Liebeshof«, den der Herzog von Burgund, Philipp der Kühne, in Paris im Jahre 1400 gegründet hatte und dem die Elite der europäischen Fürsten angehörte. Er stellte dem Typ nach schon eine Art Akademie dar, wie sie damals in Italien nach Platonischem Vorbild ins Leben gerufen wurden. Die dort erörterten Fragen entstammten der Thematik der Troubadoure, etwa dem klassischen Roman »Roman de la Rose«: Hier ging es um Venus, die keine Keuschheit bei einer Frau je mehr dulden wollte, und um Amor, der mit seinen »Heeren der Liebe« alle angriff, die sich weigerten, die Gesetze der Natur zu erfüllen.

Als das Weib zur Hexe wurde

Die Welt der Ritter und Mönche war zugleich eine Welt der Astrologie und Alchimie, mit allen Wurzeln den historisch uralten Bewußtseinsschichten aus der Welt der frühen Jäger und Ackerbauern verbunden. So glaubte man, mit Hilfe der Alchimie nicht nur Metalle zu verwandeln und den Stein der Weisen zu gewinnen, sondern auch das menschliche Leben verlängern oder etwa einen Ehebruch ans Licht bringen zu können. Gewiß bekämpfte die Kirche heidnische Bräuche und allerlei Aberglauben, war aber doch selbst mit solchen Anschauungen durchsetzt und in allen Irrtümern ihrer Zeit befangen. Die Elementenlehre des Aristoteles, von Wilhelm von Conches (12. Jh.) neu formuliert, beherrschte das Denken; von Erde, Wasser, Luft und Feuer war die Rede und von der geheimnisvollen Quintessenz, die nicht wunderbarer erschien als die Engel im Himmel oder der Basilisk, das Produkt eines von der Kröte bebrüteten Hühnereies. Wie selbstverständlich magische Praktiken waren, die man heute noch bei Naturvölkern findet, zeigt das »envoûtement«, das selbst an christlichen Fürstenhöfen geübt wurde. Wer seinen Feind verderben wollte, durchstach ein auf dessen Namen getauftes Wachsbildchen mit einer Nadel oder ließ es unter Verfluchungen im Feuer schmelzen. So hat noch König Philipp VI. von Frankreich (1328–1350), der den hundertjährigen Krieg mit England begann, ein solches gegen ihn gerichtetes Wachsbild, das ihm in die Hände fiel, selbst ins Feuer geworfen mit der Bemerkung: »Wir wollen doch sehen, ob der Teufel mächtiger ist, mich zu verderben, oder Gott, mich zu erretten.«

Ein Fürst und Herr der damaligen Zeit hielt sich nicht nur seinen astrologischen Berater, wie Wallenstein sich später eines Johann Kepler bediente, sondern auch seinen Meister der Schwarzen Kunst. Bedrängt von Ängsten aller Art, beladen mit krausen Vorstellungen vom Wüten des Satans und konfrontiert mit den Schrecken der Zeit war der Mensch jener Epoche schnell bereit, auch das Absurde zu glauben, wenn es nur eine Erklärung bot. Dabei galt alles, was die Ordnung Gottes störte, als Ketzerei, und im allgemeinen Interesse schien es zu sein, diese Ordnung mit allen Mitteln zu verteidigen, die Störer dieser Ordnung mit Feuer und Schwert auszurotten, mochten es nun wirkliche Ketzer oder nur willenlose Werkzeuge des Höllenfürsten sein. Daß der Satan, Herr des Schmutzes und des Ungeziefers, mit Hilfe seiner »Buhlteufel« die Frauen beschlief, wurde von jedermann geglaubt, und eben dies führte in den Teufelskreis von Verdächtigung und Indiz: Des Buhlteufels Opfer war eine Hexe, die ihre übernatürlichen Fähigkeiten im Dienste des Teufels ausübte, und man erkannte sie an ihrem Wirken, aber auch an den Spuren des Beischlafs: Harmlose »Gerstenkörner«, Eiterpickel, eine Warze, ein Muttermal oder bloße Häßlichkeit reichten aus, um eine Frau als Hexe zu überführen. Nun erklärte sich plötzlich, daß die Nachbarin Fehlgeburten hatte, das Rind im Stall verkalbte oder dem Pfarrer zur Nachtzeit ein Hund mit zwei Köpfen erschienen war.

Fürchterlich wurde der Hexenglaube, als er eine theoretische und systematische Grundlage erhielt: Nun erst wurde für jeden einleuchtend begründet, weshalb gerade Frauen in den Dienst Luzifers gerieten. Dies geschah durch zwei Inquisitoren in Deutschland, denn die Geschichte der Hexenverfolgungen gehört zur Geschichte der Inquisition als ein Versuch, diesem päpstlichen Instrument in Deutschland – nach dem Vorbild der spanischen Inquisition, welche die Araber und Juden verfolgte – mehr Macht zu verschaffen. Eine solche Möglichkeit bot sich dem Papst Innozenz VIII., als dessen »geliebte Söhne Institoris und Jakob Sprenger«, beide Dominikaner, aus Deutschland die Umtriebe einer satanischen Sekte gemeldet hatten. Hier schien nicht nur die christliche, sondern die natürliche Ordnung auf beunruhigende Weise bedroht, denn die von Heinrich Institoris im Bistum Konstanz und die von Sprenger im Bistum Köln gefolterten Frauen hatten haarsträubende, natürlich frei erfundene Einzelheiten preisgegeben. Weil die außergewöhnliche Lage die Anwendung außergewöhnlicher Mittel zu erfordern schien, rief der Papst mit der Enzyklika »Summis desiderantes« gleichsam einen Notstand aus, gestützt auf das Material der beiden Dominikaner. Ihr krankhafter Frauenhaß, genährt von den Lehren der asketischen Kirchenväter, prägte nicht nur die Enzyklika des Papstes, sondern auch ihr gemeinsames theoretisches Werk, den berüchtigten »Hexenhammer«, der zwei Jahre später 1486 in Köln in lateinischer Sprache gedruckt worden ist und weiter verbreitet wurde als jedes andere Buch der damaligen Zeit. Das Schema der in diesem Buch festgehaltenen sexuell bestimmten Wahnvorstellungen ist leicht zu durchschauen: Jede fromme Nonne war verdächtig, mit dem Teufel Umgang zu haben, weil dieser den Ehrgeiz haben mußte, gerade solche Jungfrauen zu schänden. Ebenso verdächtig waren aber auch lebenslustige junge Mädchen, die leicht seine Beute werden konnten. Verlassene Bräute boten dem Teufel eine Handhabe, aber auch reife Witwen, und wenn eine Frau allzu häufig zur Kirche ging, machte sie sich ebenso verdächtig wie jemand, der seinen kirchlichen Pflichten nur nachlässig folgte. Besonderes Mißtrauen brachten die gelehrten Herren den Wehmüttern entgegen, die im weiblichen Leben eine so große Rolle spielten. Sie pflegten angeblich die neugeborenen Mädchen heimlich im Namen des Satans zu taufen, wodurch schon kleine Mädchen im Kindesalter zu Hexen würden. Der Mann spielte in diesen Vorstellungen nur als Helfer eine Rolle: Wehe, wenn er es wagte, seine Tochter oder Frau zu verteidigen.

Der Umgang der Hexen mit dem Teufel äußerte sich auf verschiedene Weise, je nachdem, ob sie mit einem »incubus«, einem auf der Frau liegenden Teufel, oder mit dem »succubus«, einem unter ihr liegenden Teufel, Unzucht getrieben hatte. Die Hexen sagten aus, daß der Koitus mit dem Teufel schmerzhaft sei, da sein Penis mit Eisen beschlagen oder mit Fischschuppen bedeckt sei. Seinen Samen bezeichnete man als eisig, seine Genitalien als steinhart. Besondere Anziehungskraft muß sein Hinterteil ausgeübt haben, das die Hexen zu küssen verlangten. Selbst in dem 1431 geführten Prozeß gegen die Jungfrau von Orleans, der kein Hexenprozeß war, spielten Fragen eine Rolle, die dem Instrumentarium der Hexenjäger entstammten. Man wollte wissen, ob der Erzengel Michael, der sie umarmt habe, nackt gewesen sei und ob er ihren Oberleib oder ihren Unterleib umarmt habe; so wollte man ermitteln, ob nicht vielleicht ein Höllendämon sich der Gestalt des Erzengels Michael bedient habe.

Dem Psychologen, der mit den Strukturen des menschlichen Fühlens vertraut ist, bietet diese düstere Mentalität keine unlösbaren Rätsel, und im Bild der Hexe, die mit dem Teufel orgiastischen Umgang hält und die den Mann bedrohende Sexualität verkörpert, erkennt er das Gegenbild zur Gottesmutter, der strahlenden Jungfrau. Zur theologischen Begründung wurde der Sündenfall herangezogen, denn das aus der krummen Rippe erschaffene Weib hatte mit der Schlange paktiert und die Sünde in die Welt gebracht; seine Minderwertigkeit war fest im Bewußtsein der mittelalterlichen Christenheit verankert. So tief fraß sich der Massenwahn, nur vergleichbar dem Rassenhaß unseres Jahrhunderts, ins allgemeine Bewußtsein, daß der Schreibtischmörder Bouguet, Oberrichter in St-Claude, selbst kleine Kinder verbrennen ließ. Seine Begründung lautete, sie seien ohnehin nicht zu bessern, wenn sie sich einmal dem Teufel ergeben hätten. Als Anna Göldli als »Hexe von Glarus« im Jahre 1782 das letzte unschuldige Opfer des Scheiterhaufens wurde, waren drei Jahrhunderte vergangen, seit die päpstliche Bulle im Jahre 1484 die fürchterlichste Frauenverfolgung der Geschichte eingeleitet hatte. Die Gesamtzahl der Opfer beträgt nach vorsichtigen Schätzungen etwa 300 000 Frauen und Mädchen. In Deutschland waren die Erzbistümer Trier, Würzburg und Bamberg am stärksten betroffen. Im Südwesten Frankreichs hatte die Hexenverfolgung als Folge der Ketzerverfolgung ihren Ausgang genommen, und bis nach Rußland, England und Amerika hatte sich der Wahn ausgebreitet, bis er endlich der Aufklärung und dem rationalen Geist der vielgeschmähten naturwissenschaftlichen Neuzeit wich. Als Aberglaube hält er sich auf erschreckende Weise noch heute vor allem in den norddeutschen Landschaften, ein Beweis für die unglaubliche Zähigkeit menschlicher Vorurteile.

Von Keuschheitsgürteln und Kinderehen

Schon immer ist die Frau vor allem des Mannes Besitz gewesen, aber kaum jemals zuvor hat diese Tatsache einen so unmißverständlichen Ausdruck gefunden wie im fünfzehnten Jahrhundert, als die wohlhabenden italienischen Kaufherren ihren

Gattinnen den Keuschheitsgürtel anpassen ließen. Ein solches handgeschmiedetes Meisterwerk umgab die Hüften der Frau und ließ nur dort eine kleine Öffnung, wo dies zur Verrichtung bestimmter Bedürfnisse unvermeidlich war. Den Zugang zur Liebe sperrte ein Schloß, dessen Schlüssel nur der Gatte besaß – von Nachschlüsseln abgesehen, die der kunstreiche Schmied auf Wunsch der Dame gegen gutes Geld anfertigte. Die Idee entstammt der Antike, Homer läßt Hephaistos, den wütenden Gott der Schmiede und des Feuers, einen solchen Gürtel für Aphrodite anfertigen, weil sie ihn mit dem strahlend schönen Kriegsgott Ares, seinem eigenen Bruder, betrogen hat. Der plumpe, häßliche Gatte sollte mit diesem absurden Einfall wohl der griechischen Spottlust ausgesetzt werden, aber die sittenstrengen Kaufherren hatten für solche Ironie keinen Sinn: Sie nahmen ihre antike Bildung wörtlich und verschlossen ihre Gattinnen nach Manier eines Geldschrankes. Als Venusgürtel oder Florentinergürtel hat sich dieses barbarische Instrument in ganz Europa eingebürgert und ist erst im siebzehnten Jahrhundert außer Gebrauch gekommen. Wie alle Gegenstände des täglichen Lebens wurde auch der Venusgürtel zum Statussymbol, und der reiche Patrizier ließ ihn vom Goldschmied künstlerisch ausgestalten.

Auch jetzt noch, zu Beginn der Renaissance, waren die Rechtsformen der christlichen Ehe nicht einheitlich geregelt. Schon der Verspruch, der nicht von der Kirche ausgesprochen wurde, sondern vom Grundherrn oder Bürgermeister, war rechtskräftig, wenn die Ehe tatsächlich vollzogen wurde. Aus den Kölner Statuten des vierzehnten Jahrhunderts ist eine solche deutsche Trauformel erhalten: »Ich befehle euch zusammen auf fränkischer Erde mit Gold und Gestein, Silber und Gold nach der Franken Weise und Sachsen Recht, daß euch keines das andere lassen soll um Lieb noch um Leid noch um irgend etwas, das Gott an ihm geschaffen hat oder schaffen wird.« Während die Brautleute so versprochen werden, hält der, der sie zusammengibt, ein seidenes Tuch mit 12 Silbermünzen. Die Ehe war damals ein bürgerlicher Vertrag, der kirchlich mit einer bestimmten Formel »matrimonium ratum et consumatum« (lateinisch: geschlossene und vollzogene Ehe) in den Rang eines Sakraments erhoben wurde. Durch den Vollzug der Ehe ging die »Munt«, die Verfügungsgewalt, vom Vater auf den Gatten über. Im Mühlhäuser Reichsrechtsbuch heißt es: »Wo immer zwei zusammenkommen zur rechten Ehe, ist es dann, daß die Frau noch einen Vater hat, der soll von Rechts wegen die Vormundschaft übergeben, wenn sie ihr Hausherr beschlafen hat eine Nacht. Kann sie ihres Vaters nicht habhaft werden, so soll sie ihr nächster Vatermag übergeben . . .« Man gab die vollzogene Ehe vor Zeugen bekannt, und weil man Christ und guten Willens war, geschah dies nicht mehr wie früher vor der Dorflinde, sondern vor der Kirche. Daß man aus diesem Anlaß wie bei der Frühjahrsaussaat oder beim Hausbau den Geistlichen um seinen Segen bat, war frommer Brauch, keine rechtliche Notwendigkeit. Damals herrschte in der Kirche noch die Auffassung, Christus selbst habe keinerlei Vorschriften über die Spendung des Ehesakraments gegeben, also stehe es auch der Kirche nur zu, einen Rat zu erteilen: Der lautete schon 1215 auf dem Lateranskonzil, die Brautleute sollten zur Feststellung von Ehehindernissen ein Aufgebot verkündigen lassen und die Eheschließung in Anwesenheit eines Geistlichen vollziehen. Am Segen der Kirche lag jedem, also folgte man dem Rat. Auch beim »öffentlichen Beilager«, einer im ganzen Mittelalter weit verbreiteten Sitte, war der Priester anwesend. Er segnete das

Brautbett als »Werkstatt der Liebe«, ehe das Paar es in Anwesenheit aller Hochzeitsgäste bestieg. Das Sakrament selbst, das einzige Sakrament, das nicht aus der Hand des Priesters kam, spendeten die Eheleute einander im Vollzug der Ehe.

Das Heiratsalter lag im frühen Mittelalter niedrig. Um 1250 konnte ein Knabe, wenn er vierzehn Jahre alt war, eine gültige Ehe eingehen, ohne seinen Vater fragen zu müssen. Die Mädchen mußten zwölf Jahre alt sein, wenn die Ehe gültig sein sollte. Im Laufe der Jahrhunderte verschob sich diese Grenze etwas, und um 1500 lag sie bei siebzehn für Männer und dreizehn für Mädchen. Etwas anderes sind die von Eltern geschlossenen Kinderehen, die seit dem Ende des fünfzehnten Jahrhunderts geradezu ein Geschäft geworden sind. Um Gut oder Land zu sichern, wurden Kinder schon in der Wiege von ehrgeizigen Eltern oder Freunden verheiratet, »woraus viele böse Dinge entstehen«, wie es in einer englischen Quelle heißt. Als der fünfjährige Gilbert Gerrard mit der noch nicht sechsjährigen Emma Talbot aus dem normannischen Adelsgeschlecht verheiratet wurde, hielt der Onkel des Knaben den winzigen Bräutigam hoch »und sprach die Trauformel an Stelle des Kindes. Das Mädchen sprach die Worte, die man sie gelehrt hatte.« Meist wurden solche Kinder nach der Hochzeit wieder getrennt, doch trafen sie sich gelegentlich, um miteinander zu essen oder an Kirchenfesten miteinander zu spielen. Der Grund für solche Heiraten lag z. B. in England in den Feudalgesetzen, die unmündigen Kindern bei Verlust des Vaters den Lehnsherrn zum Vormund bestimmten, eine Versuchung zur Bereicherung, der mancher erlag. Auch theologische Gründe sprachen für die Frühehen, denn man glaubte, auf diese Weise die bösen Begierden, die sonst zu befürchten waren, eindämmen zu können.

Wenn bei den Eheschließungen der herrschenden Schichten bestimmte Regeln eingehalten und ein strenges Zeremoniell durchgeführt wurden, so galt dies nicht im gleichen Maße für das niedere Volk, um dessen Sitten sich kaum jemand kümmerte. Allerdings wurden Verbrechen auf sexuellem Gebiet bestraft, in Deutschland nach dem Recht des Sachsen- und Schwabenspiegels. Zu solchen Verbrechen zählten auch sexuelle Beziehungen zwischen den Klassen: »Läßt es eine freie Frau zu, daß ein Höriger sich zu ihr legt, so soll man ihr das Haupt abschlagen, und ihn soll man durch Verbrennen töten. Wird den beiden ein Kind geboren, so ist es nicht frei. Es kann auch weder von der Mutter noch vom Vater noch von Verwandten etwas erben, oder was sonst eheliche Kinder Recht ist . . .«

Die Entstehung des Bürgertums in den Städten und die Festigung des kirchlichen Einflusses führten nicht zu einer höheren Sexualmoral, was die Ehe anging, aber zu strengerer Einhaltung der Regeln. Noch immer war ja die Ehe eine zivilrechtliche Einrichtung, bei deren Zustandekommen vorwiegend materielle Gesichtspunkte eine Rolle spielten. Wie Jahrhunderte zuvor beim Rittertum wurde deshalb auch jetzt beim Bürgertum die Erotik außerhalb der Ehe erlebt, freilich ohne die spielerische Eleganz ritterlicher Minne. Kaum je dürfte es eine Epoche gegeben haben, in der die Freuden der Liebe so freigebig außer Haus feilgeboten wurden wie im fünfzehnten und sechzehnten Jahrhundert, ob nun in den öffentlichen Badehäusern oder in den Bordellen. Jedermann, ob Fürst oder Kaufherr, Kleriker oder Ritter, kam auf seine Kosten, die Dirnen gehörten zum Troß der Heere wie zum Umkreis der Höfe. Zum Konzil nach Konstanz, auf dem Johannes Huß verbrannt wurde, strömten im Jahre 1414 allein 1500 Dirnen.

Zwingli brach den Zölibat

Als die kirchlichen Erneuerungsbewegungen der Reformation den unerträglich gewordenen Zuständen ein Ende zu setzen versuchten, standen die alten Themen der Christenheit, Zölibat und Ehe, wieder im Mittelpunkt des Interesses. Nirgends deutlicher als im sexuellen Leben klafften kirchliche Forderungen und die Wirklichkeit weiter auseinander. Ulrich Zwingli war der erste Reformator, der bewußt gegen den Zölibat verstieß, um die sexuelle Gleichberechtigung des Priesterstandes durchzusetzen, der offenbar nur so vor dem sittlichen Untergang gerettet und reformiert werden konnte. Der Leutpriester am Großen Münster in Zürich heiratete im April 1524 als Vierzigjähriger die Witwe eines angesehenen Richters, Anna Meyer, eine Provokation, die seit einem halben Jahrhundert nicht mehr gewagt worden war. Nicht das heimliche Konkubinat, sondern die offen vollzogene Ehe stellte alle bloß, die um des guten Rufes der Kirche willen die unzähligen Vergehen und Verstöße des Klerus gegen die guten Sitten bemäntelten. Der Reformator Martin Luther heiratete ein Jahr später am 13. 6. 1525 Katharina Bora, die mit sechzehn Jahren Nonne geworden und 1523 nach Wittenberg geflohen war. Luther hat mit seiner Ehe dem protestantischen Christentum ein Beispiel gegeben. Sechs Kinder sind aus dieser Verbindung mit der fünfzehn Jahre jüngeren Frau hervorgegangen, und das hausväterliche Leben des Reformators mit seinen praktischen Erfahrungen hat den Stil seiner Schriften unverwechselbar geprägt. Ganz anders der dritte Reformator, der kränkelnde Johann Calvin, Sohn eins nordfranzösischen Gerichtsbeamten. Seine Ehe war keine Provokation, weil er kein Priester war; da ihm jedoch Frau und Kind früh starben, konnte diese Familie nicht wie bei Luther ein Vorbild für die Gemeinde werden. Er führte das Leben eines Eigenbrödlers und entwickelte einen sexuellen Gesinnungsterror, der offensichtlich pathologische Züge trug. Für die Reformation blieb aber entscheidend, daß er dem Priester die Ehe erlaubte und nicht etwa, wie es seiner Natur entsprochen hätte, den Zölibat wieder einführte.

Die Herausforderung Martin Luthers an die Kirche wurde von jedermann begriffen: Er hatte nicht eine beliebige Frau geheiratet, sondern eine »entsprungene Nonne«. Seine Gegner hängten ihm deshalb an, er sei der Wollust und Unzucht ergeben; selbst der feinsinnige Humanist Erasmus von Rotterdam bemerkte, das große Schauspiel der Reformation löse sich, wie eine Theaterkomödie, in Heiraten auf und ende damit, daß die Mönche ihre Kutten ablegten und sich mit Nonnen vermählten. Luther, seines Weges gewiß, hat sich dadurch nicht beirren lassen, sondern seine Auffassung von der Ehe mit Entschiedenheit und Freimut dargelegt. Auch für ihn verkörperte sich die Sexualität als Erbsünde, und die Ehe sah er als Institution, die Schlimmeres verhüten sollte und zur Kinderzeugung nun einmal notwendig und geeignet war, aber er war weit davon entfernt, den asketischen Gedanken aufzugeben. Zwischen der mönchischen Keuschheit und den Naturgebenheiten des Menschen lag der Mittelweg, den er den Eheleuten wies: Der christliche Hausstand, wie er von Luther modellhaft vorgelebt wurde, war dann auch eine Hausgemeinschaft mit einer »innerweltlichen Askese« (Flitner). Die meditativen Übungen entsprachen der reformatorischen Lehre. Es gab gemeinsame, laute Morgen- und Abendgebete, das Tischgebet mit der erbaulichen »Tischrede« und für den ständigen Hausgebrauch die Lektüre aus der Predigtsammlung.

Der sakramentale Charakter der Ehe war für Luther kein entscheidender Punkt, denn er hielt die Ehe für ein »weltlich Ding« und eine natürliche Institution, die er mit seinem Begriff von Sünde und Gnade theologisch nicht verknüpft sehen wollte. »Gott hat Männlein und Fräulein geschaffen, die sollen und müssen beieinander sein, wie er es verordnet hat: das ist nach seinem Willen, den er den Eltern gegeben hat. Sie sollen zusammenkommen und sich verheiraten.« Berühmt ist der derbe Spruch des Reformators: »Die Woche zwier, der Weiber Gebühr, schadet weder dir noch mir, machts Jahr hundertvier.« Derlei handfeste Anleitungen zur Sexualität der Ehe waren bisher von der Kirche nirgends gegeben worden.

In seiner Schrift »Vom ehelichen Leben« hat er die Gründe entwickelt, weshalb er im Gegensatz zur katholischen Kirche für eine Scheidung eintrat: »Ich habe also gesagt, wenn ein ehefähiges Weib einen impotenten Mann hat, und sie kann keinen anderen öffentlich nehmen, möchte aber nicht gegen ihre Ehre tun, zumal der Papst diesbezüglich viel Zeugen und grundlose Abhandlungen fordert, so soll sie zu ihrem Manne sagen: Sieh, lieber Mann, du kannst an mir nicht deine Pflicht erfüllen, du hast mich um meinen jungen Leib betrogen und damit Ehr und Seligkeit bei mir in Gefahr gebracht. Vor Gott ist keine Ehe zwischen uns beiden, darum erlaube mir, daß ich mit deinem Bruder oder nächsten Freund eine heimliche Ehe führe.« Hier taucht bei Luther offensichtlich die Erinnerung an Onan auf und die Leviratsehe der alten Israeliten. Luther tritt dafür ein, daß die bürgerliche Ordnung gewahrt bleibe, auch die Erbfolge soll unangetastet sein. »Will er aber nicht«, schreibt Luther weiter, »soll sie davonlaufen in ein anderes Land und dort heiraten.« Luther kennt drei Gründe für die Scheidung: Der erste Grund ist, »wenn Mann und Frau zur Ehe untauglich sind durch der Glieder Maß oder Natur, doch davon ist genug gesagt«. Der zweite Grund ist der Ehebruch. »Wir halten dafür, daß wegen Ehebruch eines des anderen lassen soll, wie auch Salomon sagt, Proverbium 18, *wer eine Ehebrecherin bei sich behält, ist ein Narr*.« Luther führt das im einzelnen aus, schränkt ein und sagt, daß es bei heimlichem Ehebruch möglich sei, die Frau »heimlich und brüderlich« zu strafen und dennoch zu behalten. Die dritte Ursache für eine Scheidung sei, »wenn sich eines dem anderen entzieht, so daß es die eheliche Pflicht nicht erfüllt noch bei dem andern bleiben will. Das findet man zuweilen bei einem halsstarrigen Weibe, das seinen Kopf aufsetzt, und sollte auch der Mann zehnmal in Unkeuschheit fallen, so fragt sie nicht danach. Da ist es Zeit, daß der Mann sage: willst du nicht, so will eine andere. Will die Frau nicht, so komme die Magd.« Vor der Gemeinde soll die Halsstarrigkeit der Frau öffentlich bekanntgemacht werden, und »wenn sie dann noch nicht will, so schicke sie fort und laß dir eine Esther und die Vasti geben, wie König Assuerus tat«.

Bisher war es für Ehebrecher unmöglich, neu zu heiraten, selbst nach dem Tode des betrogenen Eheteils, und auch, wenn ein junger Mann ein Mädchen entführt hatte, wurde ihm von der Kirche die Ehe unmöglich gemacht. Luther berief sich in diesem Falle wie bei anderen Gelegenheiten auf die Schrift; sogar die Bigamie wurde von den Reformatoren unter gewissen Umständen gebilligt. In gewisser Weise gingen die Reformatoren auf die alttestamentarischen Zustände zurück, aber dennoch war die Wirkung der Reformation mit ihrer pragmatischen Handhabung der Probleme ein Fortschritt: Die verlogene Haltung einer abgesunkenen Ritterkultur wurde von der neuen Wahrhaftigkeit überwunden, und die Institution der monogamen Ehe, bisher durch vielerlei Verlogenheiten verschleiert, gewann an Kraft und Sicherheit. Eine von niemandem vorhersehbare, aber um so weitreichendere Wirkung der Reformation ging vom protestantischen Pfarrhaus aus. Die Reformation hatte hier eine Grundlage geschaffen, auf der sich im Laufe der folgenden Jahrhunderte ein neuer Stand aufbaute.

Die Antwort des Konzils

Die Antwort der Kirche auf die Herausforderung der Reformatoren wurde auf dem Konzil zu Trient formuliert, das von 1545 bis 1563, also fast zwanzig Jahre dauerte. Aus ganz Europa, von Irland bis Polen, von Schottland bis Dalmatien, waren die Bischöfe und Prälaten zusammengekommen, um sich mit allen zentralen Fragen, darunter auch mit der Priesterehe und Fragen des Ehesakraments, auseinanderzusetzen. Obwohl Karl V. die Aufhebung des Zölibats empfohlen hatte, bekräftigte das Konzil erneut die Pflicht des Geistlichen, in Keuschheit zu leben. Damit hatten sich die konservativen Kräfte durchgesetzt und in bewußten Gegensatz zu den Forderungen ihrer Zeit gestellt, denn nicht nur die Reformatoren, sondern auch die Klosterpraxis selbst schien das Konzil zu widerlegen: Im Jahre 1561 ergab eine Klostervisitation in Österreich, daß zu den 182 Konventualen, die in 36 Klöstern lebten, 135 Frauen und 223 Kinder gehörten, und Herzog Albrecht von Bayern hat offen ausgesprochen, daß von hundert Geistlichen kaum drei oder vier wirklich keusch lebten. Zu einem ähnlichen Ergebnis kam Kaiser Ferdinand I. von Habsburg (1556–1564): In ganz Deutschland käme auf hundert Geistliche kaum einer, der nicht öffentlich oder heimlich verheiratet sei. Wenn man sie aber alle absetzen wolle, woher solle man Ersatz nehmen? Die Grundsätze, die das Konzil zu Fragen der Ehe formulierte, waren nicht weniger repressiv: Am 11. November 1563 wurde auf der 24. Sitzung des Konzils die Unauflöslichkeit der Ehe dekretiert. Der Vorrang der Jungfräulichkeit gegenüber dem Ehestand wurde ausdrücklich betont, Eheversprechen und Keuschheitsgelübde galten als unwiderruflich. Dem frühen Heiratsalter entsprechend wurde auch das ewige Keuschheitsgelübde früh abgelegt; für einen 17jährigen Klosterzögling oder eine 13jährige Novizin nach einem Probejahr eine Entscheidung von einer kaum zu überblickenden Konsequenz.

Neu war die Forderung der Kirche, daß die Ehe in einer besonderen Form geschlossen werden müsse. Das Konzil forderte mit dem »Decretum tametsi« von jedem Katholiken, er müsse die Ehe, damit sie gültig sei, in Anwesenheit eines zuständigen Geistlichen und dreier Zeugen schließen, eine für das kirchliche und weltliche Recht so folgenschwere Forderung. Der Geistliche wohnte der Trauung damals zwar nur als Zeuge bei, zu einer priesterlichen Handlung war er nicht verpflichtet; aber er mußte – auch dies war neu – die vollzogene Trauung ins Kirchenbuch eintragen: Von nun an gehört die kirchliche Trauung zum Fundament der bürgerlichen Ehe.

Eine weitere wichtige Forderung war, daß die Ehewilligen die Erlaubnis ihrer Eltern beibringen mußten. Das stand im Gegensatz zur allgemeinen Praxis und machte in den Ländern Europas außerordentliche Schwierigkeiten. Schon immer war die Ehe Sache der Eltern, nicht der Kinder gewesen; der ursprüngliche Sinn der schon früher erhobenen Forderung war gewiß, die Autorität der Eltern auf

In der Klosterküche. *Die Kirche versuchte die Aufgeschlossenheit der Geistlichkeit für die Freuden des Lebens auf dem Tridentiner Konzil durch ein strenges Reglement einzudämmen, ohne damit allerdings viel Erfolg zu haben. Holzschnitt, Anfang 16. Jh.*

jeden Fall zu stärken. Man hatte es mit der ausdrücklichen elterlichen Einwilligung aber niemals sehr genau genommen. Durch das Tridentiner Konzil wurde diese Einwilligung kirchenrechtlich zur Vorbedingung der Heirat, und damit erhielten die Eltern von Amts wegen über ihre Kinder ein Recht, wie sie es seit den Zeiten Roms nicht besessen hatten. Die herrschenden Klassen beeilten sich denn auch, die kirchlichen Dekrete durch weltliche Anordnungen zu verschärfen. In Frankreich zum Beispiel wurde jeder enterbt, der gegen den Willen der Eltern heiratete, und als auch das nichts nützte, wurde eine solche Heirat dem Frauenraub gleichgesetzt, darauf stand die Todesstrafe.

Man hätte meinen können, daß nun wenigstens für die katholischen Länder eine einheitliche Regelung geschaffen worden sei, aber davon konnte keine Rede sein: Am Vorabend des Dreißigjährigen Krieges waren die Fronten noch nicht so klar geschieden. Zunächst mußten die Beschlüsse des Tridentiner Konzils durch Dekrete in den europäischen Ländern verkündigt werden. In den protestantischen Ländern galten sie ohnehin nichts, aber auch im übrigen Europa ließen sie sich nicht überall durchsetzen. Kaiser Maximilian II., der zwar katholischen Glaubens war, aber mit der Reformation sympathisierte, lehnte die Verkündigung ab, denn knapp drei Viertel seiner Untertanen bekannten sich zum lutherischen Glauben.

Die grundlegende Bekenntnisschrift der lutherischen Kirche wurde von den Protestanten auf dem Reichstag zu Augsburg Kaiser Karl V. überreicht. Sie war von Melanchthon in lateinischer und deutscher Sprache abgefaßt und behandelte in zwei Teilen Glauben und Lehre Luthers. Zwei Jahrzehnte später wurde sie reichsrechtlich und gleichberechtigt mit dem katholischen Glauben anerkannt. Da das Bekenntnis des jeweiligen Herrschers bindend für seine Landeskinder war, konnten die Tridentiner Beschlüsse die allgemeine Verwirrung nur vergrößern, und weder in den rein katholischen noch in den protestantischen oder gemischt konfessionellen Gebieten konnte von einem einheitlichen Eherecht die Rede sein. Als der Dreißigjährige Krieg ausbrach, wurden solche Fragen weitgehend gegenstandslos, und Mutter Courage beherrschte die Szene, nicht der christliche Hausvater. Im Jahre 1650, zwei Jahre nach Abschluß des Westfälischen Friedens, faßte dann der fränkische Reichstag zu Nürnberg folgenden Beschluß: Für die folgenden zehn Jahre solle es verboten sein, Männer unter 60 Jahren in die Klöster aufzunehmen, es sollten alle Priester und Pfarrherren – wohlgemerkt katholischen Glaubens – heiraten, und ferner soll »jeder Mannsperson zwey Weiber zu heiraten erlaubt seyn«. Die Begründung leuchtete jedermann ein: Man bezog sich auf »des heyl. Römischen Reiches Notthürft«. Sie erfordere, die durch »Schwert, Krankheit und Hunger verzehrte Mannschaft wiederum zu ersetzen«, um künftig »eben derselben Feinde, besonders aber dem Erbfeind christlichen Namens, den Türken, desto stattlicher gewachsen zu sein«. Hundert Jahre lang hatte man um den sakramentalen Charakter der Ehe und den Zölibat der Geistlichen gerungen. Der Glaubenszwiespalt war zum haßerfüllten Bruderkrieg geworden, weil die Interessen der Herrscher zu Konflikten führten, und nun wußte man keine andere Lösung, um das verwüstete Land wieder zu bevölkern, als eben jene Lebensformen, um die man so lange gestritten hatte, nämlich Priesterehe und Bigamie.

Gattinnen linker Hand

Fürsten galten nicht als gewöhnliche Menschen, Könige und Kaiser schon gar nicht, das »sanguis regius«, das königliche Blut, verlieh ihnen Sonderstellung. Daraus ergab sich, nur Personen gleicher Art konnten eine Ehe eingehen; die Gattin mußte »ebenbürtig« sein, denn dieses Mysterium duldete ursprünglich keine Ausnahmen, die sich aus Schönheit oder Charakter hätten ableiten lassen. Andererseits wurden so die Grenzen für mögliche Verbindungen eng gezogen, nicht alle jüngeren Söhne aus einer königlichen Sippe konnten auf ebenbürtige Prinzessinnen hoffen; auch spielten politische Rücksichten eine Rolle, und da sich das ganze Denken eines Herrschers um die Mehrung seines Besitzes drehte, war jedes Mittel recht. Es mußte also ein Ausnahmerecht geschaffen werden, welches einem Herrscher ermöglichte, eine Ehe zweiter Klasse zu schließen, die den Ordnungsvorstellungen des Mittelalters und den persönlichen Interessen gleichermaßen entgegenkam, ohne das Prinzip anzutasten. Dies geschah schon im elften Jahrhundert im langobardischen Recht. Es sah vor, daß ein Bräutigam einer sozial unter ihm stehenden Braut zwar eine Morgengabe überreichte, aber keine Aussteuer und Mitgift erwartete, wie dies sonst üblich war. So war die Möglichkeit gegeben, auch unter ungünstigen gesellschaftlichen Verhältnissen eine rechtlich voll wirksame Ehe zu schließen, deren Beschränkungen in einem Vertrag geregelt wurden. Die Frau hatte zum Beispiel meist an Titel und Wappen des Mannes keinen Anteil, sie wurde nicht in die Sippe aufgenommen, und jede Erbfolge war ausgeschlossen. Die Nachkommen hatten ein Recht auf Unterhalt, aber nicht auf ein Erbe. In Sonderfällen bekam die Gattin linker Hand einen Adelstitel, der aus einem Ortsnamen des betreffenden Landes gebildet wurde; mancher noch heute sehr klangvolle Adelstitel ist auf diese Herkunft zurückzuführen. Eine weitere und sehr verführerische Form der morganatischen (standesungleichen) Ehe war die heimliche Eheschließung. Sie war durchaus möglich, wenn man den Unbilden einer nicht standesgemäßen und auch denen einer offiziellen morganatischen Ehe aus dem Wege gehen, aber dennoch nicht im Konkubinat leben wollte. Für derartige Gewissensfälle hatte ein Franziskaner namens Angelus Carletus von Chivasso Regeln entwickelt und begründet, die in einem 1448 gedruckten Handbuch zusammengefaßt waren. Danach war es möglich, daß ein Fürst sich unter bestimmten Einschränkungen eine unebenbürtige Gattin nahm: Man ließ bei der Trauung Aufgebot und Zeugen weg, die Ehe wurde ohne kirchlichen Segen, Kirchgang und das übliche öffentliche Beilager unter vier Augen geschlossen, und dennoch war sie absolut rechtsgültig.

Im Hause Wittelsbach hat eine heimlich geschlossene morganatische Ehe eine dynastische Krise ausgelöst, die nur durch einen Mord beendet werden konnte. Es ist die Geschichte von der schönen Bernauerin, ein Drama, bei dessen Überlieferung und Ausdeutung die Phantasie lebhaften Anteil hatte. Der Konflikt selbst ist einfach zu überschauen: Der junge Bayernherzog Albrecht, ein verwöhnter, genußsüchtiger, ehrgeiziger Erbe des Hauses Wittelsbach, hatte sich in ein Bürgermädchen so leidenschaftlich verliebt, daß er sie heimlich zu seiner rechtmäßigen morganatischen Frau machte und damit den Konflikt heraufbeschwor. Unebenbürtig war sie auf jeden Fall, ob sie nun die Tochter des Baders und Chirurgus Kaspar Bernauer oder eines gewissen Leichtlin war. Die Legende hat sie zum »En-

gel von Augsburg« stilisiert, aber in Wirklichkeit war sie vermutlich eine Bade-
magd. Damals dienten die Badehäuser eher der Annäherung der Geschlechter als
der Reinlichkeit, und die Mädchen, nackt und übermütig, animierten die Gäste,
von denen etwa 40 in ein Bassin gingen, zu allerlei Spielen, falls diese es nicht
vorzogen, sich tatsächlich zu säubern. Ein solches Mädchen, das ja aus einem
»unehrlichen« Gewerbe stammte, konnte nur die morganatische Gattin eines Fürsten aus regierendem Hause sein, wenn der junge Herzog Albrecht auf einer Le-
galisierung der Verbindung überhaupt bestand. Sein Vater, der alte Herzog Ernst
von Bayern, hatte selbst drei außereheliche Kinder gezeugt, aber nie die Torheit
begangen, eine der Mütter heiraten zu wollen.

Die Geschichte, wie sich die beiden jungen Leute auf einem Turnier, dem 1428
abgehaltenen »Stechhof« in Augsburg kennenlernten, ist oft erzählt worden; an
der Leidenschaftlichkeit ihrer Gefühle besteht kein Zweifel: Herzog Albrecht, damals ein Mann von 27 Jahren, hat sie nach einigen Jahren unter vier Augen geheiratet, offenbar 1430, und sich später auch auf andere Weise zu ihr bekannt;
in sein Wappen nahm er neben anderen Emblemen eine bis zum Gürtel nackte
Frauengestalt, die eine Kette trug, eine Frau in Liebesbanden. Die Agnes Bernauerin hat mit ihrem weiblichen Hofstaat im Schloß zu Straubing so zurückgezogen
gelebt, wie es ihre Lage erforderlich machte; sie war keine Messalina, sondern
ein einfaches Mädchen, das keinen anderen Wunsch hatte, als ihrem Gatten zu
gefallen. Solange Herzog Albrecht aber auf diese Weise gebunden war, konnte
er keine andere Heirat eingehen, die den Interessen der Dynastie entsprochen
hätte. Im Oktober 1436 wurde er deshalb unter einem Vorwand nach Landsberg
gelockt. Auf Befehl des alten Herzogs, dem die dynastische Pflicht über die Kin-
dereien seines Sohnes ging, griff das Straubinger Hofgericht zu und machte kurzen
Prozeß. Eine Baderstochter, die einen jungen Fürsten dazu brachte, sie zu ehelichen, konnte nur eine Hexe sein, und als Hexe sollte sie sterben. Unmenschlich
war man nicht: Der Henker fesselte sie, wie dies bei der Wasserprobe bei Hexen
üblich war, und fragte sie, ob sie bekenne, daß Herzog Albrecht nicht ihr ehelicher
Mann sei, dann wolle er sie leben und laufen lassen. Was dann geschah, berichtet
der Chronist gleichsam kopfschüttelnd: »Das hat sie nicht wollen tun, sondern
gesagt, sie sei des Herzogs Albrecht eheliches Weib. Darauf hat er (der Henker)
sie in die Donau geworfen und hat sie das dritte Mal aus dem Wasser gezogen
und hat sie lang darunter gehabt und allweg gemeint, er habe sie ertränkt und
sie sei gestorben, und hat immer noch gelebt. Zuletzt hat der Henker eine lange
Stange genommen und um der Agnes Haar gewickelt, denn sie hat gar schönes
langes Haar gehabt, und sie wieder ins Wasser auf den Grund gezogen und an
der Stange mit dem Haar so lange im Wasser auf dem Grund gehalten, bis er sie
schließlich doch ertränkt hat.« Der Herzog war erleichtert, die treuen Münchener
jubelten, daß man »die Bernauerin gen Himmel hat gefertigt«, und der junge Herzog, der sich im ersten Zorn mit Feinden des Hauses Wittelsbach verbündet hatte,
verhandelte nach Vermittlung durch Kaiser Sigismund schon Ende des Jahres mit
seinem Vater. Ein Jahr nach ihrem Tod, als die Trauerfrist verstrichen war, führte
er als ebenbürtige Gattin Anne von Braunschweig heim, und die schöne Bernauerin war vergessen. Ihren Leichnam, der in der Altstadt von Straubing angespült
worden war, hatte man erst auf dem Friedhof St. Peter beigesetzt, aber elf Jahre
später ins Karmeliterkloster überführt; diesen Wunsch hatte sie schon zu Lebzei-

ten geäußert. Im Jahre 1780 wurde ihr Schicksal, der klassische Fall eines legalisierten Mordes, von dem Grafen Törring dichterisch gestaltet. Von ihm hat Friedrich Hebbel den Stoff übernommen und neu gestaltet. 1852 erschien das Drama von Hebbel, 1860 das Stück von Emil Ludwig, 1947 die Oper von Carl Orff.

Die morganatischen Ehen haben sonst nicht so spektakulär geendet und waren ein legitimer Bestandteil der Gesellschaftsordnung. Nach dem Westfälischen Frieden (1648) kam es immer häufiger vor, daß morganatische Ehen zu ebenbürtigen Ehen umgewandelt wurden. Dazu war nur notwendig, daß alle erbberechtigten Mitglieder der Familie mit der Erhöhung einverstanden waren und daß der Landesherr oder der Kaiser selbst die »Heilung« vornahm. Mit der Bitte um Standeserhöhung haben unzählige morganatische Gattinnen oder Mätressen ihren erlauchten Herren in den Ohren gelegen, denn von dieser Gunst hing nicht nur ab, welchen Platz man in der Hackordnung des Hofzeremoniells einnahm, sondern welches Erbe die Nachkommen zu erwarten hatten. Ob die Damen ihren Gebietern die Erhöhung in zähem Nahkampf abtrotzten oder sie als Gunstbeweis in den Schoß geworfen bekamen, das Ergebnis war in jedem Fall spektakulär. So gab es einen Skandal, als der Fürst von Anhalt-Dessau, der später berühmte »Alte Dessauer«, in jungen Jahren seine Anneliese Föhse, eine sittsame Ratsherrntochter, nicht nur als morganatische Gattin ehelichte, sondern auch drei Jahre später in den Reichsfürstenstand erheben und die Kinder für erbberechtigt erklären ließ.

So viel gesunder Menschenverstand war in regierenden Häusern ebenso selten wie in der Lakaienwelt, und so gab es unzählige Streitigkeiten dieser Art, mit denen auch der Kaiser in zunehmendem Maße befaßt wurde. Er war nach übereinstimmender Ansicht aller Gelehrten die Quelle aller Nobilitierungen. Übrigens ist das Problem der Ebenbürtigkeit ein speziell deutsches Problem gewesen. In anderen europäischen Ländern wie England oder Spanien, Schottland und Rußland war der Begriff des hohen Adels zunächst unbekannt, und jedem Herrscher stand es frei, sich seine Gattin aus einem angesehenen Hause zu nehmen. Erst als einige Kronen auf deutsche Herrscherhäuser übergingen, änderten sich diese Auffassungen. Ungebrochen blieb das Ebenbürtigkeitsprinzip aber auch in Frankreich erhalten, wo es seit den Capetingern galt und noch König Ludwig XIV. in seinen Entschlüssen beeinflußt hat.

Fürstenhochzeiten boten in dieser Epoche ein Schauspiel besonderer Art. Als barocke Darstellungen höfischen Lebens unterwarfen sie sich alle Künste, alle Stände. Als 1719 der Sohn Augusts des Starken die Tochter des Kaisers heiratete, schrieb ein zeitgenössischer Biograph: »Die Einholung der von Wien kommenden Braut geschah auf der Elbe. Eine Flottille von fünfzehn holländischen Jachten mit weiß und rot gekleideten Schiffern, die Kanonen mit sich führten, und hundert reichvergoldete Gondeln schwammen der Braut bis nach Pirna entgegen. Hier stieg sie in den für sie bestimmten Buzentauro. Die Vergoldung dieses dem berühmten Schiff in Venedig nachgeahmten Fahrzeuges hatte allein sechstausend Taler gekostet.« Bei den Feierlichkeiten wirkten 2000 Menschen mit, sieben Fürsten, zweihundert Grafen, zweihundert Barone und fünfhundert Edelleute waren erschienen. Festordner war August der Starke in eigener Person. »Auf der Vogelwiese vor der Stadt empfing der König die Neuvermählten unter einem Zelt von gelbem Samt und Silbergalonen. An seinem Anzug, der aus Purpursamt gefertigt war, trug er Juwelen und Kostbarkeiten, deren Wert über zwei Millionen Taler ausmachte.« Der Festzug bestand aus Hunderten von Beamten, Soldaten, Türken, Jägern, Heiducken und Hatschieren, es rollten hundert sechsspännige Karossen mit, im Geschirr gingen dreihundert reichbehängte Pferde und Maulesel, vierundzwanzig Mohren trabten der Galakutsche voraus. Kein Zirkus unserer Tage, kein Festzug erreicht diesen Glanz. Vom Bürgertum wird er bewundert, doch gibt es zwischen dem verstiegenen Prunk der höfischen Feste und der »heilen Welt« der bürgerlichen Ordnung keine Brücke.

Mätressen und ihre Schicksale

Die Mätressenwirtschaft ist im neunzehnten Jahrhundert mit Recht zum Schimpfwort geworden. Es bezeichnet einen politischen Zustand, in dem die Entscheidungen nicht nach bestem Wissen, sondern unter dem Einfluß der weiblichen Nebenregierung getroffen werden. Frauen interessieren sich meist mehr für Menschen als für Ideen, und so waren es vor allem Personalfragen, die dem Einfluß der Mätressen unterlagen: Welcher General das Heer befehligen, welcher Adlige zum Hofmarschall ernannt werden sollte, wurde im Bett entschieden, und oft führte kein anderer Weg zum Landesherrn als der über die offizielle Geliebte. Moralisch ist das kaum zu verurteilen, denn dieses Verfahren entspricht der Logik der menschlichen Natur; es zeigt nur deutlich, wo eine der Schwächen des absolutistischen Systems lag, und erst mit der Beseitigung der Fürstenherrschaft und der schrittweisen Einführung der Demokratie verschwanden die Mätressen aus dem Blickfeld. Dabei waren sie durchaus nicht immer die habgierigen, machtbesessenen Luxusgeschöpfe, als die sie in den historischen Bilderbogen unserer Vorurteile eingegangen sind. Die Fürsten, denen sie gehörten, haben oft in sehr jungen Jahren Ehen geschlossen, die allein dem sogenannten Staatswohl dienten. Sie waren umgeben von dienernden Hofschranzen, von schmeichlerischen Untertanen und gerissenen Diplomaten, und einige wollten gewiß für ihr Land das beste, zwischen tausend Einflüssen und Einflüsterungen hin und her gerissen. In dieser Lage ist es verständlich, daß ein Mann der Frau Vertrauen schenkt, die ihn glücklich macht, wie es auch verständlich ist, daß die »legitime Nebenfrau« ihre Macht in wachsendem Maße zu nutzen versucht, wo auch immer ihre Ziele liegen mögen.

Mätressen sind psychologischen Spannungen ausgesetzt: Einmal genießen sie keine volle gesellschaftliche Anerkennung, gemessen an den Gattinnen aus Fürstenhäusern: Dies ist der Punkt, wo geschickte Diplomaten ansetzen, um sich die Damen nutzbar zu machen. Zum anderen leben sie unter der ständigen Furcht, ihre Machtposition zu verlieren. Das bekannteste Beispiel für eine solche Alkovendiplomatie ist ein Geschenk des österreichischen Ministers Kaunitz. Er schickte der Pompadour ein kostbares Pult, das mit Edelsteinen besetzt und mit dem Bildnis der Kaiserin Maria Theresia geschmückt war. Dabei vermittelte er der Pompadour den Eindruck, als erkenne die wegen ihrer Sittenstrenge bekannte Kaiserin die französische Mätresse als ihresgleichen an. Sein Ziel, Frankreich in den Krieg gegen Preußen hineinzuziehen, hat er auf diese Weise psychologisch geschickt gefördert.

Eine Geschichte der Mätressen würde die Geschichte Europas umfassen, so unübersehbar und vielfältig ist der Einfluß dieser Einrichtung mit den Ereignissen vor allem des achtzehnten und neunzehnten Jahrhunderts verwoben. In der Tat war »maîtresse en titre« eine Institution, nämlich die offiziell bewilligte Nebenfrau. Im Gegensatz zum orientalischen Harem, in dem sich zahllose meist einflußlose und unbedeutende Gespielinnen tummelten, bezog sich dieser Titel auf eine einzige Nebenfrau, allerdings war ihre Rolle zeitlich befristet. Rechtlich gab es für sie keinerlei Sicherheiten. Von einem Tag zum anderen konnte ihr die Gunst des Herrschers entzogen werden, seine Laune umschlagen. Kein Wunder, daß sich bei Hofe die unglaublichsten Intrigen entwickelten und nur eine energische und gescheite Frau sich auf die Dauer behaupten konnte. Um Karriere als Fürstenmätresse zu machen, mußte man gesellschaftlich bei Hofe eingeführt sein; der Fürst selbst hatte überhaupt keine Gelegenheit, irgendeine Wäschemamsell oder Bürgerstochter kennenzulernen. Meist waren es denn auch Hofdamen, auf die das Auge des Königs fiel, und oft war diese Begegnung keineswegs dem Zufall zu verdanken. Die berühmte Madame Pompadour hat sich diese Situation zunutze gemacht, um ihre Stellung bei Hof noch jahrelang zu erhalten, als sie selbst schon längst von anderen Mätressen verdrängt worden war. Sie spielte nämlich für Ludwig XV. die Kupplerin, da sie seine intimsten Wünsche genau kannte, und traf immer seinen Geschmack. Nur einmal geriet diese Rolle in Gefahr, als Casanova dem König die mädchenhaften und lasziven Schwestern O'Morphi zuführte. Die Pompadour war keineswegs die erste Mätresse Ludwigs XV., aber sie besaß zwei unschätzbare Vorzüge für ihre Karriere: Sie war absolut frigide und sie war ehrgeizig. Sie hatte als Mademoiselle Poisonn einen Herrn d'Étoiles geheiratet und sehr bald ihre Fähigkeit entdeckt, einem Manne alle sexuellen Genüsse zu verschaffen, ohne sie selbst genießen zu können. Sie beschloß deshalb, sich nicht mit minderen Lösungen zufriedenzugeben, sondern die maîtresse en titre zu werden. Es gelang ihr, eine Einladung zu einem der höfischen Feste zu erhalten und die Aufmerksamkeit des Königs auf sich zu ziehen. Er fühlte sich von der Kälte und Laszivität dieses Geschöpfes angezogen und wurde ihr sexuell hörig. Ihr Wort stürzte Minister und Heerführer, ihre Feindschaft konnte zu einer Katastrophe führen, ihre Freundschaft war Gold wert. Weil sie selbst gefühllos blieb, kannte sie keine Eifersucht, ihre Diskretion war vorbildlich; so erwarb sie sich das Vertrauen des stets mißtrauischen Monarchen. Berühmt war der »Hirschpark«, das spezielle Bordell für den König, in dem sie ihm später immer neue kindhafte Mädchen zuführte, einen Typ, dem er mit zunehmendem Alter immer mehr verfiel. Über das moralische Klima am Hofe des Königs kann man sich kaum irgendwelchen Illusionen hingeben. Als dann endlich die Pompadour gestorben war, soll Ludwig XV. an ihrem Lager folgenden scherzhaften Ausspruch getan haben: »Die hier ruht, war zwanzig Jahre lang Jungfrau, sieben Jahre Hure und acht Jahre lang Kupplerin.«

In vielen Fällen hat die Mätressenwirtschaft den Staat korrumpiert; in einigen Fällen haben die fürstlichen Mätressen auch einen unmittelbaren politischen Einfluß gehabt, wie die Gräfin Cosel in Sachsen, eine ehemals verheiratete Freiin von Hoym, oder Franziska von Hohenheim in Stuttgart, und in München Lola Montez. Daß alle diese anspruchsvollen Gefährtinnen jeweils bezahlt, abgefunden oder unterhalten werden mußten, versteht sich von selbst; die Einkünfte aus den Steuern flossen, wenn sie nicht für das Heer und den Bau von Schlössern und für die königlichen Allüren gebraucht wurden, in die Taschen der Mätressen. So hat der

Karikatur auf Lola Montez
und ihr Verhältnis zu König
Ludwig I. von Bayern.
Lithographie von de Sorel, 19. Jh.

Freiherr von Hoym für die Abtretung seiner Gattin an August den Starken bare 50000 Taler erhalten, während die nachmalige Gräfin Cosel selbst ein Jahresgehalt von 100000 Talern bezog und als Wohnsitz das Schloß Pillnitz zum Geschenk erhielt.

Eine direkte politische Wirkung als Mätresse hat Virginia Oldoini, die spätere Gräfin Castiglione, angestrebt: Im Auftrage Cavours eroberte sich diese marmorhaft schöne, vollkommen kalte Frau den Kaiser der Franzosen Napoleon III., nachdem man sie jahrelang regelrecht ausgebildet hatte.

Aus ganz anderem Stoff war Katharina Schratt, die jahrelange Gefährtin des Kaisers Franz Joseph I. (1848–1916), die mit 85 Jahren in Wien im Jahre 1940 gestorben ist. Sie war so wenig eine Mätresse alten Stils wie die Wiener Hofburg das Palais Royal, eher hätte man sie als die wirkliche, wenn auch heimliche Gattin des alten Kaisers Franz Joseph I. bezeichnen können. Es war keine vorwiegend sexuelle Beziehung, es ging weder um außergewöhnliche Erlebnisse noch um Macht oder Glanz, sondern um ein wenig Wärme und bürgerliches Glück für einen Mann, der sich täglich morgens um vier Uhr an den Schreibtisch setzte, um Akten aufzuarbeiten, und sein riesiges Reich mit dem Pflichtgefühl eines Buchhalters regierte. Katharina Schratt war denn auch nicht als strahlende Schönheit zu Hofe geladen worden, sondern die Kaiserin selbst hatte sie mit viel weiblicher List dem Kaiser zugeführt. Dreizehn Jahre lang, offiziell als Freundin der Kaiserin Elisabeth, hat die Hofschauspielerin mit ihrem warmherzigen, fröhlichen Naturell den Kaiser zu unterhalten und zu entspannen verstanden; und er liebte sie, wie er um sie geworben hatte, mit nahezu ängstlicher Höflichkeit und Behutsamkeit, doch nicht ohne lebendige Zuneigung. Er suchte Geborgenheit, nicht den Rausch und nicht den Genuß. Kathi Schratt blieb, was sie war, eine natürliche Frau, auch wenn sie eine Villa erhielt, später ein Stadtpalais, zärtliche Zettel von seiner Hand und kostbaren Schmuck.

Die verschlungenen Ringe

Unter Kreuz und Bibel

Das Leitbild der bürgerlichen Familie ist vom Puritanismus geprägt, und die Puritaner bezogen sich auf die Bibel, vor allem auf das Alte Testament: Abrahams und Sarahs Ehe galt als ideales Vorbild, auf das man sich auch im einzelnen bezog. Wenn Rebekka ein Zicklein für Isaak briet, so war das ein Hinweis darauf, daß die Frau sich auf die Küche verstehen müsse, und wenn Rebekka die Kamele ihres Vaters tränkte, so zeigt das, wie Töchter sich im Haushalt nützlich machen sollten; das Verhalten des frommen Isaak, der vor seinem Hinscheiden seinen ältesten Sohn segnen wollte, galt als Muster für den Bürger, vor seinem Tod sein Haus zu ordnen, und so zog man aus jedem Bibelvers eine nützliche und gottgefällige Lehre.

Als Puritaner (lateinisch purus: rein) bezeichneten sich seit etwa 1560 die englischen Protestanten, die der Kirche ihre evangelische Reinheit im Geiste des Calvinismus wiedergeben wollten. Die sittlichen Ideale des Puritanertums – zum Glück waren die Patriarchen Abraham, Isaak und Jakob wohlhabende Herdenbesitzer und von Gott sichtbar gesegnet – waren eine strenge Selbstzucht und eine vernunftgemäße Lebensführung nach dem Vorbild der Bibel, wie Calvin sie verstanden hatte.

Die barbarische Strenge des calvinistischen Kirchenregimentes in Genf ist nur pathologisch zu erklären: Wie die Kirchenväter des Mittelalters verallgemeinerte Calvin Schuldgefühle und verwarf jede denkbare Form von Vergnügungen. Der väterlichen Autorität, die doch nur in begrenztem Maße natürlich ist, gab er nahezu heiligen Charakter, als stecke in jedem Familienvorstand ein Stück von Gottvater. In Genf wurde unter Calvins Herrschaft ein Kind enthauptet, weil es die Hand gegen den Vater erhoben hatte (Taylor). Wenn es dort ein noch schlimmeres Vergehen gab, als seinem Vater zu widersprechen, so war es die Sünde, Calvin nicht mit »Herr Calvin« angeredet zu haben. Bürger, die sich abfällig über seine Predigten äußerten, wurden drei Tage bei Wasser und Brot eingesperrt. Geköpft wurde ein gewisser Gruet, der Calvins Lehren kritisiert und an den Rand calvinistischer Bücher »Unsinn« geschrieben hatte. Dieser autoritäre Zug, noch heute im Bewußtsein des Europäers fest verankert, beherrschte das Familienleben, das unter dem Gesetz der Bibel stand. Die Arbeitsamkeit war zur absoluten Tugend erhoben worden, Nächstenliebe wurde mit Grimmigkeit demonstriert, die Sexualität mit dem Teufel schlechthin identifiziert. Calvin hat in seinem grundlegenden Werk »Christianae religionis Institutio« die Starre der Grundsätze so begründet: »Verdienen unsere unzähligen und täglichen Überschreitungen nicht strengere und härtere Züchtigungen als jene, die seine Milde uns auferlegt? Ist es nicht ganz billig, daß unser Fleisch bezwungen werde, damit es sich an das Joch gewöhne und nicht ausbrechen kann in gesetzlose Ausschweifungen, wie es seinem Hange gemäß ist?« Grausamkeit ist noch stets die Wirkung sexueller Verdrängungen gewesen, und so wurden während der 60 Jahre calvinistischer Herrschaft in Genf insgesamt 150 Personen dem Scheiterhaufen überantwortet, die sich der calvinistischen Lehre nicht hatten beugen wollen. Brautjungfern wurden verhaftet, weil sie die Braut zu bunt geschmückt hatten, andere Leute bestrafte man mit Arrest, weil sie am Karfreitag Fisch aßen, statt zu fasten, sich die Karten legen ließen, ihre Zeit in der Wirtschaft verbracht oder gar getanzt hatten. Der Kirchenbesuch, an Sonntagen und mittwochs obligatorisch, wurde von der Polizei streng überwacht, Säumige bestraft.

Die puritanische Familie hat, wenn auch in abgewandelter Form, aus dem Calvinismus viele Züge übernommen. Auch hier war der Vater gleichsam Stellvertreter Gottes: Mit der Bibel in der Hand regierte er die Seinen, deren Unterordnung keinem Zweifel unterlag. Der Strafvollzug in der Familie ist dem Vater übertragen, und die puritanische Denkweise forderte, daß das Kind, bevor es mit der Rute geprügelt wurde, jene Textstellen aus der Bibel vorlas, die auf sein Vergehen zutrafen. Am besten fragte man es auch noch, ob es wünsche, daß seiner Seele Schaden zugefügt werde, wenn die Züchtigung unterbliebe. Das Ziel aller dieser Mühen war die Erweckung christlichen Sündenbewußtseins in der Familie, und zwar so frühzeitig wie möglich. Einer der puritanischen Autoren schreibt: »Man muß den Kindern rechtzeitig klarmachen, was für verfluchte Geschöpfe sie sind, wie sie durch die Erbsünde und durch die tatsächliche Sünde sich unter dem Zorn Gottes befinden.« Dennoch geben diese Zeugnisse puritanischen Geistes nur einzelne Aspekte eines Lebens, das allgemein im sechzehnten Jahrhundert wohl weniger starr, weniger trocken gelebt wurde, als es den Anschein hat. Die vielfältigen häuslichen Tätigkeiten zwangen die bürgerlichen Ehegatten, sich mit praktischen Fragen zu befassen, und die wachsende Kinderschar, man wünschte große Familien, stellte Anforderungen eigener Art. Den jungen Leuten vor dem Traualtar predigte man ein maßvolles Leben: »Ein vollkommenes Glück gibt es nicht, bevor ihr nicht wie die Engel im Himmel werdet. Hienieden gibt es nur dann einen Teil von jener ewigen Seligkeit, wenn ihr stets bereit seid, eure gegenseitigen Schwächen zu erdulden und einander zu helfen.« Das entsprach der Brüderlichkeit Luthers und war bestes protestantisches Erbe, das auf die Entwicklung der Ehe einen starken Einfluß gehabt hat, weil die Ehegatten vor Gott als Partner angesehen wurden: Das gemeinsame Gebet hob die patriarchalische Struktur der Ehe auf. Bezeichnend ist die Gemessenheit und Würde, mit der die Familienmitglieder miteinander verkehrten. Die vollkommene Selbstbeherrschung setzt der Vertrautheit Grenzen, Gefühle sind hinderlich und werden als übertrieben empfunden; man geht freundlich, aber distanziert miteinander um. Der Mann hat dabei mit Weisheit und Geduld auf das »schwächere Gefäß«, die Frau, Rücksicht zu nehmen. Feinfühliger Takt und schweigende Übereinstimmung sind Ausdruck innerer Verbundenheit, spontane Aussprache und zärtliche Wärme unbekannt. Man hat sich unter Kontrolle, man zeigt innere Würde und achtet die Verschlossenheit des anderen. Es ist leicht zu erkennen, daß nicht wenige Züge dieser Haltung in das Bild vom englischen Gentleman eingeflossen sind, aber auch, daß nur wenige Naturen in der Lage gewesen sein dürften, den Forderungen der puritanischen Grundhaltung gerecht zu werden.

Alle diese Bemühungen um Reinheit, Strenge und Klarheit werden verständlich, wenn man sie als Reaktion auf den Schwulst des höfischen Gehabes versteht. Dieser Stil war in der Tat unerträglich geworden, etwa wenn eine Dame ihre Liebe mit folgenden Worten gestand: »Genau wie der Wal stets Freudenbezeigungen macht, wenn er den Fisch Talpa Marina erblickt, genau wie die Hindin entzückt ist, wenn sie den Leoparden sieht, und der Löwe beim Anblick des Einhorns herbeikriecht, so überaus glücklich bin ich in Eurer Gegenwart.« Freilich, es handelt sich um ein Romanzitat, aber es trifft die Art der Gefühle, die dem Mittelalter näher zu stehen scheinen als der Neuzeit, mit unnützem Bildungszierat beladen und von grotesker Übertreibung: »Sofern nicht die sanften Schauer Eurer Gnade die Kraft meiner Phantasie mildern, die Tropfen Eurer fürstlichen Gunst die Flamme meiner Zuneigung kühlen und der Lohn Eurer Geneigtheit ein erhabenes Pflaster für meine geheime Wunde bildet, werde ich mein Leben in größerem Elend verbringen müssen, als höllische Qualen es je hervorzurufen vermögen« (Epton).

Der Puritanismus konnte weder eine blühende Kunst hervorbringen noch einen Beitrag zur schönen Literatur leisten. Dafür sind eine Fülle von »Hauszuchtbüchern« gedruckt worden, die alle Einzelheiten des täglichen Lebens bedächtig und gründlich, aber auch mit der gebotenen Strenge analysieren und regeln. Auch hier tritt deutlich hervor, daß die puritanische Kultur bürgerlich ist. Die gehobenen Stände (gentry), zum Genießertum und Zynismus neigend, haben sich nie mit letzter Ernsthaftigkeit allen diesen Forderungen gestellt, ihr Lebensstil war vom Besitz, nicht vom Erwerb geprägt. Aus den unzähligen, praktischen Regeln, die von den Autoren der Hauszuchtbücher aufgestellt wurden, ergibt sich ein lebhaftes Bild der bürgerlichen Familie in England um 1550–1650, und man findet alle späteren Züge von Gemütlichkeit und Behaglichkeit, aber auch von Selbstgerechtigkeit und Enge hier vorgebildet. Hundert Jahre später hat sich die patriarchalische Strenge des frühen Puritanertums durch den Pietismus gemildert und in eine bürgerliche Idylle verwandelt. Aus der Forderung nach einem maßvollen Leben in ständiger Selbstkontrolle und Selbstzucht ist Mittelmäßigkeit geworden, und die liebenswürdigen Gesten familiären Zusammenlebens haben den Abstand zwischen dem übermächtigen Vater und der von ihm regierten Schar verschwinden lassen: Der Pastor Primrose in Goldsmiths »Pfarrer von Wakefield« (1766) spricht mit lächelndem Verständnis von den Seinen als einer kleinen Republik. Überhaupt ist das Pfarrhaus zum Musterbild bürgerlichen Lebens geworden, und zum Gesamtbild der Gesellschaft gehört, vor allem in Deutschland, der Pastorenstand, wie Luther ihn begründet hat.

Goldenes Rokoko

Das Jahrhundert zwischen dem Dreißigjährigen Krieg und dem Ausbruch der Französischen Revolution, ein Bild mit vielen grellen Farben, hat nicht nur den Puritanismus gekannt, sondern auch die laszive Sinnlichkeit einer Epoche, die als Rokoko in die Kunstgeschichte eingegangen ist. Wer das Wort hört, denkt an die zierlichen Porzellanfiguren eines Kändler, an Perücken und Menuette, an verschnörkelte Ornamente aus Stuck und Gold und galante Liebschaften: Die Men-

Ankunft der Pilgerväter *(Pilgrim Fathers) in Amerika.*
Diese puritanische Sekte hatte sich Anfang des 17. Jh. in England
zusammengeschlossen, mußte jedoch aus Gründen religiöser
Verfolgung auswandern. Gemälde des 19. Jh.

schen dieser Zeit geben sich französisch, sie verabscheuen Ernst, Askese, Schwerfälligkeit und Tiefsinn, schätzen den Esprit, die Leichtigkeit des Umganges, die
Selbstverständlichkeit der Manieren und die wache Vernunft. Es ist das Zeitalter
zwischen Molières Tod und Mozarts Triumph, das Zeitalter eines Voltaire. In dieser Zeit versteht man zuviel von der Liebe, um sich der Sittenstrenge zu unterwerfen, wie die Kirche sie zu fordern scheint, aber in den katholischen Ländern,
in denen die Jesuiten wirken, gehört selbst der Abbé, weltläufig und elegant, zur
Szenerie der Weltlichkeit. Man amüsiert sich also, aber im Stil erotischer Krieg-
führung. »Attackieren Sie niemals eine Frau, bevor Sie geprüft haben, wieweit
Sie ihr gefallen. Sind Sie ihr unglücklicherweise gleichgültig, so können Sie sich
auf die härteste Behandlung gefaßt machen. Nichts schmeichelt unserer Eitelkeit
mehr als die Gelegenheit, mit unserer Tugend zu paradieren zum Nachteil derer,
die wir nicht lieben, und wehe dem Unbesonnenen, an dem wir ein Exempel statuieren, um unseren Ruf zu befestigen, wir kennen keine Schonung, er ist ein
Opfer, das wir mitleidslos unserem Ruhm schlachten.« Das ist die Attitüde des
Schauspielers, der seine Sentenzen ins Publikum ruft, und die Beziehungen zwischen den »Personen von Stand und Ehre« sind kunstvoll miteinander verwirkt:
Die Liebe ein Schlachtfeld, auf dem es sich auszuzeichnen gilt, aber es ist nur ein
fiktives Schlachtfeld, wie es auch oft nur um den Schein von Liebe geht.

In dieser Epoche entstanden die Salons, Mittelpunkt des geselligen und damit
geistigen Lebens mit weltweitem Einschlag. Um 1750 etwa waren die Zirkel der
Damen du Deffand, Geoffrin und von Lespinasse berühmt, und der Abbé Galiani
bezeichnete Paris als »le café de l'Europe«. Er hat diese geistreiche Bemerkung

bei anderer Gelegenheit variiert. Bei dem reichen pfälzischen Baron Holbach (1723–1789), der einen frühen Materialismus und Atheismus vertrat, trafen sich die besten Köpfe ihrer Zeit, die sogenannten Enzyklopädisten, zweimal wöchentlich zum Diner; Galiani nannte den Baron deshalb »Maître d'hôtel de la philosophie«. Galiani, ein kleiner beweglicher Neapolitaner mit der Weisheit eines Sokrates und dem Körper eines Fauns, formulierte Provokationen, welche die Gesellschaft mit ihrer Frechheit entzückten und die wie Botschaften weitergegeben wurden. Alle seine Erkenntnisse waren in dem Satz zusammengefaßt: »Der Tod ist eine häßliche Sache. Glauben Sie mir, die alten Philosophen, die sagten, der Tod sei nichts, haben geschwindelt. Leben Sie, und leben Sie, soviel Sie können.«

An den Fürstenhöfen Europas hatte sich schon zu Beginn des Jahrhunderts ein unglaublicher Kleiderluxus entfaltet, das Dekolleté wurde modern, und die Frisuren erreichten bizarres Format: Ein einziges Pariser Modejournal zeigte in einem Jahr allein 3000 verschiedene Modelle für moderne Frisuren. Daß die Hygiene unzureichend war, ist bekannt; man überdeckte den Geruch ungewaschener Haut mit Parfüm, und zum Waschen verwendete man, wie Ludwig XIV., nicht Wasser und Seife, sondern einige Tropfen Eau de Cologne. Die Reifröcke, Symbol der Zeit, sind von der Marquise de Montespan eingeführt worden, als sie schwanger war, denn Schwangerschaft galt als lächerlich und mußte so lange wie möglich verborgen werden. Kurz vor der Revolution wurden diese Tournüren durch zwei kleine, unter dem Rock getragene Kissen ersetzt, die man »coudes« nannte und die zur Betonung der Hüften dienten, während das dritte kleine Kissen im Rücken, »cul« genannt, die weiblichen Rundungen der Rückseite zur Geltung bringen sollte. Damals befaßten sich die Damen mit den abwegigsten Gebieten, die Naturwissenschaften waren modern geworden, insbesondere Physik und Mathematik, und so reiste eine bestimmte Dame der Gesellschaft stets mit einer Leiche im Gepäck, sie interessierte sich für Anatomie.

Niemand betrachtete es Mitte des achtzehnten Jahrhunderts als Schande, viele Kinder zu haben, zumal die Sterblichkeit hoch war. Außereheliche Schwangerschaften versuchte man allerdings zu verhindern oder die Kinder nachträglich aus der Welt schaffen zu lassen, und da zu gewissen Zeiten fast ein Drittel aller in Paris lebenden Kinder in Waisenhäusern aufwuchsen, also überlebt hatten, kann man die Dunkelziffer der Kindsmorde nur ahnen.

In dieser Epoche ist der Mann nicht Vater, sondern Kavalier, die Dame nichts als Dame: Ihre Schokolade nimmt sie vormittags gegen elf Uhr vor ihrer Frisiertoilette, vor der sie die Schnürbrust anlegt, die kunstvolle Frisur herrichten läßt, alsdann folgen, wie im »Rosenkavalier« nachgedichtet, die Audienz für den Schneider, für den Kolporteur mit den neuesten Theateranzeigen nebst dem dazugehörigen Klatsch. Stoffe werden angeboten, Madame läßt einen ihrer Verehrer auf der Gitarre klimpern, flirtet mit einem zweiten und hört dabei dem Abbé zu, der ihr die neuesten Skandale zu berichten weiß; aber was wird schon in dieser Gesellschaft ein Skandal! Die Freuden dieser Liebenden hat der Feldmarschall Fürst von Ligne einmal selbstironisch skizziert: »Man duelliert sich mit Lebensgefahr, bringt lange Nächte schlaflos zu, wacht unter einem Fenster, klettert über ein Gitter, muß fürchten, von den anständigen Menschen für einen Dieb, von den Dieben für einen anständigen Menschen gehalten zu werden. Halbtot kommt man bei der Liebsten an, fühlt sich miserabel, kann nur eine Minute bleiben und hat nichts davon.« Man lebt miteinander und gibt sich tolerant nach der Devise: »Der Mann ist der Freund der gegenwärtigen Liebhaber und der Vertraute der verflossenen Liebhaber seiner Gattin, und die Frau ist die Freundin der Mätressen ihres Gatten und tröstet die, denen er den Abschied gegeben hat.« Geist, Geschmack und Haltung sind die Eigenschaften, die man erwartet, und Eifersucht gilt als kleinbürgerlich. So legitimiert man das Illegitime, und so begegnet die Geliebte den Intermezzi des Freundes mit Nachsicht, gewiß eine Meisterleistung weiblicher Anpassungsfähigkeit.

Durchaus ungezwungen, soweit dem britannischen Naturell möglich, ging es indessen auch in England zu, wo die Verhältnisse sich grundlegend geändert hatten, seit Richard Cromwell, der Sohn des großen Mannes, gestürzt und die Monarchie samt Gesellschaft restauriert worden war: Man verdrängte seine Gefühle nicht mehr und nutzte die Gunst der Stunde. Der Rechtsanwalt James Boswell, Verfasser der klassisch gewordenen »Londoner Tagebücher« (1762/63), schreibt im April 1768, er habe eine griechische Nymphe kennengelernt, mit einem süßen Gesicht und reich an Gefühlen. »Dies ist die schönste Leidenschaft, von der ich ergriffen worden bin, und ihre sechzehn Jahre, ihre Unschuld und Fröhlichkeit machen aus mir geradezu einen sizilianischen Jüngling. Ehe ich London verließ, gelobte ich in der St.-Pauls-Kirche, mir sechs Monate lang keine liederliche Beziehung zu erlauben. Bisher habe ich dieses Gelübde gehalten und fühle mich daher bereits wie ein höheres Wesen. Meinen sträflichen Umgang mit Mrs. M. habe ich aufgegeben; kurz, Maria besitzt mich ohne jede Rivalin.«

Für die Gesellschaftsschicht, die auf dem Kontinent den Stil des Zeitalters geprägt hatte, kam die Katastrophe mit der Revolution, die alle höfische Kultur, alle die geistvollen Herren und seufzenden Damen wie vom Erdboden verschwinden ließ. Als Marie Antoinette, die Tochter Maria Theresias und Gattin Ludwigs XVI., am 16. Oktober 1793 das Schafott bestieg, noch bis zuletzt eine Dame und selbst gegen ihren Henker höflich, endete eine Epoche der Spiele und Feste, der Alltag Europas begann. Wie Hohn auf die Opfer der Unterdrückung, die hungernden Massen, klingt das Wort Talleyrands über diese Zeit: »Wer nicht vor 1789 gelebt hat, kennt die Freude zu leben nicht.«

Das Vorbild Heloise

Wenn im Palais Luxembourg, einem der revolutionären Gefängnisse, ein neuer Schub eingeliefert wurde, stellte der Pförtner die Ankömmlinge in aller Form vor, wobei er alle verwandtschaftlichen Beziehungen erwähnte. »Bald bildeten sich kleine Gruppen von Liebesleuten«, schreibt Miß Williams, eine Engländerin, die dort inhaftiert war, »und sogar englische Damen sammelten sich unter der Flagge der Galanterie. Wenn sie auch weniger temperamentvoll als ihre französischen Mitgefangenen waren, so besaßen sie doch ein genauso weiches Herz.« Ähnlich war es in Port Libre, einem anderen Gefängnis dieser Art: Hier speiste man an sechs Tischen bei Kerzenlicht zu Abend, verbrachte die Zeit mit musikalischer Zerstreuung und allerlei Spielen, und abends ging man auf einer Akazienallee spazieren. Zwar wurde um elf Uhr nachts die Glocke geläutet, damit sich jeder in seine Zelle begab, aber niemand kontrollierte die Anwesenheit, und oft blieben die Liebespaare die ganze Nacht draußen, denn nur innerhalb des Gefängnisbereiches war man verhältnismäßig frei. Die Polizei berichtete darüber in ihrem »Almanach de prisons«: »Im Port Libre entfaltete sich direkt unter unseren Augen ein geradezu heidnisches Treiben, und die Gesellschaft gibt sich völlig ihren Vergnügungen hin, dem Singen, Tanzen und der Liebe.« Während des blutigen Umsturzes lockerten sich die Sitten wie immer, wenn die Ordnung erschüttert ist, aber erst nach der Revolution gab es einen grundlegenden Wandel der sexuellen Beziehungen und gesellschaftlichen Institutionen. Vorbereitet wurde diese Wandlung durch die Ideen der Romantik, die ein neues Ideal der Liebe proklamiert hatte. Wenn man im Altertum die Funktionen der Frau in die der Mutter, der Hetäre und Sklavin aufgeteilt hatte, suchte man jetzt alles das in einer Frau, und man forderte, die Ehe solle sich auf die Liebe beider gleichberechtigter Partner gründen, eine durchaus nicht selbstverständliche, sondern eher utopisch wirkende Idee.

Diese Vorstellungen sind aus den Ideen Rousseaus abgeleitet. Rousseau stammt bekanntlich aus Genf und ist unter der calvinistischen Prädestinationslehre aufgewachsen, die von der Vorherbestimmtheit göttlicher Gnade und irdischer Geschicke ausgeht. Daß die Monogamie die Eheform ist, die am meisten der menschlichen Natur entspricht, gehört zu seinen Grundüberzeugungen, also überträgt er den Vorherbestimmungsgedanken auf die Partnerwahl: Wer füreinander bestimmt ist, muß sich auch finden, und wenn sich die vorherbestimmten Partner gefunden haben, werden sie sich nie mehr trennen. Dieses Gedankengut, im Laufe der Jahrhunderte bis zur Unkenntlichkeit überformt, bildet noch heute die Gefühlskulisse zahlloser erotischer Begegnungen und ist als »gesunkenes Kulturgut« in die Trivialität der Schlagertexte eingegangen. Seine Gedanken über die Liebe hat Rousseau in einem Briefroman niedergelegt: Er schildert eine unverstandene Frau in einer Ehe mit einem ungeliebten Mann, mit dem sie gegen ihren Willen verheiratet worden ist. Ihr Gatte lädt, unbedacht und naiv, ihren früheren Liebhaber in sein Haus ein, den seine Frau immer noch liebt. Die sich anbahnende sittliche Katastrophe, der Ehebruch, wird von Rousseau mit einem Trick vermieden, indem er eine tatsächliche Katastrophe erfindet. Bei einem Picknick im Freien fällt ein Kind ins Wasser, die Gattin rettet es vor dem Tod, kommt aber selbst dabei ums Leben.

Zwei Jahrhunderte literarische Bemühungen um Ehe und Ehebruch sind hier im Prinzip vorgezeichnet. Damals setzte Rousseaus Gesellschaftskritik bei der Familie an und richtete sich noch nicht gegen die herrschenden Klassen: »Wenn es in den öffentlichen Sitten etwas zu reformieren gibt, so muß man damit bei den häuslichen Sitten anfangen, und das hängt vollkommen von Vätern und Müttern ab.« Für die Rechte der Frau und für die Natur ist Rousseau zwar eingetreten, aber er war keineswegs davon überzeugt, daß die Frau ein dem Manne ebenbürtiger menschlicher Partner sei. Seine calvinistischen Grundbegriffe von der moralischen und sozialen Minderwertigkeit alles Weiblichen werden durch seine privaten Verhältnisse gestützt worden sein. Er hatte seit 1742 mit einem Mädchen in einer festen Bindung zusammen gelebt, die erst 1768 legalisiert worden war. Die fünf Kinder, die aus dieser Verbindung hervorgegangen sind, hat Rousseau im Findelhaus unterbringen lassen. Sein Briefroman »Julie ou la Nouvelle Héloise«, im Jahre 1761 erschienen, mit seinen leidenschaftlichen Gefühlen und seinen neuartigen Landschaftsschilderungen hatte überwältigenden Erfolg, und so wurde die »Neue Heloise« zum Leitbild der Gefühlsbeziehungen: Wie sie fühlten zahlreiche Frauen, und wie Rousseau waren viele auf ihrer Seite gegen eine abgestandene, verlogene Moral.

In Frankreich hatte es dann auch nach der Revolution zunächst eine Epoche freier Liebe, ziviler Eheschließungen und leichter Scheidungen gegeben. Vom Druck der Kirche scheinbar befreit, versuchte jedermann, sein privates Glück zu verwirklichen: Ehen bezeichnete man nicht als feste Bindungen, Frauen wechselten ihre Gatten, und während des Directoire, das von 1795 bis zum Staatsstreich Napoleons dauerte, ging es in dem von Krisen geschüttelten Land vor allem darum, jedes Begehren bei möglichst geringem Zeitverlust zu befriedigen. Allein in Paris gingen im ersten Jahr nach der Revolution 3870 Gesuche um Scheidung ein, alle von Frauen gestellt, und aus ganz Frankreich waren es nahezu 6000 Gesuche. Im Revolutionsrat aber saßen Männer, ihre Auffassung von der weiblichen Rolle unterschied sich offensichtlich von den Wünschen der Frauen, und plötzlich sah sich der Staat, der die reaktionären Geistlichen verfolgt hatte, weil sie den Eid auf die Republik nicht leisten wollten, in die Rolle der Kirche gedrängt. Als man 1804 mit den Arbeiten für das bürgerliche Gesetzbuch, den Code civil, begann, übernahm man die Bestimmungen des Tridentiner Konzils: Nicht vor einem Priester, aber von einem Beamten des Staates im Gemeindeamt muß nun die Ehe geschlossen werden, wenn sie Rechtskraft haben soll, und zwar in Gegenwart von vier Zeugen. Die bisher geführten kirchlichen Standesregister werden vom Staat weitergeführt, und der Vatikan sieht sich gezwungen, solche Ehen anzuerkennen, obwohl sie ohne Mitwirkung der Kirche geschlossen sind, weil »ein im Amte befindlicher, von Rom anerkannter Priester nicht aufzufinden ist«.

Die Grundauffassung der Kirche, daß nämlich die Ehe zugleich ein auf Lebenszeit geschlossener bürgerlicher Vertrag und ein Sakrament sei, hat sich demnach erhalten: Alle diese revolutionären Bürger, die sich vom Bürgermeister trauen lassen, sind getauft und mithin Christen. Mehr brauchen sie nicht, um sich gegenseitig das Sakrament der Ehe spenden zu können! Später wird Napoleon das in der Revolution entstandene Eherecht in den »Code civil« aufnehmen, der nach 1807 »Code Napoléon« heißt, und in allen von Frankreich unterworfenen Ländern Europas wird dieses Eherecht eingeführt. Der Mann aus Korsika ist selbstverständlich der Ansicht, die Frau schulde dem Manne Gehorsam, die Ehe erkennt er als eine Institution an, die zur Erzeugung von Söhnen unerläßlich ist, und weil seine eigene Ehe mit Josephine kinderlos blieb, erleichtert er die Scheidung. Das Heer und die Thronfolge setzen den Maßstab. Längst amtieren die vom Vatikan anerkannten Geistlichen wieder bei der Trauung, allerdings erst, wenn der Staat, repräsentiert durch die Gemeinde, die Trauung vollzogen hat. Diese Regelung ist vom katholischen Klerus in seinem Ringen um die Beherrschung der sexuellen Moral und um die sittliche Überwachung der Ehe stets als eine Art Niederlage empfunden worden.

Ossian und Liebe

Auf der Überfahrt nach Ägypten im Jahre 1798 wollte man Napoleon aus dem Homer vorlesen, aber er äußerte sich geringschätzig: »Das nennt Ihr erhaben? Welch Unterschied zwischen Eurem Homer und meinem Ossian!« Die Lieder des Sängers Ossian, des Helden eines südirischen Sagenkreises, waren von dem schottischen Dichter Macpherson (1736–1796) angeblich entdeckt, in Wirklichkeit von ihm selbst verfaßt worden. Seine in freien Rhythmen dahinfließenden Gesänge faszinierten eine ganze Epoche und gaben den Anstoß zu einer weitreichenden geistigen Bewegung, die man heute »Romantik« nennt. Angeregt durch die Entdeckung Ossians sammelte Herder 1778 die »Stimmen und Lieder der Völker«, beschäftigte sich Goethe mit der Gotik und dem Stoff des Faust, auch die Shakespeare-Übersetzung Schlegels, die Märchen Tiecks, die Volksliedersammlung des Arnim und Brentano, selbst die Märchensammlung der Gebrüder Grimm sind undenkbar ohne den Anstoß, den Ossians Gesänge gegeben haben. Bis 1800 sind allein in Deutschland fast 40 Übersetzungen dieser Gesänge erschienen: Stürmende Winde, Heide und Mond, Nebel und Meer bezeichnen die Landschaft Ossians, die romantische Landschaft, und die Rückkehr in die eigene nationale Vergangenheit zu den Quellen wurde zur Attitüde der Zeit: Romantisch war der Rückgriff auf alles Irrationale, Unklassische – aber, wie Paul Valéry gesagt hat, »man müßte allen Verstand verloren haben, wollte man die Romantik genau zu definieren versuchen«. Friedrich Schlegel hatte schon im Juli 1798 ein Fragment veröffentlicht, das den Stilbegriff der Romantik formuliert; bis dahin war »romantisch« nur ein abfälliges Eigenschaftswort wie bizarr oder phantastisch gewesen. Schlegels Formulierung lautet: »Die romantische Poesie ist eine progressive Universalpoesie.«

Dieser fortschrittliche Zug der Romantiker, die sich selbst übrigens nie so bezeichnet haben, äußert sich auch in der Haltung der Frau gegenüber. Nirgendwo ist das deutlicher ausgesprochen als bei Schleiermacher, der mit 32 Jahren, einige Zeit vor seiner Berufung an die Dreifaltigkeitskirche nach Berlin, im Jahre 1800 seine »Idee zu einem Katechismus der Vernunft für edle Frauen« niederlegte, die auch im »Athenäum« erschienen ist. Der Katechismus wird, streng nach dem theologischen Vorbild, mit den Zehn Geboten eingeleitet, von denen einige berühmt geworden sind. So lautet bei Schleiermacher das Dritte Gebot: »Du sollst von den Heiligtümern der Liebe auch nicht das kleinste mißbrauchen: denn die wird ihr zartes Gefühl verlieren, die ihre Gunst entweiht und sich hingibt für Geschenke und Gaben oder um nur in Ruhe oder Frieden Mutter zu werden.« Das nächste Gebot heißt: »Merke auf den Sabbat deines Herzens, daß du ihn feierst, und wenn sie dich halten, so mache dich frei oder gehe zugrunde.« Und: »Du sollst nicht geliebt sein wollen, wo du nicht liebst.« Alle diese festen und zugleich schwärmerischen Forderungen werden von Schleiermacher analog dem lutherischen Katechismus ausgelegt, wobei die Grundüberzeugungen der Romantik klar zutage traten: »Ich glaube an eine unendliche Menschheit, die da war, ehe sie die Hülle der Männlichkeit und Weiblichkeit annahm. Ich glaube, daß ich nicht lebe, um zu gehorchen oder um mich zu zerstreuen, sondern um zu sein und zu werden: und ich glaube an die Macht des Willens und der Bildung, mich dem Unendlichen wieder zu nähern, mich aus den Fesseln der Mißbildung zu erlösen und mich von den Schranken des Geschlechts unabhängig zu machen.«

Die Liebesauffassung der Romantiker wurzelt geistig in platonischen Ideen, psychologisch in der Gebundenheit an das Mutterbild: Viele von ihnen verliebten sich in verheiratete Frauen und lösten die Bindung, sobald sich Konsequenzen zu ergeben schienen, ein dem Psychologen wohlbekannter Zug (Taylor). Aus dem Platonismus stammt die Vorstellung, daß jedes Individuum nur die Hälfte eines in der Welt existierenden Zwillings sei, dem die andere Hälfte zur vollen eigenen Entfaltung fehle. Die Romantiker suchten deshalb stets die Frau, die ihnen alles bedeuten würde: Die griechische Dreiteilung der Frauen in Sklavin, Hetäre und Mutter wurde aufgegeben, ebenso die klassische Unterscheidung zwischen sexueller Leidenschaft und keuscher Zuneigung, zwischen Eros und Agape. Aus einem solchen platonischen Streben nach unbedingter Partnerschaft folgte, daß es keine Hindernisse für die Vereinigung geben durfte, und so kam es zu immer neu aufflammenden Leidenschaften und zu Scheidungen: Das war nicht immer die glücklichste Lösung, denn der Ehealltag, etwa zwischen Schelling und der alternden Caroline, konnte das Problem nicht lösen. Ein anderes Mittel, in der Ehe sexuelles Glück und geistige Partnerschaft zu vereinigen, führte zur Dreiecksehe. Der Gatte hielt nicht, wie vor der Französischen Revolution, eine Tänzerin oder Sängerin aus, sondern lebte mit zwei Frauen in intensiver Gemeinschaft (Taylor). Der Roman »Woldemar« von Friedrich H. Jakobi (1745–1819), der selbst in einem solchen Dreiecksverhältnis gelebt hat, beschreibt diesen Zustand, und auch Goethe hat in seiner »Stella« eine ähnliche Lösung dargestellt. Die französische Boulevardkomödie hat die Trennung beibehalten, die deutsche Innerlichkeit gab sie auf, und auch der Engländer Shelley versuchte auf der endlosen Suche nach der idealen Gefährtin die Romantik der Liebe auf die Ehe zu übertragen, ein Versuch, dem seine Frau Harriet zum Opfer fiel.

Bis zur Romantik hatte man der Ansicht sein können, daß zwei Menschen, die sich nicht gerade abstoßend finden, eine gute Ehe führen könnten. Von nun an war diese Institution mit Glückserwartungen überlastet und forderte jeden heraus, sich der einen »besseren Hälfte« auf Lebenszeit zu verbinden, ein Anspruch, dem die Menschen in der monogamen Eheform nicht gewachsen sein konnten. In ihren äußeren Lebensformen wurde die Ehe aber weniger von den Romantikern als von der Idylle des Biedermeiers geprägt: Zwischen dem Wiener Kongreß und der Revolution von 1848 entwickelte sich, in Deutschland vor allem, das Ideal sittsamer Häuslichkeit und bürgerlicher Genügsamkeit.

Familiensinn im Biedermeier

Zu den liebenswertesten Seiten einer Epoche, in der sich die industrielle Revolution ankündigte, Karl Marx sein Kapital schrieb und Nordamerika von der westlichen Zivilisation erobert wurde, gehörte das Familienleben: Unzählige Bilder sind erhalten, welche die Traulichkeit und Harmonie des Zusammenlebens darzustellen versuchen. Mit Tonpfeife und Bratenrock, neben dem polierten Tisch in würdiger Haltung die Seinen überragend, macht der Hausvater die stattlichste Figur, liebevoll und innig blickt die Mutter, deren Frömmigkeit, Güte und Ordnungsliebe für Behaglichkeit im Hauswesen sorgen: Sie hat viele Kinder aller Altersstufen um ihre Knie versammelt, alle wie hübsche Puppen gekleidet. Auch die alten Eltern gehören ins idyllische Bild wie das Hündchen der Kinder und das Vogelbauer.

Karl Gutzkow (1811–1878), der Verfasser des ersten modernen Frauenromanes, für dessen Unsittlichkeit er mit zehn Wochen Gefängnis bestraft worden ist, hat diese heile Bürgerwelt in seinen Jugenderinnerungen beschrieben: »In der traulichen Geselligkeit eines gebildeten Hauses liegt ein unendlicher Reiz . . . Die Ordnung und die Pflege verbreiten eine Behaglichkeit, die ebenso das Gemüt wie die äußeren Sine ergreift. Die kleinen Arbeitstische der Frauen am Fenster, die Nähkörbchen mit den Zwirnrollen, mit den blauen englischen Nadelpapieren, mit den buntlackierten Sternchen zum Aufwickeln der Seide, die Fingerhüte, die Scheren, das aufgeschlagene Nähkissen des Tischchens, nebenan das Piano mit den Noten, Hyazinthen in den Treibgläsern am Fenster, der gelbe Vogel im schönen Messingbauer, ein Teppich im Zimmer, der jedes Auftreten mildert, an den Wänden Kupferstiche . . . die Begegnungen der Familie unter sich voll Maß und Ehrerbietung, kein Schreien, kein Rennen und Laufen, die Besuche mit Sammlung empfangen, abends der runde, von der Lampe erhellte Tisch, das siedende Teewasser, die Ordnung des Gebens und Nehmens, das Bedürfnis der geistigen Mitteilung – in dem Zusammenklang aller dieser einzelnen Akkorde liegt eine Harmonie, ein Etwas, das jeden Menschen sittlich ergreift, bildet und veredelt.« Dieser verklärten Erinnerung stehen andere Zeugnisse gegenüber, besonders, was die Stellung der Familienmitglieder zueinander angeht. Als die deutsche Schriftstellerin Marie von Ebner-Eschenbach 75 Jahre alt war, erinnerte sie sich in ihren 1906 erschienenen Memoiren, daß die Großmutter von deren Mutter immer nur als von »unserer Allergnädigsten« sprach und dabei »leise das Haupt neigte«. In jedem Adels- und Bürgerhaus war es selbstverständlich, den Vater mit »Sie« anzureden, und selbst die schon verheiratete Frau wagte oft keine vertrauliche Anrede. »Unsere Mutter sagte ›Sie‹ zu ihrem Vater. Er war ihr geistiger Führer, ihr alleiniger Lehrer.« In dieser gemessenen Atmosphäre werden Nichtigkeiten zu Staatsaktionen, spontane Regungen zu Vergehen, und man lebt im engen Zirkel der Familie, als sei sie die Welt, ohne einen Blick über den Zaun zu wagen. Unter diesen Umständen haben junge Mädchen aus gutem Hause nur geringe Möglichkeiten, junge Männer kennenzulernen: Also veranstaltet man Bälle, um die Debütantinnen auf den Heiratsmarkt zu schleusen. Diese Jugend aber, der ewigen Menuette und Quadrillen überdrüssig, ist von einer Musik berauscht, die von den Herren Lanner und Strauß aus Wien kommt und sich eine ganze Generation im Sturm erobert: Der Walzer ist in jenen Tagen eine geradezu revolutionäre Musik, seine Sinnlichkeit wirkt »schamverletzend«, sein Schwung durchaus erotisch. Also tanzen die jungen adligen Offiziere aus den Garnisonen mit den Töchtern reicher Bürger, und man macht sich über die allgemeine Frömmelei im Kasino lustig, wenn man nach der Mitgift des Mädchens fragt: »Ist sie auch religiös?« Schockierend wirkte auf das Bürgertum, was man von George Sand hörte (1804–1876), diese Dame in Männerkleidung, die Zigarren rauchte und die Liebhaber zu wechseln wagte, wie sonst nur ein Mann seine Mätressen gewechselt hatte. Unter ihrem Schriftstellernamen hat diese reizvolle, unersättliche und überlegene Frau, die unter anderem mit den Musikern Alfred de Musset und Chopin ihre Romanzen erlebt hat, über hundert

Romane veröffentlicht. In ihren Jugendwerken kündigt sich eine Offenheit, ein Mut zur Sexualität an, der von nun an nicht mehr verstummen wird: »Wenn er eingeschläfert war, befriedigt und gesättigt, blieb ich regungslos und starr an seiner Seite. Ich habe wohl so Stunden damit zugebracht, ihn anzuschauen, während er schlief. Er schien mir so schön, dieser Mann! . . . Ich war heftig in die Versuchung geführt, ihn zu wecken, ihn in meine Arme zu nehmen und seine Liebkosungen herauszufordern, die ich noch nicht verstanden hatte auszunutzen. Ich widerstand diesem trügerischen Wunsche meines Leidens, denn ich wußte, daß er nicht imstande war, sie zu besänftigen.«

Immer stärker wurde der Bourgois zum Mittelpunkt des Staatswesens, seine verlogene Moral durchzog die Gesellschaft wie ein übler Geruch, und die besten Geister ihrer Zeit kämpften gegen das Bourgoistum: Von Flaubert wird berichtet, daß er in Schweiß gebadet war, wenn er mit dem Lyriker Théophil Gautier über dieses Thema diskutierte. Auch in Frankreich regierte ja der Philister, und in Gestalt des Louis Napoleon bestieg er 1852 den Thron, von dem ihn erst die Niederlage von Sedan 1870 vertrieb. Schon unter den Bourbonen war man unverzüglich zu einer strengeren Gesetzgebung in der Ehescheidung und damit zur doppelten Moral des Rokoko zurückgekehrt, freilich auf bürgerlicher Ebene: Die relative sexuelle Freiheit unter dem Directoire und während der Napoleonischen Ära war den rückschrittlichen Bourbonen ein Greuel, deshalb nahm man schon 1816 geschiedenen Eheleuten das Recht, sich wiederzuverheiraten. Nur die körperliche Trennung von Tisch und Bett, die »séparation de corps«, blieb gestattet, aber auch sie nur, wenn die Frau Ehebruch begangen hatte. Das französische Scheidungsrecht mit seinen reaktionären Bestimmungen ist erst 1884 durch eine neue Regelung abgelöst worden, die den Erfordernissen der Zeit entsprach. Erstaunlich liberal war man im alten Preußen, denn bereits das Allgemeine Preußische Landrecht von 1794 hatte unüberwindliche Abneigung als Scheidungsgrund anerkannt.

Der Sieg der Prüderie

Die Viktorianische Ära, der Alpdruck Europas und zugleich seine gute, alte Zeit, hat fast zwei Menschenalter gedauert, ehe endlich der lebenslustige Prince of Wales im Jahre 1901 als König Eduard VII. den englischen Thron bestieg. Man erinnerte sich im allgemeinen nur der Gemütlichkeit jener Zeit der ersten Eisenbahnen, aber weniger ihrer düsteren und grausamen Züge. In England gab es um die Mitte des vorigen Jahrhunderts zahllose Gesellschaften, die über die Moral wachten, zum Beispiel eine »Gesellschaft zur Überwachung des Lasters«, eine »Gesellschaft zur Beachtung der Sonntagsvorschriften«, eine »Gesellschaft zur Bekämpfung der Prostitution« und viele andere dieser Art mehr. Am berühmtesten war die bereits 1789 gegründete »Proclamation society«, deren Vorstand ein Herzog, zwei Erzbischöfe und siebzehn Bischöfe angehörten und die gegen das Laster, also vor allem gegen »unzüchtige Veröffentlichungen« kämpfte, in Wirklichkeit aber jede freie Meinungsäußerung zu unterdrücken suchte. Diesen Kreisen ist es zuzuschreiben, daß in den Jahren 1800, 1856 und 1857 der Versuch unternommen werden konnte, auf Ehebruch die Todesstrafe zu

Das Elisium in Wien. *Auf den Bällen der Biedermeierzeit hatten die jungen
Leute Gelegenheit, einander kennenzulernen, und nicht selten
wurden auf solche Weise Bindungen fürs Leben in die Wege geleitet.
Lithographie von F. Wolf, 19. Jh. Historisches Museum der Stadt Wien*

setzen; wenn dies schon nicht gelang, so konnte wenigstens die Ehe mit der
Schwester der verstorbenen Gattin unter Strafe gestellt werden; dieses Gesetz ist
erst 1907 aufgehoben worden. Die reaktionären Gruppen in England wurden so
stark, daß sie mit einer neu gebildeten Gruppe, der »Constitutional association«
von 1820, sogar einen Mann wie den Verleger Lord Byrons einschüchtern konnten. Er zögerte, die ersten zwei Gesänge des »Don Juan« zu verlegen, weil er Re-
pressalien befürchtete. Diese Gesellschaft ist zwar nach drei Jahren angestrengter
Tätigkeit aufgelöst worden, aber die Angriffe gegen die Pressefreiheit und die Freiheit der Meinung gingen weiter.

Damals waren schon die ersten Berichte von Gesundheitskommissionen über
die neu entstandene Arbeiterklasse in den Slums der Industriestädte entstanden,
aber man hatte das Sklavendasein der Arbeiter in den glitzernden Etagen der Gesellschaft noch nicht zur Kenntnis genommen. Fast alle Frauen und Mädchen ver-
besserten ihr Einkommen durch Prostitution, die eben deshalb so sehr gebraucht

wurde, weil die bessere Gesellschaft den Sex verdrängt hatte und der junge Mann zwar eine Jungfrau heiraten, selbst aber sexuelle Erfahrungen haben wollte. Oft waren die Väter und Gatten der Arbeiterinnen einverstanden, daß der Familienlohn auf diese Weise aufgebessert wurde; wer in der Kohlengrube oder in der Baumwollspinnerei arbeitete, war ohnehin abgestumpft und in jeder Weise abhängig. Ein Reisebericht aus der viktorianischen Frühzeit sagt: »Diese finsteren und ekelerregenden Gruben werden zur Stätte wildester Ausschweifungen. Wenn ein Mann dort unten eine Frau trifft, und die Leidenschaft überkommt sie, dann geben sie diesem Wunsche auf der Stelle nach.« Auch die Vorarbeiter der Baumwollspinner und -weber machten sich die Situation zunutze, »die sich ihrer Lüsternheit durch die große Zahl der unter ihnen stehenden Frauen bot«. Diese Frauen hatten keine Möglichkeiten, sich zur Wehr zu setzen, und an einigen Orten wurden von den jungen Arbeitern »Häuser eingerichtet, die der Ausübung ihrer unerlaubten Vergnügungen dienten und in die sie ihre, keineswegs abgeneigten, Opfer brachten, um dort schändliche Orgien zu feiern«.

Die moralische Entrüstung dieser Autoren verkennt allerdings, daß solche Zustände nur herrschen, wenn die Verzweiflung des einzelnen über seine Lage ihn zu jedem Betäubungsmittel greifen läßt. Erst die Reflexion über die Ursache seiner Leiden und seine wirkliche Lage werden einen unterdrückten Menschen von solchen sogenannten Lastern abbringen. Gelegentlich boten die Machtverhältnisse im Frühkapitalismus Versuchungen römischen Formats. So erzählt ein Zeitgenosse, ein Fabrikbesitzer in Lancashire habe ihm und seinen Studienfreunden bei ihren Besuchen freigestellt, sich für ihr Vergnügen eine der Arbeiterinnen auszusuchen. Kein Wunder, daß die Kinderzahl gerade in den verelendeten Familien anstieg und die Not sich vergrößerte. Um diesem Übel abzuhelfen, kam der Polizeichef von Manchester auf die geniale Idee, jede Frau, die mehr als eine von ihm festgesetzte Anzahl von Kindern zur Welt brachte, mit einer Prügelstrafe zu belegen und zu einer empfindlichen Gefängnisstrafe zu verurteilen (Epton). Kirchliche Stellen berichteten über die Zustände in der Industrie mit verständlicher Entrüstung, waren aber selten bereit, die sozialen Ursachen anzuerkennen. Je mehr die Arbeiter unterdrückt und ausgebeutet wurden, um so gewalttätiger wurden sie: Um sein Elend zu vergessen, betrank sich der »Proletarier«, und um sein Selbstbewußtsein wiederherzustellen, verprügelte er seine Frau. Im »Schlägerdistrikt« von Liverpool nahmen diese Gewalttätigkeiten einen solchen Umfang an, daß man schließlich den Friedensrichtern die Befugnis einräumte, für brutalistische Ehen die Trennung auszusprechen und den Mann, wenn die Körperverletzung nachgewiesen war, zum Unterhalt zu verpflichten.

Ganz anders waren die Verhältnisse in den »höheren Ständen«. Hier spielte die Sexualität eine nicht weniger große Rolle, aber sie wurde auf eine geradezu lächerliche Weise aus dem Bewußtsein verdrängt, und den Verrenkungen des amerikanischen Puritanertums standen die englischen Moralisten nicht nach. Die Stellung der Frau in der Gesellschaft des neunzehnten Jahrhunderts entsprach der, die sie im Mittelalter eingenommen hatte, nur mit einem einzigen Unterschied: Sie wurde nicht mehr als Quelle des Bösen, als Werkzeug des Teufels angesehen, sondern zu damenhafter blutloser Unschuld stilisiert. Der viktorianische Mann hielt sich, vermutlich seiner geschäftlichen Erfolge wegen, für kultivierter als die Menschen vergangener Jahrhunderte und jeder anderen Kultur. Er hatte alles an sich verfeinern können, sein Benehmen, seine Kleidung, seine Intelligenz und seinen Geschäftssinn, dessen Erfolge ihm zeigten, daß er auch mit Gott in einem angenehm entspannten Verhältnis stand. Nur den »tierischen« Sexualtrieb hatte er nicht kultivieren können und benahm sich hier gänzlich ohne Würde. In diese Naturgegebenheiten fügte sich der Mann mit Unbehagen, aber da Nachwuchs auf keine andere Weise zu erzielen war, unterzog er sich seinen ehelichen Pflichten mit dem Gefühl, im Bett dem Tier am nächsten zu sein. Logisch teilte man die Frauen in zwei Gruppen ein, je nachdem, ob sie Lustgefühle erweckten oder die männliche Selbstbeherrschung nicht ins Wanken brachten. Nach diesem Schema ließ sich die moralische Überlegenheit auch dann wahren, wenn man eine doppelte Moral besaß, und selbst die gefühlskalte Gattin, die aus Berechnung geheiratet hatte, stand moralisch höher als ein Mädchen, das leidenschaftlicher Gefühle fähig war.

Das Ei und das Fluid

Um zu begreifen, daß der Mensch aus einem Ei entsteht, dessen Befruchtung im mütterlichen Uterus durch ein männliches Samenfädchen erfolgt, hat man Jahrhunderte gebraucht. Als man schon erkannt hatte, daß die Erde die Sonne umkreist und diese Teil eines Milchstraßensystems ist, glaubte man noch immer an die sogenannte Präformationstheorie. Selbst der hochgelehrte und gescheite Naturwissenschaftler Albrecht von Haller (1708–1777) hat noch gelehrt, daß der männliche Same »mit lebendigen Tierchen angefüllt« sei. Diese wurden als »dickköpfig« und mit einem feinen, aber »zuversichtlich nicht sichtbaren Schwanz« beschrieben. Solche gleichsam »vorgeformten« Lebewesen, winzig klein, kämen aus dem Uterus und brauchten dann nur noch zu wachsen. Denn daß aus einem stecknadelkopfgroßen Ei und der Verbindung mit dem Samen ein ganzer Mensch wachsen könne, erschien jedem wahrhaft unglaublich.

Die Frage der Fortpflanzung wurde von Caspar Friedrich Wolff (1733–1794) prinzipiell geklärt, der in seiner 1759 erschienenen »Theoria generationis« exakte Beobachtungen verarbeitete und nachwies, daß die Nachkommen des Menschen aus der winzigen, unorganisierten Materie, dem weiblichen Ei, entstehen, das vom Samen befruchtet wird. Eine solche mühsam gewonnene Unbefangenheit gegenüber dem menschlichen Körper war die erste Voraussetzung dafür, daß man das Problem der Sexualität mit dem sachlichen Blick des Mediziners zu sehen vermochte. Die Verwandtschaft des Menschen mit einer tierischen Ahnenreihe, ein für die kirchliche Mentalität zunächst schockierender Gedanke, seine Stofflichkeit und seine Konstitution rückten in den Mittelpunkt des wissenschaftlichen Interesses. Funde aus der Frühgeschichte erweiterten die geschichtliche Perspektive weit über die Bibel hinaus in die Epochen vor der letzten Eiszeit. In der Mitte des Jahrhunderts erkannte der Abt Mendel die Gesetzmäßigkeit der Vererbung; 1866 ist seine Arbeit über Hybriden, d. h. Pflanzenkreuzungen, erschienen. Nur wenige Jahre zuvor war die Abstammungslehre zum ersten Male vorgetragen worden: Am 1. Juli 1858 erlebte die ehrwürdige Royal Society in London, daß Darwin und sein jüngerer Kollege Alfred Russell Wallace ihre Ideen über die Evolution äußerten, die sie nahezu gleichzeitig und unabhängig voneinander gefunden hatten. Als dann 1859 Darwins Werk »Die Entstehung der Arten durch natürliche Zuchtwahl« erschien, waren die 1250 Exemplare der Erstauflage am Tage des Erscheinens vergriffen, und jedermann erkannte, daß die biblische Mythe von der Arche Noah zur Erklärung der »Varietäten« verschiedener Tier- und Menschenrassen nicht mehr ausreichte.

So bildete sich aus vielen Einzelerkenntnissen ein neues, von Dogmen abgelöstes biologisches Bild des Menschen, der nun als dem Tier verwandt, eingebettet in seine Rasse und in seiner physiologischen Gegebenheit verstanden wurde. Ähnlich mühsam war der Weg der Erkenntnisse, die zur Entdeckung des Unbewußten und damit zur wissenschaftlichen Psychologie von der Sexualität des Menschen führte. Hier freilich waren Moralbegriffe und Vorurteile zu einer Mauer aus Mißtrauen und Scham auf fast unüberwindliche Weise aufgetürmt, und es bedurfte vieler Umwege, bis Sigmund Freud die ersten Umrisse der neuen Wissenschaft aufzeigen konnte.

Die Etappen dieses Weges heißen Somnambulismus, Mesmerismus und Hysterie. Schlafwandler hatte man schon in der Antike gekannt und heiliggehalten, Hypnose und Tiefschlaf gab es auf Kos, der Insel des Aeskulap, auf der Hippokrates (ca. 460–380 v. Chr.) gelehrt haben soll. Psychologische Erkenntnisse hat Aristoteles formuliert: »Ändert sich der Zustand der Seele, so ändert dies zugleich auch das Aussehen des Körpers und umgekehrt; ändert sich das Aussehen des Körpers, so ändert dies zugleich auch den Zustand der Seele.« Aber das alles, außer bei Aristoteles eher beiläufig erkannt und zu zauberischen Praktiken benutzt, hatte kein Gewicht in der Entwicklung der exakten menschlichen Erkenntnis. Auch der Begriff, den Aristoteles für die Seele gebraucht hat, entsprach durchaus nicht dem, was wir darunter zu verstehen glauben. Im Mittelalter war die Scheu vor dem Geisteskranken, weil man in jedem »Besessenen« einen Teufel vermutete, verlorengegangen. Man sperrte solche Kranken in lichtlosen Kellern ein und kettete sie an, zusammen mit denen, die von der damaligen Gesellschaft als Verbrecher bezeichnet und bestraft wurden. Aber im Jahre 1793 berief der Konvent, ein Ruhmesblatt der Revolution, den jungen Irrenarzt Philippe Pinel (1745–1826) zum Leiter des Hospizes in Bicêtre. Dieser erklärte, daß »die Geisteskranken keineswegs Schuldige seien, die bestraft werden müßten, sondern Kranke, deren gequälter Zustand alle Rücksichten erfordere, die man der leidenden Menschheit schuldig sei. Man müsse vielmehr . . . eine Normalisierung des verwirrten Geisteszustandes zu erreichen versuchen«. Das war die Geburtsstunde der Seelenheilkunde, der Psychiatrie.

Von der Erkenntnis der Zusammenhänge zwischen Seele und Körper war man noch weit entfernt, weil man von »Seele« und »Geist« sprach, ohne doch eigentlich zu wissen, wovon man redete. Der erste naturwissenschaftlich Gebildete, der hypnotische und hysterische Erscheinungen bei Menschen bewußt hervorrief, war Franz Anton Mesmer (1734–1815), aber er erklärte sie falsch. Im Sommer 1774 hat er zum erstenmal von der rätselhaften Kur gehört, die ein reisender Engländer nach Rezepten des Paracelsus seiner an Magenkrämpfen erkrankten Gattin verordnet habe: Der Astronom Maximilian Hell in Wien, ein Jesuitenpater, hatte dem Engländer einen Magneten herstellen müssen, und die Magenkrämpfe hätten sich gelegt. Der Pater Hell, ein Freund Mesmers, ist ein glaubwürdiger Mann, und so fährt der Schwabe selbst nach Wien und probiert die Sache aus. Mit allerlei

Magneten streicht er seinen Patienten über Hals und Herz, über das erkrankte Kreuz oder die gelähmte Hand, und in manchen Fällen erzielt er damit erstaunliche Heilerfolge. Mesmer hat dann in gutem Glauben weiter experimentiert und ist auf höchst unglückliche Weise in den Ruf eines Kurpfuschers geraten. Als er einem Schützling der Kaiserin Maria Theresia, der Demoiselle Maria Theresia Paradies, durch seine magnetische Kur das Augenlicht wiedergab – die späteren Berichte bestreiten diese Heilung –, hat er den Höhepunkt seines Wirkens schon überschritten. Von nun an kämpft Mesmer mit der Besessenheit eines Mannes, der sich im Besitz der Wahrheit weiß, um die wissenschaftliche Anerkennung seines »magnetischen Fluids«, aber die ehrwürdige und vergreiste Akademie der Wissenschaften in Paris kommt zu einem negativen Ergebnis. Zwar äußern die Professoren: »Man kann nach diesen ständigen Wirkungen eine gewisse Kraft nicht ableugnen, die auf die Menschen wirkt, sie beherrscht und deren Träger der Magnetiseur ist.« Aber trotzdem sehen sie sich gezwungen, die »Nichtexistenz« des Magnetismus feierlich zu konstatieren, und glauben, damit sei er aus der Welt geschafft. In einem düsteren Geheimbericht (Stefan Zweig) vom 11. August 1784 an den König wird darauf hingewiesen, daß die Sittlichkeit durch die Nervenreizung und die »Vermischung der Geschlechter« bei den Zusammenkünften gefährdet sei. Es ist dieselbe Akademie, die Franklins Blitzableiter abgelehnt, Fultons Dampfboot eine Utopie genannt und Jenners Pockenimpfung verworfen hat. Während sich die Gebildeten überall auf der Welt in sogenannten »harmonischen Gesellschaften« zusammenfinden, um die Sensation des Magnetismus an sich selbst auszuprobieren, hält sich die Akademie Augen und Ohren zu. Sie hat erst im Jahre 1882 unter dem Einfluß des großen französischen Arztes Charcot ihren Irrtum korrigiert.

Das Jahr, in dem Mesmer durch das Verdikt der Akademie zu einem Scharlatan gestempelt wird, ist zugleich das Geburtsjahr der modernen Psychologie. Ein Schüler des Jakob Mesmer, der reiche Graf Maxime de Puységur, hat auf seinem Landgut magnetische Kuren mit seinen Bauern angestellt und dabei etwas erlebt, was zwar nicht neu, aber noch nie zum Gegenstand wissenschaftlicher Forschung gemacht worden war: Er hatte einen Bauernjungen hypnotisiert. Das Wort Hypnose kommt aus dem Griechischen und bezeichnet die Fähigkeit, einen Menschen künstlich in einen Wachschlaf zu versetzen. Der Graf beobachtete diesen Zustand und begriff seine Tragweite; offensichtlich gab es in der menschlichen Seele Bereiche, die dem Experiment zugänglich waren und die es ermöglichten, in das vollkommene Dunkel hineinzuleuchten, das sich hinter dem wachen Bewußtsein verbarg. Der Graf schrieb seine Beobachtungen mit wissenschaftlicher Exaktheit nieder und veröffentlichte sie im Jahre 1784. Von nun an wurde der Mesmerismus, wie man dieses Spiel mit Experimenten nannte, recht eigentlich erst Mode, und niemand, der am Zeitgeschehen Anteil nahm, blieb davon unbeeindruckt. Kleist und Schopenhauer sind von ihm beeinflußt worden, Edgar Allan Poe hat sich mit dem künstlichen Somnambulismus befaßt, und die Romantiker haben die Botschaften aus dem Seelenreich begierig aufgegriffen. So wurde der Mesmerismus, allerdings ohne Mesmer, zu einer fixen Idee, und es gab nichts, was man von den Somnambulen nicht verlangte: Man ließ sie Schätze finden und Medizinen, man ließ sie in sich schauen und so die Krankheiten anderer diagnostizieren, man hörte Leute Griechisch reden, obwohl die nie ein Wort Griechisch gelernt haben konnten, und man sah Hypnotisierte komplizierte Rechenaufgaben spielend lösen. Dieser Nebel von Wundergläubigkeit kann die Tatsache nicht verschleiern, daß durch die Beschäftigung mit der Hypnose die Kräfte der Seele entdeckt sind.

Der Weg ins Unbewußte

Die klassische Psychiatrie war von der Entdeckung der Hypnose zunächst unberührt geblieben. Man hatte es mit geistig Anormalen zu tun, und man glaubte ihrer Anomalität am ehesten auf die Spur zu kommen, wenn man nach physischen Veränderungen suchte, im Zeitalter eines Virchow und Pasteur, eines Robert Koch und Emil Behring ein naheliegender Ausgangspunkt. Es war das in den exakten Naturwissenschaften und in der Medizin bewährte Verfahren: Indem man Meßdaten zu bekommen versuchte, schuf man sich Material, aus dem sich Gesetzmäßigkeiten würden ablesen lassen. So war die Gehirnanatomie ein wichtiger Zweig der Psychiatrie geworden, und es lag nahe, daß der eben promovierte Psychiater Dr. Freud sich diesem Gebiet widmete. Er hatte in Wien studiert und erst spät seine Studien abgeschlossen, denn »eine besondere Vorliebe für Stellung und Tätigkeit eines Arztes habe ich in seinen Jugendjahren nicht verspürt«, bekannte er später, »und auch später nicht«. Eher habe ihn eine Art Wißbegierde bewegt, die sich aber »mehr auf die menschlichen Verhältnisse als auf die natürlichen Objekte bezog«. Der junge Dr. Freud, ein strenger und nüchterner Wissenschaftler, betätigte sich also als Gehirnanatom und Neurologe. Während dieser Zeit hörte er, daß der große Charcot in Paris, auf den Spuren Mesmers arbeitend, die Hypnose benutzte, und fühlte sich von dem Problem fasziniert. Er erbat und erhielt ein Reisestipendium, um sich an Ort und Stelle zu informieren. Für Freud ist es ein zentrales Erlebnis gewesen, im großen Hörsaal mitzuerleben, wie Charcot an hypnotisierten Patienten künstlich alle Symptome der klassischen Hysterie erzeugte. Hier begegnete Freud zum ersten Male den unheimlichen Energien der Seele, und es beeindruckte ihn, daß ein Mann wie Charcot diese Erscheinungen ernst nahm und nicht als Simulation verwarf. Noch blieb Freud aber bei neurologischen Problemen, er kehrte nach Wien zurück und habilitierte sich 1885 als Privatdozent für Neuropathologie mit einer Reihe von ausgezeichneten, aber durchaus konventionellen wissenschaftlichen Arbeiten. Seine neurologischen Untersuchungen kamen 1891 mit einer Arbeit zum Abschluß, die noch heute als grundlegend gilt und sich mit Sprachstörungen nach Gehirndefekten befaßte (Zweig).

Damals galt Hysterie noch als das eingebildete Leiden unbefriedigter Frauen (griechisch hystera: Gebärmutter), denen ein Mann fehlte; männliche Hysterie wurde als Simulantentum abgetan, und wer unter Problemen seiner Sexualität litt, fühlte sich als moralisch minderwertig disqualifiziert und ausgeschlossen aus dem Kreis der Anständigen. Was aus der Sexualsphäre stammte, war vollkommen tabuiert und lieferte höchstens Stoff für Kasinowitze. Der Geschlechtsverkehr galt im Grunde als »Schweinerei«, und so blieb ein zentraler Bereich des Menschen in ein undurchdringliches Dunkel von Lüge und Heuchelei gehüllt.

Freud hatte, als Jude im Wien der Kaiserzeit aufgewachsen, am eigenen Leibe erfahren, was es heißt, zu einer verspotteten Minderheit zu gehören, und die Sensibilität des jungen Akademikers gegenüber der Gesellschaft war geschärft: »Ich hatte nie begriffen, weshalb ich mich meiner Abkunft oder, wie man zu sagen begann, Rasse schämen sollte. Auf die verweigerte Volksgemeinschaft verzichtete ich ohne viel Bedauern. Ich meinte, daß sich für einen eifrigen Mitarbeiter ein Plätzchen innerhalb des Rahmens des Menschentums auch ohne eine solche Einreihung finden müsse. Aber eine für später wichtige erste Folge dieser Eindrücke von der Universität war, daß ich so frühzeitig mit dem Lose vertraut wurde, in der Opposition zu stehen und von der kompakten Majorität in Bann getan zu werden. Eine gewisse Unabhängigkeit des Urteils wurde so vorbereitet.«

Auf die Grundprobleme der späteren Psychoanalyse war Freud im Grunde schon bei Charcot in Paris gestoßen, aber er hatte ihren Umfang noch nicht erkannt. Kein Zweifel, daß die herkömmlichen physiologischen Behandlungsmethoden der klassischen Psychiatrie ihm nicht genügten, und als er in Wien, um der Formalität des Stipendiums zu genügen, über Charcots Versuche berichtete, erregte er bei seinen Kollegen, die Hysterie für ein körperlich verursachtes Leiden hielten, unverhohlene Heiterkeit. Von nun an war er ein Außenseiter und hat erst spät eine außerordentliche Professur bekommen. Eine »ordentliche« Planstelle hat er nie bekommen, ist nie Ordinarius, geschweige denn Hofrat oder Geheimrat geworden und stand sein Leben lang außerhalb der Kaste.

Wie ist es nun aber, nach all diesen Umwegen, zur Psychoanalyse gekommen? Der Begriff, Vorgängen der Chemie nachgebildet, drückt aus, daß es bei dieser Methode nicht mehr um vage Vermutungen, sondern um Gesetzmäßigkeiten gehe und daß das seelische Geschehen nicht anders als ein physiologischer Vorgang analysierbar sei. Wie stets bei großen Entdeckungen wirkten Zufall und Intuition zusammen. Der Wiener Arzt Dr. Breuer behandelte eine Patientin, ein junges Mädchen, das ihn mit den klassischen Symptomen der Hysterie aufgesucht hatte. Ihren Lähmungen und Hemmungen, Bewußtseinstrübungen und Verkrampfungen war zunächst nicht beizukommen, bis Dr. Breuer beobachtete, daß sie jedesmal dann Entlastung spürte, wenn sie ungestört von sich sprechen konnte. Zugleich aber erkannte er, daß das Mädchen gleichsam an etwas vorbeiredete, daß es »etwas von sich wußte, was es durchaus nicht wahrhaben wollte und deshalb unterdrückte«. Dr. Breuer kam auf den Gedanken, das Mädchen in Hypnose sprechen zu lassen, um seine »Hemmungen«, eine Wortschöpfung der Psychoanalyse, zu beseitigen. Dieser Versuch hatte Erfolg, das Mädchen vermochte sich zu befreien und konnte nach einigen Monaten aus der Behandlung als geheilt entlassen werden. Für den Familienarzt Dr. Breuer, der seinem jungen Kollegen Dr. Freud von dem seltsamen Fall erzählt hatte, war der Heilerfolg entscheidend. Sigmund Freud ahnte, daß es nur zur Heilung hatte kommen können, weil hier ein »psychischer Mechanismus« in Bewegung gesetzt worden war. Er vermutete, daß »seelische Energien verschiebbar seien« und daß verdrängte Gefühle sich umwandelten in seelische oder körperliche Ausdrucksformen.

Zunächst haben die beiden Männer zusammengearbeitet und gemeinsam die ersten Schriften über ihre Gedankengänge veröffentlicht. »Über den psychischen Mechanismus hysterischer Phänomene« erschien 1893, und zwei Jahre später publizierten sie »Studien über die Hysterie«. Über den weiteren Weg hat sich keine Übereinstimmung erzielen lassen, weil Breuer sich nicht in Spekulationen locken lassen wollte. Freud selbst hat sich, die Freundschaft Dr. Breuers verlierend, mit unbestechlicher Wahrheitsliebe und Denkschärfe in einen Bereich gewagt, der

Ein Anhänger des Mesmerismus *magnetisiert eine Dame.*
Stich von Chodowiecki, 1790. Aus dem »Taschenbuch für Aufklärer«

wissenschaftlich noch von niemandem durchdrungen worden war. Ihm schien, daß die Hysterie eine Art »triebhafter Abkehr vom menschlich Unerträglichen« sei (Gebsattel), er definierte den Begriff der Neurose, entwickelte eine Technik, das verschüttete Trauma des Patienten freizulegen, indem er den Träumen und Assoziationen nachspürte, und erfaßte bisher unerkannte Strukturen des Seelischen mit der Vorstellung der Libido und dem Begriff des Unbewußten. Mit dem Kastrations- und dem Ödipuskomplex deckte er auf, was schon Kierkegaard geahnt hatte: Das Individuum hat nur Geschichte, weil es mit seiner geschlechtlichen Natur in Auseinandersetzung steht. Nach der »Traumdeutung« (1904) und der »Psychopathologie des Alltagslebens« (1901) erschienen 1905 seine »Drei Abhandlungen zur Sexualtheorie«. Die erste Abhandlung befaßte sich mit den sexuellen Abirrungen, die zweite Untersuchung widmete sich der infantilen Sexualität, und schließlich behandelte Freud den Ödipuskomplex. Freud, damals ein Mann von 50 Jahren, seit 1886 verheiratet und Vater von sechs Kindern, die aus einer gefestigten Ehe hervorgegangen waren, hatte mit diesen Veröffentlichungen eine Bilanz seiner bisherigen Erkenntnisse gezogen und durfte hoffen, von einer Wissenschaft ernst genommen zu werden, deren Ziel die Heilung der Seele war. Tatsächlich stieß er in der Fachwelt auf eisige Ablehnung, und im Laufe von vier Jahren wurden von seiner fundamentalen Abhandlung über die Sexualität keine 1 000 Exemplare verkauft. Als im Jahre 1910 auf einem Psychiaterkongreß in Hamburg ein Diskussionsredner die Theorie Sigmund Freuds zu erwähnen wagte, schnitt ihm der Vorsitzende Wilhelm Weygandt mit der klassisch gewordenen Bemerkung das Wort ab: »Das ist kein Gegenstand für eine wissenschaftliche Tagung, das ist eine Sache, die die Polizei angeht.«

Dieser Widerstand einer ganzen Epoche gegen Erkenntnisse, die sie entlarven mußten, bezeichnet ihre fundamentale Angst vor der Wahrheit. Nicht anders, als ein Neurotiker sich gegen die Analyse seiner Reaktionen sträubt, wehrte sich die Gesellschaft gegen die Thesen des jüdischen Arztes aus Wien, der gelassen formuliert: »Die Gesellschaft glaubt an keine stärkere Bedrohung ihrer Kultur, als ihr durch Befreiung der Sexualtriebe und deren Wiederkehr zu ihren ursprünglichen Zielen erwachsen würde. Die Gesellschaft liebt es also nicht, an dieses heikle Stück ihrer Begründung gemahnt zu werden. Sie hat gar kein Interesse daran, daß die Stärke der Sexualtriebe anerkannt und die Bedeutung des Sexuallebens für den einzelnen klargelegt werde. Sie hat vielmehr von diesem ganzen Gebiet abzulenken. Darum verträgt sie das gesamte Forschungsresultat der Psychoanalyse nicht und möchte es am liebsten als ästhetisch abstoßend, moralisch verwerflich oder als gefährlich brandmarken.«

Immer mehr weitet sich für Freud das Bild des Menschen zum Panorama miteinander widerstreitender Energien. Im Jahre 1909 kann Freud zum erstenmal vor einem amerikanischen Publikum an der Clark University die Grundzüge der Psychoanalyse entwickeln, im selben Jahr entsteht das »Jahrbuch der Psychoanalyse«, und oft unter bitterem Richtungsstreit breitet sich die psychoanalytische Bewegung aus: Bleuler und C. G. Jung in Zürich, Binswanger in Kreuzlingen, Putnam in Harvard, Morton Prince in Boston, Sandor Ferenczi in Budapest sind die ersten Ärzte, die das neue Instrument der Seelenheilkunde handhaben lernen und weiterentwickeln.

Die streng ärztliche Betrachtungsweise Freuds schuf die wissenschaftlichen Voraussetzungen für eine unvoreingenommene Erörterung sexueller Themen, wie sie um die Jahrhundertwende auch von anderen gefordert wurde. So hatte sich der ehemalige anglikanische Geistliche Edward Carpenter mit seinem zunächst als Privatdruck 1896 veröffentlichten Buch »Wenn Menschen reif zur Liebe werden« mutig dafür ausgesprochen, eine vernünftige sexuelle Aufklärung zu betreiben, und er bedauerte es, daß das »armselige, beschränkte kleine Ideal von der Dame« die Gesellschaft so lange beherrscht habe. »Der stets mächtige Sexus nimmt den ersten Platz ein, und der erwachsene Mann, dem das Gleichgewicht fehlt, ist geneigt, in dem unreifen Sittenkodex seiner Schulzeit seine höchsten Verhaltensmaßstäbe zu suchen. Ein nur halberwachsener Mann – und deshalb ein Tyrann.« Carpenter wünschte eine frei eingegangene und lösbare Kameradschaftsehe, und die schwedische Schriftstellerin Ellen Key forderte in ihrem Buch »Über Liebe und Ehe« die freie Scheidung.

Solche Forderungen, von den geistigen Strömungen ihrer Zeit getragen und Ausdruck tiefgreifender sozialer Veränderungen, blieben ohne reale Wirkungen, wenn sie auch das literarische Klima bestimmten: 1891 erlebte Wedekinds »Frühlingserwachen« seine Uraufführung, 1895 sein »Erdgeist«, und 1911 erschien »Der weiße Pfau« von D. H. Lawrence. Das Thema Sexualität und Natur stand seitdem auf der Tagesordnung, aber erst die schweren Erschütterungen des Ersten Weltkrieges führten zum Zusammenbruch der bürgerlichen Moral als herrschender Norm, und in den intellektuellen Zirkeln der zwanziger Jahre wurde die »freie Liebe« nicht nur diskutiert.

Die vertieften und erweiterten Erkenntnisse der Tiefenpsychologie und die Hilfestellung der chemischen Industrie, welche die Frau mit der Pille vom biologischen Zwang des Gebärens befreite, haben eine neue Situation geschaffen, deren gesellschaftliche Bewältigung durchaus noch nicht gelungen ist: zu fest sind die Vorurteile verankert, zu vertraut die bisherigen Wertmaßstäbe, als daß man schon in so kurzer Zeit in der Lage wäre, die sexuelle Freiheit in einer hochentwickelten Konsumgesellschaft sinnvoll zu nutzen.

Heute bestehen auf der Erde alle Formen der Ehe nebeneinander von der Raub- und Kaufehe bei Naturvölkern bis zur Mehrehe im Islam und zur strengen Einehe im christlich-abendländischen Bereich und in den sozialistischen Ländern. Niemand vermag zu sagen, wie diese Form des Zusammenlebens sich auf der übervölkerten Erde in Zukunft entwickeln wird und welche Konsequenzen sich daraus ergeben, daß in unserem Kulturkreis die Frau, zum ersten Male in der Menschheitsgeschichte politisch gleichberechtigt, wirtschaftlich weitgehend selbständig und ihre Mutterschaft selbst bestimmend, ein vom Mann nicht mehr beherrschter Partner geworden ist.

Literatur

Ein detaillierter Quellennachweis für dieses Buch würde den Umfang eines weiteren Buches erreichen. Deshalb ist es nur möglich, einige Titel zusammenzustellen, die nicht nur für den Autor wichtig waren, sondern auch für den Leser von Nutzen sein können. Standardwerke der Geschichtswissenschaft, Lexika, fremdsprachige Literatur und ältere Spezialuntersuchungen wurden nicht aufgeführt. Wo der Autor die hier angegebene Literatur herangezogen hat, ist der Name im Text in Klammern gesetzt.

DON JUAN: Hrsg. v. Joachim Schondorff. 1967.
BIRKET-SMITH, Kaj: Ferne Völker. 1958.
VAN BOLEN, Carl: Erotik des Orients. 1955.
EPTON, Nina: Amor und die Engländer. 1964.
FLAKE, Otto: Marquis de Sade. 1966.
FRISCHAUER, Paul: Sittengeschichte der Welt. 1–3. 1968/70.
FÜRSTAUER, Johanna: Sittengeschichte des alten Orients. 1969.
GLASER, Hermann: Eros in der Politik. 1967.
KELEN, Betty: Mätressen. 1969.
KOHLENBERG, Karl F.: Völkerkunde. 1968.
KÜHN, Joachim: Ehen zu linker Hand in der europäischen Geschichte. 1968.
LANOUX, Armand: Amour 1900. 1964.
LEWANDOWSKI, Herbert: Ferne Völker, fremde Sitten. 1958.
LICHT, Hans: Sittengeschichte Griechenlands. 1965.
MALINOWSKI, Bronislaw: Sitte und Verbrechen bei den Naturvölkern. 1940.
MARCUSE, Ludwig: Obszön. Geschichte einer Entrüstung. 1962.
MASRY, Youssef el: Die Tragödie der Frau im arabischen Orient. 1963.
MEAD, Margaret: Leben in der Südsee. Jugend und Sexualität in primitiven Gesellschaften. 1965.
MÖLLER, Helmut: Die kleinbürgerliche Familie im 18. Jahrhundert. 1969.
MORUS: Eine Weltgeschichte der Sexualität. 1956.
SCHELSKY, Helmut: Soziologie der Sexualität. 1968.
SCHMID, Peter: Japan heute. 1951.
TAYLOR, Gordon Rattray: Im Garten der Lüste. Herrschaft und Wandlungen der Sexualität. 1970.
WALDEGG, Richard: Paris. 1962.
WILDE, Harry: Das Schicksal der Verfemten. 1969.
VAN WINTER, Johanna Maria: Rittertum. Ideal und Wirklichkeit. 1969.
WITTKOP, Justus Franz: Die Welt des Empire. 1968.

Register